www.ingramcontent.com/pod-product-compliance
Lightning Source LLC
LaVergne TN
LVHW011932070526
838202LV00054B/4608
*9788119022427*

# تلنگانہ کے نامور افسانہ نگار

ڈاکٹر کہکشاں جبین

© Taemeer Publications

**Telangana ke namwar Afsana Nigar**
by: Kahekashan Jabeen
Edition: March '2023
Publisher & Printer:
Taemeer Publications, Hyderabad.

ISBN 978-81-19-02242-7

مصنف یا ناشر کی پیشگی اجازت کے بغیر اس کتاب کا کوئی بھی حصہ کسی بھی شکل میں بشمول ویب سائٹ پر اَپ لوڈنگ کے لیے استعمال نہ کیا جائے۔ نیز اس کتاب پر کسی بھی قسم کے تنازع کو نمٹانے کا اختیار صرف حیدرآباد (تلنگانہ) کی عدلیہ کو ہوگا۔

© تعمیر پبلی کیشنز

| | | |
|---|---|---|
| کتاب | : | **تلنگانہ کے نامور افسانہ نگار** |
| مصنف | : | **ڈاکٹر کہکشاں جبین** |
| صنف | : | تحقیق و تنقید |
| ناشر | : | تعمیر پبلی کیشنز (حیدرآباد، انڈیا) |
| زیر اہتمام | : | تعمیر ویب ڈیولپمنٹ، حیدرآباد |
| سالِ اشاعت | : | ۲۰۲۳ء |
| تعداد | : | (پرنٹ آن ڈیمانڈ) |
| صفحات | : | ۲۵۰ |
| کمپوزنگ | : | لولو گرافکس (حیدرآباد) |
| ملنے کے پتے | : | ڈاکٹر کہکشاں جبین، فون:+919110554906 |

3

# فہرست مشمولات

☆ پیش لفظ — ڈاکٹر محمد ابرار الباقی 6

☆ اپنی بات — ڈاکٹر کہکشاں جبین 7

☆ اردو افسانہ فن اور روایت 8

افسانے کی تعریف۔ اجزائے ترکیبی۔ 17

اردو میں افسانہ نگاری کی روایت 23

☆ تلنگانہ میں اردو کا ادبی پس منظر 34

☆ آزادی سے قبل علاقہ تلنگانہ میں اردو افسانہ 39

صغرا ہمایوں مرزا۔ رگھوناتھ راؤ درد۔ عظمت اللہ خان۔
ڈاکٹر محی الدین قادری زور۔ عبدالقادر سروری۔ بدر شکیب
بھارت چند کھنہ۔ جہاں بانو نقوی۔ محشر عابدی۔ ابراہیم جلیس
عزیز احمد۔

☆ تلنگانہ کے نامور افسانہ نگار 63

عاتق شاہ۔ اقبال متین۔ قدیر زماں۔ عوض سعید۔
یٰسین احمد جیلانی بانو۔ رفیعہ منظور الامین۔ بیگ احساس۔
مظہر الزماں خاں

☆ تلنگانہ کے چند دیگر افسانہ نگار        141

عفت موہانی۔ آمنہ ابوالحسن۔ زینت ساجدہ۔ قمر جمالی۔ رفیعہ سلطانہ۔ افروز سعیدہ۔ بانو طاہرہ سعید۔ فریدہ زین۔ نجمہ نکہت۔ صبیحہ نسرین۔ جمیل نظام آبادی۔ انیس فاروقی۔ قدر یزدانش۔ مقیت فاروقی۔ مجید عارف۔ رحیم انور۔ نفیسہ خاں۔ شبینہ اسلم فرشوری

☆ تلنگانہ میں اردو افسانہ نگاری کا فکری و فنی جائزہ    228

# انتساب

تلنگانہ کے ان اُردو افسانہ نگاروں کے ان کے نام

جن کی تحریروں نے

اردو فکشن کو نئی جہات سے روشناس کرایا۔

اور اردو افسانے کی دنیا میں تلنگانہ کا نام روشن کیا

# پیش لفظ

ڈاکٹر کہکشاں جبین اپنی اولین تصنیف ''تلنگانہ کے نامور افسانہ گار'' کے ساتھ ادبی دنیا سے روشناس ہو رہی ہیں۔ انہیں اردو ادب خاص طور سے اردو افسانہ نگاری اور اس کی تحقیق و تنقید سے دلچسپی رہی ہے چنانچہ اس تصنیف میں انہوں نے حیدرآباد دکن کے علاقہ تلنگانہ سے وابستہ افسانہ نگاروں کے فکر وفن کو مفصل انداز میں پیش کیا ہے۔ صنفی اعتبار سے علاقہ واری ادبی تاریخ مرتب کرنے میں ڈاکٹر کہکشاں جبین کی یہ کتاب ضرور معاون ثابت ہوگی۔ حیدرآباد اور تلنگانہ کے دیگر علاقوں میں آزادی سے قبل اور آزادی کے بعد کئی نامور افسانہ نگاروں نے فن افسانہ نگاری میں اپنا نام کمایا۔ ان افسانہ نگاروں میں ابراہیم جلیس، عزیز احمد، عاتق شاہ، قبال متین، قدیر زماں، عوض سعید، یٰسین احمد، جیلانی بانو، رفیعہ منظور الامین، بیگ احساس، مظہر الزماں خاں، عفت موہانی، آمنہ ابوالحسن، زینت ساجدہ، قمر جمالی، رفیعہ سلطانہ، افروز سعیدہ، بانو طاہرہ سعید، فریدہ زین، نجمہ نکہت، صبیحہ نسرین، جمیل نظام آبادی، انیس فاروقی، قدیر دانش، مقیت فاروقی، مجید عارف، رحیم انور، نفیسہ خاں، شبینہ اسلم فرشوری وغیرہ شامل ہیں جنہوں نے فن افسانہ نگاری میں اپنی شناخت بنائی ہے۔ ان افسانہ نگاروں نے غربت، عورت پر مظالم، سماجی رسوم، ہندوستان کی بدلتی تصویروں کو اپنے فن کا حصہ بنایا ہے۔ ڈاکٹر کہکشاں جبین نے تلنگانہ سے وابستہ ان افسانہ نگاروں کی کاوشوں کا فکری وفنی جائزہ پیش کیا ہے جس سے یہ کتاب ایک دستاویزی حیثیت حاصل کرگئی ہے۔ اردو فکشن اور اردو افسانے کی تحقیق و تنقید سے متعلق یہ کتاب ادب کی دنیا میں ایک گراں قدر اضافہ تصور کی جائے گی۔ میں فاضل مصنفہ کو ان کی تازہ تصنیف کی اشاعت پر مبارکباد پیش کرتا ہوں اور امید کرتا ہوں کہ ان کی یہ تصنیف ادبی حلقوں میں پسند کی جائے گی۔

**ڈاکٹر محمد ابرار الباقی**

# اپنی بات

’’تلنگانہ کے نامور افسانہ نگار‘‘ میری پہلی اردو تصنیف ہے۔ جس میں تلنگانہ کے نامور افسانہ نگاروں کے فکر وفن کا تحقیقی وتنقیدی انداز میں جائزہ پیش کیا گیا ہے۔ مجھے بچپن ہی سے افسانے پڑھنے کا شوق رہا ہے۔ صغریٰ ہمایوں مرزا‘ جیلانی بانو‘ رفیعہ منظورالامین‘ بیگ احساس‘ اقبال متین ور دیگر کے افسانے بھی میں پڑھتی رہی ہوں۔ عصمت چغتائی‘ عزیز احمد‘ راجندر سنگھ بیدی‘ پریم چند اور کرشن چندر کے افسانے بھی میں نے پڑھے ہیں۔ ان افسانوں میں پیش کردہ زندگی اور اس کے مختلف رنگوں کو ذہن میں رکھتے ہوئے میں نے علاقہ تلنگانہ کے افسانہ نگاروں کے فکر وفن پر کچھ لکھنے کی کوشش کی میرے خیالات توضیح وتشریح کے حامل ہیں میں نے کوشش کی ہے کہ جو میں نے پڑھا ہے اور مجھے کسی بات نے متاثر کیا ہے تو اس تاثر کو اپنے قارئین تک پیش کروں اس کتاب میں فن افسانہ نگاری‘ تلنگانہ میں ادبی پس منظر اور آزادی سے قبل اور آزادی کے بعد حیدرآباد اور تلنگانہ کے مختلف اضلاع سے وابستہ افسانہ نگاروں کے فکر وفن کا جائزہ پیش کیا گیا ہے۔ اس کام کا ایک مقصد تلنگانہ کے افسانہ نگاروں کی ادبی تاریخ مرتب کرنا بھی ہوسکتا ہے۔ میں اپنے مقصد میں کس حد تک کامیاب ہوئی ہوں اس کتاب کے قارئین ہی کچھ کہہ سکتے ہیں۔ اس کتاب کی اشاعت کے لیے تلنگانہ ریاستی اردو اکیڈیمی کی مالی امداد ملنے پر میں اکیڈیمی کے صدر نشین اور دیگر سے اظہار تشکر کرتی ہوں اور اس امید کا اظہار کرتی ہوں کہ میری یہ کتاب اردو کے قارئین ضرور پسند کریں گے۔

ڈاکٹر کہکشاں جبین

# اردو افسانہ فن اور روایت

انسان اس کرہ ارض کی سب سے عظیم الشان مخلوق ہے۔قدرت نے انسان کو عقل اور علم کی دولت سے نوازا' اسے بات کرنے کی صلاحیت دی اور اسے اشرف المخلوقات کا لقب دیا۔انسانی تہذیب کی تاریخ بہت قدیم ہے۔قصہ سننا اور سنانا انسان کا محبوب مشغلہ رہا ہے یہی وجہ ہے کہ قصہ گوئی کی تاریخ بھی اتنی ہی قدیم ہے جتنی کہ انسانی تاریخ۔ابتدائے آفرینش سے انسان اس سرزمین کا سب سے عقل مند جاندار رہا ہے۔ابتدائی زندگی میں انسان کے پاس زندگی کے وسائل کم تھے۔ وہ جانوروں کا گوشت' ترکاری اور پھل کھا کر' درختوں کے پتے اوڑھ کر غاروں اور پہاڑوں میں زندگی گذارتا تھا۔انسان نے دیکھا کہ اس زمین پر اس سے طاقت ور اور بڑے جانور ہیں۔ بلند آسمان ہے۔سورج چاند ستارے ہیں۔طوفانی ہوائیں ہیں' تیز بہنے والے دریا ہیں۔ گہرے اور وسیع وعریض سمندر ہیں۔انسان کو محسوس ہوا کہ اس سے بڑی طاقتیں بھی اس دنیا میں ہیں۔انسان انہیں اپنے قابو میں کرنے اور ان پر اپنی برتری ظاہر کرنے کے خواب دیکھنے لگا۔انسان چاہتا تھا کہ وہ پرندوں کی طرح ہوا میں اڑے۔ بڑے بڑے جانوروں کو اپنی طاقت سے زیر کرے۔ وہ لوگوں کی نظروں سے غائب ہو کر حیرت انگیز کارنامے کرے۔اگر اسے کچھ زخم آجائے تو ایسا مرہم استعمال کرے کے پلک جھپکتے میں اس کے زخم مندمل ہو جائیں۔اور وہ ہر اس بات کا خواب دیکھنے لگا جو وہ نہیں کرسکتا۔ چنانچہ انسانی تمدن ترقی کرنے لگا تو انسانوں میں کچھ ایسے داستان گو پیدا ہوئے جو انسان کے خوابوں کو حقیقت میں تبدیل کرنے والی کہانیاں سنا سکیں۔انسان جو کام حقیقت میں نہیں کرسکتا تھا کم از کم ان کے خواب تو دیکھ سکتا تھا اور ان خوابوں کو داستان کا روپ بنا کر پیش کیا گیا۔داستان دراصل زندگی اور اس کی حقیقتوں سے فرار کا دوسرا نام ہے۔خواہشات کی تکمیل جب حقیقی عنوان سے نہ ہو پاتی تو تخیل کے سہارے ان کو پورا کرنے کی کوشش کی جاتی اس لیے انسان جب اپنے حالات سے فرار حاصل کرتا تو عموماً داستانوں کی دنیا میں پہنچ کر ذہنی وقلبی سکون حاصل کرتا۔

زمانہ قدیم سے عرب علاقوں میں انسانی تمدن پرورش پاتا رہا۔عرب علاقوں میں کئی نبی اور پیغمبر مبعوث ہوئے۔اقوام عالم پر آسمانی کتابیں جیسے توراۃ، زبور، انجیل اور قرآن اور دیگر صحائف نازل ہوئے۔جس میں سابقہ اقوام کے قصے عبرت کے لئے پیش کئے گئے تھے۔اسلام کی آمد سے قبل عرب میں قصہ گوئی اور داستان گوئی ایک فن بن گیا تھا۔دن بھر کام کرنے کے بعد شام کے اوقات میں کسی میدان میں لوگ جمع ہوجاتے اور داستان گو انہیں کئی حیرت انگیز واقعات پر مشتمل سلسلہ وار داستانیں سناتا تھا۔ان داستانوں میں شاہی گھرانے کے کردار ہیرو ہوتے جو اصل زندگی میں کوئی کارنامہ کریں یا نہ کریں لیکن داستانوں میں حیرت انگیز کارنامے انجام دیتے ہوئے بدی پر نیکی کی فتح دکھاتے اور اکثر داستانوں میں تلاش اور عشق کے واقعات پیش ہوتے۔ایک داستان تو ہزار راتوں تک سنائی گئی اس لئے اس کا نام الف لیلیٰ رکھا گیا۔ عربی میں الف ہزار کو کہتے ہیں۔اور لیل کے معنی رات۔اس طرح یہ داستان ہزار رات کی داستان کے مفہوم سے مشہور ہوئی۔

اردو کی پہلی نثری داستان سب رس کے علاوہ اردو کی قدیم داستانوں میں قصہ مہر افروز و دلبر، نوطرز مرصع، عجائب القصص، فسانہ عجائب، بوستان خیال، داستان امیر حمزہ، طلسم ہوش ربا، رانی کیتکی کی کہانی، باغ و بہار، آرائشِ محفل، مذہبِ عشق وغیرہ بہت مشہور ہیں۔1857ء کے انقلاب کے بعد جہاں سماجی زندگی میں تبدیلی آئی۔وہیں اردو ادب میں بھی حقیقت پسندی کا رجحان بڑھنے لگا۔ادب میں خیالی باتوں کی جگہ زندگی کے مسائل کو اجاگر کیا جانے لگا۔سر سید احمد خان نے علی گڑھ تحریک کے زیر اثر ادب اور سماج میں حقیقت پسندی کو پروان چڑھایا۔اور داستان کی جگہ ناول نئی صنف فروغ پانے لگی۔جن میں زندگی کی حقیقی تصویریں پیش کی جانے لگیں۔اس طرح ناول کا آغاز داستان کے زوال کا سبب بنا۔انیسویں صدی کے نصف آخر میں ڈپٹی نذیر احمد، پریم چندر، کرشن چندر، بیدی، عصمت چغتائی، قرۃ العین حیدر وغیرہ نے ناول کو پروان چڑھایا۔انیسویں صدی کے اواخر اور بیسویں صدی کی چھ سات دہائیوں تک اردو میں کئی شاہکار ناول لکھے گئے جنہوں نے اپنے عہد کی زندگی کو اپنے اندر پیش کیا۔صنعتی انقلاب کی آمد، کارخانوں اور ملوں میں مزدوروں کا کام کرنا، انسان کی جگہ مشینوں سے تیز رفتاری سے کام انجام دینا یہ وہ تبدیلیاں تھیں جس نے زندگی کی رفتار تیز کردی۔انسان کی مصروفیات بڑھنے لگیں اور اسے وقت کی کمی کا احساس ہونے لگا۔وقت کی کمی نے لوگوں کی دلچسپی ناول سے کم کردی اور لوگ کم وقت میں ادب سے تفریح اور پیغام کے حصول کے ذرائع تلاش کرنے لگے۔یہی وجہ ہے کہ زندگی کی تیز رفتاری اور وقت کی کمی نے افسانوی

ادب کی طوالت میں بھی کمی کر دی اور لوگ افسانے کی طرف رخ کرنے لگے۔

داستان اور ناول کے برعکس افسانہ جدید صنعتی اور مشینی دور کی پیداوار ہے۔اس دور کے انسان کو تیزی سے بدلتے ہوئے زمانے کا ساتھ دینے اور زندگی کے نت نئے مسائل سلجھانے کے لئے شب و روز مصروف رہنا پڑتا ہے۔اس مشینی دور کی تھکا دینے والی تیز اور مصروف زندگی میں اس کے پاس اتنا وقت ہی نہیں کہ سکون اور فراغت سے بیٹھے اور بھاری بھرکم داستانوں اور ضخیم ناولوں کا مطالعہ کر کے جذباتی تسکین یا ذہنی تفریح کا سامان کر سکے۔ چنانچہ وقت کی کم دامنی کا یہ احساس ہی مختصر افسانے کی ایجاد کا باعث بنا۔

## افسانے کی تعریف

افسانہ انیسویں صدی کی پیداوار ہے۔اور زندگی کی تیز رفتاری اور وقت کی کمی کے احساس نے افسانے کو فروغ دیا۔افسانے کی بہت سی تعریفیں کی جا سکتی ہیں۔ جیسے ہر وہ نثری تخلیق جس میں پلاٹ ہو، کردار ہوں اور کہانی کا اُتار چڑھاؤ ہو۔۔۔ "افسانہ" کی تعریف میں آتی ہے۔افسانہ دوسری طرح کی کہانیوں سے اسی لحاظ سے منفرد اور ممتاز ہے کہ اس میں واضح طور پر کسی ایک چیز کی ترجمانی اور مصوری ہوتی ہے۔ جیسے ایک یا چند کردار، ایک واقعہ، ایک ذہنی کیفیت، ایک جذبہ، ایک مقصد، مختصر یہ کہ افسانے میں جو کچھ بھی ہو، ایک ہو۔افسانے کی یہ خاصیت ہوتی ہے کہ یہ اپنے اختتام پر قاری کے ذہن پر واحد تاثر قائم کرتا ہے، وحدتِ تاثر کہلاتا ہے۔

افسانے کی تعریف بیان کرتے ہوئے ایک نقاد نے کہا ہے کہ:

''افسانہ ایک ایسی نثری داستان کو کہتے ہیں جس کے پڑھنے میں کم از کم آدھا اور زیادہ سے زیادہ دو گھنٹے لگیں''۔

اس سلسلے میں ایک اور نقاد کا کہنا ہے کہ:

''افسانہ ایک ایسی فکری داستان کو کہتے ہیں جس میں ایک خاص کردار، ایک خاص واقعہ، ایک تجربے یا ایک تاثر کی وضاحت کی گئی ہو۔ نیز اس کے پلاٹ کی تفصیل اس قدر منظم طریقے سے بیان کی گئی ہو کہ اس سے تاثر کی وحدت نمایاں ہو''۔

وقار عظیم نے اپنی کتاب فن افسانہ نگاری میں افسانے کے حوالے سے مغربی ماہرین کی آراء پیش کی ہے۔ چنانچہ وہ لکھتے ہیں:

''ایچ جی ویلز کے نزدیک مختصر افسانہ قصے کی ایک

ایسی قسم ہے جسے آدھے گھنٹے میں پڑھا جا سکے'' ای جی او برائن
کے نزدیک مختصر افسانے کی پہلی شناخت یہ ہے کہ افسانہ نگار
نے اپنے منتخب کئے ہوئے حقائق اور واقعات کو حد درجہ موثر بنایا
ہو''۔ [1]

اسی طرح ہم افسانے کی تعریف یوں کر سکتے ہیں۔

''افسانہ زندگی سے متعلق کسی واقعے کا اختصار کے ساتھ ایسا فنکارانہ بیان ہے جس میں وحدت تاثر ہو اور وہ قاری کے ذہن پر گہرا اثر چھوڑے''۔

افسانے کی بدلتی ہوئی قدروں کے پیشِ نظر یہ تعریف اتنی جامع نہ ہوتے ہوئے بھی کافی حد تک صحیح ہے۔ اردو کا موجودہ افسانہ دراصل داستان اور ناول کی ترقی یافتہ صورت ہے، جس کے لئے انگریزی میں Short Story کا لفظ مستعمل ہے۔ اس صنف نثر کی موجودہ ادبی اور فنی روایت پر انگریزی افسانے کی گہری چھاپ نمایاں ہے۔ اپنی مخصوص روایت کے اعتبار سے افسانہ، داستان اور ناول سے مختلف صنف ہے۔

## افسانے کے اجزائے ترکیبی

ناول کی طرح افسانے کے بھی کچھ اجزائے ترکیبی ہیں۔ وہ اس طرح ہیں۔

۱) موضوع ۲) پلاٹ ۳) کردار ۴) مکالمے ۵) زماں و مکاں اور منظر نگاری ۶) تکنیک ۷) انجام اور وحدت تاثر ۸) اسلوب ۹) عنوان۔

## موضوع:

افسانے کے لئے سب سے اولین ضرورت افسانے کا نیا اور اچھوتا موضوع ہے۔ زندگی ان گنت موضوعات میں بٹی ہوئی ہے اس لئے افسانے کے موضوعات بھی بے شمار ہیں۔ اگر افسانہ نگار کو قدرت کی طرف سے دل بیدار اور دیدۂ بینا عطا ہوا ہو تو موضوع کا انتخاب کوئی مشکل بات نہیں۔ افسانے کے لیے موضوعات مناظر قدرت، جاندار اشیاء، حیاتِ انسانی کے مختلف جذباتی پہلوؤں، اس کی سماجی، سیاسی، اقتصادی اور تمدنی زندگی کے مختلف گوشوں سے اخذ کیے جا سکتے ہیں۔ افسانہ نگار کو صرف وہی موضوعات انتخاب کرنے چاہئیں جو اس کی افتادِ طبع کے مطابق ہوں یا جن سے انہیں طبعی لگاؤ اور ذاتی دلچسپی ہو۔ انسان صبح سے شام تک زندگی کے مختلف کام کرتا ہے۔ جس کا بیان افسانے کا موضوع نہیں ہو سکتا۔ جیسے اگر کوئی صبح اٹھے۔ ضروریات سے فارغ ہو اور ناشتہ کر کے

گھر سے اپنے کاروبار کو نکل پڑے اور شام میں گھر آجائے تو ان باتوں کا بیان افسانہ نہیں ہوسکتا۔ بلکہ افسانے کے لئے ایسا قصہ یا کہانی منتخب کرنا ہوتا ہے جو ہماری زندگی سے متعلق ہی ہو لیکن اس میں انفرادیت ہو۔ انوکھا پن ہو۔ اور قارئین کی دلچسپی والا ہو۔ افسانہ نگار اور عام قاری میں یہ فرق ہوتا ہے کہ افسانہ نگار کسی واقعہ کو گہرائی سے دیکھتا ہے اور اسے فنکاری کے ساتھ افسانے میں پیش کرتا ہے۔ مثال کے طور پر ایک انسان تالاب کے کنارے جا رہا تھا۔ اچانک اسے تالاب میں کچھ حرکت دکھائی دی اور ایک انسان کا ہاتھ دکھائی دیا وہ ڈوب رہا تھا اور کسی مدد کا طلب گار تھا۔ پہلے زمانے کی تعلیم و تربیت کے اعتبار سے تالاب کے کنارے چل رہے انسان کا اخلاقی فریضہ یہ ہوتا تھا کہ وہ خود تالاب میں کود کر ڈوبنے والے کو بچائے یا چیخ مار مار کر لوگوں کو جمع کرے اور ڈوبنے والے انسان کی جان بچانے کی کوشش کرے۔ اب آج کا افسانہ نگار اپنے افسانے کو یوں رخ دیتا ہے کہ جیسے ہی تالاب کے کنارے چلنے والے انسان کو پانی میں ہاتھ دکھائی دیا تو فوری وہ اپنے جیب سے اپنا قیمتی اسمارٹ فون نکالتا ہے اور ڈوبتے انسان کی فلمبندی کرتا ہے اور اس فلم کو یا کسی نیوز چینل کو دیتا ہے یا فیس بک پر ڈالتا ہے۔ جب کہ انسانیت کا تقاضہ تھا کہ ڈوبتے انسان کو بچانے کی کوشش کی جاتی۔ آج سڑک حادثات ہوں یا اور کوئی جان لیوا حادثات لوگ فوری فون نکال کر تصویریں لینا شروع کر رہے ہیں۔ اس سے انسانوں کی سنگدلی ظاہر ہوتی ہے اور افسانہ نگار یہیں سے اپنے افسانے کا موضوع تلاش کر لیتا ہے۔ افسانے کے لئے موضوعات کی کمی نہیں۔ آج سماج میں جتنی برائیاں عام ہو رہی ہیں اتنے ہی افسانے کے موضوعات مل رہے ہیں۔

اردو افسانے کے آغاز اور ترقی پسندی کے دور میں افسانے کے موضوعات بھوک۔ افلاس۔ زمینداروں اور مذہبی ٹھیکہ داروں کے مظالم۔ دیہاتی انسانوں کی معصومیت۔ فسادات۔ جنگ۔ قحط۔ دولت مند طبقے کی عیاشیاں۔ قدرت کے فیصلے۔ انسان کی مجبوریاں وغیرہ شامل تھے۔ آزادی کے بعد اور 80 کی دہائی کے بعد افسانے کے موضوعات بدلے۔ سماجی زندگی کی عکاسی افسانے میں ہونے لگی۔ شادی بیاہ۔ عشق۔ آسودگی۔ تفریح۔ انسانی ترقی۔ جہیز کی لعنت۔ اور دیگر سماجی برائیوں کو افسانے کے موضوعات بنایا گیا۔ آج اکیسویں صدی میں نئی نئی ایجادات کے ساتھ زندگی میں نئے نئے مسائل بھی پیدا ہونے لگے ہیں۔ مادہ پرستی نے نئے موضوعات کو جنم دیا ہے۔ عیش پرستانہ زندگی' ناجائز رشتے' کمزوروں پر مظالم' نئے نئے حادثات' انسانی مکاریاں یہ سب آج کے افسانے کے موضوعات ہیں۔ اردو افسانے پر اصلاح اور حقیقت پسندی کا رجحان غالب

رہا۔اردو افسانے کے میر کارواں پریم چند اردو کے نامور افسانہ نگار مانے جاتے ہیں۔انہوں نے ہندوستان کی دیہاتی زندگی کی کشمکش کو اپنے افسانوں میں پیش کیا۔ان کا مشہور افسانہ ''کفن'' ہے۔ جس میں غربت کے مارے ایک دیہاتی گھرانے کی تصویر پیش کی گئی ہے۔انسان بھوک کے سامنے اس قدر بے بس ہو جاتا ہے کہ گھر میں ایک عورت کی لاش رکھی ہوئی ہے۔اس کی آخری رسومات کے لئے پیسے نہیں ہے۔باپ بیٹا گاؤں میں پھر کر لاش کی آخری رسومات کے لئے پیسے مانگتے ہیں اور جب انہیں پیسے مل جاتے ہیں تو وہ عورت کی لاش کی آخری رسومات انجام دینے کے بجائے بھیک میں ملے پیسوں سے اپنے پیٹ کی بھوک بجھاتے ہیں۔ اسی طرح پریم چند نے ایک افسانہ ''پوس کی رات لکھا'' جس میں سردیوں کی سخت رات میں کھیت کی نگرانی کرنے والے کی مجبوری بیان کی گئی کہ کھیت میں جانور گھس آتے ہیں اور سارا کھیت برباد کرنے لگتے ہیں لیکن کھیت کی رکھوالی کرنے والا کڑک سردی کی وجہہ سے جانوروں کو نہیں بھگاتا اور کھیت برباد ہو جاتا ہے۔کرشن چندر بھی اردو کے اہم افسانہ نگار ہیں ان کا ایک افسانہ ''جامن کا پیڑ'' ہے۔جس میں یہ بتایا گیا کہ ایک سرکاری دفتر میں تیز ہوا چلنے کے سبب ایک درخت گر جاتا ہے اور اس درخت کے تنے کے نیچے ایک شخص دب جاتا ہے۔صبح لوگ دیکھتے ہیں کہ درخت کے نیچے ایک شخص دبا ہوا ہے اور مدد کے لئے پکار رہا ہے لیکن کوئی اس کی مدد کو نہیں آتا کہ یہ درخت سرکاری دفتر میں گرا تھا اور حکومت کی اجازت کے بغیر درخت نہیں ہٹایا جا سکتا۔درخت کو ہٹانے کے لئے ایک سرکاری فائل بنائی جاتی ہے اور تمام ذمہ دار افسروں تک بھیجی جاتی ہے اس کارروائی میں دو دن لگ جاتے ہیں۔آخر کار درخت کے تنے کو کاٹ کر دبے ہوئے شخص کو بچانے کا فیصلہ کیا جاتا ہے لیکن اس وقت تک دبا ہوا شخص مر جاتا ہے اس افسانے میں سرکاری قوانین کے سامنے انسانی جان کی کم حیثیتی کو بیان کیا گیا ہے۔اس طرح افسانے کے موضوعات بے شمار ہیں۔اور اچھے موضوعات کو فنکاری سے کہانی کا روپ دے کر بیان کیا جائے تو افسانہ کامیاب ہوتا ہے اور قارئین اسے پسند کرتے ہیں۔

''افسانے میں جو قصہ یا کہانی بیان کی جاتی ہے اس کا مرکزی خیال افسانے کا موضوع کہلاتا ہے۔''

**پلاٹ:**

افسانہ نگار خام مواد کو ترتیب دینے کے لئے واقعات کے ربط و تعلق کے مطابق کہانی کا جو ڈھانچہ تیار کرتا ہے اسے پلاٹ کہتے ہیں۔ پلاٹ انگریزی لفظ ہے آپ نے سنا ہوگا کہ کسی نے

پلاٹ خریدا اور اس پر مکان تعمیر کر رہا ہے۔ مکان کی تعمیر کے لئے نقشے کی ضرورت ہوتی ہے۔اور جب نقشہ تیار ہوتا ہے تو پہلے بنیاد پھر کالم پھر چھت اور دیواریں دروازے کھڑکیاں فرش لائٹ نل وغیرہ انتظامات ہوتے ہیں اور ایک گھر تعمیر ہوتا ہے۔ زمین لیتے ہی بغیر بنیاد اور کالم کے چھت نہیں ڈال سکتے۔اس کے لئے نیچے سے اوپر تعمیری کام کرنا ہوتا ہے۔ اسی طرح افسانے میں پلاٹ کا مطلب واقعات کا ترتیب وار بیان ہے۔افسانے کا پلاٹ ایسے احوال و واقعات اور تجربات سے مرتب کرنا چاہئے جو ہماری زندگی میں آئے دن ہوتے رہتے ہیں۔ جب افسانہ نگار کسی کہانی کو افسانے میں پیش کرنا چاہتا ہے تو وہ ترتیب وار کہانی کو اس انداز میں پیش کرتا ہے کہ کہانی خود بہ خود آگے بڑھتی ہے اور انجام کو پہونچتی ہے۔اگر کسی افسانے میں یہ دکھایا جائے کہ انسان خواہشات کی تکمیل کے لئے بیرون ملک جاتا ہے اپنی زندگی کے قیمتی ایام خاندان والوں سے دور رہ کر گذارتا ہے جب اس کی زندگی کی بنیادی ضروریات گھر۔ بچوں کی تعلیم ۔بچوں کا شادیاں وغیرہ ہوجاتی ہے تب وہ وطن آنے کی تیاری کرتا ہے۔وہ بوڑھا ہو چکا ہوتا ہے جہاز میں سفر کرتا ہے گھر والوں کو اطلاع دیتا ہے کہ فلاں فلائٹ سے وہ آرہا ہے گھر والے بیوی بچے کار لے کر اسے لانے کے لئے ایرپورٹ جاتے ہیں۔ جہاز اترتا ہے سب لوگ اتر جاتے ہیں لیکن وہ شخص نہیں اترتا ہے۔تب اچانک مائیک پر اعلان ہوتا ہے کہ ایک صاحب جن کا نام یہ ہے دوران سفر انتقال کر گئے ہیں۔ جہاز سے ان کی میت اتاری جاتی ہے اور جو شخص اپنے خاندان کے بہتر مستقبل کے لئے اپنی ساری زندگی باہر گذار دیتا ہے جب وہ گھر واپس آتا ہے تو اس کے گھر والے اپنے جذبات کی قربانی دینے والے کی لاش لے کر گھر آتے ہیں۔اس افسانے میں پلاٹ کے اعتبار سے کہانی بیان ہو تو پلاٹ مستحکم سمجھا جائے گا ورنہ اگر کہانی میں ابتدا کے بعد درمیانی واقعات بیان نہ کئے جائیں اور صرف انجام بیان کر دیا جائے تو بھی کہانی کا پلاٹ کمزور سمجھا جائے گا۔افسانے میں بیان کردہ کہانی کے تقاضے کے اعتبار سے چیزوں کا بیان ہونا چاہئے۔اگر آزادی سے قبل کے افسانے کا بیان ہو تو انگریز حکومت کا ذکر ہو۔اس دور میں اگر کردار کے ہاتھ میں سیل فون دکھایا جائے تو پلاٹ غلط سمجھا جائے گا۔گاؤں کا منظر ہے تو وہاں کھیت کھلیانوں کا ذکر ہو۔ بیل بنڈیوں کا ذکر ہو۔ گاؤں میں بڑی بڑی سڑکوں کا منظر بیان کرنا اوران سڑکوں پر قیمتی گاڑیوں کو دوڑتا ہوا دکھانا پلاٹ کی کمزروی اور غلطی تصور ہوگی۔اسی طرح کہانی مرحلہ وار آگے بڑھے تو اسے کہانی کا مربوط پلاٹ سمجھا جائے گا۔قاری کو افسانہ پڑھنے کے دوران کبھی یہ رکاوٹ محسوس نہیں ہونی چاہئے کہ اب تک کیا ہوا اور آگے کیا ہوگا۔کہانی کی منطقی اعتبار سے

ترتیب کو پلاٹ کہا جاتا ہے۔افسانوں میں اکثر اکہرے پلاٹ ہوتے ہیں اور ایک سمت میں کہانی آگے بڑھتی ہے۔ناول میں مشترکہ پلاٹ اور دو یا کئی کرداروں کی کہانیاں ایک ساتھ بیان ہوسکتی ہیں۔لیکن افسانہ چونکہ مختصر ہوتا ہے اس لئے اس میں مشترکہ یا پیچیدہ پلاٹ کی گنجائش نہیں ہوتی۔ کامیاب افسانہ وہی کہلائے گا جس میں پلاٹ ترتیب وار ہو۔

''افسانے میں کہانی کے ترتیب وار بیان کو پلاٹ کہتے ہیں۔کہانی کی پیشکشی کی ترتیب پلاٹ کہلاتی ہے۔''

کردار:

افسانہ ہوا یا خلاء میں تیار نہیں ہوتا۔وہ زندگی کا کوئی قصہ بیان کرتا ہے۔اور یہ قصہ افسانے میں پیش کردہ انسانوں سے متعلق ہوتا ہے۔انسان جب کچھ حرکتیں کرتا ہے تو کہانی وجود میں آتی ہے۔اس لئے افسانے میں اچھے برے' چھوٹے بڑے' اہم غیر اہم کردار ہوتے ہیں جو افسانہ نگار کے برتاؤ اور کہانی کے تقاضوں کے اعتبار سے اپنا کردار انجام دیتے ہیں۔انسانی زندگی میں بکھرے مختلف صفات کے لوگوں کی طرح افسانے میں بھی کردار خیر وشر کی صفات کے حامل ہوتے ہیں۔کچھ کردار مرکزی حیثیت کے ہوتے ہیں جو سارے افسانے پر چھائے رہتے ہیں کچھ کردار وقتی ہوتے ہیں جو منظر کے اعتبار سے اپنا کردار ادا کر کے ہٹ جاتے ہیں۔کرشن چندر کا ایک افسانہ گڈھا ہے جس میں گڑھے میں گرے ایک شخص کو نکالنے میں لوگوں کی لاپرواہی کو دکھایا گیا ہے۔گڑھے میں گرا ہوا شخص افسانے کا مرکزی کردار ہے۔افسانے کے آغاز میں وہ اپنا تعارف یوں کراتا ہے۔

''ایک آدمی گڈھے میں گر گیا۔اور شور مچانے لگا۔مجھے بچاؤ۔بچاؤ۔میں گڈھے میں گر گیا ہوں۔مجھے باہر نکالو۔''

وہ گڈھے میں کیسے گرا۔کب گرا۔اس کا جواب افسانے میں کرشن چندر خود اس انسان کی زبانی یوں بیان کرتے ہیں۔

''میرا کوئی قصور نہیں ہے۔گرا ہوا آدمی بھرائی ہوئی آواز میں بولا۔میں کل رات سے اس گڈھے میں گرا ہوا ہوں۔سڑک پر اندھیرا تھا۔اس سڑک پر بجلی کے کھمبے بہت دور دور ہیں۔اور اس گڈھے کے عین سامنے بجلی کا جو کھمبا ہے نا اس کا بلب ٹوٹا ہوا ہے۔یقین نہ آئے تو خود دیکھ لو۔رات کو اندھیرا تھا۔میں جلدی جلدی قدم اٹھاتے ہوئے گھر جا رہا تھا کہ اس گڈھے میں گر گیا۔مجھے اس

گڈھے سے نکالو۔ میرے حال پر رحم کرو۔ میری بیوی گھر پر میرا انتظار کر رہی ہے''۔

اس گفتگو سے کردار کے بارے میں قاری کو اندازہ ہوتا ہے کہ افسانے کے اس مرکزی کردار کے ساتھ کیا ہوا ہے۔

اس افسانے میں ضمنی کردار بھی ہیں جو گڈھے میں گرے ہوئے شخص سے بات کرتے ہیں۔ جن کا ذکر موقع کے اعتبار سے کیا گیا ہے۔ کرشن چندر نے مختلف قسم کے لوگوں کا ذکر کیا جو اس شخص سے گفتگو کرتے ہیں لیکن اسے گڈھے سے نکالنے کی کوشش کرتے ہیں۔ ضمنی کرداروں کی گفتگو ملاحظہ ہو۔

''اس کا شور سن کر تین آدمی آئے۔ اور گڈھے کے تینوں طرف کھڑے ہو گئے۔ وہ لوگ بڑے غور سے گڈھے میں گرے ہوئے آدمی کو دیکھنے لگے۔ ''گڈھے میں گر گیا ہے'' ایک بولا۔ ''ہاں'' دوسرے نے تائید کی ''گڈھا ہی معلوم ہوتا ہے''۔

''ہر سڑک پر گڈھے ہوتے ہیں'' تیسرا بولا۔ چلنے والا اگر احتیاط کرے تو کبھی گڈھے میں نہیں گر سکتا''

''بے شک کبھی نہیں گر سکتا''۔ پہلا بولا۔ ہماری میونسپلٹی ہر سڑک پر اتنے بڑے گڈھے بناتی ہے کہ آنکھ کھول کر چلنے والا آدمی کبھی نہیں گر سکتا۔ یہ سب اس کا اپنا قصور ہے۔''

اس طرح کرشن چندر نے ضمنی کرداروں کی گفتگو سے ان کی صفات اور ان کے کردار کو بیان کر دیا کہ دنیا میں کس کس قسم کے لوگ ہوتے ہیں۔ افسانے میں کردار نگاری کی خوبصورتی اس کے اختصار اور فن کاری سے ہوتی ہے۔ اس کے لئے افسانہ نگار کو ماہر نفسیات ہونا ضروری ہے وہ اپنے سماج کا گہرا نباض ہو اور لوگوں کی فطرت سے واقف ہو تب ہی وہ زندہ جاوید کردار تخلیق کر سکتا ہے۔ اردو میں کئی کرداری افسانے مشہور ہوئے ہیں۔ بعض افسانے کہانی کی وجہ سے بھی مقبول ہو جاتے ہیں۔ لیکن کرداری افسانوں میں کردار کی پیشکشی اہمیت رکھتی ہے۔ افسانہ نگار کے لئے ضروری ہے کہ کہانی کے منظر زمانے اور مقام کے اعتبار سے کردار کے لباس اور اس کی گفتگو پیش کرے۔ بہار کا افسانہ ہو تو بہاری لہجہ ہو جیسے اے بوا کیا کرت ہو (یعنی اے لڑکے کیا کر رہا ہے) اور حیدرآبادی کردار ہو تو حیدرآبادی لہجہ جیسے'' ہونا جی دیکھو میں کتا کی بولی انوں مانیچ نئی۔ (دیکھئے میں بہت سمجھائی لیکن وہ نہیں مانے)۔ اس طرح کردار نگاری سے افسانے میں جان ڈالی جا سکتی ہے۔

''افسانے میں کہانی کو آگے بڑھانے کے لئے جن اشخاص کا ذکر ہوتا ہے انہیں افسانے کے کردار کہتے ہیں۔''

## مکالمے:

افسانے میں کچھ کردار ہوتے ہیں جو افسانے کی ضرورت کے تحت بات کرتے ہیں۔ کرداروں کی گفتگو کو مکالمے کہتے ہیں۔ پہلے زمانے کی کہانی بیانیہ ندازکی ہوتی تھی اور اس میں کرداروں کے مکالموں کو اہمیت نہیں دی جاتی تھی اور صرف سلسلہ وار قصہ بیان کیا جاتا تھا۔موجودہ افسانے میں کردار بات کرتے ہیں جس سے افسانہ آگے بڑھتا ہے۔ افسانے کے مکالموں کا لب ولہجہ سادہ، فطری، برجستہ اور شگفتہ ہونا چاہئے۔خوشی،غم ورحیرت کے موقعوں پر لہجے کے آہنگ میں موقع ومحل کے مطابق فرق کرنا لازم ہے۔بچوں کا لہجہ معصوم اور سادہ، مردوں کا لہجہ موقع محل کے اعتبار سے جاندار، پختہ سنجیدہ اور بعض اوقات درشت،مگر تدبر آمیز،عورتوں کا لہجہ عام طور پر نرم وملائم، اور شفقت آمیز ہونا چاہئے۔افسانے میں باوقار سنجیدگی کی فضا کو قائم رکھنے کے لئے مکالموں میں تہذیب اور شائستگی کا پہلو نمایاں رکھنا چاہئے۔کرداروں کا بازاری قسم کے متبذل اور غیر شریفانہ لب و لہجے سے اجتناب ضروری ہے۔ایسی ظرافت جو ابتذال کی حدوں سے دور رہے،افسانے کو ناگوار قسم کی سنجیدگی سے محفوظ رکھتی ہے۔

کرشن چندر کے افسانہ ''گڈھا'' میں گڑھے میں گرے شخص کے اطراف جمع ہونے والے چند افراد یوں مکالمے ادا کرتے ہیں۔

''گڈھ بہت گہرا ہے۔'' ایک آدمی نے اظہار افسوس کیا۔

''اور اس میں کیچڑ بھی ہے۔'' دوسرا بولا۔

''اس کو بچانے والا خود گڈھے میں گر سکتا ہے۔'' تیسرا بولا۔

''کپڑے بھی خراب ہونگے۔'' چوتھا بولا۔

''مگر کسی نہ کسی کو تو اس بے چارے کو نکالنا ہی چاہئے۔'' ایک ادھیڑ عمر کی عورت اپنے بچے کو سنبھالتے ہوئے بولی۔

کرداروں کے ان مکالموں سے اندازہ ہوتا ہے کہ کہانی کس طرح مکالموں کے ذریعے آگے بڑھتی ہے۔مکالمے مختصر اور جاندار ہونے چاہئیں۔مکالموں کے لئے لفظوں کا انتخاب اہمیت رکھتا ہے۔ ادھیڑ عمر کی عورت جو اپنے بچے کو سنبھال رہی ہے وہ طاقت رکھنے والے مردوں سے کہتی ہے کہ کوئی تو اس بے چارے کو گڈھے سے نکالے۔اس طرح افسانے میں مکالمے اپنا کردار ادا کرتے ہیں۔ مکالمے علاقہ' منظر اور کہانی کے تقاضے کے اعتبار سے ہونے چاہئیں۔طوالت سے بچا جائے۔اگر کوئی مولوی کو وعظ کرتا دکھانا ہے تو اس کے دو ایک جملے بیان کردئے جائیں سارا وعظ نہیں۔

مکالموں سے کردار کی نفسیات کا بھی پتہ چلتا ہے۔اوپر دیئے گئے مکالموں سے بوڑھی عورت اور مرد حضرات کی نفسیات کا علم ہوتا ہے۔اردو کے بیشتر افسانہ نگاروں جیسے پریم چندر' کرشن چندر' منٹو وغیرہ نے مکالمہ نگاری کا کمال دکھاتے ہوئے شاہکار افسانے لکھے۔

''افسانے میں کرداروں کی گفتگو کو مکالمے کہتے ہیں۔مکالموں سے کرداروں کی نفسیات کا بھی علم ہوتا ہے۔''

## زماں ومکاں اور منظر نگاری:

افسانے میں یہ ظاہر کیا جائے کہ کہانی کس زمانے کی ہے۔کس علاقے کی ہے اور وقت کیا ہے ان باتوں کے اظہار کو زماں ومکاں اور منظر نگاری کہتے ہیں۔یہ فطری طور پر افسانے کا حصہ بنتی ہے۔جیسے افسانہ موجودہ دور کا ہے۔آزادی کے بعد کا ہے یا آزادی سے قبل کا ہے۔واقعات کے بیان سے اندازہ ہوجاتا ہے کہ کہانی کا زمانہ کیا ہے۔اسی طرح افسانہ کس گاؤں یا شہر کی کہانی بیان کررہا ہے وہاں کے مقامات کے بیان سے بھی اندازہ ہوتا ہے کہ افسانے کا مکان کیا ہے اور منظر کیا ہے۔افسانہ نگار اتنا تو فنکار ہوتا ہی ہے کہ وہ کہانی کی پیشکشی کے دوران ان باتوں کا لحاظ نہ رکھے۔افسانہ گڈھا میں کرشن چندر نے ایک شہر میں میونسپلٹی والوں کی جانب سے کھودے گئے ایک گڈھے کا ذکر کیا ہے جس میں راستہ چلتا ایک شخص اندھیرے کی وجہہ سے گڈھے میں گرجاتا ہے۔ اس افسانے میں زمانے کے اندازے کی ضرورت نہیں کہ یہ حال کے زمانے کے ایک شہر کا قصہ ہے۔البتہ میونسپلٹی کے لفظ اور سڑکوں اور بلدیہ اور پولیس کے عملے کے ذکر سے انہوں نے واضح کیا کہ یہ افسانہ شہر کے ماحول میں پیش کیا گیا ہے۔ایک غلط مثال سے اس بات کو سمجھا جاسکتا ہے کہ اگر حیدرآباد کے ماحول کو افسانے میں پیش کیا جائے تو حیدرآباد میں تاج محل کا ذکر نہیں ہوگا بلکہ چارمینار کا ذکر ہوگا۔افسانے میں زماں ومکاں اور مناظر کے حقیقی بیان سے افسانے میں جان پڑتی ہے۔اور افسانہ حقیقیت سے قریب لگتا ہے۔اسی طرح کرداروں کے لباس' گفتگو ان کے عادات واطوار اور غذائی عادات وغیرہ کا فطری بیان بھی افسانے کے اس جز کا حصہ ہوتا ہے۔جس پر عمل کرتے ہوئے افسانہ نگار اپنے افسانے کو کامیابی سے ہمکنار کرتا ہے۔

''افسانے میں پیش کردہ زمانے' ماحول اور مقامات کو زماں ومکاں اور منظر نگاری کہتے ہیں''۔

## تکنیک:

افسانے کو جس انداز میں پیش کیا جاتا ہے اسے افسانے کی تکنیک کہتے ہیں۔ مثال کے طور پر اگر سلسلہ وار قصہ بیان کیا جائے تو اسے بیانیہ افسانہ کہیں گے۔ افسانے کی ایک تکنیک یہ ہوتی ہے کہ افسانے کے آغاز درمیان کے ایک حادثے سے یا انجام سے ہوتا ہے پھر افسانہ نگار انجام بیان کرنے کے بعد کہانی کے ابتدائی حالات بیان کرتا ہے۔ افسانہ گڈھا کا آغاز اس جملے سے ہوتا ہے۔

ایک آدمی گڈھے میں گر گیا۔ اور شور مچانے لگا۔ ''مجھے بچاؤ بچاؤ۔ میں گڈھے میں گر گیا ہوں۔ مجھے باہر نکالو۔''

اب اس آغاز سے یہ نہیں معلوم ہوتا کہ کون گڈھے میں گرا۔ کب گرا کہاں گرا اور اس کا انجام کیا ہوا۔ اب یہ افسانہ نگار کی تکنیک ہے کہ وہ افسانے کو اس طرح شروع کرتے ہوئے قاری میں ایک تجسس پیدا کرتا ہے کہ چلو پڑھ کر دیکھتے ہیں کہ گڈھے میں گرنے والے کا انجام کیا ہوا۔ افسانہ گڈھا منظر نگاری، مکالموں اور بیانیہ کا مجموعہ ہے اس میں افسانے کی پیشکشی کی مشترکہ تکنیک استعمال کی گئی ہے۔ اسی طرح دیگر تکنیکوں میں واحد متکلم غائب کا صیغہ استعمال کیا جاتا ہے۔ جس میں کہانی بولنے والا ظاہر نہیں ہوتا لیکن ضمیری الفاظ جیسے میرا وغیرہ کے ذریعہ وہ خود کہانی میں حصہ لیتا ہے۔ جسے روای بھی کہتے ہیں کچھ افسانے خطوط اور ڈائری کی شکل میں پیش ہوئے ہیں۔ یہ افسانہ نگار پر منحصر ہے کہ وہ ایسی تکنیک اختیار کرے جس سے کہانی بہتر طریقے سے قاری تک پہونچ سکے۔

''افسانے کی پیشکشی کے انداز کو افسانے کی تکنیک کہتے ہیں۔ جس میں انجام۔ درمیان یا ابتداء سے افسانے کا آغاز ممکن ہے۔''

## انجام اور وحدت تاثر:

افسانہ چوں کہ زندگی کے کسی ایک پہلو کو اجاگر کرنے کے لئے لکھا جاتا ہے۔ اس لئے اس کا انجام جاندار ہونا چاہئے اور سارے افسانے میں وحدت تاثر ہونا چاہئے کہ افسانہ نگار جس بات کا اثر اپنے قاری پر چھوڑنا چاہتا ہے اسے کمال کے ساتھ پیش کرے۔ اکثر افسانے کا انجام چونکا دینے والا ہوتا ہے جس سے وحدت تاثر قائم ہوتا ہے اور قاری اس بات کی تہہ تک پہونچ جاتا ہے جو افسانہ نگار پیش کرنا چاہتا ہے۔ افسانہ جامن کا پیڑ میں انجام اس طرح ہوتا ہے کہ سرکاری محکمہ میں پیڑ کے نیچے دبے شخص کو بچانے کی فائل آخر کار منظور ہو جاتی ہے اور پیڑ کو کاٹ کر دبے ہوئے شخص کو نکالنے کا فیصلہ کیا جاتا ہے لیکن فائل کی منظوری

تک پیڑ کے نیچے دبا ہوا شخص مر جاتا ہے۔اسی طرح افسانہ ''گڈھا'' کا انجام اس طرح ہے۔

''دس سال بعد میرا اس سڑک سے دوبارہ گذر رہوا۔۔۔۔گڈھے میں گرا ہوا آدمی ابھی تک وہیں تھا۔اس کی بیوی بھی وہیں تھی۔ اس درمیان ان کے ہاں دو بچے بھی پیدا ہوگئے تھے۔۔۔۔ یکا یک بہت سے ہاتھ نیچے گڈھے کی طرف بڑھ گئے۔آؤ۔آؤ اوپر آؤ۔گڈھے سے نکل آؤ۔ ہمارے ساتھ چلو۔۔۔۔ یکا یک اس گڈھے میں گرے ہوئے آدمی نے سر ہلا کر کہا۔''نہیں۔نہیں۔میں تمہارے ساتھ کہیں نہیں جا سکتا۔اس سڑک کے گڈھے میں مجھے آرام بہت ہے''۔

افسانے کے اس انجام سے اندازہ ہوتا ہے کہ گڈھے میں گرا شخص دنیا سے اور دنیا والوں سے اس قدر مایوس ہوگیا تھا اور گڈھے کی زندگی سے اس قدر مانوس ہوگیا تھا کہ اب وہ آزاد ہوا میں جینا نہیں چاہتا۔اور افسانہ نگار اسی بات کا تاثر اس افسانے سے دینا چاہتے تھے کہ دنیا والے کسی مصیبت زدہ کی وقت پر کیوں مدد نہیں کرتے۔اور لوگ کیسے مایوس ہوکر حالات سے سمجھوتہ کر لیتے ہیں۔ اس طرح دیگر افسانوں میں بھی افسانہ نگاروں نے چونکا دینے والے انجام سے اپنے افسانوں میں گہرا اثر چھوڑا ہے۔افسانے کے انجام اور وحدت تاثر دینے میں منٹو بھی مشہور ہیں جنہوں نے اپنے بعض افسانوں میں صرف ایک لفظ کے ذریعے سارے افسانے کا تاثر پیش کر دیا ہے۔اس طرح افسانے کا انجام اور وحدت تاثر کی طرف توجہ دینا افسانے کی کامیابی کی علامت سمجھا جاتا ہے۔

''افسانے کا چونکا دینے والا انجام اور مرکزی خیال افسانے کی جان ہوتا ہے۔جس کی جانب توجہ دینا افسانے کی کامیابی کی علامت ہے''۔

## اسلوب:

افسانے میں استعمال ہونے والی زبان اور انداز بیان کو اسلوب کہتے ہیں۔ ہر افسانہ نگار کا انداز بیان دوسرے افسانہ نگار سے جدا ہوتا ہے۔ اسلوب کی پہچان افسانہ نگار کے پیش کردہ واقعات' ماحول' موضوعات اور طریقہ بیان سے ہوتی ہے۔ پریم چند کے افسانوں کے اسلوب پر دیہاتی انداز بیان موضوعات اور واقعات کا اثر ہے۔ پریم چند کو دیہاتی انداز گفتگو پر عبور حاصل تھا۔اور اسے انہوں نے اپنے اسلوب کی پہچان بنایا۔افسانہ نگار جس انداز میں کہانی بیان کرتا ہے وہ یا تو بیانیہ ہوتی ہے جس میں واقعات کا سلسلہ وار

بیان ہوتا ہے یا مکالموں کے ذریعے بات کو آگے بڑھایا جاتا ہے۔ لیکن افسانے کا اچھا اسلوب وہ ہے جس میں واقعات کا بیان معیاری زبان میں ہو اور جہاں کہیں مکالمے ہوں وہ کہانی کے تقاضے کے مطابق ہوں تو افسانے کا اسلوب حقیقی محسوس ہوگا۔ پریم چند کا ایک افسانہ ''بڑے بھائی صاحب'' ہے۔ جس میں دو بھائیوں کا ہاسٹل میں رہ کر پڑھنے کا ذکر ہے۔ اس افسانے میں پریم چند کے اسلوب کو ملاحظہ کیجئے۔

> ''ایک روز شام کے وقت ہوسٹل سے دور میں ایک کنکوا لوٹنے دوڑا جارہا تھا۔ کہ بھائی صاحب سے میری مڈ بھیڑ ہوگئی۔ شائد وہ بازار سے لوٹ رہے تھے۔ انہوں نے وہیں میرا ہاتھ پکڑ لیا اور مجھے حقارت آمیز نظروں سے دیکھ کر بولے۔ ان بازاری لونڈوں کے ساتھ دھیلے کے کنکوے کے لئے دوڑتے تمہیں شرم نہیں آئی۔ تمہیں اس کا کچھ لحاظ نہیں کہ اب نیچی جماعتوں میں نہیں ہو۔ بلکہ آٹھویں جماعت میں آگئے ہو۔ اور مجھ سے صرف ایک درجہ پیچھے ہو۔ آخر تو اپنی پوزیشن کا خیال رکھنا چاہئے۔ ایک زمانہ تھا کہ لوگ آٹھواں درجہ پاس کر کے نائب تحصیلدار ہو جاتے تھے۔ میں کتنے ہی مڈلچیوں کو جانتا ہوں جو آج اول درجہ کے ڈپٹی کلکٹر یا سپرنٹنڈنٹ ہیں۔ کتنے ہی ہمارے لیڈر ہیں بی اے اور ایم اے والے ان کے ماتحت اور ان کے پیرو ہیں۔ اور تم اسی آٹھویں درجے میں آ کر بازاری لونڈوں کے ساتھ کنکوے کے لئے دوڑ رہے ہو۔ افسوس ہے تمہاری اس ناعقلی پر۔'' [1]

پریم چند کے اس اقتباس سے اندازہ ہوتا ہے کہ انہوں نے اپنی مخصوص لفظیات کے استعمال کے ساتھ بات پیش کی ہے اور اپنے اسلوب کو دلچسپ بنایا ہے۔ افسانہ چونکہ مختصر ہوتا ہے۔ اس لئے اس میں واقعات کا بیان اور اہم باتوں کو اختصار کے ساتھ بیان کیا جاتا ہے۔ اور کسی موضوع یا منظر کو بیان کرنے کے لئے طویل گفتگو نہیں ہوتی۔ چھوٹے چھوٹے جملوں

میں بات ہوتو افسانہ کا اسلوب بہتر مانا جاتا ہے۔مختلف افسانہ نگاروں کے افسانوں کے مطالعے سے اسلوب کی شناخت کی جاسکتی ہے۔

''افسانے کا منفرد انداز بیان اسلوب کہلاتا ہے۔اسلوب کی پہچان افسانہ نگار کے پیش کردہ واقعات' ماحول' موضوعات اور طریقہ بیان سے ہوتی ہے۔''

## عنوان:

افسانے کا مناسب اور دلکش و دلچسپ عنوان بھی افسانے کی کامیابی کی علامت سمجھا جاتا ہے۔اکثر افسانہ نگار افسانے میں پیش کی جانے والی کہانی کی مناسبت سے افسانے کا عنوان طے کرتے ہیں۔ جیسے پریم چند کا شاہکار افسانہ''کفن'' ہے۔جس میں مرنے والی عورت کی آخری رسومات کے لئے چندہ اکھٹا کرنے اور اس رقم سے پیٹ کی بھوک مٹانے کی بات پیش کی گئی ہے۔ پریم چند کا ایک افسانہ''عید گاہ'' ہے جس میں عید کے روز بچوں کے عید گاہ جانے اور عید کی خوشیاں مختلف طریقے سے منانے کا ذکر کیا گیا ہے۔بعض عنوانات تجسس سے بھرپور ہوتے ہیں۔ جیسے جیلانی بانو نے ایک افسانہ''چھس'' کے نام سے لکھا۔ جس کے عنوان سے تجسس ظاہر ہوتا ہے کہ آخر اس افسانے میں کیا بات پیش کی گئی ہے جب کہ افسانہ نگار نے اس افسانے میں ایک انسان کے لوہے کی بھٹی میں گر کر مر جانے کا قصہ بیان کیا ہے اور جب انسان بھٹی میں گرتا ہے تو''چھس'' کی آواز آتی ہے جو کڑھائی میں کوئی چیز تلنے کے لئے ڈالتے وقت آتی ہے۔افسانے کا عنوان مختصر ہو۔تجسس سے بھرپور ہو۔اور افسانے کے قصے کا احاطہ کرتا ہو۔بعض افسانوں کے عنوانات شاعری کے کسی مصرعہ پر یا ٹکڑے پر رکھے جاتے ہیں۔لیکن اکثر عنوانات مختصر ہوتے ہیں۔ چنانچہ افسانے کا عنوان بھی اگر دلچسپ ہوتو قاری افسانے کے مطالعے کے لئے تیار ہوتا ہے اور افسانہ نگار کا مقصد پورا ہوتا ہے۔

''افسانے کا مناسب نام جس میں اختصار تجسس اور دلچسپی ہو افسانے کا عنوان کہلاتا ہے''۔

اس طرح ہم دیکھتے ہیں کہ فنی اعتبار سے افسانہ نگاری کے کچھ لوازم ہیں جنہیں افسانے کے اجزائے ترکیبی کہا جاتا ہے۔ جو افسانہ نگار ان لوازمات کی پاسداری کرتے ہیں ان کے افسانے فنی اعتبار سے کامیاب سمجھے جاتے ہیں اور مقبول بھی ہوتے ہیں۔ ان

لوازمات افسانہ میں کمی بیشی ہوسکتی ہے لیکن کہانی' قصہ اور افسانے میں فرق ان لوازمات افسانہ کے ذریعے کیا جاسکتا ہے۔

## اردو میں افسانہ نگاری کی روایت:

: دیگر اصناف کی طرح افسانہ بھی مغربی صنف ہے۔ اردو میں افسانہ نگاری کی روایت انگریزی سے آئی ہے۔ پہلی جنگ عظیم کے بعد انگریزی کے ادیب واشنگٹن ارون کی کتاب ''اسٹیچ بک'' سے اس فن کو رواج ملا۔ ارون نے افسانہ نگاری کی غیر شعوری کوشش کی تھی جسے مقبولیت حاصل ہوئی۔ امریکہ اور فرانس کے علاوہ روسی افسانہ نگاروں بالخصوص چیخوف' لیوٹالسٹائے وغیرہ نے افسانہ نگاری کو عروج تک پہونچایا۔

اردو افسانے کے ابتدائی نقوش فورٹ ولیم کالج کے تحت لکھی گئی داستانوں میں بھی نظر آنے لگے تھے۔ کیونکہ ان میں افسانے کے عناصر پائے جاتے ہیں۔ تاہم افسانہ نگاری کی شعوری کوشش بیسویں صدی کے شروع میں ہوئی۔ سجاد حیدر یلدرم نے ابتداء میں ترکی افسانوں کا اردو میں ترجمہ کرنا شروع کیا۔ ۱۹۰۰ء میں انہوں نے ''نشہ کی پہلی ترنگ'' کے عنوان سے اردو کا پہلا افسانہ لکھا۔ اردو میں افسانہ نگاری کی ابتدائی کوششوں کے بارے میں فرمان فتح پوری لکھتے ہیں:

> ''سجا حیدر یلدرم ہی اردو کے پہلے افسانہ نگار ہیں۔ جنہوں نے ''نشہ کی پہلی ترنگ'' لکھا جو اکتوبر ۱۹۰۰ء میں موجود ہے''۲

اردو کے بعض محققین نے سرسید احمد خان کے مضامین میں بھی افسانہ نگاری کی نقوش تلاش کئے ہیں لیکن سرسید کا افسانہ نگار نہیں مانا جاتا۔ یلدرم کے بعد اردو افسانے کو حقیقی بال و پر عطا کرنے میں اہم نام پریم چند کا ہے۔ ۱۹۰۷ء میں پریم چند کا افسانہ ''دنیا کا سب سے انمول رتن'' 'زمانہ' میں شائع ہوا۔ یلدرم رومانیت کے علمبردار تھے۔ پریم چند اصلاح وحقیقت پسندی کے نقیب تھے۔ اس طرح یلدرم اور پریم چند کو اردو میں افسانہ نگاری کی دو

جہتوں کا امام کہا جا سکتا ہے۔ حقیقت نگاری اور رومانیت کے ان علمبرداروں کے بارے میں خلیل الرحمن اعظمی اپنے خیالات کا اظہار کرتے ہوئے لکھتے ہیں:

"ترقی پسند تحریک سے قبل اردو میں مختصر افسانہ نگاری کے دو واضح میلانات ملتے ہیں۔ ایک حقیقت نگاری اور اصلاح پسندی کا جس کی قیادت پریم چند کر رہے تھے۔ دوسرا رومانیت اور تخیل پرستی کا جس کی نمائندگی سجاد حیدر یلدرم کر رہے تھے" ۳

پریم چند کے ابتدائی دور کے افسانوں میں ہندوستانی سماج اور یہاں کے سیاسی و معاشرتی حالات بیان کیے گئے۔ انگریزی تہذیب کا مذاق اُڑایا گیا۔ پریم چند نے اپنے افسانوں میں دیہاتی زندگی کو پیش کیا۔ کسانوں اور مزدوروں کے مسائل بیان کئے۔ طبقاتی تقسیم، مذہبی اجارہ داری وغیرہ کے خلاف انہوں نے آواز اٹھائی۔ پریم چند کا شاہکار افسانہ "کفن" ہے۔ جو اردو افسانہ میں سنگ میل کی حیثیت رکھتا ہے۔ اس افسانے کا موضوع مفلسی سے پیدا ہونے والی بے حسی ہے۔ افسانہ کے کردار باپ بیٹے گھیسو اور مادھو ہندوستان کی غربت وافلاس کی تصویر پیش کرتے ہیں۔ افسانہ "کفن" کے علاوہ پریم چند نے نہ صرف تواتر سے افسانے لکھے بلکہ اس کے ارتقائی سفر میں بھی اہم کردار ادا کیا ہے۔ یہ انہی کا دم تھا کہ اردو افسانہ نئی تخلیق فضا اور ماحول سے آشنا ہوا۔ یہ پریم چند ہی تھے جنہوں نے اردو افسانے کو داستانی ماحول سے الگ کر کے زندگی کے قریب لایا۔ ان کے ہاں ہندوستانی معاشرہ اپنے حقیقی روپ میں نظر آتا ہے۔ اُن کے کردار اپنے گرد و پیش کی نمائندگی کرتے ہیں۔ اُن کے ہاں کسان، مزدور اور غریب طبقے کے گھرانوں اور اُن کے ماحول کا ذکر بہت باریک بینی سے کیا گیا ہے۔ پریم چند کے افسانوں میں ہندوستانی کسان، مزدور اور غربت کی چکی میں پستے ہوئے پریشان حال لوگوں کے عادات واطوار اور رسم ورواج کا ایسا نقشہ کھینچا گیا ہے کہ جیتی جاگتی تصویریں ہمارے سامنے آجاتی ہیں۔ پریم چند اپنے افسانوں کے ذریعے اخلاقی درس دیتے ہوئے دکھائی دیتے ہیں، اُن کے کردار، محنت اور انسانی عظمت کے مختلف پہلوؤں کو اُجاگر کرتے ہیں۔ وہ اپنے کرداروں کی مدد سے معاشرتی برائیوں کی اصلاح کا کام بھی لیتے ہیں۔ پریم چند ایک باشعور اور بالغ ذہن ادیب کی حیثیت سے اپنے دور میں اٹھنے والی آزادی کی

اُمنگ سے بھی لاتعلق نہیں رہتے۔اس حوالے سے اُن کے افسانے' آشیاں برباد' اور' ڈائل کا قیدی' اُن کے بدلتے ہوئے رجحانات کی ترجمانی کرتے ہیں

پریم چند کے بعد اردو افسانے کا ایک اور نمایاں نام کرشن چندر کا ہے۔کرشن چندر بنیادی طور پر مارکسیت پر یقین رکھنے والے افسانہ نگار ہیں یہی وجہ ہے کہ وہ دیگر اشترا کی ادیبوں کی طرح ادب برائے زندگی اور شدت سے حقیقت نگاری کے قائل ہیں لیکن اُن کے ہاں پائی جانے والی رومانیت اُن کے اشترا کی ذہن کے ساتھ ہم آہنگ ہو کر ایک دلکش امتزاج کا سبب بنتی ہے۔کرشن چندر طبعاً رومانی ضرور ہیں لیکن ان کی معروضیت گہرے سماجی شعور کی عکاس ہے۔کرشن چندر سماج اور انسانی مسائل کو اہم موضوعات کے طور پر قبول کرتے ہیں۔اُن کے ہاں وسیع تر مشاہدہ کی نمائندگی ہوتی ہے۔ وہ معمولی واقعات سے بھی افسانے تخلیق کر ڈالتے ہیں۔ اُن کے ہاں زندگی کا ربط اور بے ربطی پر دونوں کا اظہار افسانوں کی شکل میں ہوا ہے۔کرشن چندر کا شمار اہم ترقی پسند افسانہ نگاروں میں ہوتا ہے۔اپنے افسانوں میں وہ زندگی کے حقائق اور مسائل بیان کرتے وقت بھی ترقی پسند نظریات کو پیش نظر رکھتے ہیں۔ جہاں تک کرشن چندر کی حقیقت نگاری کا تعلق ہے تو اس سے قطع نظر کہ وہ ترقی پسند تحریک سے وابستہ رہے۔حقیقت یہ ہے کہ وہ زندگی کا بہت باریکی اور گہرائی سے مشاہدہ کرتے ہیں۔ وہ انسان کی محرومیوں کو نمایاں کرتے ہیں۔اُن کے ہاں زندگی سانس لیتی ہوئی اور آگے بڑھتی ہوئی دکھائی دیتی ہے۔ان کے افسانے، ان داتا، گرجن کی ایک شام، بالکونی اور پیاسا وغیرہ اس کی عمدہ مثال ہیں۔کرشن چندر کے دیگر مشہور افسانے کالو بھنگی' مہالکشمی کا پل' گڈھا' آدھے گھنٹے کا خدا' فٹ پاتھ کے فرشتے وغیرہ مشہور ہیں۔اُن کا اسلوب رومانیت سے گندھا ہوا ہے جو تلخ سے تلخ بات اور کریہہ سے کریہہ واقعہ کو بھی فطری رعنائی بخش کر قابل قبول بنا تا ہے۔البتہ کہیں کہیں ترقی پسند نظریات کے غلبے کی بنا پر اُن کے ہاں جذبے کی کمی ضرور محسوس ہوئی ہے۔بحیثیت مجموعی کرشن چندر اردو افسانے کا ایک نمایاں نام ہے جس نے اردو افسانے کے ارتقا میں اہم کردار ادا کیا ہے۔

پریم چند یک عہد ساز افسانہ نگار تھے انہوں نے اپنے فن کے ذریعہ دیگر افسانہ نگاروں کو بھی متاثر کیا۔ پریم چند کے رنگ میں اس دور میں سدرشن' اعظم کریوی' سہیل عظیم آبادی اور علی عباس حسینی نے افسانے لکھے۔سدرشن نے شہر کے متوسط گھرانوں کے مسائل کو اپنے افسانوں

میں بیان کیا۔ان کے اہم افسانے ''شاعر'مصور'ایک نامکمل کہانی' باپ وغیرہ ہیں۔علی عباس حسینی نے اپنے افسانوں میں انسانی نفسیات ازدواجی زندگی کے مسائل اور دیگر سیاسی وسماجی مسائل پر توجہ دی ہے۔ ان کے اہم افسانے رفیق تنہائی' کڑوا گھونٹ' آئی۔سی۔ایس' ہار جیت وغیرہ ہیں۔اعظم کریوی نے سیدھے سادھے اسلوب میں پریم چند کی طرح اپنے افسانوں میں حقیقت نگاری کو پیش کیا۔انکے اہم افسانے ہیرو'انصاف' دکھیا' کنول اور لاج ہیں۔

پریم چند کی حقیقت نگاری سے ہٹ کر اردو کے کچھ افسانہ نگار رومانی افسانے بھی لکھتے رہے۔ ان میں سجاد حیدر یلدرم' نیاز فتح پوری' سلطان حیدر جوش' اور مجنوں گورکھپوری وغیرہ شامل ہیں۔ یہ افسانہ نگار قاری کو حسین خوابوں کی سیر کراتے تھے۔ ۱۹۳۶ء میں اردو میں ترقی پسند تحریک کا آغاز ہوا۔لندن میں مقیم چند نوجوان ہندوستانی ادیبوں سجاد ظہیر' رشید جہاں' احمد علی اور محمود الظفر نے روایت سے ہٹ کر کچھ افسانے لکھے۔ یہ کُل دس افسانے تھے جو ۱۹۳۲ میں ''انگارے'' کے نام سے شائع ہوئے۔ان افسانوں میس فرائڈ' مارکس' جیمز جوائس اور ڈی ایچ لارینس جیسے مغربی مفکرین اور ماہرین نفسیات کے نظریات پیش کیے گئے۔اور مذہبی قیود وبند پر بھی آواز اٹھائی گئی۔روایت سے بغاوت کرنے والے افسانوں کے اس مجموعے کی کاپیاں ضبط کر لی گئیں۔لیکن ''انگارے'' کی اشاعت نے اردو افسانے کو نیا موڑ دیا۔ ۱۹۳۶ء میں لکھنو میں پریم چند کی صدارت میں ترقی پسند تحریک کا پہلا اجلاس منعقد ہوا۔اس میں حقیقت نگاری کو اجاگر کرنے پر زور دیا گیا۔ترقی پسند تحریک سے کئی افسانہ نگار ابھرے۔جن میں منٹو' بیدی' عصمت' کرشن چندر' احمد ندیم قاسمی' خواجہ احمد عباس اور عزیز احمد شامل ہیں۔

اردو افسانے کی روایت میں ایک نمایاں نام راجندر سنگھ بیدی کا ہے۔ان کے افسانوں میں پائی جانے والی معروضیت ان کے جذبے کو معتدل کرتی ہے۔ان کے موضوعات زمین سے شروع ہو کر زمین پر ہی لوٹ آتے ہیں۔ انسان اس کائنات کا مرکز ومحور ہونے کے باوجود اس کائنات میں سب سے محروم اور دکھی مخلوق ہے جو احساس اور شعور رکھنے کی بنا پر ہر لمحے تڑپتی اور بے قرار رہتی ہے۔ بیدی کے افسانوں میں انسانی کرب اور پریشانیوں کو پیش تو کیا گیا ہے لیکن ان کے اسلوب کی لطافت اور جذبے کے سبب کہیں بھی یہ کرب اور پریشانیاں اشتہار نہیں بنتیں۔راجندر سنگھ بیدی کے ہاں تجربے کی گہرائی سے صداقت کا ظہور ہوا ہے۔جس نے اُن کے افسانے کو نئی معنویت

عطا کی ہے۔راجندر سنگھ بیدی نے اپنے افسانوں میں پنجاب کے دیہاتوں کی تصویر پیش کی۔ عورت کے تقدس کو اجاگر کیا۔ان کے افسانوں کے مجموعے دانہ ودام' کوکھ جلی' مکتی بودھ' گرہن' اپنے دکھ مجھے دے دو' ہاتھ ہمارے قلم ہوئے' وغیرہ ہیں۔ان کے مشہور افسانے لاجونتی' اپنے دکھ مجھے دے دو' گرم کوٹ' چشم بدور' گرہن' بھولا وغیرہ ہیں۔

اردو افسانے کے ارتقائی سفر میں ایک نمایاں افسانہ نگار، جس کے بغیر اردو افسانے کا تذکرہ نامکمل رہے گا وہ سعادت حسن منٹو ہیں۔ بلاشبہ وہ عظیم افسانہ نگار ہیں۔اس کے باوجود کہ منٹو پر جنس نگاری کی چھاپ لگی ہوئی تھی انہوں نے دوسرے بہت سے موضوعات پر بھی قلم اٹھایا ہے۔سعادت حسن منٹو نہایت بے باکی سے کہانی بیان کرنے کی قدرت رکھتے ہیں۔وہ حقیقت نگاری کے باوجود اپنے اسلوب میں کہیں سپاٹ پن نہیں آنے دیتے۔منٹو نے اپنے افسانوں میں اگر طوائف ہی کو زیادہ موضوع بنایا ہے تو اس کی ایک بنیادی وجہ اُس وقت کا ماحول ہے۔ امرتسر جہاں منٹو کا بچپن گزرا، وہاں شہر کے درمیان ایک طویل بازار حسن تھا۔ پھر جب منٹو بمبئی آئے تو یہاں بھی قدم قدم پر انہیں، اُن کی پسند کے کردار ملے۔شہر سلطانہ،ممدو بھائی،مسز ڈی کوسٹا اور گوپی ناتھ، بمبئی کے ہی کردار ہیں۔سعادت حسن منٹو زندگی کو سرسری نظر سے نہیں دیکھتے، وہ بہت باریک بینی سے گردوپیش کا جائزہ لیتے ہیں اور نہایت بے باکی سے پوسٹ مارٹم کر کے رکھ دیتے ہیں۔یہ پوسٹ مارٹم اتنی بے رحمی سے ہوتے ہیں کہ بعض اوقات تو کراہت محسوس ہوتی ہے۔ایک طرف وہ ٹھنڈا گوشت، کالی شلوار، بلاؤز اور کھول دو جیسے افسانے لکھتے ہیں تو دوسری طرف نیا قانون اور تماشا جیسے افسانے لکھ کر اپنے سماجی وسیاسی شعور کا اظہار بھی کرتے ہیں۔منٹو پر ترقی پسندی رجعت پسندی اور جنس پرستی کا لیبل لگایا گیا۔ان کا ایک مشہور نفسیاتی افسانہ ''ٹوبہ ٹیک سنگھ'' ہے۔منٹو نے اپنے افسانوں میں الفاظ کو بڑی خوبی سے استعمال کیا ہے۔

اسی دور کی ایک اور افسانہ نگار عصمت چغتائی ہیں جن کے افسانوں پر انگریزی افسانوں کا گہرا اثر دکھائی دیتا ہے۔اُن کے افسانوں میں ایک ایسی عورت کی تصویر کشی کی گئی ہے جو مشرق کی مروجہ روایات اور نسوانیت سے بغاوت پر آمادہ ہے۔عصمت کے ہاں جنس کے مسائل بہت شدومد سے زیر بحث آئے ہیں۔اس حوالے سے' چوٹیں' اور' لحاف' اُن کی نمائندہ تحریریں ہیں۔جس میں انہوں نے جنسی جذبے کو زندگی کی اہم ترین اور بنیادی ضرورت قرار دیا ہے۔اُن کے نزدیک اس جذبے کی تسکین کی خواہش عین فطرت ہے۔عصمت چغتائی کے ابتدائی افسانوں

میں نوجوانوں اوراُن کے مسائل کا تذکرہ بھی بھرپور انداز میں ملتا ہے لیکن اُن کی یہ حقیقت نگاری توازن کے فقدان کی بنا پر زیادہ مؤثر نہیں ٹھہرتی بلکہ لذت پسندی پیدا کرنے کا سبب بنتی ہے۔منٹو کے طرز پر خواتین کے مسائل کو اجاگر کرتے ہوئے عصمت چغتائی نے بھی اردو افسانے میں شہرت حاصل کی۔عصمت کا ایک مشہور افسانہ ''چوتھی کا جوڑا'' ہے۔جس میں غربت کے سبب شادی کے انتظار میں اپنی جان گنوا دینے والی غریب ہندوستانی لڑکی کی تصویر جذباتی انداز میں پیش کی گئی ہے۔عصمت کے افسانے اپنے وقت کی ایک جراءت مندانہ آواز ہیں اور آج بھی وہ نسوانیت کے علمبردار کے طور پر جانی جاتی ہیں۔

عصمت کے علاوہ خاتون افسانہ نگاروں میں خدیجہ مستور اور ہاجرہ مسرور مشہور ہوئیں۔عزیز احمد ایک اور ترقی پسند افسانہ نگار تھے۔انہوں نے حیدرآبادی نوابی زندگی کو قریب سے دیکھا تھا۔ وہ انگریزی کے پروفیسر بھی تھے انہوں نے حیدرآبادی جاگیردارانہ گھرانوں کی زندگی کے نشیب وفراز کو اپنے افسانوں کا موضوع بنایا اس کے علاوہ مغربی زندگی اور ترقی پسندی کے اثرات کے تحت انہوں نے بھی اپنے افسانوں میں جنس کو پیش کیا۔ان کے اکثر کردار نوجوان ہوتے ہیں جو مشرقی تہذیب سے بغاوت کرنے اور مغربی طور طریق کے
دل دادہ دکھائی دیتے ہیں۔اردو افسانے کے ابتدائی خدوخال نمایاں کرنے میں ایک اور افسانہ نگار کے کردار کو بھی نظر انداز نہیں کیا جاسکتا۔ یہ خواجہ احمد عباس ہیں۔خواجہ احمد عباس کے افسانوں کا مجموعی جائزہ لیں تو یہ بات زیادہ قرین قیاس نہیں لگتی۔وہ ایک ایسے افسانہ نگار ہیں جو زندگی کی تعمیر میں سماجی مسائل اور سیاسی الجھنوں کی اہمیت کو بھی پیش نظر رکھتے ہیں۔اُن کا مشاہدہ اور تخلیقی قوت دونوں جاندار ہیں البتہ کہیں کہیں ترقی پسند نظریات کے غلبے کی بنا پر اُن کی حقیقت نگاری پر غیر فطری ہونے کا گماں ضرور گزرتا ہے۔اس حوالے سے ان کے افسانے سردار جی،انتقام اور شکر اللہ وغیرہ کی مثال دی جاسکتی ہے۔لیکن ان کے بعض افسانے نظریے اور جذبے کا خوبصورت امتزاج بھی ہیں۔اس سلسلے میں اُن کا افسانہ 'پسماندگان' ایک نمایاں مثال ہے۔جس میں وہ ایک بڑے افسانہ نگار کے طور پر دکھائی دیتے ہیں۔

اوپندر ناتھ اشک بھی اردو افسانہ نگاری میں نمایاں مقام رکھتے ہیں۔انہوں نے اپنے افسانوں کے ذریعے نچلے اور متوسط طبقوں کی معاشی،سماجی اور جنسی محرومیوں کا ذکر کیا ہے۔ان کے موضوعات کا بنیادی ماخذ زمین اور اُس پر بسنے والا انسان ہی ہے۔ یہ موضوع روز ازل

ہی سے ہر لکھنے والے کا موضوع رہا ہے لیکن انداز بیاں اور جذبے کی صداقت و گہرائی نے ہر لکھنے والے کو امتیاز بخشا ہے۔ اوپندر ناتھ اشک بھی زمین اور اس کے باسیوں کی محرومیوں اور دکھوں کو موضوع سخن تو بناتے ہیں لیکن ان کے ہاں جذبے کی چاشنی، انہیں روایتی ترقی پسندی کے منصب سے کہیں بلند کر دیتی ہے۔ یہی وجہ ہے کہ اُن کے ہاں اقدار کی تخریب کے بجائے ایک صحت مند تبدیلی کا ماحول ملتا ہے۔ ان کے افسانے قفس، ڈاچی اور چیتن کی ماں، اس حوالے سے عمدہ مثالیں ہیں۔

احمد ندیم قاسمی شاعر ہونے کے ساتھ ساتھ نہایت عمدہ افسانہ نگار بھی ہیں۔ اردو افسانے کی ترویج میں اُن کی خدمات ناقابل فراموش ہیں۔ ان کے افسانوں میں مقصدیت اور حقیقت نگاری کارفرما ہے۔ اُن کی مقصدیت اور حقیقت نگاری رومانیت کے زیر اثر ایک منفرد اسلوب متعارف کراتی ہے۔ اُن کے افسانوں میں دیہاتی اور شہری زندگی کے تصادم سے ایک اچھوتی فضا تیار کی گئی ہے۔ الحمد اللہ، کنجری، مامتا، کپاس کا پھول، سناٹا، رئیس تھانہ، بندگی، طلوع وغروب، اُن کے نمائندہ افسانے ہیں۔ احمد ندیم قاسمی کے افسانے فکری اور اسلوبیاتی اعتبار سے ان کی مہارت کے گواہ ہیں۔ انہیں کہانی کی بنت کاری اور کرافٹنگ پر دسترس حاصل ہے۔

اردو افسانہ نگاری میں ایک اور معتبر نام قرۃ العین حیدر کا ہے۔ انہوں نے اودھ کے جاگیردار طبقے اور آئی سی ایس افسروں کے متعلق اپنی کہانیوں کا آغاز کیا۔ قراۃ العین حیدر کے افسانوں میں تقسیم ہند کے بعد پیش آنے والے حالات وواقعات نے ایک اچھوتا کرب نمایاں کیا ہے۔ اس حوالے سے وہ اپنے دیگر ہم عصر لکھنے والوں سے مختلف انداز میں لکھتی ہیں۔ وہ لٹی ہوئی عصمتوں پر آنسو نہیں بہاتیں، اُن کے افسانوں میں تباہی و بربادی کا نوحہ نہیں ہے۔ کیونکہ انہیں اس سے غرض نہیں ہے کہ کیا ہوا بلکہ وہ اپنی تمام تر توجہ اس پر رکھتی ہیں کہ کیوں ہوا۔ قرۃ العین حیدر کا شمار بھی ارضی رجحان رکھنے والے علمبرداروں میں ہوتا ہے۔ اُن کے موضوعات اپنے گردوپیش کی نمائندگی کرتے ہیں۔ اُن کے ہاں 'غفران منزل' اور 'کنور لاج' کا ذکر ہے تو وہیں معمولی ٹائپسٹ لڑکیوں اور ریڈیو سٹیشنوں کے برآمدوں میں انتظار کرتی طوائفوں کا تذکرہ بھی ہے۔

آزادی کے بعد اردو افسانے کے اسلوب اور موضوعات میں تنوع پیدا ہوا۔ بہت سے جدید لکھنے والوں نے اس میں تجربات کے در وا کیے ہیں۔ ان لکھنے والوں میں ایک غلام عباس بھی

شامل ہیں۔ جن کی افسانہ نگاری کا آغاز آزادی سے پہلے ہی ہو چکا تھا لیکن آزادی کے بعد انہوں نے اپنے منفرد اسلوب اور موضوعات کی بنا پر، اپنا جداگانہ رنگ جمایا۔ اُن کے ہاں موضوعات کا تنوع ہے۔ وہ زندگی کو بہت قریب سے دیکھتے ہیں اور جذئیات نگاری کو بروئے کار لاتے ہوئے واقعیت نگاری کا حق ادا کر دیتے ہیں۔ ان کا اسلوب رواں اور سادہ ہے۔ اُن کے اکثر کردار دوہری شخصیت کے حامل ہیں جو کہانی میں چونکا دینے کا سبب بنتے ہیں۔ ممتاز مفتی ایک اور افسانہ نگار ہیں جنہوں نے اردو افسانے میں نفسیاتی مطالعہ کی اہمیت کو اُجاگر کیا۔ ممتاز مفتی کے کردار بظاہر عام زندگی سے تعلق رکھنے والے افراد ہوتے ہیں لیکن وہ انہیں نفسیات کی آنکھ سے دیکھ کر مختلف بنا دیتے ہیں۔ ممتاز مفتی کے اکثر افسانوں میں تو انسانی فطرت کا نفسیاتی مطالعہ کسی ماہر نفسیات کی طرح کیا گیا ہے۔

اشفاق احمد کے افسانوں کا مرکزی نقطہ محبت ہے لیکن اس کے باوجود ان کے ہاں زندگی کا کرب اور اس کی پریشانیوں کا اظہار بھی ہوا ہے۔ حقیقت میں اُن کے ہاں موضوعات کا تنوع ہے اور ان موضوعات کے لیے جو جذبہ مہمیز کا کام کرتا ہے وہ اُن کی والہانہ محبت ہے جو اُن کے افسانوں کا احاطہ کیے رکھتی ہے۔

اردو افسانے کے ارتقائی مراحل میں جس افسانہ نگار کی کاوشوں کو فراموش نہیں کیا جا سکتا، وہ انتظار حسین ہیں جنہوں نے کہانی کو ایک نیا پن عطا کیا۔ انہوں نے اردو افسانے کے اسلوب کو ایک نئی جہت بخشی۔ تجسیم، تجدید اور علامت نگاری کے نت نئے تجربات کیے اور اردو افسانے کو دیگر زبانوں میں لکھے جانے والے شاہکار افسانوں کی صف میں لا کھڑا کیا۔

موجودہ دور تک پہنچتے پہنچتے اردو افسانہ مختلف مراحل اور تجربات سے گزرا ہے۔ اس میں موضوعات اور اسلوب کے نت نئے تجربات کیے گئے ہیں۔ یہ تجربات جہاں مختلف شخصیات کے مزاج اور صلاحیتوں کے مرہون منت ہیں وہاں حالات و واقعات اور زندگی کی سماجی اور سیاسی جہتوں میں آنے والی نت نئی تبدیلیاں بھی اس کا سبب ہیں۔ بین الاقوامی تحریکیں اور بدلتے ہوئے تہذیبی و سماجی رجحانات بھی اردو افسانے پر اثر انداز ہوتے ہیں۔ فرانس سے شروع ہونے والی علامتی تحریک کے اثرات بھی ہمارے افسانہ نگاروں نے لیے۔ اس کے ساتھ ہی فرائیڈ اور ژونگ کے خیالات سے بھی اردو افسانہ محفوظ نہ رہ سکا۔ گو یہ خیالات اردو افسانے میں قدرے تاخیر سے داخل ہوئے لیکن ان کے اثرات اجتماعی سوچ اور زندگی پر ظاہر ضرور ہوئے۔ شعور کی رو کے تحت

افسانے لکھے گئے۔ شعور ولاشعور کوموضوع بحث بنایا گیا۔ حسن عسکری نے شعور کی رو کے حوالے سے افسانے لکھے۔ ان کے افسانوں میں اُن ناآسودہ خواہشات کو موضوع بنایا گیا جو معاشرے کی پابندی کے باعث آسودہ نہیں ہو پاتیں۔ ان کے افسانوں میں پلاٹ کی ترتیب کا اتنا خیال نہیں رکھا گیا۔ محض شعور کی غیر مربوط رو سے ہی کہانی اور کرداروں کے خدوخال ترتیب دیئے گئے ہیں۔ مغرب کے زیر اثر ممتاز شریف نے بھی اپنے افسانوں میں علمیت کا اظہار کر کے اپنے قاری کے لیے ذہنی ورزش کا خوب اہتمام کیا ہے۔ انہوں نے اپنے افسانوں میں یہ بتانے کی کوشش کی ہے کہ انسانی تجربات کو گرفت میں لانے کے لیے محض حال ہی سے واسطہ کافی نہیں ہے بلکہ اس کے لیے ماضی میں تاریخ ور دیومالاؤں میں اس کے رشتے اور جڑیں تلاش کرنا پڑتی ہیں۔ یہ انہیں لکھنے والوں کا اعجاز ہے کہ اردو افسانہ نگاری اور فرانسیسی ہم عصر افسانوں کے مقابل آکھڑا ہوا ہے۔ موجودہ عہد میں اردو افسانے کی تکنیک پر بھی بے شمار تجربات ہوئے ہیں۔ یہی وجہ ہے کہ تکنیک کے اعتبار سے آج اس میں بے پناہ تنوع پایا جاتا ہے۔ آج کا افسانہ تجسیم اور تجرید کے بین بین اپنا سفر طے کر رہا ہے۔ دہری سطح کی کہانیاں لکھی جارہی ہیں، جنہیں قاری کے لیے سوچنے اور خود کو کہانی میں شامل کرنے کے مواقع موجود ہیں۔ اس طرز کی کہانی میں مشتاق قمر، منشا یاد اور سلیم آغا قزلباش بہت نمایاں ہیں۔ خالدہ حسین احمد کی کہانیوں میں قدرے ابہام پایا جاتا ہے البتہ ان کا نقطہ نظر بین السطور جاری وساری رہتا ہے، اسی طرح مرزا حامد بیگ کی کہانیوں میں بھی ابہام کی فضا ضرور ہے لیکن اُن کی کہانی کو سمجھنا بھی مشکل نہیں ہے۔

آزادی کے بعد اردو افسانے کا موضوع بدلا، اور زندگی کے دیگر مسائل پر افسانے لکھے جانے لگے۔ قرۃ العین حیدر نے اپنے افسانوں میں اودھ کی مٹتی جاگیر کا نوحہ سنایا تو انتظار حسین نے ہجرت کے کرب کو بیان کیا۔ ۱۹۶۰ء کے بعد اردو افسانے میں نئے تجربے ہوئے اور جدیدیت عصری ہیت، علامتی و تدریجی افسانے لکھے گئے۔ شعور کی رو کے علاوہ اردو افسانے میں علامت نگاری، اشارہ اور تجریدی رجحان کو آگے بڑھانے میں جدید افسانہ نگاروں نے خاصی دلچسپی کا ظہار کیا۔ اس ضمن میں انتظار حسین، انور عظیم، رشید امجد، شوکت حیات، بلراج مین را، سلام بن رزاق، انور سجاد، انور خاں، قدیر زماں، احمد ہمیش، احمد یوسف اور عوض سعید وغیرہ قابل ذکر ہیں۔ انہوں نے اساطیری حکایتوں کو نئی اور زندہ علامتیں بنا کر پیش کیا۔ جدید افسانہ نگاروں میں بلراج کومل، سریندر پرکاش، کمار پاشی، دیوندر اسر، نیر مسعود، عوض سعید، اکرام

باگ، سلام بن رزاق طارق چھتاری، اقبال متین، جیلانی بانو، علی ظہیر، بیگ احساس وغیرہ شامل ہیں۔اردوافسانے کے ارتقااورترقی میں اور بہت سے افسانہ نگاروں کا خون جگر بھی صرف ہوا ہے۔ یہ وہ افسانہ نگار ہیں جن کے بغیر اردوافسانے کی داستان ادھوری رہے گی۔ان میں سے کچھ نام یوں ہیں۔شیر محمد اختر، قدرت اللہ شہاب، شوکت صدیقی، آغا بابر، شمس آغا، منشا یاد، انور سجاد، مظہر الاسلام، رشید امجد، مستنصر حسین تارڑ، غلام الثقلین نقوی، جوگندر پال، رام لعل، جیلانی بانو، خدیجہ مستور، ہاجرہ مسرور، بانو قدسیہ، نشاط فاطمہ، عذرا اصغر، امجد الطاف، صلاح الدین اکبر، الطاف فاطمہ، مسعود مفتی، جمیلہ ہاشمی، فرخندہ لودھی، سائرہ ہاشمی، احمد جاوید، احمد داؤد، مظہر الاسلام، اعجاز راہی، نیلوفر اقبال، محمد الیاس، نیلم احمد بشیر، شمشاد احمد، جمیل احمد عدیل، ابدال بیلا، امجد طفیل اور محمد عاصم بٹ وغیرہ شامل ہیں۔

اکیسویں صدی میں افسانچہ یا مختصر کہانی کے نام سے کہانی کی مختصر ترین صورت کو پیش کرنے کی کوشش کی جارہی ہے جس میں چند جملوں میں کہانی کا اہم تاثر دیا جارہا ہے۔ بہرحال اردوافسانے کا سفر جاری ہے۔اردوافسانے کے فروغ میں رسائل کے بعد سوشل میڈیا نے اہم کردارادا کیا اس ضمن میں فیس بک پر اردوافسانہ اور عالمی اردوافسانہ کے نام سے کچھ گروپ ہیں جو عالمی سطح پر اردوافسانہ نگاروں کو ایک پلیٹ فارم پر پیش کرتے ہیں۔اور اردوافسانہ نگاری کے ایونٹ رکھتے ہوئے نئے اور پرانے افسانہ نگاروں کو اپنے فن کو پیش کرنے اور ان افسانوں پر گفتگو کا موقع فراہم کررہے ہیں۔زندگی میں جس طرح خیر وشر جاری ہے اسی طرح اس مشینی زندگی میں بھی افسانے کے لیے نئے موضوعات مل رہے ہیں اور اردوافسانہ نگاران موضوعات کو اپنے فن کے ذریعے پیش کررہے ہیں۔

# حواشی

۱۔ بحوالہ پریم چند کے منتخب افسانے۔ انجمن ترقی اردو نئی دہلی ۔۲۰۰۶۔ص۔۱۳۵

۲۔ بحوالہ: فن افسانہ نگاری۔ از وقار عظیم دیباچہ ثانی ص ۱۵

۳۔ فرمان فتح پوری۔اردو افسانہ اور افسانہ نگار۔اگست ۱۹۸۲۔ص۔۱۴

۴۔ خلیل الرحمن اعظمی۔اردو میں ترقی پسند ادبی تحریک۔۱۹۲۷۔ص۔۲۰۷

# تلنگانہ میں اردو کا ادبی پس منظر

ہندوستان کی آزادی کے وقت ملک سینکڑوں چھوٹی بڑی ریاستوں اور رجواڑوں پر مشتمل تھا۔جنھیں ایک مرکز اور وفاق کے تحت لایا گیا۔جنوبی ہند کی نئی ریاست تلنگانہ ہندوستان کی ۲۹ ویں ریاست ہے جسے ریاست آندھرا پردیش سے الگ کر کے ۲ جون ۲۰۱۴ء کو علحیدہ ریاست کا درجہ دیا گیا۔یہ ریاست حیدرآباد دکن اور اس سے متصل تلگو بولنے والے علاقوں تلنگانہ تہذیب کے حامل اضلاع کو ملا کر بنائی گئی ہے۔تلنگانہ 'لفظ کا مطلب ہے 'تیلگو بولنے والوں کی زمین۔ ہندوستان کی آزادی کے بعد لسانی بنیادوں پر ریاستوں کی تشکیل جدید عمل میں آئی تھی۔ ریاست حیدرآباد پر آصف سابع نظام میر عثمان علی خاں کی حکومت تھی۔ جسے پولیس ایکشن کی مدد سے ہندوستانی افواج نے آپریشن پولو کرتے ہوئے ۱۹۴۸ء میں ہندیونین میں شامل کر لیا تھا۔ ۱۹۵۶ء میں لسانی بنیادوں پر ریاستوں کی تشکیل جدید کے تحت آندھرا اور تلنگانہ کے علاقوں کو ملا کر تلگو ریاست آندھرا پردیش کا قیام عمل میں لایا گیا تھا۔ جب کہ نظام دور حکومت میں تلنگانہ کے علاقوں کی علحیدہ شناخت تھی۔اور تلنگانہ کے عوام اپنی تہذیب اور طور طریق کے اعتبار سے جانے جاتے تھے۔آندھرا پردیش کے قیام کے بعد تلنگانہ کی تہذیب ماند پڑتی گئی۔اور آندھرا کلچر پروان چڑھنے لگا۔سرکاری امور اور تہذیبی امور میں تلنگانہ کے علاقوں میں بھی آندھرا والوں کا اثر ورسوخ بڑھتا رہا۔تلنگانہ کے عوام کو احساس تھا کہ ان کی شناخت ختم ہو رہی ہے اور انہیں درکار مواقع دستیاب نہیں ہو رہے ہیں اس لیے مختلف اوقات تلنگانہ کے جذبے کو سیاسی وسماجی موقعوں پر اجاگر کیا جاتا رہا۔ابھی جس علاقے کو تلنگانہ کہا جاتا ہے، اس میں آندھرا پردیش کے ۲۳ اضلاع میں سے ۱۰ اضلاع حیدرآباد' رنگاریڈی' محبوب نگر' نلگنڈہ' نظام آباد' عادل آباد' میدک' کریم نگر' ورنگل اور کھمم آتے تھے۔اس علاقے سے آندھرا پردیش کی ۲۹۴ میں سے ۱۱۹ اسمبلی نشستیں آتی ہیں۔تلنگانہ کو ۴۲ لوک سبھا سیٹوں میں سے ۱۷ سیٹیں

حاصل ہوئی ہے۔تلنگانہ کوایک الگ ریاست بنانے کی مانگ کی جاتی رہی ہے اوراس کے لیے تحریک بھی چلائی گئی۔تلنگانہ کے وزیراعلیٰ اور تلنگانہ راشٹرا سمیتی علاقائی سیاسی پارٹی کے سربراہ کے چندراشیکھر راؤ نے حصول تلنگانہ کے لیے مرن برت رکھا۔ تلنگانہ کے عوام اورسرکاری ملازمین نے ریاست گیر ہڑتال کی۔شدت سے تحریک چلائی گئی۔مرکز کی کانگریس حکومت نے تشکیل تلنگانہ کا اعلان کیا۔اس طرح ۲۔جون۲۰۱۴ءکوریاست آندھراپردیش باضابطہ طور پر دوحصوں میں منقسم ہو گئی جبکہ اس میں سے ملک کی ۲۹ ویں ریاست تلنگانہ وجود میں آگئی۔تلنگانہ کا قیام اتواراور پیر کی درمیانی شب کو ہندوستان کے مقامی وقت کے مطابق رات۱۲ بجے عمل میں آیا۔تلنگانہ ریاست آندھراپردیش کے دارالحکومت حیدرآباد کےآس پاس کے دس اضلاع پر مشتمل رہی۔جبکہ حیدرآباد کو آئندہ دس برس کے لیے دونوں ریاستوں کا مشترکہ دارالحکومت قرار دیا گیالیکن آندھراپردیش نے شہرامراوتی بنا کراپنا الگ دارالحکومت قائم کرلیا۔

تاریخی اعتبار سے تلنگانہ کا علاقہ نظام حیدرآباد کی آصف جاہی سلطنت کا حصہ تھا۔ 1948 کے دوران ہندوستان میں حیدرآباد کے انضمام کے بعد تلنگانہ کو کچھ برسوں تک ایک الگ ریاست کی حیثیت حاصل رہی۔ جب لسانی بنیادوں پر ریاستوں کی تشکیل جدید کے لیے فضل علی کمیشن قائم کیا گیا تو علاقہ کے عوام نے اپنے لیے ایک علاحدہ ریاست کے موقف کا مطالبہ کیا تھا لیکن اسے قبول نہیں کیا گیا اور اس علاقہ کو ساحلی آندھرا کے ساتھ ملا کر آندھراپردیش کا نام دیا گیا۔بعد میں حکومت تلنگانہ نے انتظامی سہولتوں کی خاطر تلنگانہ کے اضلاع کوازسرنوتقسیم کیا اوراب موجودہ ریاست تلنگانہ۳۱ اضلاع پر مشتمل ہے۔ان اضلاع کے نام اس طرح ہیں۔

عادل آباد۔ بھدرادری کوتا گوڈیم۔حیدرآباد۔جگتیال۔جنگاؤں۔جیاشنکر بھوپال پلی۔جوگولامبا گدوال۔۔کاماریڈی۔کریم نگر۔کھمم۔کومارم بھیم آصف آباد۔محبوب آباد۔محبوب نگر۔منچیریال۔ میدک۔میڈچل۔ناگرکرنول۔نلگنڈا۔نرمل۔ نظام آباد۔پداپلی۔راجنا سرسیلا۔رنگاریڈی۔ سنگاریڈی۔سدی پیٹ۔سوریاپیٹ۔وقارآباد۔ونایرتی۔ورنگل رورل۔ورنگل اربن۔یادادری بھوواناگری۔

## ادبی ماحول

تلنگانہ کی سرزمین ماضی میں دکن کے علاقے سے موسوم رہی۔دکن میں گولکنڈہ،بیدر،بیجاپور،اور مدراس کے علاقے شامل رہے۔قطب شاہی اور عادل شاہی سلاطین کے

دور میں دکن میں اردو شعر و ادب کی خوب سرپرستی ہوئی۔ قطب شاہی سلاطین نے شہر حیدرآباد کی بنیاد رکھی۔ قطب شاہی دور میں قلی قطب شاہ کے علاوہ وجہی، غواثی، نصرتی وغیرہ اہم شعرا گزرے ہیں۔ اردو کی پہلی نثری داستان سب رس ملا وجہی نے اسی دکن کے علاقے میں لکھی۔ اردو غزل اور مثنوی نگاری کو دکن کے علاقے میں فروغ حاصل ہوا۔ عادل شاہی دور میں بھی اردو زبان کی سرپرستی ہوتی رہی۔

۱۷۲۴ء تا ۱۹۴۸ء میں سرزمین دکن میں آصف جاہیوں کی حکمرانی رہی۔ آصف جاہی سلاطین نے اُردو کے فروغ میں نمایاں وگرانقدر خدمات انجام دیں ہیں۔ ان سلاطین نے اُردو کو سرکاری زبان کی حیثیت دی اور عظیم تر مادر علمیہ جامعہ عثمانیہ کے قیام سے اُردو کو جامعاتی سطح تک پہنچادیا۔ دوسری جانب اُردو شاعری کو بام عروج پر پہنچادیا۔ چونکہ تمام سلاطین آصفیہ بذات خود اُردو کے باکمال شاعر تھے۔ آصف جاہی سلطنت کے چھٹے حکمران میر محبوب علی خاں آصف سادس جنھیں حیدرآبادی عوام میں غیر معمولی مقبولیت حاصل تھی اور شمالی ہند میں بھی ان کی داد و دہش، علم پروری اور ادب نوازی کے بڑے چرچے تھے۔ انہوں نے اپنے دربار میں شعرا، ادیبوں اور دانشوروں کی سرپرستی کی۔ یہی وجہ رہی کہ ارباب فن، ادیب وشعرا حیدرآباد کا رخ کرنا پسند کررہے تھے۔ ''تزک محبوبیہ'' سے پتہ چلتا ہے کہ آصف سادس میر محبوب علی خاں جو داغؔ کی شعرگوئی کے دلدادہ تھے انہوں نے داغؔ کو حیدرآباد آنے کی دعوت دی۔ جبکہ اس سے قبل بھی داغؔ حیدرآباد آچکے تھے۔ دوبارہ انہوں نے ۲۹/ مارچ ۱۸۹۰ء کو حیدرآباد کا رُخ کیا۔ ۱۸۹۱ء میں میر محبوب علی خاں نے داغؔ کی خدمت میں اپنی غزل اصلاح کے لئے ارسال فرمائی۔ اس طرح میر محبوب علی خاں کو داغؔ سے شرف تلمذ حاصل ہوا۔ اور داغؔ دربار شاہی میں باریاب ہوتے ہوئے آصف سادس کی چودہ پندرہ برس تک استادی کا شرف حاصل رہا۔ دیگر شاگردوں میں مہاراجہ کشن پرشاد شادؔ اور سید رضی الدین کیفی قابل ذکر ہیں۔ جامعہ عثمانیہ کے قیام سے اردو ذریعے تعلیم کو فروغ حاصل ہوا۔ دارالترجمہ کے قیام سے اردو میں فنی علوم کی کتابیں لکھی گئیں۔ ہندوستان کے کئی نامور ادیبوں اور دانشوروں کی خدمات دارلترجمہ کے لیے حاصل کی گئیں۔ جامعہ عثمانیہ سے اردو نثر کو بھی فروغ ملا۔ یہاں کے اساتذہ اور فارغ ہونے والے طلباء نے اردو شعر و ادب خاص طور سے اردو افسانہ نگاری کے فن میں گراں قدر خدمات انجام دیں۔

اردو کے فروغ میں دکن کے علاقے کی بے لوث خدمات انجام رہی ہیں۔ دکن کی

تہذیب وتمدن نے بھی اس زبان کے فروغ میں نمایاں کردار ادا کیا۔ ولّی کو شمال اور جنوب کا پل اسی لیے کہا جاتا ہے کہ انھوں نے دو تہذیبوں، دکن کو شمال سے ملا کر دونوں کے اٹوٹ سنگم سے ایک نئی تہذیب کی بنیاد رکھی تھی۔ ولّی کا شمالی ہند کا سفر اردو زبان میں ایک نئے باب کی ابتدا لے کر آیا۔ اردو زبان کا دامن اس باب سے وسیع ہوتا چلا گیا۔ دکن کے شعرا نے اپنی ، دری زبان میں شاعری ترک کی اور عوام کے ذوق کے مطابق اشعار کہنے لگے۔ آگے چل کر تراجم اور فورٹ ولیم کالج کا قیام اردو میں ایک اور اہم تبدیلی لے کر رونما ہوا۔ دہلی میں مظہر جان جاناں اور لکھنو میں شیخ امام بخش ناسخ کی اصلاح زبان کی تحریکوں نے اردو کی قدیم روایت اور اس کی ساخت کو نقصان پہنچایا۔ یہاں تک کہ دکنی زبان کو دیہاتی زبان کا نام دے کر اس زبان کی عظیم الشان روایت اور اس کی خدمات کے ساتھ بددیانتی بھی کی گئی۔ لیکن اس کے باوجود بھی دکن کے شعر وادب کی عظمت کا اعتراف شمالی ہند کے شعرا اور ادیبوں نے کیا خصوصاً متوسط دور کے چند بلند پایہ شاعروں کی خدمات کا اعتراف کیا گیا جن میں ولّی اورنگ آبادی کی شاعری اور ان کی خدمات کا اعتراف شمالی ہند کے شعرا نے بھی کیا ہے۔ لیکن سترہویں صدی کے وسط سے دھیرے دھیرے دکنی ،زبان وادب کے افق سے معدوم ہونے لگی۔ تقریباً ڈیڑھ سو سال بعد دوبارہ اس کا احیا حیدرآباد اور تلنگانہ ریاست کی صورت میں آیا۔

دکنی شاعری ونثر نگاری کی ابتدا سے ہی ایک خاص انداز اور خاص پہچان رہی ہے جس کی جھلک ہمیں جدید دکنی شاعری اور نثر نگاری میں بھی دیکھنے کو ملتی ہے مثلاً قدیم دکنی شاعروں کے یہاں ہمیں جو اہم خصوصیات نظر آتی ہیں ان میں حقیقت، سادگی، برجستگی اور روانی شامل ہے۔ اس کے علاوہ ان قدیم شعراء کے یہاں ہمیں تصنع، بناوٹ، تکلف ورصنائع وبدائع کا بے جا استعمال بھی نہیں ملتا۔ جدید دور کی دکنی شاعری میں بھی ہمیں سیاسی، سماجی، معاشی، معاشرتی مسائل کے علاوہ عشق و محبت کے رنگ بھی دکھائی دیتے ہیں۔ اس کے علاوہ دور جدید کے شاعروں نے نہ صرف غم ذات بلکہ غم کائنات کو بھی اپنے اشعار میں بڑی ہنر مندی سے پیش کیا ہے۔ جب ہم بیسویں صدی کے جدید دکنی شعرا اور ان کی شاعری کا مطالعہ کرتے ہیں تو یہ حقیقت سامنے آتے ہیں کہ قدیم شاعری کی تمام اوصاف جدید دکنی شاعری میں لامحالہ موجود ہیں۔ مقامی رسم ورواج اور تہذیب وتمدن اور ثقافت کا اہتمام اور تال میل ہمیں ان کی شاعری میں بخوبی دیکھنے کو ملتے ہیں۔ بیسویں صدی کے دکنی شعرا کی فہرست میں ہمیں پہلا نام 'رحیم صاحب میاں جیؔ' کا ملتا ہے ان سے قبل ہمیں کسی اور شاعر کا کلام نہیں ملتا۔ رحیم صاحب میاں کی شخصیت ہمہ جہت تھی وہ اپنی بات چیت کے انداز، اپنے

لطائف، انداز بیاں اور اپنے انوکھے پن سے محفلوں میں جان بھر دیتے تھے۔ان کی شاعری بھی ان کی شخصیت ہی کی طرح تھی،ان کی شاعری لطائف سے پُر ہوتی جس کا کوئی سماجی یا اصلاحی مقصد نہیں تھا۔ان کی شاعری کا اہم مقصد وقت گزاری اور لطف اندوزی تھا۔دکن کے علاقے میں بیسویں صدی میں اردو شعر و ادب کو پروان چڑھانے والے اہم شعرا میں علی صاحب میاں' نذیر احمد دہقانی' مخدوم محی الدین' امجد حیدرآبادی' سرسور ڈنڈا' سلیمان خطیب' گلی نلگنڈوی' شاذ تمکنت' قاضی سلیم' شاہد صدیقی' سلیمان اریب' مغنی تبسم' راہی فدائی' وحید اختر' قمر اقبال ،سلیمان خمار ، جاوید ناصر، رؤف خلش ، مصحف اقبال توصیفی ،حسن فرخ وغیرہ شامل ہیں۔جنھوں نے دکنی ادب کو نئے رنگ و آہنگ دیے اور طرح طرح سے دکنی ادب کو زینت بخشی۔

تلنگانہ دکن کے علاقے میں صغرا ہمایوں مرزا' آمنہ ابوالحسن' اقبال متین' بیگ احساس' زینت ساجدہ' رفیعہ سلطانہ' عوض سعید' عاتق شاہ' عزیز احمد' بیگ احساس' مظہر الزمان خاں' اور دیگر افسانہ نگارون نے نثر میں افسانہ نگاری کے کاروان کو آگے بڑھایا۔تلنگانہ کی جامعات عثمانیہ یونیورسٹی اور تشکیل تلنگانہ کے بعد علاقائی سطح پر قائم ہونے والی یونیورسٹیوں تلنگانہ یونیورسٹی اور شاتا واہانا یونیورسٹیوں میں اردو تحقیق میں گراں قدر کام ہوا ہے۔جامعہ عثمانیہ سے فارغ محققین میں پروفیسر غلام عمر خاں' سیدہ جعفر' اشرف رفیع' افضل الدین اقبال اور دیگر نے اردو تحقیق کی سمت و رفتار متعین کی۔اس طرح دیکھا جائے تو تلنگانہ میں اردو شعر و ادب کے فروغ کی تاریخ کافی پرانی ہے۔ اور یہاں تشکیل پانے والا ادب اپنے علاقائی اثرات کے سبب بھی انفرادیت کا حامل ہے۔

# آزادی سے قبل علاقہ تلنگانہ میں اردو افسانہ

آزادی سے قبل دکن کا علاقہ سلطنت آصفیہ کے نام سے مشہور تھا۔قطب شاہی دور کے بعد جنوبی ہند میں دکن کا یہ علاقہ آصف جاہی سلاطین کے زیر نگین رہا اور حیدرآباد کے علاوہ اورنگ آباد بیجاپور، بیدر اور جنوب میں مدراس کے علاقے اس حکومت کے زیر انتظام رہے۔آصف جاہی سلاطین نے دیگر انتظام سلطنت کو بہ خوبی انجام دینے کے علاوہ اردو زبان وادب کی سرپرستی میں بھی کوئی کسر نہیں چھوڑی۔شمال میں جب دبستان دہلی اور لکھنو کو زوال آیا تو وہاں سے کئی نامور شعرا اور ادیب دکن کا رخ کئے تھے اور یہاں دبستان حیدرآباد کے نام سے اردو زبان و ادب کی ترقی ہوئی۔حیدرآباد دکن اردو زبان و ادب کا ایسا مرکز رہا جہاں بلند پایہ ادیب و شعرا پیدا ہوئے۔حیدرآباد دو شعر وادب کی سرپرستی کے علاوہ اردو ذریعے تعلیم کی یونیورسٹی عثمانیہ یونیورسٹی کے قیام سے اردو کا کافی ترقی ملی۔

آزادی سے قبل دکن کے علاقے خاص طور سے حیدرآباد میں اردو افسانے کی ترقی کا جائزہ لیں تو ہمیں پتہ چلتا ہے کہ شمالی ہند میں جس طرح اردو افسانہ اپنے آغاز کے ساتھ ہی پروان چڑھتا رہا تلنگانہ دکن کے علاقے میں بھی جامعہ عثمانیہ کی ترقی اور اردو افسانے کی ترقی کا دور ساتھ ساتھ چلتا ہے۔کیوں کہ دکن کے اولین افسانہ نگار بیگم صغرا ہمایوں مرزا، رگھوناتھ راؤ اور مرزا اعظمت اللہ خاں جامعہ عثمانیہ کے ہی فارغین تھے۔

## بیگم صغرا ہمایوں مرزا

دکن میں آزادی سے قبل افسانہ نگاروں کی خاصی تعداد ملتی ہے۔جس طرح شمال میں اردو افسانے کے آغاز کے بعد پریم چند نے اردو افسانے کو فروغ دیا اسی طرح دکن میں بھی کچھ افسانہ نگاروں نے اس فن کو اظہار ذات اور اظہار کائنات کا ذریعہ بنایا۔دکن میں اردو افسانہ نگاری اور مضمون نگاری کی ابتداء کرنے والوں میں ایک اہم نام بیگم صغرا ہمایوں مرزا کا ہے۔ان کی صلاحیتوں

کوعلامہ اقبال، سر عبدالقادر اور خواجہ حسن نظامی جیسی شخصیتوں نے سراہا ہے۔ صغرا ہمایوں مرزا کے والد ڈاکٹر صفدر علی مرزا سرجن افواج تھے۔ صغرا ہمایوں مرزا ۱۸۸۴ میں حیدر آباد میں پیدا ہوئیں۔ انہوں نے خانگی طور پر اردو اور فارسی کی تعلیم حاصل کی کیونکہ اس زمانے میں اسکول نہیں تھے۔ ان کی شادی ۱۹۰۱ء میں پٹنہ کے بیرسٹر ہمایوں مرزا صاحب سے ہوئی۔ شادی کے بعد ہمایوں مرزا نے حیدر آباد ہی میں سکونت اختیار کی۔ صغرا ہمایوں مرزا نے لڑکیوں کی فلاح و بہبود کے خیال سے ایک مدرسہ صفدریہ قائم کیا۔ جس کے لئے انہوں نے اپنی جائیداد کا ایک حصہ دے دیا۔ مہدی پٹنم علاقے میں واقع اس مدرسہ میں آج بھی لڑکیوں کو تعلیم کے ساتھ مختلف کورسس سکھائے جاتے ہیں۔ صغرا ہمایوں مرزا نے نہ صرف فلاحی کام انجام دیئے بلکہ اپنے قلم کے ذریعہ اصلاح کی کوشش بھی کی ہے۔ ایک ایسے دور میں جبکہ تعلیم یافتہ خواتین کی تعداد نہ ہونے کے برابر تھی۔ لڑکیوں کو زیادہ پڑھنے لکھنے کی اجازت نہیں تھی اور عام ماحول قدامت پسندانہ تھا۔ انہوں نے پردے کی قیود کو توڑ کر جلسہ عام میں تقاریر کیں۔ اسطرح خواتین کو نئی راہ دکھائی۔

صغرا ہمایوں مرزا کی طبیعت نثر نگاری کی طرف زیادہ مائل تھی اس لیے انہوں زیادہ تر نثر ہی میں لکھا۔ تاہم وہ ایک اچھی شاعرہ بھی تھیں۔ اور صؔبا تخلص کرتی تھیں۔ انھیں استاد جلیؔل سے تلمذ تھا۔ انہوں نے اپنی ادارت میں کئی رسالے نکالے۔ زیادہ تر صغرا ہمایوں مرزا نے خواتین کی ترقی اور اصلاح کے مسائل سے خاص دلچسپی لی۔ متعدد ناول اور افسانے لکھے اور اصلاحی کتابیں بھی لکھیں۔ ان کا طرز تحریر سادہ، رواں اور شگفتہ ہے تاکہ پڑھنے والے دلچسپی کے ساتھ ساتھ کچھ سبق بھی حاصل کر سکے۔ کثیر تعداد میں مضامین، قصے، افسانے اور مرثیے لکھے۔ ان کی تصانیف تقریباً پندرہ رہیں جو حسب ذیل ہیں:

(۱) سرگزشت ہاجرہ (اصلاحی ناول) (۲) شیر نسواں (معاشرتی ناول) (۳) موہنی (معاشرتی ناول) (۴) بی بی طوری کا خواب (قصہ یا حکایت) (۵) مقالات صغراء (تقاریر کا مجموعہ) (۶) تحریر انساء (عورتوں کو خط و کتابت سکھانے کی کتاب) (۷) سفینۂ نجات (نوحوں اور مرثیوں کا مجموعہ) (۸) سفرنامہ عراق (۱۰) ء پونہ (۱۱) سیر بہار و بنگال (۱۲) سیاحت جنوبی ہند (۱۳) مجموعہ نصائح (۱۴) آواز غیب۔

اس کے علاوہ انہوں کے حضرت فاطمہ کی سوانح عمری بھی تحریر کی ہے۔ ان کی تصانیف سرگزست ہاجرہ، مشیر نسواں، بی بی طوری کا خواب نصائح حصہ اول اور موہنی کو بہت زیادہ شہرت

حاصل ہوئی۔

بیگم صغرا ہمایوں مرزا کی تحریروں میں ناول اور کہانی کی ملی جلی تکنیک ملتی ہے۔ جب ۱۹۱۷ ءمیں جامعہ عثمانیہ کا قیام عمل میں آیا اس وقت ان کی تخلیقات کافی مقبول ہو رہی تھیں۔ عوام اور خواص دونوں طبقوں میں دلچسپی سے پڑھی جا رہی تھیں ان کی تحریروں میں۔ اس عہد کے گہرے نقوش نظر آتے ہیں جس سے اس عہد کی روایات کو سمجھنے میں آسانی ہوئی ہے۔ بیگم صغرا ہمایوں مرزا کا ۱۹۵۹ میں انتقال ہوا۔ مجموعی اعتبار سے ان کی تخلیقات مذہبی اور اصلاحی ہونے کی وجہ سے پر اثر اور نا قابل فراموش ہیں۔

صغرا ہمایوں مرزا کے افسانے حیدر آباد دکن میں اردو افسانے کے اولین نقوش تسلیم کیے جاتے ہیں۔ بعض لوگوں کا خیال ہے کہ پریم چند کے سوز وطن اور سجاد حیدر یلدرم کے ''خارستان و گلستان'' سے پہلے بیگم صغرا ہمایوں مرزا کے افسانے وجود میں آچکے تھے۔ اس بات سے انکار نہیں کیا جاسکتا کہ ان کے قصوں میں داستان اور ناول کی ملی جلی روایات منعکس ہیں۔ تاہم ان کی تخلیقات کو کہانی کی ایک نئی صنف کا نقش اول بھی کہا جاتا ہے۔ بیگم صغرا ہمایوں مرزا کے قصوں میں افسانے کے تمام فنی لوازم کا فقدان ہے اس کے باوجود ان کے قصوں کو اردو افسانے کا نقش اولین سمجھا جاسکتا ہے۔ ان کے قصوں اصلاح کا بھر پور جذبہ پایا جاتا ہے۔ انہوں نے کہانی کو محض تفریح یا نشاط کا ذریعہ نہیں سمجھا۔ بلکہ اس سے معاشرتی اور اخلاقی اصلاح کا کام لیا۔ اپنے اصلاحی مقصد کو انہوں نے واضح شکل دی۔ اور اس کو وسیع تر قومی مقاصد کے لیے استعمال کیا۔ بیگم صغرا ہمایوں مرزا کو حیدر آباد میں کافی شہرت ملی۔ اور ان کے افسانے گھروں میں دلچسپی کے ساتھ پڑھے جانے لگے۔ انہوں نے اپنے افسانوں میں ایسی تصاویر پیش کی ہیں کہ انہیں دیکھ کر قوم شرمندہ ہوتی ہے۔

## رگھوناتھ راؤ درد

انیسویں صدی کے اواخر میں حیدر آباد دکن میں رگھوناتھ راؤ درد نے اردو میں کئی افسانے لکھے۔ انہوں نے روایت پرستی پر کاری ضرب لگائی۔ اور سماجی زندگی پر زور دیا۔ کلجگ، سچا محسن، ظہور قدرت، تازیانہ عبرت، نیرنگی دہر، ثمرہ محنت، یتیم کی عید، صدائے بیکس اور پیکر وفا درد کی اچھی کہانیاں ہیں۔ درد کو دکن کا ابتدائی افسانہ نگار قرار دیتے ہوئے ڈاکٹر زینت ساجدہ لکھتی ہیں:

> ''درد کا تعلق افسانہ نگاری کے اس دور سے ہے جب
> کہ یہ صنف ابھی ابتدائی مراحل طے کر رہی تھی''۔ [1]

رگھوناتھ راؤ دردؔ کی کہانیوں اورافسانوں کی اہم خصوصیت یہ ہے کہ ان میں پلاٹ، کردار نگاری، پس منظر، اور نظریہ حیات میں ایک توازن اور آہنگ پایا جاتا ہے۔ دردؔ کے افسانوں میں انسانی کمزوریوں کے ساتھ ساتھ اس کی خوبیوں کا اظہار بھی عمدگی سے ملتا ہے۔ دردؔ نے اپنے افسانوں میں دلچسپی اور حیرت کی فضا برتی ہے۔ پلاٹ کا بندش اور کردار نگاری کے عمدہ نمونے ان کے افسانوں کی اہم خوبیاں ہیں۔

## عظمت اللہ خان

حیدرآباد دکن میں آزادی سے قبل افسانہ نگاری کا ایک اہم نام عظمت اللہ خان کا ہے۔ یہ اردو کے بڑے خدمت گزار تھے اکثر ادیبوں کے مضامین کی تصحیح کیا کرتے تھے۔ مرزا فرحت اللہ بیگ کے مضامین کی بھی انہوں نے اصلاح کی ہے۔ عظمت اللہ خان کے بارے میں ڈاکٹر زور لکھتے ہیں:

> ''عظمت اللہ خاں نے اردو ادب کو اپنی نظم و نثر کے وہ جواہر پارے عطا کیے تھے جو آج بھی اپنی جدت اور جودت کے باعث قابل قدر دکھائی دیتے ہیں''۔ ۲

ان کی کہانیوں میں داستانی رنگ پایا جاتا ہے۔ عظمت اللہ کی مشہور کہانیوں میں ''من چلا'' اور ''گڑیا خانہ'' ہیں۔ ان کی ہر کہانی کو یادوں کی کہانی کہا جاسکتا ہے۔ کیوں کی ان کی ہر کہانی میں بچپن کی محبت کا رنگ نمایاں ہے۔ ان کی کہانیوں کو پڑھنے والا اپنے بچپن کی یادوں میں کھو جاتا ہے۔ جہاں معصومیت، بےفکری اور بھولی بسری یادیں رہتی ہیں۔ عظمت اللہ خان کی کہانیوں اور افسانوں میں خاندانی زندگی اور اجتماعیت دکھائی دیتی ہے۔ دو تین گھروں کے افراد کا میل ملاپ۔ دیواروں کے بیچ اینٹوں کو ہٹا کر بنائی گئی کھڑکیاں، بچپن کے کھیل جس میں گڑے گڑیا کی شادی رچانا وغیرہ سب ان کی کہانیوں کی تہذیب میں شامل ہیں۔ مجموعی طور پر عظمت اللہ خان کی کہانیوں کا رنگ داستانی ہے لیکن ان کہانیوں میں اردو افسانے کے واضح نقوش پائے جاتے ہیں۔

## ڈاکٹر محی الدین قادری زور

حیدرآباد دکن میں آزادی سے قبل اردو افسانے کو فروغ دینے والوں میں ایک اہم نام ڈاکٹر محی الدین قادری زور کا ہے۔ جو دکنی تہذیب کے پرستار نامور محقق، ماہر لسانیات اور ادیب

تھے۔ ڈاکٹر زور کی ادبی زندگی کا آغاز افسانہ نگاری ہی سے ہوتا ہے۔ انھوں نے جتنے بھی افسانے لکھے وہ تاریخی یا پھر نیم تاریخی ہیں۔ تاریخی افسانوں کے لیے وسعت نظر، مطالعہ، مشاہدہ، دور بینی اور تحقیق و تاریخ سے واقفیت کی ضرورت ہوتی ہے جو ہر شخص کو میسر نہیں آتی۔ ڈاکٹر زور چونکہ دکن کی تاریخ پر عبور رکھتے تھے اس لیے انہوں نے اسی تاریخ سے اپنے تاریخی افسانوں کا مواد حاصل کیا اور اپنے دلچسپ اور رواں اسلوب کے ذریعے اس طرح پیش کیا کہ ان کے افسانے تاریخ ہوتے ہوئے بھی افسانوی فنکاری کا اہم نمونہ قرار پاتے ہیں۔ ان کا سب سے پہلا طویل نیم تاریخی افسانہ، ''طلسم تقدیر'' ہے جو بے حد مقبول ہوا۔ ڈاکٹر زور کے افسانوں کے کل تین مجموعے شائع ہو چکے ہیں۔ طلسم تقدیر (۱۹۲۶ء)، سیر گولکنڈہ (۱۹۳۷) اور ''گولکنڈہ کے ہیرے'' (۱۹۳۷ء) ڈاکٹر زور کے افسانوں کی تعداد (۲۳) ہے۔

ڈاکٹر زور کی افسانہ نگاری کا آغاز ۱۹۲۰۔1918 سے ہوا۔ جب کہ انھوں نے مختلف افسانے لکھ کر ادبی رسالوں میں شائع کرائے۔ اس وقت ڈاکٹر زور ایم اے کے طالب علم تھے۔ ڈاکٹر زور اپنی افسانہ نویسی کے آغاز کے تعلق سے طلسم تقدیر کے مقدمہ بہ عنوان ''سخن ہائے گفتنی'' (۵ رمضان المبارک ۱۳۴۴ھ) میں لکھتے ہیں کہ:

> ''میں نے گزشتہ ماہ سرما کی تعطیلات میں ایک افسانہ لکھا ہے جو ''تازیانہ'' کے عنوان سے رسالہ ''نگار'' میں شائع ہوا ہے''۔[۳]

افسانوی مجموعہ طلسم تقدیر کے مقدمے میں افسانہ لکھنے کی غرض و غایت پر روشنی ڈالتے ہوئے ڈاکٹر زور لکھتے ہیں:

> ''اس (تازیانے) کے بعد ایک انگریزی افسانہ نظر سے گزرا جس کو مایرہ ایچ ورتھ نے غالباً کسی ترکی افسانے سے ماخوذ کیا ہے۔ چوں کہ اس قسم کے خیالات کی ہمیں شدید ضرورت ہے اس لیے میں نے اس امر کی کوشش کی کہ اس افسانے کو اپنی زبان میں ظاہر کیا جائے''۔[۴]

ڈاکٹر زور کے افسانوں کا جائزہ لینے سے پہلے افسانوں کے متعلق ان کے نقطہ نظر کو سمجھنا ضروری ہے۔ اس سلسلہ میں ''گولکنڈے کے ہیرے'' کے دیباچہ میں ان کا تحریر کردہ ایک اقتباس

ہماری رہنمائی کرتا ہے۔ڈاکٹر زور لکھتے ہیں:

''اس امر کی بے حد ضرورت ہے کہ ہر ممکنہ مواد سے فائدہ اُٹھا کر ہندوستان کے مختلف اقطاع کی ایسی تاریخیں مرتب کی جائیں جن میں بادشاہوں اور امیروں کے حالات کے ساتھ ساتھ عوام اور غریبوں کی زندگی نمایاں ہو۔ درباروں اور حرم سراؤں کی پر تکلف آرائش و زیبائش کے علاوہ بازاری اور پست مکانوں میں رہنے سہنے والوں کی معاشرت بھی ظاہر ہو سکے اور سب سے بڑھ کر وہ اسرار بے نقاب کئے جائیں جن پر اُس زمانے کے لوگوں کے قلبی اطمینان اور راحت و آرام کا انحصار تھا اُن کا اخلاقی معیار کتنا بلند اور پختہ تھا۔ نیک نیتی، خلوص اور ہمدردی ان کی زندگیوں کے اصل مقاصد تھے۔ مذہبی رواداری اور امن پسندی ان کی گھٹیوں میں پڑی تھی۔ قلب و دماغ کی آزادی جتنی ان کو نصیب تھی، موجودہ نسلوں کو شاید ہی نصیب ہو سکے۔غرض جب تک ان خوبیوں کے خاص نمونے اور ان کے اسباب و علل نہ پیش کئے جائیں، ہماری تاریخیں اور درس گاہیں بیکار ہیں اور ہماری جدید نسلیں ان کے ذریعہ سے ترقی کی شاہراہ پر گامزن ہونے کے گر نہیں سیکھ سکتیں......

گولکنڈے کے یہ تاریخی افسانے اسی نقطۂ نظر سے لکھے جارہے ہیں۔ان میں ہندوستان کے اہم خطۂ دکن کے قدیم حکمرانوں، امیروں اور عوام کے ایسے سچے کردار اور اصلی حالات زندگی پیش کیے جارہے ہیں جن کے مطالعہ سے عہد حاضر کے نوجوان اپنے ملک کی حقیقی عظمت سے واقف ہو سکتے ہیں......'' ۵

اس اقتباس کی روشنی میں یہ کہا جاسکتا ہے کہ ڈاکٹر زور ملک کی تاریخی روایات خصوصاً حیدرآباد دکن کے اسلاف کے کارناموں اوران کے بلند کردار سے نئی نسل کو واقف کرنا چاہتے تھے۔ ڈاکٹر زور کے افسانوں میں حیدرآباد اور گولکنڈے کی سیاسی،تہذیبی،ادبی اور سماجی زندگی کو سادہ اور دلکش انداز میں پیش کیا ہے۔ان کے افسانوں میں وحدت خیال کے ساتھ ساتھ ''کہانی پن'' بھی موجود ہوتا ہے اور یہی ان کی مقبولیت کی وجہ بھی ہے۔

## گولکنڈے کے ہیرے

''گولکنڈے کے ہیرے'' ڈاکٹر زور کا تیسرا افسانوی مجموعہ ہے۔ جو ۱۹۳۷ء میں شائع ہوا۔اس افسانوی مجموعے میں چھ افسانے ہیں۔اس سے قبل ان کے افسانوں کے دو مجموعے طلسم تقدیر (۱۹۲۶ء)، سیر گولکنڈہ (۱۹۳۷) شائع ہو چکے تھے۔جس میں کل سترہ (۱۷) افسانے تھے۔ سیر گولکنڈہ کے مقابلے میں یہ افسانوی مجموعہ فنی لحاظ سے بہتر ہے۔اس مجموعہ کے افسانے زیادہ طویل اور افسانوی دلچسپی کے حامل ہیں۔''گولکنڈے کے ہیرے''میں ڈاکٹر زور نے حیدرآباد کے تاریخی مقامات کی سیر کرائی ہے۔ان افسانوں کا مقصد یہ ہے کہ سلاطین قطب شاہی کے حالات زندگی اور اس عہد کے امیر وغریب کے حالات سے واقف کرایا جائے۔

افسانوی مجموعہ''گولکنڈے کے ہیرے'' کا پہلا افسانہ''بالا۔گولکنڈہ کی آخری ہندو رقاصہ'' ہے۔جو آخری بادشاہ کے دیوان مادنا کے بھتیجے کے لیے متعین تھی لیکن وہ سقوط قلعہ کے بعد مغل شہزادہ معظم کے ہاتھوں پکڑی گئی لیکن اس نے بادشاہ کے ساتھ رہنے سے انکار کر دیا۔اس قصہ میں بالا کے کردار کی بلندی،فہم وفراست کو بتایا گیا ہے۔اس افسانہ کا ایک اقتباس ملاحظہ ہو:

> ''اس عظیم الشان محل کا گوشہ گوشہ اپنی
> عظمت گزشتہ پر نوحہ خوانی کرتا نظر آرہا تھا۔
> ایسا معلوم ہوتا تھا کہ ایک نئی نویلی اور آراستہ
> و پیراستہ دلہن یکا یک بیوہ ہوگئی ہے اور اس کا
> تمام سنگھار اس کے سہاگ کے ساتھ ختم
> ہوگیا ہے۔لیکن اس تباہی کے باوجود اس
> کے نوعروسی کے آثار باقی ہیں''۔
> ''کام بخش کے مضطرب دل کو اس ستم

زدہ ماحول اور اُجڑے دیار کا چپہ ہر گھڑی ایک نئی ٹھیس لگا تا تھا جب کبھی کسی دروازہ یا کھڑکی کے اکھڑے ہوئے زریں یا ہاتھی دانت کے نقش ونگار یا چھتوں، محرابوں اور دیواروں کے طلاکار حاشیوں کے باقی ماندہ آثار پر اس کی نظر پڑتی ہے تو اس کی وحشت میں اور اضافہ ہو جاتا ہے۔ وہ بھی اپنے فتح مند باپ کی ظالم فوجوں اور اس کے متعین کردہ صوبہ داروں کی ان تباہ کاریوں پر افسوس کرتا اور کبھی قطب شاہی حکمرانوں کے ذوقِ لطیف اور سلیقۂ زندگی کی بے تحاشہ تعریف اس کے منہ سے نکل پڑتی''۔

٦؎

گولکنڈے کے ہیرے مجموعے میں شامل دوسرا افسانہ ''پانچ گنڈے'' ہے۔ پانچ گنڈے سے مراد ۲۰ پیسے ہیں۔ اس افسانے سے معلوم ہوتا ہے کہ سلطان محمد قطب شاہ فارغ اوقات میں قرآن مجید کی کتابت کر کے پیسے کماتا تھا اور اس کی ملکہ پنکھے سی کر کماتی تھی۔ بادشاہ کا ایک باورچی اپنے وطن ایران گیا تو بادشاہ نے اسے پانچ گنڈے عطا کیے ان کی برکت یہ تھی کہ ہر پیسے کے عوض باورچی کو ایک ہزار اشرفیاں ملتی تھیں۔

گولکنڈے کے ہیرے مجموعے میں شامل تیسرا افسانہ ''پانچ اشرفیاں'' ہے۔ یہ افسانہ حیات بخشی بیگم کے متعلق ہے۔ جس نے حیدر آباد کے عوام کی مالی اور اخلاقی حالت کا امتحان لینے کے لیے چار مینار کے نیچے صدقے کے طور پر پانچ اشرفیاں اور چاندی کی کچھ اشیاء رکھوا دیں۔ لیکن ۹ نو دن تک کسی نے ہاتھ نہیں لگایا جس سے رعایا کی معاشی اور اخلاقی بلندی ثابت ہوتی ہے۔ اس افسانے میں عبداللہ قطب شاہ

کے اقوال بھی درج ہیں۔ مثلاً ایک قول ہے:

''امرا ہمیشہ طاقت وروں کا ساتھ دیتے ہیں اور ان کا ضمیر سیاست کا غلام ہوتا ہے غریب ہر وقت اپنے ضمیر کے تابع اور ایمان و ایقان کے پکے ہوتے ہیں اور ان کا جذبۂ وفاداری ہمیشہ قابل اعتماد ہوتا ہے'' ۷

افسانہ ''پانچ اشرفیاں'' میں یہ بات بتائی گئی ہے کہ عوام اور گولکنڈہ کے حکمرانوں میں بہت گہری محبت تھی۔ بادشاہ عوام کا خیر خواہ اور ہمدرد تھا تو عوام بھی اس پر جاں چھڑکتے تھے۔

گولکنڈے کے ہیرے مجموعے میں شامل چوتھا افسانہ ''سرِ صحرا'' ہے۔ اس میں ابوالحسن کے عشق کا قصہ ہے۔ وہ ایک کسان کی جھونپڑی سے ایک حسین دوشیزہ کو اپنے محل میں لے آتا ہے اور اسے دل دے بیٹھتا ہے لیکن وہ لڑکی ہر طرح کے عیش و آرام کے باوجود خوش نہیں رہتا وہ کہتی ہے:

''یہ سب میرے لیے بیکار ہیں۔ میں اس تنگ و تاریک قید خانے کی تنہائی سے بیزار ہوں مجھے جنگل کے کھلے میدان، لہلہاتا ہوا سبزہ، بہتا ہوا صاف وشفاف پانی، طرارے بھرتی ہوئی ہوا۔ اور سب سے بڑھ کر آزادی چاہیے۔ خدا کے لیے مجھے آزاد کر دیجیے۔ ۸

یہ افسانہ ڈاکٹر زور کی بہترین افسانوی تخلیق ہے۔ گولکنڈے کے ہیرے مجموعے میں شامل پانچواں افسانہ ''دفینہ'' خالص ایک رومانی قصہ ہے۔ اس افسانے کا اہم کردار مرحوم سردار کا مفلس بیٹا ہے جو اپنے گم شدہ ہیروں کی تلاش میں ہے آخر وہ ہیرے ایک خوفناک رسال دار کے گھر کے عقبی باولی میں دریافت ہوتے ہیں۔ وہ وہاں پہنچتا ہے تو اسے رسال دار کی حسین بیٹی نظر آتی ہے۔ ایک بار اس حسین لڑکی کا پاؤں پھسلا اور وہ کنویں میں جا گری لیکن ہیرو اسے باہر نکالتا ہے اس منظر کو ڈاکٹر زور نے حسین پیرائے میں پیش کیا ہے۔

''رات بھر مجھے نیند نہ آئی۔ آنکھیں بند کرتا تو باولی اور اس کا منظر سامنے آجاتا۔ آنکھیں کھلی رہتیں تو معلوم ہوتا کہ اس حسین دوشیزہ کو اٹھاتے ہوئے دوڑ رہا ہوں اور اس کے

دھڑکتے ہوئے دل کی حرکت میرے دل کومحسوس ہو رہی ہے۔ اس کی شیریں آواز کانوں میں گونج رہی تھی اور رہ رہ کر اس کے کانپتے ہوئے ہونٹوں کے اچٹتے ہوئے الفاظ سنائی دے رہے تھے۔اس کے نرم و نازک اعضاء کا میری گرفت سے نکلنے کے لیے تڑپنا اس کے صاف و پاک جسم کی میرے بھیگے ہوئے کپڑوں سے آلودگی اور سب سے بڑھ کر ایک ماہ پیکر دوشیزہ کی اس بے حجابانہ عالم میں ایسی قربت و پیوستگی مردہ دل سے مردہ دل شخص کو گرمانے کے لیے کافی تھی پھر میں تو ایک ایسا نوجوان تھا جس کو عمر میں پہلی دفعہ ایک عورت، ایک نازنین، ایک پیکر رنگ و بو، ایک مجسمۂ حسن، ایک غزالِ رعنا کی قربت نصیب ہوئی تھی''۔9

ڈاکٹر گیان چند جین اس افسانے کے تعلق سے کہتے ہیں:

''اس افسانے کو دیکھ کر خیال ہوتا ہے کہ ڈاکٹر زور اگر افسانہ نگاری کی طرف نکل پڑتے تو یقیناً اس کوچے میں بھی سرخ رو ہوتے''۔10

ڈاکٹر زور کا یہ افسانہ گرچہ کہ حقیقت سے قریب نہ ہو لیکن رومانی افسانوں میں اسے ضرور جگہ مل سکتی ہے۔

''گولکنڈے کے ہیرے'' افسانوی مجموعے کو ہم مجموعی طور پر نیم افسانوی نیم تاریخی کہہ سکتے ہیں۔ان افسانوں سے حیدرآباد کی قدیم تہذیب وتمدن اور تاریخی عمارتوں پر روشنی پڑتی ہے۔

''گولکنڈہ کے ہیرے'' کے تعلق سے مولوی عبدالحق تحریر کرتے ہیں۔

''یہ تو بہت دلچسپ کتاب ہے اور دلچسپ طرز میں لکھی گئی ہے۔ اس میں تاریخ اور افسانے اور واقعات اور تخیل کو اس خوبی سے سمو دیا ہے کہ قطب شاہی دور کی تصویر نظروں کے سامنے پھر جاتی ہے۔ بڑی بڑی تاریخوں سے وہ معلومات حاصل نہیں ہوتیں جو اس چھوٹی کتاب میں ہیں۔اور نہ وہ لطف

کیفیت ہے جو اس کتاب میں ہے۔ اس وقت کی معاشرت کا
رنگ بھی اس میں نظر آتا ہے۔ اس میں زمانے کے بادشاہوں،
شعراء اور مشاہیر کی تصویریں بھی ہیں جس سے کتاب کی دلکشی
بڑھ گئی"۔[11]

ڈاکٹر زور نے شعوری طور پر افسانہ نگاری کو اختیار کیا۔لیکن ان کے افسانوں کے مطالعے سے اندازہ ہوتا ہے کہ انہوں نے تاریخی افسانے لکھے اور اپنے افسانوں میں دکنی تہذیب وتمدن کو اجاگر کیا۔ انہوں نے مختصر اور طویل دونوں قسم کے افسانے لکھے۔ ان کے افسانے بے حد مقبول ہوئے اور آج بھی اردو کی نصابی کتابوں کا حصہ ہیں۔ انہوں نے دکن کی حقیقی تاریخ کو اپنے تخیل کی مدد سے ان افسانوں میں دلچسپ انداز میں پیش کیا۔ یہی وجہ ہے کہ وہ باتیں جو تاریخ کا حصہ ہیں وہ ان کے افسانوں میں شامل ہونے کے بعد افسانوی رنگ اختیار کر لیتی ہیں۔ڈاکٹر زور کی افسانہ نگاری کی اہم خصوصیت یہ ہے کہ یہ افسانے تاریخی ہونے کے باوجود فن افسانہ نگاری کی تکنیک پر پورے اترتے ہیں۔

افسانہ نگاری میں موضوع کو اہمیت حاصل ہوتی ہے۔تاریخی افسانہ نگاری میں موضوع کی اہمیت اس لحاظ سے بڑھ جاتی ہے کہ افسانہ نگار جو موضوع منتخب کرے اس پر اسے پوری طرح دسترس حاصل ہو۔ ورنہ تاریخ کا کم تر شعور رکھنے سے افسانے کے قصہ پن میں جھول آجائے گا۔ڈاکٹر زور چونکہ دکن کی تاریخ پر عبور رکھتے تھے اس لئے انہوں نے دکن کی تاریخ کے موضوع کو اپنے افسانوں میں بڑی خوبی سے پیش کیا ہے۔ڈاکٹر زور اپنے افسانوں میں دکن کی معاشرت کو اس انداز میں پیش کرتے ہیں جیسے انہوں نے اس معاشرت کو اپنی آنکھوں سے دیکھا ہو۔ جیسے:

"دن کے وقت زرق برق لباس پہنے ہوئے
شاہی خدام کا طرح طرح سے سجے ہوئے ہاتھیوں اور اونٹوں
اور گھوڑوں پر قلعہ سے شہر اور شہر سے قلعہ کو آنا جانا ہر ہاتھی اور
اونٹ کی جداگانہ آرائش اور زیبائش امیروں کے ہاتھیوں پر قسم
قسم کی وضع کی روپہلی اور سنہری عماریوں کا دھوپ میں جگمگانا اور
نقالوں اور بھانڈوں کے حیرت انگیز کرتب اور رات میں طرح
طرح کے رنگ اور زہرہ جبیں طوائف کے ناچ اور گانے۔[12]

ڈاکٹر زور کے افسانوں میں پلاٹ سیدھے سادھے ہیں۔ان میں کوئی کشمکش یا گھماؤ پھراؤ نہیں پایا جاتا۔وہ کہانی کو تخیل کا رنگ بھی دیں تو اس حد تک دیتے ہیں کہ وہ حقیقت سے قریب لگے۔ ان کے پلاٹ چست اور سادہ ہوتے ہیں۔کہانی کے سہارے وہ قاری کی توجہ برقرار رکھتے ہیں۔اگر کہانی میں جھول پیدا ہو جائے تو قاری کی دلچسپی ختم ہو جاتی ہے۔ڈاکٹر زور کے افسانوں کے پلاٹ کے تعلق سے پروفیسر سیدہ جعفر لکھتی ہیں:

> ''ان افسانوں کے پلاٹ سادہ اور دلکش ہوتے ہیں۔ان میں نہ عروج کا کوئی خاص اہتمام ہوتا ہے اور نہ ڈرامائی مکالموں کا التزام۔ڈاکٹر زور کے افسانوں میں کہانی پن اور دلچسپی کی کمی نہیں ہے۔ڈاکٹر زور کے افسانے قاری کی توجہ کو پوری طرح اپنی گرفت میں لے کر اسے تھوڑی دیر کے لئے مسحور کر دیتے ہیں۔ان کہانیوں کو ہم ایک بار شروع کر دیں تو ختم کئے بغیر نہیں رہ سکتے۔اسی میں ڈاکٹر زور کے افسانوں کی شہرت اور مقبولیت کا راز مضمر ہے۔'' ۱۳

ڈاکٹر زور کے افسانوں میں پلاٹ کے علاوہ منظر نگاری' واقعہ نگاری' کردار نگاری اور زبان و بیان کی خوبیاں پائی جاتی ہیں۔انہوں نے دکنی ماحول میں پرورش پانے کے باجود خالص اردو زبان میں یہ افسانے لکھے۔ان کے افسانوں کی زبان سادہ اور رواں ہے۔بیان میں تصنع نہیں پایا جاتا۔ ڈاکٹر زور کے افسانوں میں کہیں کہیں دکنی الفاظ بھی ملتے ہیں۔چونکہ وہ دکن کے تھے اس لیے دکنی انداز تحریر پایا جانا امر محال نہیں ہے۔جیسے الٹا پلٹا کر، لانبی چوڑی چتا لیٹ جانا وغیرہ ان الفاظ کی تعداد بہت ہی کم ہے۔بات میں خوبی پیدا کرنے کے لئے تشبیہات و استعارات کا بھی برمحل استعمال کرتے ہیں۔ایک افسانے میں تشبیہ کے استعمال سے معنوں میں وسعت پیدا کرنے کی کوشش کی ہے:

> ''انسانوں کا سیلاب ہے کہ ہر گلی کوچے سے چار مینار کی طرف جانے والی سڑکوں میں داخل ہو رہا ہے۔ایسا معلوم ہوتا ہے کہ یہ چاروں سڑکیں بڑے بڑے دریا ہیں۔جن میں چھوٹی چھوٹی ندیاں اور نالوں سے آنے والے سیلابوں کی وجہ سے طغیانی کے آثار نمایاں ہوتے جا رہے ہیں۔انسانی

سیلاب ایک ہی مرکز کی طرف بہہ رہا ہے۔'' ۱۴؎

ڈاکٹر زور کے افسانوں میں کردار نگاری کی اعلیٰ مثالیں ملتی ہیں۔ تاریخی افسانوں میں تاریخی کردار ہوتے ہیں اوران سے متصف اوصاف کے بیان سے کردار میں جان پڑتی ہے۔ ڈاکٹر زور نے شاہی کرداروں کے علاوہ سماجی کردار بھی اپنے افسانوں میں پیش کئے۔ جیسے بالا۔۔ اشرف ۔بانو۔ میر جملہ۔ ننھی سانولی۔ بھاگ متی۔ غواصی اور ملک خوشنود وغیرہ۔ جیسے کردار ہوتے ہیں وہ ان کرداروں کی مناسبت سے زبان اور مکالمے پیش کرتے ہیں۔

ڈاکٹر زور نے چونکہ اپنے افسانوں کے لئے تاریخ سے موضوعات کا انتخاب کیا اس لئے افسانے کے ناقدین نے انہیں افسانہ نگار ماننے سے انکار کر دیا۔ بلکہ انہیں تاریخی مرقع نگار قرار دیا۔ ڈاکٹر اسلم پرویز اس طرح کا خیال پیش کرتے ہوئے لکھتے ہیں:

> ''یہ افسانے تخلیقی نہیں بلکہ وہ مرقعے ہیں جن کے ذریعے مصنف نے دکن کے قطب شاہی دور کی بازیافت کی۔'' ۱۵؎

ڈاکٹر زور کے افسانے دکن کی تاریخ کے حسین مرقعے ہونے کے ساتھ ساتھ افسانوی رنگ کے حامل ہونے کی وجہہ سے مکمل افسانے ہیں۔ صرف موضوع اور کہانی کے تاریخی ہونے کے علاوہ ان افسانوں میں فن افسانہ نگاری کے دیگر لوازمات بدرجہ اتم پائے جاتے ہیں۔ ڈاکٹر زور کے افسانوں کو کامیاب افسانے قرار دیتے ہوئے پروفیسر یوسف سرمست لکھتے ہیں:

> ''ڈاکٹر زور کے تاریخی افسانے اس لئے بھی غیر معمولی طور پر کامیاب ہیں کہ یہ افسانہ نگاری کے فنی تقاضوں پر بھی پورے اترتے ہیں۔ مختصر افسانے کی پہلی اور اہم خصوصیت یہ ہوتی ہے کہ اس میں زندگی کا ایک واقعہ یا ایک جھلک دکھائی جاتی ہے۔ لیکن یہ واقعہ یا جھلک اتنی جامع ہوتی ہے کہ اس کے ذریعے افسانے کے مرکزی کردار کی پوری

زندگی پر روشنی پڑتی ہے۔ جیسے ''مشک محل'' میں سلطان کی زندگی کا ایک واقعہ پیش کیا گیا لیکن اس واقعہ کے ذریعے ہم سلطان کے طرز حکمرانی کو پوری طرح جان لیتے ہیں۔ ''مکہ مسجد'' میں بھی مسجد کے سنگ بنیاد رکھنے کی یہ شرط رکھی جاتی ہے کہ ایسا شخص مسجد کا سنگ بنیاد رکھے جس کی بارہ سال کی عمر سے نماز قضا نہ ہوئی ہو۔ پورے مجمع میں کوئی شخص ایسا نہیں تھا جو اس شرط کو پوری کرتا ہو۔ لیکن سلطان بڑھ کر سنگ بنیاد رکھتا ہے کیوں کہ وہی اس شرط کو پوری کرتا ہے۔۔ مختصر افسانے میں ہر بات کو اختصار کے ساتھ پیش کیا جاتا ہے۔۔ ڈاکٹر زور کے افسانے اس فنی خوبی پر بھی پورے اترتے ہیں۔'' [۱۶]

ڈاکٹر زور کے افسانوں کی تاریخی اہمیت کے بارے میں مولوی عبدالحق لکھتے ہیں:

''ڈاکٹر زور کے تاریخی افسانوں کی یہ خوبی ہے کہ وہ جب کسی عہد کا نقشہ اپنے افسانوں میں کھینچتے ہیں تو ماضی کی زندگی کے نقشے ہماری آنکھوں کے سامنے جاری وساری ہو جاتے ہیں۔ ماضی کے کردار چلتے پھرتے اور آپس میں بات چیت کرتے نظر آتے ہیں''۔ [۱۷]

ڈاکٹر زور کا کمال رہا کہ انہوں نے دکن کی صدیوں قدیم تاریخ کو اپنے افسانوں میں محفوظ کر دیا۔ اپنی ذاتی اپج سے ان افسانوں میں جان ڈال دی۔ ان کے افسانے قدیم دکنی تہذیب و معاشرت کی بازیافت کرتے ہیں۔ ان کے تاریخی افسانوں کی تہذیبی افادیت کے پیش نظر وہ اردو کے ایک کامیاب افسانہ نگار قرار پاتے ہیں۔ اوران کے افسانوں سے ہمیں حیدرآباد کی حقیقی عظمت کو سمجھنے میں مدد ملتی ہے۔ ضرورت اس بات کی ہے کہ دکن کی اس تاریخ کو اجاگر کرتے افسانوں کی بازیافت کی جائے اوران کے پیغام سے نئی نسلوں میں اخوت و بھائی چارہ اور تہذیب وثقافت کے رنگ کو عام کیا جائے۔

## عبدالقادر سروری

آزادی سے قبل علاقہ تلنگانہ حیدرآباد دکن کے افسانہ نگاروں میں ایک اور اہم نام

پروفیسر عبدالقادر سروری کا ہے۔ان کے گیارہ افسانوں کا مجموعہ ''رات کا بھولا'' کے عنوان سے شائع ہوا۔ان کے یہ افسانے ۱۹۳۳ء تا ۱۹۴۲ء کے درمیان لکھے گئے۔عبدالقادر سروری نے اپنے افسانوں میں حقیقی اور تخیلی کرداروں کو پیش کیا۔فن افسانہ نگاری سے متعلق ان کی کتابیں ''دنیائے افسانہ''اور کردار وافسانہ'' ہیں۔دنیائے افسانہ میں افسانہ نگاری کی ضرورت کے بارے میں سروری لکھتے ہیں:

''آج ہندوستان کی ناگفتہ بہ حالت ہے۔اس کو دور کرنے کے لیے ایک ٹالسٹائی اور ایک روسو کی ضرورت ہے''۔ ۱۸

## بدرشکیب

آزادی سے قبل حیدرآباد سے تعلق رکھنے والے ایک افسانہ نگار بدرشکیب بھی تھے۔ان کے افسانوں کا مجموعہ ''نظر کے دھوکے'' شائع ہوا۔ان کے افسانوں میں زندگی کی تازگی پائی جاتی ہے۔واقعات کو سادگی سے بیان کرنا ان کے افسانوں کی خاص خوبی ہے۔انہوں نے حیدرآباد میں قیام کے دوران ''تاثرات یورپ'' کتاب لکھی اور مجلّہ عثمانیہ کی ادارت بھی کی۔تقسیم کے بعد وہ پاکستان منتقل ہوگئے۔

## بھارت چند کھنہ

بھارت چند کھنہ تلنگانہ کے ایک اچھے مزاح نگار کے ساتھ ایک اچھے افسانہ نگار بھی ہیں ۱۹۴۴ء میں ان کے افسانوں کا مجموعہ ''مسکراتے آنسو شائع ہوا۔''حسرت''اور ''شیرنی کا بچہ'' تکنیک اور مواد کے اعتبار سے ان کے کامیاب افسانے ہیں۔بھارت چند کھنہ کی افسانہ نگاری کے بارے میں ڈاکٹر زور نے لکھا کہ:

''ان کی طبیعت کے جوہر اور نمایاں ہوتے اگر وہ اتنے بڑے عہدیدار نہ ہوتے۔ان کی تحریروں میں کرشن چندر کے سے تیور نظر آتے ہیں۔زندگی کے سیاہ سپید اور رنگارنگ پہلوؤں اور انسانی فطرت کی انتہائی گہرائیوں تک وہ اس طرح پہونچتے نظر آتے ہیں جس طرح کہ کرشن چندر پہنچ جاتے ہیں''۔ ۱۹

## جہاں بانو نقوی

تلنگانہ حیدرآباد دکن کی خاتون افسانہ نگاروں میں آزادی سے قبل جس خاتون افسانہ نگار کا نام سامنے آتا ہے وہ جہاں بانو نقوی ہیں۔ انہیں لکھنے کا بچپن سے شوق تھا۔ ان کے مضامین اور افسانے رسالے عصمت، تہذیب نسواں، شہاب اور ساقی میں شائع ہوئے۔ کم عمری میں ہی وہ کئی رسائل میں چھپنے لگی تھیں۔ کتابوں کے علاوہ افسانوں کا ایک مجموعہ ''رفتار خیال'' شائع ہوا۔ جس میں ان کے دس افسانے قید حیات و بندغم، محبت کی اندھیر نگری، شہید تغافل، زخم پنہاں، دریچہ، امتداد زمانہ، بادہ تلخ، ثمرہ غفلت، صلہ کامیابی اور نئی اور پرانی گڑیاں (ترجمہ) شامل ہیں۔ جہاں بانو نقوی کے افسانوی مجموعہ ''رفتار خیال'' میں شامل افسانہ ''شہید تغافل'' مشہور ہوا۔ اس افسانے میں رتنا نامی ایک عورت کا قصہ بیان کیا گیا ہے۔ جس کا شوہر موہن آزاد مزاج اور شکی ہے۔ اس کی بیوی کی خواہش تھی کہ زمرد الماس کی مالا پہن کر ایک تصویر کھنچوائے۔ شوہر کی سختی سے اس کی خواہش پوری نہیں ہوتی اور وہ انتقال کر جاتی ہے۔ موہن رتنا کی سہیلی شکنتلا سے شادی کر لیتا ہے اور اسے تصویر لینے کی اجازت دیتا ہے۔ شکنتلا تصویر لے تو لیتی ہے لیکن اس کی سہیلی کی موت کا غم اسے بھی موت سے دوچار کر دیتا ہے۔ جہاں بانو نقوی نے اپنے افسانوں میں ہندوستانی عورت کو باوفا اور ایثار اور قربانی کا مجسمہ بنا کر پیش کیا ہے۔ جہاں بانو نقوی عورتوں کے جذبات و احساسات کی ترجمانی پر قدرت رکھتی ہیں۔ انہوں نے پر اثر طریقے سے اپنے افسانوں میں عورتوں کے مسائل کو اجاگر کیا ہے۔ شہید تغافل کے علاوہ زخم پنہاں، قید حیات بندغم وغیرہ ان کے بہترین اصلاحی افسانے ہیں۔ جہاں بانو نقوی کا طرز نگارش سلیس اور عام فہم ہے۔ صاف ستھری زبان استعمال کرتی ہیں۔ نصیر الدین ہاشمی ان کے افسانوں پر تبصرہ کرتے ہوئے لکھتے ہیں:

> ''ان کے افسانے سماجی اور اصلاحی ہوتے ہیں۔ وہ سماج کی دکھتی رگوں پر نشتر لگاتی ہیں۔ سماج کے تصنع کا پول کھول دیتی ہیں'' ۲۱

جہاں بانو نقوی کی اردو خدمات کا اعتراف کرتے ہوئے ڈاکٹر زینت ساجدہ لکھتی ہیں:

''وہ ادیب ہی نہیں ادیب گر بھی تھیں۔ اور بہ ذات خود ایک ادارہ بھی کہ جس نے ایک عہد اور ایک نسل کو اپنی تخلیقات سے متاثر کیا'' ۲۱

## محشر عابدی

آزادی سے قبل تلنگانہ حیدرآباد دکن کے افسانہ نگاروں میں ایک اور اہم نام محشر عابدی کا ہے۔ان کا اصل نام محمد محسن اور تخلص محشر تھا۔ادبی حلقوں میں محشر عابدی کے نام سے جانے گئے۔ان کے افسانوں کا پہلا مجموعہ ''محشرستان'' کے نام سے شائع ہوا۔دوسرا مجموعہ ۱۹۴۶ء میں ''ممی'' کے نام سے شائع ہوا۔ان کے خیالات میں جدت اور تخیل کی بلندی پائی جاتی ہے۔زبان سلیس اور شگفتہ ہے۔رومانیت اور فن کی پختگی محشر عابدی کے طرز بیان کی خصوصیات ہیں۔ڈاکٹر زینت ساجدہ ان کے فن کی خوبیوں پر اظہار خیال کرتے ہوئے لکھتی ہیں:

> ''سائنس اور ادب میں خدا واسطے کا بیر سمجھا جاتا ہے۔لیکن محشر عابدی سائنس دانوں کے اس گروہ سے تعلق رکھتے ہیں جن کو دیکھ کر اس خیال کی صداقت مشتبہ ہوجاتی ہے وہ نرے سائنس دان ہی نہیں ایک خوش گو شاعر' کامیاب افسانہ نگار اور ڈرامہ نویس بھی ہیں''۔۲۲

اردو میں ترقی پسند تحریک نے اردو افسانہ کو کافی متاثر کیا۔افسانے کے موضوعات میں تبدیلی آئی۔مزدوروں کے حق میں آواز اٹھائی گئی اور حقیقت نگاری کو اہمیت دی گئی۔دکن کے علاقے میں بھی افسانہ نگار ترقی پسند تحریک سے متاثر ہوئے۔ان افسانہ نگاروں میں ابراہیم جلیس' عزیز احمد' عاتق شاہ اور دیگر افسانہ نگار ہیں۔

## ابراہیم جلیس

ابراہیم جلیس (۱۹۲۳۔۱۹۷۷) دکن کے علاقے سے تعلق رکھنے والے ایک اہم افسانہ نگار' صحافی اور ادیب ہیں۔افسانہ نگاری سے انہیں بچپن سے ہی لگاؤ تھا۔ان کا پہلا افسانہ ''تکونہ دیش'' کے عنوان سے ۱۹۴۳ء میں ماہنامہ نگار (لکھنو) میں شائع ہوا۔اس رسالے کے مدیر اپنے وقت کے بلند پایہ صحافی نیاز فتح پوری تھے۔بعد میں ان کے افسانے ماہنامہ ساقی (پاکستان) کے علاوہ ہندو پاک کے معروف رسائل میں شائع ہونے لگے، ان کے افسانوں کا پہلا مجموعہ ''زرد چہرے'' کے نام سے ۱۹۴۵ء میں شائع ہوا۔ابراہیم جلیس کی کوئی ۱۸ تصانیف شائع ہوچکی ہیں، ان کے افسانوی مجموعہ کے عنوانات ہیں، زرد چہرے، تکونا دیس، چور بازار، ترنگے کی چھاؤں میں، کچھ غم دوراں، میں مر نہیں سکتا، آسمان کے باشندے، پاکستان کب بنے گا، افسانوی مجموعوں کے علاوہ

ایک ڈراموں کی کتاب ''اُجالے سے پہلے'' ایک سفرنامہ ''نئی دیوار چین'' تین انشائیوں کی تصانیف ''سنیں تو پھنسے'' نیکی کرتھانے جا، شگفتہ شگفتہ ایک مزاحیہ کالموں کا انتخاب ''اوپر شیروانی اندر پریشانی'' قحط بنگال کے موضوع پر ایک کتاب ''بھوکا ہے بنگال'' کے علاوہ دور پورتاژ'' دوملک ایک کہانی''، ''جیل کے دن جیل کی راتیں'' شائع ہو چکی ہیں، ان کی جملہ تصانیف میں زرد چہرے، تکونا دیش، چالیس کروڑ بھکاری اور رپورتاژ دو ملک ایک کہانی کو بے حد شہرت اور مقبولیت حاصل ہوئی۔ سقوط حیدرآباد کے بعد ابرہیم جلیس ۱۹۴۸ء میں پاکستان چلے گئے اور مستقل طور پر کراچی میں قیام پذیر ہو گئے۔

ابراہیم جلیس بحیثیت افسانہ نگار ترقی پسند تحریک سے متاثر ہو کر ملکی انتشار، افراتفری، بیروزگاری، بھوک مایوسی مذہبی جنون کے خلاف نبرد آزما ہوئے۔ ان کے افسانوں میں کرشن چندر کی انسان دوستی نظر آتی ہے تو منٹو اور خواجہ احمد عباس کی تندی و تلخی بھی ان کے افسانوں میں زندگی کی تلخیاں جنسی نا آسودگی نفسیاتی کشمکش اور قنوطیت کی جھلکیاں جا بہ جا نظر آتی ہیں۔ زبان برجستہ اور رواں ہے طنزیہ جملوں اور مکالموں کے ذریعہ کہانی تخلیق کرنا ابراہیم جلیس کی انفرادیت ہے۔ ابراہیم جلیس کی افسانہ نگاری کا اعتراف بے شمار نقادوں رادیبوں نے کیا ہے۔ عاتق شاہ ابراہیم جلیس کی افسانہ نگاری کے بارے میں رقمطراز ہیں:

> ''زرد چہرے ہوں کے چالیس کروڑ بھکاری یا چور بازار ان کی کوئی کتاب اٹھا لیجئے اس میں ان کا چبھتا ہوا طنز ابھر کر اپنے پڑھنے والے کے دل و دماغ کو اس طرح متاثر کرتا ہے کہ وہ مصنف کے ساتھ زندگی کی ان تلخ اور بے رحم حقیقتوں کے بارے میں سوچنے لگتا ہے جس پر اس انداز سے اس کی نظر پہلے کبھی نہیں گئی'' ۲۳

''زرد چہرے'' ابراہیم جلیس کا اولین افسانوی مجموعہ ہے، یہ کتاب پہلی بار جنوری ۱۹۴۵ء میں شائع ہوئی ۱۹۵۔ صفحات پر مشتمل اس کتاب میں جملہ پندرہ افسانے شامل ہیں۔ جن کے عنوانات۔ بلیک آوٹ، فرشتہ، چور، تنخواہ کا دن، آنسو جو بہہ نہ سکے، رزاق اور عبدالرزاق، صراطِ مستقیم، اشرف المخلوقات، ریلیف فنڈ، سگ لیلیٰ، دلدر، تو ند، سرخ پھریرا، درانتی اور ہتھوڑا اور زرد چہرے ہیں۔ کتاب کے آغاز میں قاضی عبدالغفار (مصنف ماہنامہ پیام) کا مقدمہ شامل ہے۔ جس

میں وہ لکھتے ہیں:

''یہ کتاب دراصل حقیقت نگاری کی پہلی کوشش ہے جو جلیس نے کی ہے۔ جو موضوع انہوں نے اختیار کیا ہے۔ سماج کے پست طبقات کی نفسیات وہ ایک بہت ہی وسیع موضوع ہے، میں نے ان کے افسانوں میں ایک نوجوان جذبہ دیکھا جو جلیس کی جوانی کو ہندوستان کی سماجی زندگی کی تاریک گلیوں میں لے جا رہا ہے۔ ان گلیوں میں جہاں بھوک احتجاج مفلسی اخلاقی اور مالی قنوطیت کے گندے کپڑوں میں ملک کی انسانیت لپٹی پڑی ہے، اس نے ہمیں جنسی جذبات کی گھناونی تصویریں دیکھیں، کہیں غریبوں کی عزت کی کوئی چنگاری چمکتے دیکھی کہیں تعلیم یافتہ بیروزگاروں اور کہیں جاہل مزدوروں کے دلوں کے پردوں میں جھانکا اور جس لمحہ کوئی اثر پیدا ہوا اسی لمحہ اپنے قلم کی قوت اس کی تصویر کشی میں لگائی''۔ ۲۴

افسانہ ''بلیک آؤٹ'' بیس صفحات پر مشتمل افسانہ ہے، اس افسانے کا ہیرو سجاد ایک لا اُبالی اور آزاد خیال نوجوان ہے۔ تعلیم حاصل کرنے یا ملازمت تلاش کرنے کیلئے لاہور میں مقیم ہے، اس کا بھائی اپنی بیوی بچوں کا پیٹ کاٹ کاٹ کر اس کے خرچ کیلئے رقم روانہ کرتا ہے۔ پورا افسانہ سجاد اور اس کے دوست خالد کے درمیان ہونے والے مکالموں پر مبنی ہے، سجاد سگریٹ پھونکتا ہے، شراب نوشی کرتا ہے اور خوبصورت افسانہ ''تنخواہ کا دن'' غریبی افلاس مجبوری ناکام حسرتوں اور خواہشوں کی منہ بولتی تصویر ہے، اس افسانے کا ہیرو مراد ایک مزدور ہے لوہا کوٹ کر پیٹ پالتا ہے۔ تنخواہ کے دن اس کی بیوی انتظار کرتی ہے کہ اس کا شوہر کھانے کیلئے کوئی اچھی چیز لائے گا، ربر کے جوتے یا کوئی تحفہ لے آئے گا مگر تنخواہ کے دن قرض داروں کے تقاضے سود کی رقم اور مکان کا کرایہ ادا کرتے کرتے اس کے ہاتھ میں بس اتنی رقم رہ جاتی ہے کہ مہینہ بھر پیٹ کی آگ بجھا سکے ملاحظہ فرمائے اقتباس:

''مکان مالک گوئیند بابو کا نوکر مکان کا کرایہ وصول کرنے آیا تھا مکان کا کرایہ دو روپئے ایک دم دو روپئے ایسے غلیظ مکان کا کرایہ جس میں دو اندھیرے کمرے دھوئیں سے کالی

دیواریں ٹوٹے چھپر کا دالان جو برسات میں تالاب بن جاتا ہے۔ چار قدم کا صحن سنڈ اس تک موجود نہیں مگر کرایہ دو روپے اور مہینے کے مہینے وصول ہوتا ہے، خواہ مخواہ کا غصہ مراد کے جسم میں سرایت کرنے لگا مگر کس پر غصہ کرے بچارہ اس نے بڑبڑاتے ہوئے دو روپے نوکر کے ہاتھ میں تھما دیئے گویا وہ روپے انگارے تھے جن کی جلن کی وہ تاب نہیں لاسکتا تھا''۔ ۲۵

افسانوں کا پلاٹ گھٹا ہوا کہانی بکھرتی ہے اور نہ راستہ بھٹکتی ہے، تمام ہی افسانے خوصورت بیانیہ کا عمدہ نمونہ ہیں۔ ابراہیم جلیس صرف ایک افسانہ نگار مزاح نگار ڈرامہ نگار اور رپورتاژ نگار ہی نہیں اپنے عہد کے ایک بلند پایہ قلمکار تھے۔ ان کی قلمی کاوشوں نے اس دور کے ہزاروں لاکھوں اردو قارئین کو اپنا گرویدہ بنالیا تھا۔

ترقی پسند تحریک سے متاثر ہوکر ابراہیم جلیس نے جو افسانے لکھے ان میں انسان کے درد و غم کی کھنک صاف سنائی دیتی ہے۔ ابراہیم جلیس نے فن کے ساتھ پورا اخلاص کیا۔ جلیس نے اپنے افسانوں میں سماج کے نقلی چہروں کو بے نقاب کرنے میں کوئی عار نہیں سمجھا۔ دوسری جنگ عظیم کے بعد کے حالات جب کہ دنیا سیاسی و معاشی اعتبار سے پریشانیوں میں گھری ہوئی تھی اور نوجوان ذہن منتشر تھے جلیس نے اس وقت کے سیاسی حالات کے پیدا کردہ مایوس کن تاثرات کو بھرپور انداز میں پیش کیا۔ افسانہ ''آزاد غلام'' میں انتشار کی کیفیت کو جلیس نے یوں پیش کیا ہے:

''بیوگی، آتش، اجڑی گودیوں، سر بریدہ بچوں، پستان دریدہ ماؤں، بے حیا بہنوں، بے غیرت شوہروں، بے شرم باپوں اور جلے ہوئے مسمار مکانوں کو اپنی اپنی پیٹھ پر ڈھوکر یہ ہندوستان اور پاکستان آزاد ہو چکے تھے''۔ ۲۶

ابراہیم جلیس کے افسانوں میں نئے دور کی کشمکش نظر آتی ہے۔ ان کے افسانوں کے کردار جدید دور کے حالات اور ان کے سبب پیدا ہونے والے مایوس کن اثرات کو ظاہر کرتے ہیں۔

## عزیز احمد

حیدرآباد میں آزادی سے قبل ترقی پسند تحریک سے متاثر ہوکر اردو افسانے کو فروغ دینے

والے ایک اہم افسانہ نگار عزیز احمد ہیں۔عزیز احمد (۱۹۱۳ـ۱۹۷۸) سرزمین حیدرآباد دکن سے وابستہ اردو فکشن کا ایک معتبر نام ہے۔ادب کی تاریخ میں وہ ہمہ جہت شخصیت کی حیثیت سے مشہور رہے۔عزیز احمد وہ فاضل ادیب ہیں جنہوں نے بحیثیت افسانہ نگار، ناول نگار، مترجم، شاعر، نقاد، محقق، اقبال شناس و ہفت زبان کی حیثیت سے شہرت پائی، اتنی ساری خوبیوں کا کسی ایک شخصیت میں جمع ہوجانا خود اس کی عظمت کی دلیل ہے۔ترقی پسند تحریک کے عروج کے زمانے میں انہوں نے اردو میں کئی شاہکار ناول اور افسانے لکھے۔اردو فکشن کے علاوہ تنقید، ترجمہ نگاری، تاریخ اور اسلامی ادب میں ان کی نگارشات قدر کی نگاہ سے دیکھی جاتی ہیں۔ایک ایسے دور میں جب کہ اردو فکشن میں منٹو، عصمت، بیدی اور دیگر کا چرچا تھا عزیز احمد نے بھی ناول نگاری کے سلسلے کو جاری رکھا۔اور اردو ناول کی تاریخ میں وہ ایک ترقی پسند ناول نگار کی حیثیت سے جانے جاتے رہے۔یز احمد نے کم عمری ہی میں اپنی ادبی زندگی کا آغاز کردیا تھا۔جب انہوں نے روسی زبان کے افسانے اردو میں ترجمہ کرنا شروع کئے تھے اس سلسلہ کے دو افسانے ''بچپن'' اور ''شریر لڑکا'' ۱۹۲۸ء میں نیرنگ خیال میں شائع ہوئے۔افسانہ ''شریر لڑکا'' رابندر ناتھ ٹیگور کا لکھا ہوا تھا۔ڈاکٹر مرزا حامد بیگ اپنی تحقیق میں عزیز احمد کے پہلے افسانے کے تعلق سے لکھتے ہیں:

> ''عزیز احمد نے اپنا اولین افسانہ ''کشاکش جذبات'' کے عنوان سے لکھا جو پروفیسر عبدالقادر سروری کی ادارت میں شائع ہونے والے مجلّہ ''مکتبہ'' حیدرآباد دکن مکتبہ ابراہیمیہ شمارہ نومبر ۱۹۲۹ء میں شائع ہوا''۔ ۲۷

عزیز احمد کا ایک طبع زاد افسانہ عبدالقادر سروری کے رسالہ مکتبہ (نومبر ۱۹۲۹ء) میں شائع ہوا۔عزیز احمد کے ایک ناول ''مرمر اور خون'' کا پیش لفظ مولوی عبدالحق کے نام سے شائع ہوا لیکن کہا جاتا ہے کہ اس پر مولوی عبدالحق نے صرف اپنے دستخط کئے تھے اور عزیز احمد کو یہ اجازت تھی کہ وہ متن خود لکھ کر لائیں۔ادبی زندگی کے اولین دور میں انہوں نے ناول اور افسانہ نگاری کو زیادہ اہمیت دی اور ''گریز، آگ، ایسی بلندی ایسی پستی، شبنم، ہوس، مثلث اور تری دلبری کا بھرم جیسے ناول اور ناولٹ لکھے۔

عزیز احمد نے کئی افسانے لکھے۔ان کے افسانوں کے دو مجموعے ''رقص ناتمام'' اور ''بے کار دن بے کار راتیں'' چھپ کر شائع ہو چکے ہیں۔''آب حیات'' کے نام سے ان کے تاریخی

ناولوں کا مجموعہ بھی شائع ہوا۔ ان کے ناولٹ نما دو طویل افسانے ''خدنگ جستہ'' اور ''جب آنکھیں آہن پوش ہوئیں'' مشہور ہوئے۔ عزیز احمد کی افسانہ نگاری کے بارے میں انیس قیوم فیاض لکھتی ہیں:

> ''عزیز احمد کے افسانوں کا مجموعہ ''بے کار دن بے کار راتیں'' اپنے مخصوص اسلوب ہلکے ہلکے مزاح اور زہریلے نشتر کی وجہ سے انفرادیت رکھتا ہے...... ان کے افسانوں کی تعداد خاصی ہے جس میں انہوں نے جنسی حقیقت نگاری پر کامیابی کے ساتھ قلم اٹھایا ہے۔ ۲۸

عزیز احمد نے اپنے بے شمار افسانوں میں جنس اور حقیقت نگاری پر کامیابی کے ساتھ اپنے قلم کو جنبش دی ہے۔ عزیز احمد فرانسیسی جنس نگار ہکسلی سے متاثر رہے اور اس کا انہوں نے اعتراف بھی کیا۔ عزیز احمد نے اپنے افسانوں میں زندگی کے بھرپور عمیق اور کبھی نہ مٹنے والے تاثرات کو بے حد سچائی اور پوری واقفیت کے ساتھ پیش کیا ہے۔ انسانی جذبات اور احساسات کے بیان میں عزیز احمد اپنا جواب نہیں رکھتے۔ ان کی یہ کتابیں' ناول اور افسانے عزیز احمد کو اردو فکشن کے افق پر تابندہ کرتی ہیں۔ لیکن اردو فکشن کی تاریخ میں عزیز احمد کے ساتھ ناانصافی بھی ہوئی۔ کیوں کہ ان کی کتابیں ایسے دور میں لکھی گئیں جب فکشن میں کرشن چندر' عصمت چغتائی' راجندر سنگھ بیدی اور دیگر ترقی پسند ادیبوں نے اجارہ داری قائم کر رکھی تھی۔ اس کے باوجود عزیز احمد اردو افسانہ نگاری کے میدان میں اپنا مقام برقرار رکھنے میں کامیاب رہے۔

آزادی سے قبل علاقہ تلنگانہ اور حیدرآباد دکن میں اردو افسانہ نگاروں کی فہرست میں محبوب حسین جگر' سری کشن سنہا اور ظفر الحسن کے نام بھی لیے جاسکتے ہیں جنہوں نے کہیں نہ کہیں اردو افسانہ نگاری کے فروغ میں اپنا کردار ادا کیا۔

# حواشی

۱۔ ڈاکٹر زینت ساجدہ۔حیدرآباد کے ادیب (مرتبہ)۔ص ۱۹۷

۲۔ ڈاکٹر زور۔عظمت اللہ خان کا نظریہ شاعری اور شاعری۔نیا دور ماہنامہ جون ۳۷۔ص۴

۳۔ ڈاکٹر زور بہ حوالہ۔ڈاکٹر سید محی الدین قادری زور۔حیات شخصیت اور کارنامے۔از۔مغنی تبسم۔ص۔۴۲۸

۴۔ ڈاکٹر زور بہ حوالہ۔ڈاکٹر سید محی الدین قادری زور۔حیات شخصیت اور کارنامے۔از۔مغنی تبسم۔ص۔۴۲۸

۵۔ ڈاکٹر زور۔دیباچہ۔گولکنڈے کے ہیرے۔

۶۔ ڈاکٹر زور۔گولکنڈے کے ہیرے۔پیش لفظ

۷۔ ڈاکٹر زور۔گولکنڈے کے ہیرے۔افسانہ۔بال۔گولکنڈے کی آخری رقاصہ۔

۸۔ ڈاکٹر زور۔گولکنڈے کے ہیرے۔افسانہ۔پانچ اشرفیاں۔۴۲۔۴۱

۹۔ ڈاکٹر زور۔گولکنڈے کے ہیرے۔افسانہ۔سر صحرا۔ص ۴۸۔۴۷

۱۰۔ ڈاکٹر زور۔گولکنڈے کے ہیرے۔افسانہ۔دفینہ۔ص۶۲۔۶۱

۱۱۔ گیان چند جین۔بحوالہ ڈاکٹر سید محی الدین قادری زور۔حیات شخصیت اور کارنامے۔از۔مغنی تبسم۔ص۔۴۳۷

۱۲۔ مولوی عبدالحق۔گولکنڈے کے ہیرے۔دیباچہ۔ص۔۴

۱۳۔ ڈاکٹر زور۔شہزادی کا عقد۔ص۲۹

۱۴۔ پروفیسر سیدہ جعفر۔ڈاکٹر زور۔ص ۱۴۶

۱۵۔ ڈاکٹر زور افسانہ مکہ مسجد۔ص۔۱۷

۱۶۔ ڈاکٹر اسلم پرویز۔ مضمون۔ ڈاکٹر زور ادب کی ایک ماڈل شخصیت۔ مشمولہ۔ محی الدین قادری زور
مرتبہ خلیق انجم۔ ص ۸۳
۱۷۔ یوسف سرمست پروفیسر۔ ڈاکٹر زور کی افسانہ نگاری۔ مشمولہ ڈاکٹر محی الدین قادری زور
خصوصی مطالعہ۔ ایم اے اردو عثمانیہ یونیورسٹی۔ مرتبہ محمد علی اثر ڈاکٹر۔ ص۔ ۷۵
۱۸۔ مولوی عبدالحق۔ داستان ادب حیدرآباد۔ ڈاکٹر زور۔ ص ۱۱۲
۱۹۔ عبدالقادر سروری دنیائے افسانہ ص ۱۲
۲۰۔ ڈاکٹر زور بحوالہ حیدرآباد میں اردو افسانہ آزادی کے بعد از محی الدین باشا ص۔ ۳۶
۲۱۔ نصیر الدین ہاشمی۔ دکن میں اردو ص۔ ۹۲۷
۲۲۔ زینت ساجدہ۔ حیدرآباد کے ادیب حصہ اول ص ۴
۲۳۔ زینت ساجدہ۔ حیدرآباد کے ادیب ص ۲۳۵
۲۴۔ عاتق شاہ۔ شگوفہ مئی ۱۹۷۸ء
۲۵۔ قاضی عبدالغفار۔ مقدمہ۔ زرد چہرے از ابراہیم جلیس
۲۶۔ ابراہیم جلیس۔ افسانہ تنخواہ کا دن از ابراہیم جلیس۔ زرد چہرے۔ ص ۴۴
۲۷۔ ڈاکٹر مرزا حامد بیگ ''اردو افسانہ کی روایت'' ص ۴۷۳۔ اکادمی ادبیات پاکستان ۱۹۷۱
۲۸۔ انیس قیوم فیاض: ''حیدرآباد میں افسانہ نگاری''۔ ص ۱۵۳۔ ادارہ شعر و حکمت حیدرآباد ۱۹۸۰ء

# تلنگانہ کے چند نامور افسانہ نگار

تلنگانہ دکن کا علاقہ ہے اور علاقہ دکن گزشتہ چار صدیوں سے اردو زبان و ادب کے فروغ اور سرپرستی کے لیے کافی اہمیت کا حامل ہے۔ ہندوستان کی آزادی سے قبل اور بعد بھی یہاں نامور شعرا اور ادیبوں کے ساتھ اچھے افسانہ نگار بھی سامنے آئے ہیں۔عزیز احمد' عاتق شاہ' عوض سعید' بیگ احساس' اقبال متین' مظہر الزماں خاں' جیلانی بانو' رفیعہ منظور الامین اور دیگر افسانہ نگاروں نے نہ صرف تلنگانہ بلکہ قومی و بین الاقوامی سطح پر فن افسانہ نگاری میں اپنا نام روشن کیا بلکہ فن افسانہ نگاری کے فروغ میں علاقہ تلنگانہ کی خدمات کو اجاگر کیا۔ ذیل میں تلنگانہ کے چند نامور افسانہ نگاروں کی فکر و فن کا جائزہ پیش کیا جارہا ہے۔

## عاتق شاہ

شیر محمد عاتق شاہ (۱۹۹۹-۱۹۲۳) حیدرآباد سے تعلق رکھنے والے اردو کے مشہور افسانہ نگار گزرے ہیں۔ان کی پیدائش ۷۔نومبر ۱۹۲۳ء کو حیدرآباد میں ہوئی۔ان کے والد کا نام عبدالحکیم شاہ تھا۔ان کے دادا شیر محمد خان کا تعلق افغانستان کے شاہی خاندان سے تھا۔عاتق شاہ نے سٹی ہائی اسکول پتھر برج حیدرآباد میں ابتدائی تعلیم حاصل کی۔۱۹۵۳ء میں علی گڑھ سے میٹرک کا امتحان پاس کیا۔حیدرآباد ایوننگ کالج سے بی اے اور ایم اے کامیاب کیا۔ناندیڑ میں اردو لیکچرر کی حیثیت سے کام کیا۔ پھر حیدرآباد کے سردار پٹیل کالج میں لیکچرر کے عہدے پر فائز ہوئے جہاں سے وہ ۱۰۔نومبر ۱۹۹۱ء کو ملازمت سے سبکدوش ہوئے۔عاتق شاہ حیدرآباد کی انجمن ترقی پسند مصنفین سے وابستہ رہے۔وہ ایک افسانہ نگار' انشائیہ نگار' مضمون نگار اور رپورتاژ نگار کی حیثیت سے شہرت رکھتے ہیں۔ان کا شمار حیدرآباد کے ان گنے چنے افسانہ نگاروں میں ہوتا ہے جنہوں نے نامساعد حالات میں ترقی پسند ادیب کی حیثیت سے اپنی شناخت بنائی۔ان کے انشائیوں میں

شگفتگی پائی جاتی ہے۔روز مرہ کے موضوعات پر انہوں نے طنز و مزاح سے بھرپور انشائیے لکھے۔فٹ پاتھ کی شہزادی'ایک وقت کا کھانا'اندھیری' مائی ڈیئر شکنتلا'راستے کی کہانیاں اور دو منٹ کی خاموشی ان کے افسانوں کے مجموعے ہیں۔جب کہ چالیس قدم'انڈین کا جو'ماموں کی بکریاں اورعاتق شاہ کے مضامین ان کے طنزیہ ومزاحیہ مضامین کے مجموعے ہیں۔تکیہ'گرگٹ'لمبی دوڑ'ہماری گلی آنا'رضیہ اور رادھا ناچ رہی ہے وغیرہ ان کے مشہور ومقبول افسانے ہیں۔ان کا انتقال ۲۰۔مئی ۱۹۹۹ءکو ہوا۔

ترقی پسند تحریک کے بعد تلنگانہ علاقہ حیدرآباد میں ابھرنے والے ایک اہم افسانہ نگار عاتق شاہ ہیں۔انہیں کرشن چندراور راجندر سنگھ بیدی کا ہم عصر وہم خیال تصور کیا جاتا ہے۔عاتق شاہ کے افسانوں کا پہلا مجموعہ''فٹ پاتھ کی شہزادی''ہے۔یہ مجموعہ حیدرآباد سے ۱۹۴۸ء میں شائع ہوا۔ اس کتاب کے آغاز میں اپنی بات کے عنوان سے عاتق شاہ نے اپنی افسانہ نگاری کے تجربے کو بیان کیا ہے اس ضمن میں وہ لکھتے ہیں:

> ''مظلومیت کی آنکھوں میں سہمے ہوئے آنسو مجھ سے کہتے ہیں کہ تو کہانیاں لکھ۔وہ کہانیاں جو ہمارے سینوں میں دفن ہیں۔ہماری ان بے رونق واداس آنکھوں میں منجمد ہیں۔ ہمارے ان میلے کچیلے چیتھڑوں میں چھپی ہوئی ہیں۔ہمارے وحشت زدہ چہروں پر بکھری پڑی ہیں۔تو وہ کہانیاں لکھ اور وہ گیت گا جو ہمارے سوکھے ہونٹوں پر آکر دم توڑ دیئے۔اور جسے ہم نہ گا سکے وہ گیت جو ایک بدنصیب ماں اپنے بھوکے اور بلکتے ہوئے بچے کو سلانے کے لیے گاتی ہے۔وہ گیت جسے ایک جوان عورت اپنے شوہر کی جدائی میں گاتی ہے جو مذہب اور آزادی کے نام پر ذبح کردیا گیا۔وہ گیت جو مفلسی کے سینے میں جنم لیتے ہیں۔پروان چڑھتے ہیں اور پھر وہیں ڈوب جاتے ہیں۔مظلومیت کی آنکھوں میں سہمے ہوئے آنسو مجھ سے کہتے ہین اور میں لکھتا ہو''۱

عاتق شاہ کے ان خیالات سے اندازہ ہوتا ہے کہ تقسیم ہند کے وقت جب انہوں نے

اپنے افسانے لکھنے شروع کئے تھے تو ہندوستان میں غربت اور مفلسی عام تھی اور اسی مفلسی کو انہوں نے فن کے ذریعے پیش کیا۔ عاتق شاہ نے لکھا کہ انہوں نے جو محسوس کیا ہے وہ لکھا ہے۔ اور وہی ان کا فن ہے۔ افسانوی مجموعہ ''فٹ پاتھ کی شہزادی'' میں جو افسانے شامل ہیں ان کے نام اس طرح ہیں۔ یہ ہنسی ہے۔ دیا جلے ساری رات۔ چوہوں کا رقص۔ تکیہ۔ فلوری شراب ہے۔ یہ جنگ ہے جنگ آزادی۔ اس دیس میں کتنے راجہ۔ گرگٹ۔ فٹ پاتھ کی شہزادی۔ کیسے کٹے رات۔ لمبی دوڑ۔ غلطی۔ اس رات۔ مسٹر ایم جی پارتھا سارتھی نائیڈو۔ ہماری گلی آنا۔ اپنے افسانوں کے موضوعات کی تلاش کے ضمن میں عاتق شاہ لکھتے ہیں:

> ''میں کہانیاں تلاش نہیں کرتا۔ کہانیاں خود مجھے ڈھونڈتی ہیں۔ ہر متنفس میرے سامنے ایک ہاتی بن کر آتا ہے۔ اور صبح سے شام تک میرے چاروں اور ان گنت کہانیاں چکر کاٹتی رہتی ہیں۔ مسکراتی ہوئی۔ ہنستی ہوئی۔ بلکتی سوئی۔ چبھتی ہوئی۔ مرتی ہوئی۔ جنم لیتی ہوئی۔ خوبصورت ۔ بد صورت۔ اٹھلاتی ہوئی اور لنگڑاتی ہوئی۔ اور میں انہیں بڑے غور سے پڑھتا جاتا ہوں'' ۲

عاتق شاہ کے افسانوں کا مجموعہ ''فٹ پاتھ کی شہزادی'' کے سبھی افسانے ہندوستان کی غربت اور اس سے پیدا ہونے والے حالات کی عکاسی کرتے ہیں۔ ان افسانوں کی یہ خوبی یہ ہے کہ افسانہ نگار خود بھی حالات کا شکار ہے اور وہ اپنے اطراف بسی بے بس انسانیت پر افسوس کرتا ہے۔ افسانہ ''فٹ پاتھ کی شہزادی'' میں کلکتے سے حیدرآباد آئی حالات کی ماری ایک غریب عورت کا فسانہ ہے۔ جو فٹ پاتھ پر زندگی بسر کرتی ہے۔ افسانہ نگار نے فٹ پاتھ کو غریبوں کا گھر کہا ہے۔ ایک مرتبہ ایک بچے کو افسانہ نگار کی ٹھوکر لگتی ہے اور رامو نامی خاتون سے افسانہ نگار کا تعارف ہوتا ہے۔ عاتق شاہ راموکی کہانی بیان کرتے ہوئے لکھتے ہیں

> ''معلوم نہیں بچے کا باپ کون ہے کیا ہے کدھر ہے اور میں انفن ٹون کی شیشی لانے کے چکر میں پڑا ہوں۔ کئی بار میں نے چاہا کہ یہ نئی مصیبت فٹ پاتھ ہی کو سونپ دوں لیکن رامو کہتی ہے کہ اس کا دنیا میں کوئی نہیں باپ کی صورت تو دیکھی

نہیں ماں تھی بے چاری محنت مزدوری کر کے پالتی تھی۔ چاہتی تھی کہ کسی طرح شادی کر دے لیکن بنا جہیز کے کوئی بھی راضی نہ ہوا۔اور وہ اپنی حسرت قبر میں ہی لیتی گئی۔‘‘ ۳

رامو کی کہانی کو مزید بیان کرتے ہوئے عاتق شاہ نے لکھا کہ ماں سے بچھڑنے کے بعد وہ نوکری کی تلاش میں تھی کہ گورے فوجیوں نے اس کی عصمت دری کر دی۔ کلکتے میں اس کا دل نہیں لگا تو کسی نوجوان نے کہا کہ دکن دیس چلی جاؤ وہاں زندگی سکون میں ہے تو میں یہاں چلی آئی۔ رامو کے خیالات سے عاتق شاہ نے واضح کیا کہ تقسیم ہند کے باوجود لوگ دکن کی نظام حکومت کے بارے میں اچھے خیالات رکھتے تھے۔

عاتق شاہ کے افسانوں کا مجموعہ ’’اندھیری‘‘ کے نام سے ۱۹۵۲ء میں حیدر آباد سے شائع ہوا۔ اس مجموعے میں ان کے افسانے عبدالرحمٰن ۔ ہندوستان چلو۔ یہ ایک کاغذ ہے۔ انگیا کے بند ٹوٹے۔ ذرا صبح ہونے دو۔ چلو بھاگ جائیں۔ ایک تھا نمک حلال۔ سائڈ سے چلئے اور اندھیری شامل ہیں۔ کتاب کا انتساب ترقی پسند خیالات کی طرح لکھا گیا ہے۔ عاتق شاہ لکھتے ہیں:

’’اس کتاب کے نام۔
جو سڑک پر ایک یتیم کی طرح کھلی پڑی ہے۔ اور جن کے پڑھنے والوں کو پولیس نے گولی مار کر ہمیشہ کے لیے سلا دیا۔ لیکن وہ مرے نہیں۔ چونکہ جب تک کتاب ہے طالب علم پیدا ہوتے رہیں گے اور اپنے قاتل سے کہتے رہیں کہ تم ہمیں کبھی نہیں مار سکتے کیوں کہ ہم مستقبل ہیں‘‘۔ ۴

افسانہ ’’عبدالرحمٰن‘‘ میں عاتق شاہ نے غربت کی وجہ سے گھر چھوڑ کر محبوب نگر سے حیدر آباد آجانے والے ایک غریب لیکن سمجھدار لڑکے کا حال بیان کیا ہے۔ افسانے کے آغاز میں عاتق شاہ دنیا میں پیدا ہونے والی ناجائز اولادوں کے بارے میں جذباتی انداز میں اپنے خیالات کا اظہار کرتے ہوئے لکھتے ہیں:

’’عبداللہ پہلے ہوا اور بعد میں عبدالرحمٰن ۔ ظاہر ہے کہ باپ پہلے ہوتا ہے اور بیٹا بعد میں یہ دوسری بات ہے کہ بعض بچے بغیر باپ کے ہی اس دنیا میں آجاتے ہیں۔ اور

دوسروں کی طرح اس بات کے احسان مند رہتے ہیں کہ ان کا ایک باپ ہے بغیر باپ کے پیدا ہونا موجودہ صدی کا یقیناً ایک بڑا معجزہ ہے یوں تو ایسے معجزے کئی بار دنیا پر ظاہر ہو چکے ہیں۔لیکن چھپے طور پر گھروں کی اندھیری کوٹھریوں میں آبادیوں سے دور کسی ویران مقام پر کسی اجنبی شہر میں اور پھر انہیں اجنبی شہر میں چھوڑ دیا جاتا ہے۔ اور پھر وہ س شہر کی اندھیری گلیوں میں ایک اجنبی کی طرح بھٹکتے پھرتے ہیں جیسے کوئی چیز کھو گئی ہو۔جیب سے ایک بھاری رقم کا بٹوہ گر گیا ہو۔کسی قریبی دوست کا مکان مطلوب ہو۔بھٹکتے پھرتے۔آج کل بھی بھٹکتے پھرتے ہیں۔لیکن پہلے سے بہت زیادہ۔نہ جانے ان کا باپ کون ہے۔ماں کون تھی۔کس مٹی نے انہیں جنم دیا۔کہاں کی ہوا اور کہاں کے پانی نے انہیں زندگی بخشی۔۵

افسانہ نگار کو عبدالرحمٰن راستے میں ملتا ہے وہ ان سے بات کرتا ہے اور اپنے ساتھ رکھنے کے لیے کہتا ہے۔افسانہ نگار اظہار ہمدردی میں اسے اپنے گھر رکھ لیتے ہیں۔اور گزرتے ایام کے ساتھ عبدالرحمٰن کی غربت اور اس کی زندگی کے واقعات سامنے آتے ہیں۔افسانے کے دوران پتہ چلتا ہے کہ عبدالرحمٰن چوری کر کے چوری کا مال بیچتا تھا اور ملنے والے پیسوں کو گھر میں ماں کو لا کر دیتا ہے۔ماں اسے ٹوکتی نہیں کہ اس نے چوری کیوں کی کیوں کہ انہیں کسی حال میں پیسوں کی ضرورت تھی۔غریب کی چوری کے جواز کو درست قرار دیتے ہوئے عاتق شاہ افسانے میں لکھتے ہیں:

''یہ چوری چوری نہیں۔یہ گناہ گناہ نہیں۔یہ ضرورت ہے۔یہ مطالبہ ہے پیٹ کا بھوک کا اور اس ضرورت کو پورا کرنا گناہ نہیں۔گناہ تو وہ ہے چوری تو وہ ہے جو ضرورت نہ ہوتے ہوئے بھی دوسروں کا مال ہڑپ کر لیا جائے۔ہزاروں لوگوں کو بھوکا مار کر لاکھوں پلے اناج تہہ خانوں میں چھپایا جائے اپنے نفع کے لیے۔دوسروں کی مسکراہٹ چھین لی جائے۔لیکن عبدالرحمٰن نہیں جانتا کہ ایسے ملزموں کے لیے کوئی جیل خانہ تعمیر

نہیں ہوا۔ جیل خانے تو ان لوگوں کے لیے تعمیر کئے جاتے ہیں جو سچ بولتے ہیں۔ معصوم اور بھولے بھالے ہوتے ہیں۔ یہاں انجمن انسداد بے رحمی جانوراں تو ہے لیکن انجمن انسداد بے رحمی انساں نہیں۔ یہاں پولیس قاتل کو تو گرفتار کرتی لیکن اس قاتل کو نہیں جس کے ہاتھوں روزانہ ہزاروں بے گناہ انسانوں کا خون ہوتا ہے۔ یہاں ظالموں کو سزا تو ملتی ہے لیکن اس ظالم کو نہیں جس کا نام سیٹھ ہزاری مل ہے۔ جس کا نام سیٹھ ریاست علی ہے۔ جس کا نام''۔۔۔ ۶ے

افسانے کے دوران عاتق شاہ کے ان خیالات سے اندازہ ہوتا ہے کہ ان پر ترقی پسند نظریات حاوی تھے اور وہ بھی ترقی پسندی کے نعرے لگانے اور غریب کے حق میں روٹی کی آواز اٹھانے لگے تھے۔ عبدالرحمٰن کی شکل میں انہوں نے ان بے شمار نوجوانوں کی زندگی کی کشمکش کو پیش کیا جو سرمایہ داروں کے ظلم واستبداد کا شکار ہو کر در بدر بھٹک رہے تھے۔ افسانے کے اختتام پر عاتق شاہ جذباتی انداز میں سماج سے خطاب کرتے ہوئے کہتے ہیں کہ ''عبدالرحمٰن کو روکنا ہے تو اس کی باتیں سنئے۔ ٹھنڈے دل سے۔ اور وہ جو کہتا ہے اسے مانئے پھر دیکھئے کہ عبدالرحمٰن واقعی نیک ہے یا نہیں۔

افسانوی مجموعہ اندھیری میں شامل دوسرے افسانے کا عنوان ''ہندوستان چلو پاکستان چلو'' ہے۔ اس افسانے میں تقسیم ہند کے اثرات کو پیش کیا گیا ہے جب کہ بڑی تعداد میں مسلمان پاکستان ہجرت کر رہے تھے اور وہاں رہنے والے کچھ ہندو ہندوستان واپس آ رہے تھے ان کے ذہنوں میں اس دور کی سیاست نے یہ بات بٹھا دی تھی کہ ملک کی تقسیم مذہب کی بنیاد پر ہوئی ہے اس لیے اپنے وطن کی تلاش میں لوگ ادھر ادھر ہوئے تھے۔ افسانے میں عاتق شاہ نے سراج کی ہندوستان چھوڑ کر پاکستان روانگی اور نریندر کی ہندوستان آمد اور ملازمت کی تلاش میں ناکامی کو پیش کیا ہے دونوں خط لکھ کر ادھر ادھر کے احوال بیان کرتے ہیں۔ آخر میں دونوں خطوں پر تبصرہ کرتے ہوئے عاتق شاہ لکھتے ہیں:

''لیکن میں کہتا ہوں کہ آپ انہیں ضرور پڑھیں۔ چونکہ ہندوستان کی قسمت ان ہی ہاتھوں میں لکھی ہوئی ہے اور خاص طور پر وہ ہندو پڑھیں جو پاکستان سے

> ہندوستان آنا چاہتے ہیں۔نریندر کوئی کہانی نہیں ایک زندہ چلتی پھرتی تصویر ہے جو ہمارے یہاں ہر جگہ نظر آئے گی اور پھر خود انہیں معلوم ہو جائے گا کہ حکومت کی کرسیوں پر بیٹھنے والے ان کے نیتا ہی یا برلا کے ایجنٹ۔وہ ڈالر کی پوجا کرتے ہیں یا دیس کی۔وہ لاٹ صاحب کی بات سنتے ہیں یا عوام کی۔اور انہیں یہ بھی پتہ چل جائے گا کہ ملک کو تقسیم کرنے والے بھائی سے بھائی کو جدا کرنے والے خون کی ندیاں بہانے والے ور پھر فوجی اور شرنارتھی کو جنم دینے والے کون ہیں''۔اور جو مسلمان یہاں سے پاکستان جانا چاہتے ہیں وہ میرے دوست سراج کے اس خط کو پڑھیں جس میں اس نے لکھا ہے کہ۔۔۔اور سراج کا خط پڑھتے ہوئے میں ہی سوچ رہا تھا کہ جانے سے پہلے اگر وہ نریندر سے مل لیتا تو کتنا اچھا ہوتا''۔ے

افسانے کے دوران عاتق شاہ نے تقسیم ہند کے بعد پیدا ہونے والے ابتر حالات کو جذباتی انداز میں بیان کیا۔

افسانوی مجموعہ ''اندھیری'' میں عاتق شاہ کی افسانہ نگاری کے بارے میں مشاہیر کی رائے شامل کی گئی ہے۔جس کا عنوان ''عاتق شاہ اپنے ساتھیوں کی نظر میں''۔ذیل میں چند مشاہیر کی عاتق شاہ کے بارے میں دی گئی رائے کو پیش کیا جارہا ہے۔

کرشن چندر

عاتق شاہ کو موجودہ سماج کی بے بسی معلوم ہو چکی ہے اس قریب المرگ نظام کی جانکنی ان کے بیشتر افسانوں سے نمایاں ہوتی ہے۔عاتق شاہ مستقبل کے سماجی ماحول اور اس کی تخلیقی صلاحیتوں کا شعور بھی رکھتے ہیں وار اپنے نئے افسانوں میں اسے ابھارنے کے لیے اپنی فنی کاوشوں کو برابر کام میں لا رہے ہیں۔ان کا انداز بیان سیدھا اور سپاٹ نہیں ہے بلکہ اپچ اور فنی دسترس کا حامل ہے۔

ڈاکٹر سید محی الدین قادری زور

عاتق شاہ حیدرآباد کے جدید لکھنے والوں میں ایک ابھرتی ہوئی حیثیت کے مالک

ہیں۔ان کے قلم میں روانی اور جوش اور طبعیت میں جدت اور شگفتگی پائی جاتی ہے۔اگر چہ وہ اس شگفتگی کو ایک طنزیہ اور تلخ حقیقت نگاری کے پیرائے میں چھپانے کی کوشش کرتے ہیں۔لیکن پھول کسی نہ کسی طرح کھل ہی جاتے ہیں۔اور اپنے وجود کا ثبوت اپنی خوشبو میں یا رنگ کے ذریعے سے مہیا کر کے دوسروں کو اپن طرف متوجہ کر لیتے ہیں۔ مجھے امید ہے کہ عاتق شاہ کی تحریریں ایک قائم ودائم اثر پیدا کرسکیں گی۔اوران کے ملک کی خستگی اوراہل ملک کی آشفتگی کو رفع کرنے کا باعث بنیں گی۔

سلیمان اریب

عاتق شاہ حیدرآباد کا ایک ابھرتا افسانہ نگار ہے اس کی افسانہ نگاری کی عمر بہت کم ہے۔لیکن اپنے ہم عمروں میں اس کا ادبی قد شائد سب سے بلند ہے۔اگراس نے اپنی فکر ونظر میں اور گہرئی اور وسعت پیدا کی تو وہ بہت جلدار دو افسانہ نگاری میں ایک اونچا مقام حاصل کرے گا اردو افسانہ نگاری عاتق شاہ سے مایوس نہیں۔

سرینواس لاہوٹی

عاتق شاہ کے شعور کی پاکیزگی ان کے افسانوں میں جھلکتی ہے۔ان کے افسانوں کا خمیر ہمارے روزمرہ کی زندگی کے واقعات سے بنتا ہے اور یہی ان کے افسانوی ادب کی سب سے اچھی خصوصیت ہے ابھی ان تندہی اور محنت کے ساتھ اپنے افسانوی ادب کا تانا بانا تیار کرنا چاہئے۔تاکہ مواد کے ساتھ ساتھ فنی خصوصیتیں بھی نکھر سکیں۔آخر میں صرف یہ بات کہنا چاہتا ہون کہ ان کا خلوص ہی ان کی کامیابی کا ضامن ہے۔

مسلم ضیائی

براعظم ہندوستان ایک بڑا پاگل خانہ ہے۔عاتق شاہ نے اس پاگل خانہ میں رہ کر پاگل خانہ کی زندگی بیان کی ہے۔وہ محلوں میں رہ کر جھونپڑیوں کی زندگی بیان کرتا ہے۔اور نہ ہندوستان کی تنگ وتاریک گلیوں میں پھر کر بوسیدہ وشکستہ اور جھریوں پڑے حسن کے بجائے نیویارک کی سڑکوں پر موٹروں میں رواں دواں خون سے جھلکتے ہوئے سرخ وسفید حسن کی داستانیں بیان کرتا ہے۔روس کے مشہور ادیب واستوالفسکی نے ۱۸۴۴ء میں اپنا پہلا ناول ''غریب لوگ'' لکھا تھا اس کے سوسال بعد عاتق شاہ نے اپنے افسانوں کا پہلا مجموعہ ''فٹ پاتھ کی شہزادی'' کے نام سے پیش کیا۔جس وقت عاتق شاہ نے اپنی پہلی کتاب لکھی اس وقت اس کی عمر بھی تقریباً اتنی ہی تھی جتنی واستوالفسکی کی۔کون

جانے کہ واستوالفسکی اور عاتق شاہ میں کتنی چیزیں مشترک نظر آئیں۔ ۸

عاتق شاہ کے افسانوں کا ایک مجموعہ ''ہم جنم جنم کے ساتھی'' ہے جو حیدرآباد سے ۱۹۶۸ء میں شائع ہوا۔ اس مجموعے میں شامل افسانوں میں سونے کی اینٹ۔ کالے خان۔ زمین آسمان۔ بہت بے آبرو ہو کر۔ میری اور اس کی کہانی۔ پیلا سوئٹر۔ پیٹ بڑا بدکار ہے۔ کرڑ کا اصلی تیل۔ ایک شخص۔ راستے کی کہانی۔ ولی الدین اور سعیدہ۔ میرا ساتھی اور میرا دوست۔ ہم جنم جنم کے ساتھی اور کالی رات شامل ہیں۔ اس افسانوی مجموعے کے آغاز پر عاتق شاہ نے تخلیق کار کرب کے عنوان سے ادب میں ترقی پسندی کے نام پر جنس پرستی کی شدید مخالفت کی ہے۔ عاتق شاہ لکھتے ہیں:

''میں اسے کسی حال اور کسی قیمت جدید ذہن ماننے کے لیے تیار نہیں ہوں جو عورت کی ننگی چھاتیوں، کولہوں اور کمر کو مختلف زاویوں سے دکھاتا ہے اور ہر عورت اور ہر مرد کے جسم سے کپڑے اتارنے پر تلا ہوا ہے۔ اسے جنسی کجروی اور فرسٹریشن کی بدترین علامت سمجھتا ہوں۔ اس کی بڑی بنیادی وجہہ یہ ہے کہ جب کوئی فرد سماج کے حصار کو توڑ کر اپنی انا اور ذات کی طرف لوٹتا ہے تو اسے کسی چیز کی پرواہ نہیں ہوتی۔ اس سفر میں وہ راستے کی ہر چیز اور روایت کے ہر سنگ میل کو ٹھوکر مارتا ہے۔ اس کی نفسیات تحلیل کسی بھی انداز سے ممکن ہے''۔ ۹

افسانوی مجموعہ ''ہم جنم جنم کے ساتھی'' میں شامل ایک افسانہ ''سونے کی اینٹ'' ایک سماجی افسانہ ہے۔ جس میں حیدرآباد کی اجڑی جاگیر کا نوحہ پیش کیا گیا ہے کہ کس طرح جاگیردار اپنا سب کچھ کھونے کے باوجود پرانی روش پر برقرار تھے اور اسی شان وشوکت کے اظہار کے لیے اپنی بیٹی کی شادی کو موخر کرتے ہیں کہ وہ کیمیا بنا کر سونے کی اینٹ حاصل کریں گے اور اس کے بدلے اپنی بیٹی کی شادی شاہانہ انداز میں کریں گے۔ جب کہ حکیم صاحب کی بیٹی کو نئے زمانے کے کئی شریف اور قابل نوجوان لڑکوں کے رشتے آتے ہیں اور وہ انہیں ٹھکراتے رہتے ہیں افسانے کا انجام کافی دردناک ہے۔ عاتق شاہ لکھتے ہیں:

''میری بچی مجھے تیرا خیال ہے چند دن اور صبر کر لے صرف ایک آنچ کی کسر باقی رہ گئی ہے۔ پھر دیکھنا تیرا باپ تیری

شادی کس دھوم دھام سے کرتا ہے۔خدا کی قسم تجھے سونے میں
تول دوں گا۔۔آپا بیگم چولھے کے پاس ایک گٹھری کی طرح
لڑھکی ہوئی تھیں۔آس پاس برتن منتشر حالت میں پڑے
تھے۔حکیم صاحب دوڑ کر اپنی بیٹی کے پاس گئے لیکن آپا بیگم
کے دل کا کبوتر ان کے آنے سے پہلے ہی اڑ چکا تھا البتہ دہکتے
ہوئے چولہے پر ان کے لیے صبح کی گرم چائے تیار تھی۔پھر حکیم
صاحب کے دل میں ایک بار کئی طوفان اٹھے اور انہوں نے تھر
تھراتے ہوئے ہاتھوں سے اپنی بیٹی کے مردہ جسم کو پکڑتے
ہوئے کہا۔میری بچی۔میرا سونا۔اتنی بھی کیا جلدی تھی۔اب تو
صرف ایک آنچ کی کسر باقی رہ گئی تھی۔۔۔۱۰

عاتق شاہ کا ایک افسانوی مجموعہ ''راستے کی کہانی'' کے عنوان سے ۱۹۷۸ء میں حیدرآباد سے شائع ہوا۔اس مجموعے میں شامل افسانوں میں بیچ کا آدمی۔لنگ کوٹ۔۔جنگل جنگل۔نیا پالا۔پاسپورٹ۔لوہے کا پل۔ٹھنڈے پسینے۔کولسٹرل۔دل دھڑکا۔سڑک بن رہی ہے۔کوکھ کا اندھیرا۔کردار کا قتل۔بغیر نام کے۔میں کون ہوں۔اولڈ مین۔راستے کی کہانی۔

اپنے ادبی رویے کے بارے میں کتاب کے آغاز میں عاتق شاہ لکھتے ہیں:

''جیسا کہ سب جانتے ہیں میں زندگی میں اور ادب میں چند قدروں کا قائل ہوں۔اور ان ہی قدروں کو اپنی تحریروں میں پیش کرتا ہوں۔کسی کو مجھ سے نظریاتی اختلاف ہوسکتا ہے۔اور یہ کوئی بری بات نہیں۔لیکن ان کو کچھ کہنے کا کیا حق حاصل ہے جو سرے سے کسی انسانی قدر اور انسانی رشتے کو نہیں مانتے۔ان کے نزدیک تمام رشتے دوغلے۔مصنوعی اور ناقابل احترام ہیں۔حد یہ کہ بہن بھائی' باپ بیٹی اور ماں بیٹے میں جنسی تعلقات کو وہ فطرت کے عین مطابق سمجھتے ہیں۔۔۔
میں کسی حال اسے ادب نہیں کہہ سکتا جو گندی نالی سے شروع ہو کر گندی نالی پر ختم ہوتا ہے اور جس میں منہ ڈال کر کوئی فن کار

سڑاند کی بو کو پیش کرتا ہے۔۔ ''راستے کی کہانی'' میری کہانیوں
کا تازہ مجموعہ ہے جسے میں بڑے خلوص کے ساتھ اپنے ذہین
اور باشعور قاری کی خدمت میں پیش کر رہا ہوں''۔11

افسانہ ''بیچ کا آدمی'' میں عاتق شاہ نے غریب عبداللہ بھائی اور سرمایہ دار کی اجارہ داری کو بیان کیا ہے۔عبداللہ بھائی آزاد روڈ پر ایک درزی کی دکان چالیس سال سے چلا رہے تھے اور ہمیشہ اللہ کا فضل ہے کہا کرتے تھے ایک مرتبہ ان کے مالک مکان نے انہیں ان کی جمی جمائی دکان خالی کرنے کے لیے کہا۔ کیوں کہ مالک مکان نے کسی دولت مند کو وہ دکان فروخت کر دی تھی۔ افسانہ نگار کو افسوس ہوتا ہے کہ کئی سال سے ایک جمی ہوئی دکان کو سرمایہ داریت کی وجہ سے تبدیل کیا جا رہا ہے۔اس ضمن میں عاتق شاہ لکھتے ہیں ؛

''آزاد روڈ پر عبداللہ بھائی کی دکان اور ان کا وجود
سلامتی کی ایک علامت ہے لیکن آج یوں محسوس ہو رہا ہے جیسے
سلامتی خطرے میں ہے۔عبداللہ بھائی کی دکان کو کسی نے ڈائنا
مائٹ لگا دیا ہے اور کوئی دم یہ خستہ حال دکان جو چالیس سال
سے اس سڑک کے ساتھ اپنا رشتہ جوڑے ہوئے ہے ایک
دھماکے کے ساتھ اڑ جائے گی۔۔۔ابھی ابھی مجھے معلوم ہوا
ہے کہ عبداللہ بھائی کو عدالت سے حکم ملا ہے کہ ایک ہفتے کے
اندر اندر دکان کا تخلیہ کر دیں۔ کیوں کہ مالک ملگی نے کسی پیسے
والی پارٹی کو ایک بڑی رقم کے عوض یہ جائداد بیچ دی ہے۔اور نیا
مالک اس کچی عمارت کو ڈھا کر اس پر سہ منزلہ عمارت تعمیر کرے
گا۔ نچلے حصے میں ہوٹل رہے گی۔دوسری منزل پر ڈانسنگ
اسکول اور تیسری منزل پر کسی کلب کا آفس''12

افسانہ بیچ کا آدمی میں افسانہ نگار زمانے کے حالات کا تجزیہ کرتا ہے کہ کسی طرح دولت کے سہارے ایک غریب کی دکان خالی کرادی جاتی ہے۔عاتق شاہ کے سبھی افسانے اپنے عہد کی جیتی جاگتی تصویریں ہیں۔

افسانوی مجموعہ ''ایک وقت کا کھانا'' میں شامل افسانوں کے نام کون ڈھائے

گا۔گائے۔آج دادا جان کی۔رضیہ۔رادھا ناچ رہی محسن۔لاش جلنے کی۔جی ڈھونڈتا ہے۔ایک قت کا۔

عاتق شاہ کے افسانون کا ایک اور مجموعہ ''دومنٹ کی خاموشی'' کے عنوان سے ۱۹۸۶ء میں شائع ہوا جس میں شامل افسانوں کے نام استاذ حسین بھائی کی روٹی۔تماشہ۔لقمی۔دہکتی ہوئی انگیٹھی۔قربانی کا بکرا۔بس اسٹاپ پر۔مٹی کا پل۔ایک پیالی چائے۔سلام۔میرا گھر۔پاس والی گلی۔دمڑی کا مرد۔اور دومنٹ کی خاموشی ہے۔اس افسانے مجموعے کا تعارف پیش کرتے ہوئے مدیر شگوفہ ڈاکٹر مصطفیٰ کمال رقم طراز ہیں:

> ''عاتق شاہ کوئی چالیس سال سے افسانے لکھ رہے ہیں۔وہ کم سنی ہی میں ارضی و سماوی آفات کا شکار رہے۔ جاگیردارانہ سماج میں آنکھیں کھولنے کے باوجود بہ انداز چکیدن سرنگوں رہنے کے وہ کبھی قائل نہ رہے۔حالات کی پرواہ کئے بغیر ہر طرح کے ظلم و استبداد' جبر و استحصال کے خلاف انہوں نے آواز بلند کی۔اور احتجاجی لب و لہجہ اختیار کیا۔طبعیت کی اس افتاد کی وجہہ سے فطری طور پر ترقی پسند تحریک سے قریب ہوگئے۔ان کا شمار حیدرآباد دکن کے ان گنے چنے افسانہ نگاروں میں ہوتا ہے جنہوں نے نا مساعد حالات کے باوجود ترقی پسند ادیب کی حیثیت سے اپنی شناخت کروائی۔۔۔عاتق شاہ کے لب و لہجے کا ایک خاص وصف یہ بھی ہے کہ ان کے افسانوں میں طنز کی ایک زیریں لہر دوڑتی نظر آتی ہے۔جو زندگی کی ناہمواریوں اور بے اعتدالیوں پر افسانہ نگار کی برہمی کا نتیجہ ہے۔اگر عاتق شاہ کی برہمی کی آنچ مدھم پڑجاتی تو بہ حیثیت افسانہ نگار ان کا سفر بھی ختم ہوجاتا۔زیر نظر مجموعہ ''دومنٹ کی خاموشی'' اس بات کا ثبوت ہے کہ افسانہ نگار عاتق شاہ تھکنا نہیں جانتے۔وہ ٹھہر ٹھہر کر حادثات و سانحات کا گہرا مشاہدہ کرتے ہیں اور اس تاثر کو

افسانہ کا روپ دیتے ہیں۔ عاتق شاہ بات سے بات پیدا نہیں کرتے بلکہ خاموشی سے بات پیدا کرتے ہیں۔ اس متضاد کیفیت کی وجہہ سے ان کی بات میں ایک شور وشرابہ اور تیز لے پیدا ہو جاتی ہے۔ یہ شور اور تیزی پڑھنے والوں کو دہلا دیتی ہے۔ اور وہ کچھ سوچنے پر مجبور ہو جاتا ہے۔ یہی عاتق شاہ کی کامیابی ہے۔ [۱۳]

عاتق شاہ کا ایک کامیاب افسانہ ''مائی ڈیئر شکنتلا'' ہے۔ اس افسانے میں انہوں نے ابتدا تا آخر ایمائی انداز سے کام لیا۔ مجموعی طور پر عاتق شاہ علاقہ تلنگانہ میں ابتدائی دور کے اہم افسانہ نگار ہیں۔ ان کے افسانوں میں فن کی پختگی پائی جاتی ہے۔ ان کے افسانے اپنے دور کی زندگی کی جیتی جاگتی تصویریں ہیں۔ اپنے عہد کے حالات سے متاثر عاتق شاہ نے زندگی کے اس پہلو کو اجاگر کیا جس میں زندگی حالات کا شکار ہو کر ٹھوکریں کھاتی ہے۔ ان کے افسانوں میں روایتی عشق کے موضوعات نہیں ملتے بلکہ بھوک۔ افلاس ۔غربت اور استحصال کی تصویریں دکھائی دیتی ہیں۔ ترقی پسند تحریک کے زیر اثر انہوں نے اپنے افسانوں میں بیسیوں صدی کے ہندوستان کی حقیقی تصویریں پیش کیں۔ ان کے افسانوں میں زبان وبیان کی روانی اور اسلوب کی چاشنی ملتی ہے۔ حیدرآباد دکن سے تعلق رکھنے کے باوجود ان کے لہجے میں دکنی اثر نہیں ملتا اور خالص اردو میں انہوں نے افسانے لکھے ہیں۔ ان کے افسانوں کے کئی مجموعے اردو کی اہم ویب سائٹ ''ریختہ'' پر مطالعے کے لیے دستیاب ہیں۔

## اقبال متین

اقبال متین (پیدائش ۲/ فروری ۱۹۲۹ء وفات ۵/ مئی ۲۰۱۵ء) علاقہ تلنگانہ حیدرآباد سے تعلق رکھنے والے عالمی شہرت یافتہ اردو ادب کی کثیر الجہات شخصیت کے مالک تھے۔ وہ ایک مستند افسانہ نگار، ناولٹ نگار، شاعر، مضمون نگار اور خاکہ نویس تھے۔ ان کا شمار اہم اور ممتاز افسانہ نگاروں میں ہوتا ہے۔ ان کا اصلی نام سید مسیح الدین، عرفیت اقبال اور تخلص متین تھا۔ اقبال کے قلمی نام سے ادب کی دنیا میں شہرت حاصل کی۔ والد کا نام سید عبدالقادر اور والدہ کا نام سیدہ اصفیہ بیگم

تھا۔ان کی پیدائش فرحت منزل ،محلّہ رام کوٹ، حیدرآباد میں ہوئی۔ان کے والدسید عبدالقادر شاعر تھےاور ناصر تخلص کرتے تھے۔ان کے دو چچا سید قادرالدین تمکین سرمست (پدر یوسف سرمست) اور نسیم قاسمی خوش فکر غزل گو شاعر تھے۔ تیسرے چچا دستگیرالدین ڈرامہ نویس تھے۔ ان بزرگوں کے زیراثر اقبال متین کے شعری وادبی ذوق کی نشو ونما ہوئی تھی۔

اقبال متین کی ابتدائی تعلیم مدرسہ وسطانیہ مشیرآباداور مدرسہ فوقانیہ، چیتاپور میں ہوئی۔سٹی ہائی اسکول، حیدرآباد سے دسویں کا امتحان پاس کیا۔ چوں کہ ان کے والد تعلقدار اور تحصیلدار کے عہدہ پر فائز تھے،اس لیے ان کے تبادلہ کے ساتھ ساتھ اقبال متین کی درسگاہیں بھی بدلتی رہیں۔ کچھ دنوں ان کی تعلیم ایم۔اے۔او۔ انسٹی ٹیوٹ، عابڈس، حیدرآباد، سٹی کالج، حیدرآباد اور انوارالعلوم کالج، حیدرآباد میں ہوئی۔انٹرمیڈیٹ انھوں نے چادرگھاٹ کالج، حیدرآباد سے پاس کیا۔ان تعلیمی اداروں میں انھیں مخدوم محی الدین اور محی الدین قادری زورؔ جیسے اساتذہ کی سرپرستی حاصل رہی۔ یہاں انھیں رفقاء بھی ایسے میسّر آئے جوستھرے ادبی ذوق کے مالک تھے۔ان اساتذہ اور رفقاء کی صحبت نے بھی ان کے ادبی شعور کو جلا بخشنے میں اہم رول ادا کیا۔انٹرمیڈیٹ کے بعد جب اقبال متین کو ملازمت نہیں ملی تو انھوں نے پان کی دکان لگالی۔ یہ دکان زیادہ نہیں چلی۔اسی دوران محکمہ آبکاری میں انہیں ملازمت ملی۔ پولیس ایکشن کے بعد یہ سلسلہ منقطع ہوگیا تو حیدرآباد کے جاگیر ایڈمنسٹریشن میں وہ ملازم ہوئے۔ یہاں ان کا تقرر کلرک کی حیثیت سے ہوا تھا۔ جاگیرایڈمنسٹریشن جب محکمہ بندوبست میں ضم ہوگیا تو اقبال متین کی خدمات محکمہ مال کے سپرد کردی گئیں۔ یہاں ترقی کرکے وہ نائب تحصیلدار کے عہدہ پر فائز ہوئے اور اسی عہدہ پر خدمات انجام دیتے ہوئے سبکدوش ہوئے۔ ملازمت سے سبکدوشی کے بعد وہ اپنی تصنیفی سرگرمیوں میں بڑی مستعدی سے منہمک رہے۔ یہی وجہ ہے کہ عمر کے اس پڑاؤ میں وہ اپنی کئی تخلیقات وتصنیفات منظرعام پر لانے میں کامیاب رہے۔ان کی آخری تصنیف ''اُجالے جھروکے میں'' (مضامین کا مجموعہ) ۲۰۰۸ء میں شائع ہوئی۔ اس کے بعد وہ ضعیفی کے تقاضے کے تحت تصنیفی وتخلیقی کاموں سے دست بردار ہوکر آرام کرنے لگے۔ وہ اس اعتبار سے خوش نصیب رہے کہ انھیں کوئی بڑا عارضہ لاحق نہیں ہوا البتہ اخیر عمر میں وہ تھوڑا کم سنتے تھے۔ ان کے چھوٹے بیٹے سید سدید اقبال کے مطابق موت سے تین چار دن پہلے سر میں چکّر آنا شروع ہوا۔ بالآخر ۵/مئی کی صبح ۲۱۰۵ء کو انھوں نے اپنی زندگی کی آخری سانس لی۔

اقبال متین کی دوشادیاں ہوئی تھیں۔ پہلی شادی اپنی پھوپھی زاد بہن سیدہ بدرالنساء بیگم

منیر سے ہوئی۔ اس کے انتقال کے بعد ان کا دوسرا عقد شاہ جہاں بیگم رابعہ سے ہوا۔ ان کو کل ۹/ اولادیں ہوئیں۔ ۷/لڑکے اور ۲/لڑکیاں۔ ان میں سے تین لڑکوں کا انتقال ان کی زندگی ہی میں ہوا۔ پہلی بیوی اور بچّوں کی ناگہانی موت سے اقبال متین کو بڑا دلی صدمہ پہنچا۔ انھوں نے اپنی تخلیقات میں رِقّت آمیز پیرائے میں اس درد وغم کا اظہار بھی کیا ہے۔

اقبال متین کی ادبی زندگی کا آغاز شاعری سے ہوا۔ ان کی پہلی نظم ''کب تلک'' 'سب رس' حیدرآباد میں ۱۹۴۲ء میں شائع ہوئی۔ اسی سال ان کی دوسری نظم ''کیوں؟'' کے عنوان سے حیدرآباد ہی کے رسالہ 'ارم' میں چھپی۔ ان چند نظموں کے کہنے کے بعد اقبال متین نے اپنا رُخ شاعری سے کہانی کی طرف کیا۔ ان کی پہلی کہانی ''چوڑیاں'' کے عنوان سے جون ۱۹۴۵ء میں 'ادبِ لطیف' لاہور میں شائع ہوئی۔ دوسری کہانی ''سنہری لکیریں'' فروری ۱۹۴۶ء میں 'ادبی دنیا' میں چھپی۔ تیسری کہانی ''مرگھٹ'' اور چوتھی کہانی ''تانبہ اور پانی'' 'ادبِ لطیف' اور 'نیا دور' میں شائع ہوئیں۔ ان ابتدائی کہانیوں کی اشاعت کے بعد کچھ گھریلو الجھنوں اور نجی پریشانیوں کی وجہ سے وہ کچھ برسوں تک خاموش رہے۔ اس خاموشی کے بعد وہ پھر افسانے لکھنے کی طرف ایسے مائل ہوئے کہ وہ افسانے ہی کے ہو کر رہ گئے۔ ۱۹۶۰ء میں ان کا پہلا افسانوی مجموعہ ''اُجلی پرچھائیاں'' کے عنوان سے منظرِ عام پر آیا۔ اس کے بعد ان کے چھ اور افسانوی مجموعے سامنے آئے جن کے نام علی الترتیب یہ ہیں۔ ''نُچا ہوا البم'' (۱۹۷۳ء)، ''خالی پٹاریوں کا مداری'' (۱۹۷۷ء)، ''آگہی کے ویرانے'' (۱۹۸۰ء)، ''مزبلہ'' (۱۹۸۹ء)، ''میں بھی فسانہ تم بھی کہانی'' (۱۹۹۳ء)، ''شہرآشوب'' (۲۰۰۳ء)۔

اقبال متین نے افسانوں کے علاوہ ناولٹ، یادیں اور خاکے بھی لکھے ہیں۔ مضامین بھی سُپردِ قلم کیے ہیں اور شاعری بھی کی ہے۔ ''چراغِ تہہِ داماں'' (۱۹۷۶ء) ان کا ناولٹ ہے۔ ''سوندھی مٹی کے بُت'' (۱۹۹۵ء) ان کے لکھے خاکوں کا مجموعہ ہے۔ ''باتیں ہماریاں'' (۱۹۹۸ء) ان کی یادوں پہ مشتمل مجموعہ ہے۔ ''صریرِجاں'' (۲۰۰۶ء) شعری مجموعہ ہے۔ ''اعتراف وانحراف'' (۲۰۰۶ء) اور ''اُجالے جھروکے میں'' (۲۰۰۸ء) ان کے مضامین کے مجموعے ہیں۔

اقبال متین کی کتابوں ''آگہی کے ویرانے'' اور ''مزبلہ'' پر یوپی اردو اکیڈیمی نے اور ''میں بھی فسانہ تم بھی کہانی'' پر آندھرا پردیش اور یوپی اکیڈیمی نے اعزاز دیئے۔

اقبال متین کا پہلا افسانہ ''چوڑیاں'' ۱۹۴۵ء میں 'ادب لطیف' میں شائع ہوا اور ان کا

آخری افسانوی مجموعہ ''شہر آشوب'' ۲۰۰۳ء میں منظر عام پر آیا۔ اس طرح دیکھا جائے تو ان کا افسانوی سفر تقریباً چھ دہائیوں پر محیط ہے۔ اس طویل عرصہ میں اقبال متین نے اپنی افسانوی تحریروں سے افسانوی ادب کو مالا مال کیا اور بہت سے ایسے خوبصورت اور شاہکار افسانے لکھے جن سے دنیائے افسانہ میں ان کی اپنی منفرد و مستحکم شناخت قائم ہوئی اور وہ ایک اچھے اور باکمال افسانہ نگار تسلیم کیے گئے۔ اقبال متین کے افسانوں کی ایک خوبی یہ ہے کہ وہ قاری کو اپنی گرفت میں لیتے ہیں اور زندگی کے مختلف رُخوں کی نقاب کشائی کرتے ہوئے کئی زاویوں سے سوچنے پر آمادہ کرتے ہیں۔ ان کے افسانے انسانیت کے دکھ درد میں ڈوبے ہوئے معلوم ہوتے ہیں۔ بقول عابد سہیل:

> ''ان کے افسانوں میں دکھوں کی پھوار جس طرح برستی ہے ویسے اردو کے کسی دوسرے افسانہ نگار کی تحریروں میں شاید ہی برسی ہو۔ لیکن یہ پھوار ان کو، ان کے کرداروں کو اور ان افسانوں کے قاری کو جینے اور زندگی کرنے کا حوصلہ بخشتی ہے۔''[۱۴]

اقبال متین کی ذاتی زندگی انتہائی دُکھ بھری تھی۔ اپنے نجی غم میں انھوں نے دنیا کے غموں اور دکھوں کو شامل کر کے جب افسانے لکھنے شروع کیے تو ان کے افسانوں میں دکھ درد کے مارے تمام انسانوں کو اپنی کہانی نظر آنے لگی۔ ان کے افسانوں کی یہی وہ خوبی ہے جو انھیں مقبول و محبوب اور ایک قابل قدر افسانہ نگار کی شکل میں سامنے لاتی ہے۔

اقبال متین کے افسانوں کے مطالعہ سے یہ احساس قوی ہوتا ہے کہ وہ انسانیت اور اخلاقی قدروں کے زوال کے نوحہ گر ہیں۔ دراصل اقبال متین کو انسانیت اور انسانی قدریں بے حد عزیز ہیں مگر بدلتے اور بگڑتے معاشرے میں جب وہ انسانیت کا جنازہ نکلتے دیکھتے ہیں تو وہ درد سے تلملا اُٹھتے ہیں اور کراہنے لگتے ہیں۔ یہی وہ دُکھ درد ہے جسے اقبال متین الفاظ کا جامہ پہنا کر افسانوی شکل عطا کرتے ہیں۔ یہی وجہ ہے کہ ان کی تحریریں درد کے اتھاہ سمندر میں ڈوبی ہوئی ہوتی ہیں۔ دیکھئے درج ذیل اقتباس میں وہ انسانیت کے ملیا میٹ ہونے پر کس طرح ماتم کناں ہیں اور اس نوحہ وغم کو وہ کس طرح لفظوں میں ڈھالتے ہیں:

> ''اب تو ہر عید تہوار کو خوشیاں گھر گھر میں چھپ چھپ کر روتی ہیں۔ مسرتیں ہنسنا بھول گئی ہیں۔ فطرت جب اپنا سب کچھ لٹا چکتی ہے تو نہ شعائیں روشنی پھینکتی ہیں نہ کرنیں۔ بس

ایسے اندھیرے پھیلتے ہیں۔ ایسے اندھیرے پھیلتے ہیں کہ سورج کالا ٹھیکرا بن کر رہ جاتا ہے۔ اب یہ کالا ٹھیکرا کب طلوع ہوتا ہے، کب غروب ہوتا ہے کسی کو پتہ نہیں۔ اب میرے شہر میں کوئی آدمی کسی آدمی کو نہیں پہچانتا۔ انسانیت جب پہچانی نہیں جاتی تو دلوں کی اجڑتی بستیوں کو کون پہچانتا ہے۔ آنکھوں میں بستے ویرانوں کو کون پہچانتا ہے۔ اب تو نام پوچھ کر خنجر چلائے جاتے ہیں لیکن کٹتے ہیں تو سڑک پر بہتا ہوا لہو کچھ اس طرح ایک ہو جاتا ہے کہ اس خنجر سے لکیر کھینچ کر اس کو جدا نہیں کر سکتے جس خنجر سے وہ بہایا گیا تھا۔ نام پوچھنے پر یہ خون اپنا نام بھی تو نہیں بتلاتا۔ اور میں ایسے میں ہر ارتھی، ہر جنازے کے ساتھ اپنی مٹی کو دفناتا پھرتا ہوں جلاتا پھرتا ہوں۔'' ۱۵

اسی افسانے کے دوسرے اقتباس میں ملاحظہ کیجیے کہ افسانہ نگار نے فنکاری کے ساتھ انسانی درندگی کو کس طرح آشکارا کیا ہے:

''باہر لگے کرفیو میں زندگی اپنی حفاظت کے تصور کے باوجود کس درجہ بے آرام ہے۔ ساری آدمیت چوہے کی طرح بلوں میں دبکی بیٹھی ہے۔ چھپے ہوئے خنجروں نے جنہیں کاٹ دیا ہے۔ تھوڑی سی دیر میں وہ تباہی مچی ہے کہ آدمی کی درندگی پر شرم آنے لگی ہے۔ غذا مہنگی ہے خون ارزاں ہے، انسانی خون گلی کوچوں میں ضائع ہو سکتا ہے لیکن گیہوں کے دانے کے لیے بچے بلک رہے ہیں۔'' ۱۶

اقبال متین نے اپنے افسانوں میں طنز کے عنصر سے بہت کام لیا ہے۔ یہ عنصر ان کی تحریروں کے رگ و پے میں خون کی طرح جاری و ساری ہے۔ دیکھئے انھوں نے اپنے ایک افسانے بعنوان ''چھت'' میں موجودہ تہذیب اور معاشرتی زوال کا نقشہ کھینچتے ہوئے کتنا گہرا طنز کیا ہے:

''آج آنکھوں کو خیرہ کرنے والی روشنیاں شہروں کو لوٹ رہی ہیں۔ ایک دوسرے سے کٹ پھٹا سڑکوں پر بے تحاشہ

بھاگتا ہوا انسان شہروں کو لوٹ رہا ہے۔ دوڑتی ہوئی کاریں
اڑتے ہوئے جہاز، بڑے بڑے سنیما گھروں کے پردوں پر
اسمگلنگ کا کاروبار، قتل، غارت گری جو سارے معاشرے کا
گھناؤنا پہلو ہے وہی آج سب سے دلچسپ پہلو ہے۔''۱۷

اقبال متین کے افسانوں میں بے زمینی کا احساس شدید طور پر نمایاں ہے۔ انھوں نے بے زمینی کے کرب کو بڑی گہرائی سے محسوس کیا ہے اور انتہائی فنکاری سے اُسے لفظوں کا پیرہن عطا کیا ہے۔ ان کے یہاں بنیادی انسانیت کے فقدان سے پیدا کرب بے زمینی کے کرب کی نشاندہی کرتا ہے۔ دیکھئے یہ بے زمینی ''نچا ہوا البم'' میں کس طریقے سے سامنے آئی ہے۔ افسانہ کا کردار ''میں'' بچپن کی سرزمین کی بازیافت کے لیے سفر کرتا ہے اور دوبارہ اس ماحول میں سانس لینے کی کوشش کرتا ہے مگر۔

''یہ ہمارا مکان ہے۔ میں مکان کے صدر دروازے تک
آ پہنچا ہوں صدر دروازہ جیسے صرف میرے لئے کھلا رکھا گیا
ہے۔ میرا اشتیاق کس قدر بڑھ گیا ہے۔ مگر میں اپنے ہی گھر
میں اس طرح داخل ہو رہا ہوں جیسے کسی دوسرے کے گھر اپنی
کوئی سب سے زیادہ قیمتی شئے تلاش کر رہا ہوں جو گم ہوگئی
ہے۔ درودیوار مجھے حسرت سے تک رہے ہیں یا میں انہیں
حسرت سے تک رہا ہوں فیصلہ کرنا مشکل ہے۔ اتنا ضرور ہے
کہ حسرتیں مشترک ہیں۔ میں احتیاط سے قدم بڑھاتا ہوں،
یادوں کے اس جھرمٹ میں کسی کو نظروں سے گدگداتا ہوں۔
کسی سے نظریں چراتا ہوں اور آگے بڑھتا بڑھتا آہستہ آہستہ
اس دروازے تک آ پہنچا ہوں جہاں سے مجھے اپنے گھر کے
اندرونی حصے میں داخل ہونا ہے۔ لیکن دروازے پر قفل لگا
ہے۔ میں تڑپ کر رہ گیا ہوں۔ جیسے کوئی دودھ پیتے بچے کو اس
کی ماں کے سینے سے جھپٹ لے۔ کاش یہ دروازے ایک بار
میرے لئے کھل سکتے۔''۱۸

''نچا ہوا البم'' میں بچپن کے ماحول سے دوری ایک کسک کی صورت اختیار کر لیتی ہے۔ یہی وہ کسک ہے جو افسانے کے کردار کو دو حصّوں یعنی حال اور ماضی کی شخصیت میں منقسم کر دیتی ہے۔ ان دونوں کے درمیان وقت کی خلیج ہے جسے وہ پُر کرنے سے معذور ہے۔ اس طرح دونوں شخصیتیں ایک سطح پر آ کر استعاراتی جہت اختیار کر لیتی ہیں اور ذات کی شکستگی بڑے نوکیلے انداز سے وقت کے پس منظر میں ظہور پذیر ہوتی ہے:

''میرا بچپن جسے میں ابھی ابھی بستی میں چھوڑ آیا ہوں، دبے پاؤں میرے پیچھے پیچھے یہاں تک چلا آیا۔ پھر اس نے آگے بڑھ کر میرے ہاتھ تھام لئے مجھے غور سے دیکھا۔ کیا تم وہی ہو جس نے مجھے ابھی ابھی بستی میں تنہا چھوڑ دیا؟۔ کیا تم میری تلاش میں یہاں تک نہیں آئے تھے۔۔ میں نے منہ پھیر لیا تو اس نے میرے ہاتھ جھٹک دیئے۔ ٹھیک ہے، آج سے میں بھی اسی کو ڈھونڈوں گا جس کی تمہیں تلاش ہے لیکن کیا اس تلاش میں ہم پھر کبھی ایک دوسرے کو پہچان سکیں گے؟'' ۱۹

اقبال متین نے اپنے افسانوں میں بے زمینی کے تجربے عجیب وغریب زاویوں سے کئے ہیں۔ ''کتاب سے کتبہ تک'' میں یہ بے زمینی منوّر میاں، کی غیر عملی زندگی کی صورت میں نمودار ہوئی ہے۔ اپنی بڑھتی عمر کے ساتھ منوّر میاں ذہنی طور پر عالم وفاضل تو بن گئے اور پڑھتے رہنا ان کا مشغلہ تو ہو گیا لیکن ان کی بے عمل زندگی جو جاگیردارانہ نظام کی پروردہ تھی گزرے ہوئے وقت کی صورت میں بے زمینی کا احساس بن کر کاٹنے لگی۔

''اور اب منوّر میاں کی سمجھ میں یہ بات آ چکی تھی کہ یہ سب کچھ انھوں نے کھو دیا ہے۔ اور یہ سب کچھ اس قدر تیزی سے ہو گیا کہ منوّر میاں بیچارے قبروں کے بیچوں بیچ کھڑے اپنی نکٹائی اور پتلون کی کریز درست کرتے رہ گئے۔'' ۲۰

اقبال متین کے افسانوں کو پڑھتے ہوئے قدم قدم پر اس بات کا احساس ہوتا ہے کہ اقبال متین کو اس بات کا شدید رنج وملال ہے کہ موجودہ متعفن معاشرے میں بے حسی و بے ضمیری عام ہو چکی ہے۔ لوگ اپنی انفرادی شناخت کھو چکے ہیں۔ انسانی اور اخلاقی اقدار بے معنی ہو چکی ہیں۔ بیشتر

افراد ذاتی اور محدود مفادات کے چکر میں پڑ کر ایک دوسرے کے لیے اجنبی بن گئے ہیں۔ بظاہر تو انسان نے سائنس اور صنعت کی بدولت بڑی ترقی کر لی ہے مگر زندگی کی بنیادی قدر یعنی انسانیت دم توڑتی ہوئی نظر آ رہی ہے۔ جو چند افراد آج بھی اس قدر کو کسی نہ کسی وجہ سے سینے سے لگائے ہوئے ہیں، وہ ہمیشہ خسارے میں رہتے ہیں۔ عام انسانوں کا استحصال کرنے والے دولت مند ہو گئے ہیں مگر شدید غربت کی چپیٹ میں آنے والوں کی تعداد بڑھتی جا رہی ہے۔ پڑھے لکھے غریب لوگوں کی زندگی المناک بنتی جا رہی ہے۔

اقبال متین موجودہ ماڈی تہذیب سے بہت نالاں ہیں۔ اس ماڈی تہذیب کی وجہ سے انسانی و اخلاقی قدریں ملیامیٹ ہو رہی ہیں۔ افراد بے حس ہو رہے ہیں۔ افراد کی طرح ہمارے شہر بھی بے چہرہ اور بے حس ہو چکے ہیں۔ اب ان کی کوئی انفرادی شناخت باقی نہیں رہ گئی ہے۔ اس سنگین صورت حال سے اقبال متین سمجھوتہ نہیں کر سکتے۔ شاید اسی لیے ان کے اکثر مرکزی کردار شدید ترین ذہنی اور دماغی الجھنوں اور مستقل بے خوابی کا شکار نظر آتے ہیں۔

اقبال متین اپنے افسانوں کا مواد براہ راست زندگی سے حاصل کرتے ہیں۔ اسی سبب ان کے یہاں موضوع اور کرداروں میں بلا کا تنوع ملتا ہے اور ان کے کسی افسانے پر اپنے کسی دوسرے افسانے کی پرچھائیں نظر نہیں آتی، ان کے کردار زندہ، متحرک ہوتے ہیں اور ان میں وہ یک رنگی نہیں پائی جاتی جو ہیئت اور کسی ادبی یا سیاسی نظریہ پر فن کو قربان کر دینے سے پیدا ہو جاتی ہے۔ ان کے کرداروں میں وہ سارا تضاد پایا جاتا ہے جو زندگی سے عبارت ہے۔ ان میں نہ کوئی مکمل شیطان ہے نہ کوئی مکمل فرشتہ، سب انسان ہیں۔ فرشتہ صفت کردار ہمیں اچھے لگتے ہیں لیکن شیطان صفت کرداروں سے ہمیں نفرت نہیں ہوتی اور وہ حالات جنھوں نے ان کو ایسا بنا دیا ہے۔ ہمارے درمیان آ کھڑے ہو جاتے ہیں۔ اقبال متین کے افسانوں میں اکثر مقامات پر خود اقبال متین سے ملاقات ہو جاتی ہے، اور ان کا پرتو قاری پر چھلک چھلک اٹھتا ہے دوریاں نزدیکیاں بن جاتی ہیں ،ان دیکھا مصنف قاری کی زبان بن جاتا ہے اور افسانہ دل کی دھڑکن بن کر خود سانسیں لینے لگتا ہے۔ ان کا افسانہ ''مسدود راستے'' ہوں یا ''خالی پٹاریوں کا مداری'' یا "دریدہ'' ان افسانوں کے سامنے ایک باپ کی ایسی تصویریں ابھرتی ہیں جہاں اس کا حساس دل زندگی کی حقیقتوں کا سامنا بھی کر رہا ہے، حالات سے سمجھوتے پر بھی مجبور ہے اور اپنی ذمہ داریوں سے آشنا بھی وہ کہیں بھی راہ فرار اختیار نہیں کرتا لیکن اپنی سینے میں اترنے والی ہر برچھی پر بھی اپنے آپ پر کچھ راستے بند کرتا ہے

کبھی قبرستان میں کوئی کچی قبر تلاش کرتا ہے اور کبھی ایک لمحہ رک کر اس بچے کو حسرت سے تکتا ہے جس میں وہ خود قید ہو کر رہ گیا۔اقبال متین کے افسانوں میں قاری کی ملاقات ان کے عہد، معاشرہ، خاندان، اڑوس پڑوس اور احباب سے ہوتی ہے۔ افسانہ "مسدود راستے'' کا مرکزی کردار شرافت کا پتلا، خلوص کا پیکر اور زندگی سے جوجھنے والا کردار ہے لیکن انسان کی ساری خوبیاں اور ساری اچھائیاں اس کے معاشی حالات سے بندھی ہوتی ہیں۔لیکن اقبال متین کے کرداروں کو فاقہ مستی کے رنگ لانے کی توقع بھی نہیں ہے اور انتظار بھی نہیں ہے۔وہ خود اپنے آپ پر خلوص کے راستے بند کرتے جاتے ہیں، لیکن کیا محبت اور خلوص کے سارے راستے بند کرنے پر انسان قادر ہے۔۔۔؟ محبت تو کبھی ایسا قرض بھی بن جاتی ہے جس کا حساب چکتا کرنا ناممکن ہو جاتا ہے۔اس کیفیت کو اور کہانی کے کلائمکس کو میں یہاں پر جان بوجھ کر تشنہ چھوڑ رہا ہوں تا کہ قاری خود اس افسانے کو پڑھے اور افسانے کے اچھوتے موضوع پر اقبال متین کو جی بھر کر داد دے سکے۔

افسانہ 'دریدہ' کا مرکزی کردار صرف دانشوری کا نمائندہ نہیں ہے بلکہ اس میں ایک فرض شناس چوکنا انسان بھی سانسیں لے رہا ہے وہ قلندروں کی طرح مطمئن بھی ہے وہ سب کی خدمت میں کھڑا ہے۔اس کی باتوں میں ایک کشش ہے جو بھی اس سے ایک بار ملتا ہے وہ اس کا گرویدہ ہو جاتا ہے۔اس افسانے میں اس کی ذہانت، حاضر جوابی، دوراندیشی کی بہت ساری مثالیں بھی موجود ہیں وہیں اس کی طبعیت کا ایک انوکھا روپ بھی نظر آتا ہے۔رات رات بھر ٹیپ ریکارڈر سننا، اپنی باتوں سے سب کو جگائے رکھنا، اس کی عادت ہے۔اسی افسانے کا دوسرا اہم کردار 'نندو' ہے۔اس کا بے حد چہیتا ساتھی، دونوں ہوسٹل کے ایک ہی کمرے میں رہتے ہیں، لیکن 'نندو'، 'سید' کی عادتوں سے بیزار ہے۔سید سب کی زندگیوں میں دخیل ہے لیکن خود اس کے باطن میں کیا ہے کوئی نہیں جانتا، نندو چاہتا ہے کہ ہاسٹل کا کمرہ بدل لے، تا کہ اس سے نجات مل جائے۔لیکن دوستی اور مروت آڑے آتی ہے۔اسی بیچ نندو اپنے گاؤں چلا جاتا ہے اور کچھ دنوں کے بعد واپس آتا ہے تو پتہ چلتا ہے کہ سید نے خود ہی کمرہ بدل لیا ہے۔کمرے کی ہر چیز قرینے سے رکھی ہوئی ہے وہیں نندو کو ایک پرچی ملتی ہے۔تب پتہ چلتا ہے کہ سب کے دکھوں کا مداوا کرنے والا سید خود بھی کس قدر دکھی ہے۔

> ''وہ جو ٹیپ ریکارڈر پر دھری فریم میں جڑی ہوئی تصویر تم
> دیکھتے رہے ہو، سچ پوچھو تو وہ میرا بچپن نہیں ہے۔ وہ کھلنڈرا
> ہنس مکھ لڑکا میرا بیٹا تھا جو اب اس دنیا میں نہیں ہے۔ کچھ پیسوں

> کی سبیل کے امکانات نکل آئے سو اس کی قبر بنانے جا رہا ہوں۔ اس کی تصویر فریم میں سجا رکھی ہے لیکن اس کی قبر کے نشانات تک مٹ چکے ہیں۔ اب اسی کو کھوجنا ہے، وہاں سوائے زمین کے اب کچھ نہیں ہے۔ مٹّی کا تودا بھی نہیں۔[۲۰]

شمس الرحمٰن فاروقی نے اقبال متین کے افسانوں کا نفسیاتی تجزیہ کرتے ہوئے بالکل درست لکھا ہے۔

> ''اقبال متین کی نفسیاتی گرفت اس قدر سچّی اور مضبوط ہے کہ ان کے افسانوں کے کرداروں کی داخلی زندگی آئینہ ہو کر ہمارے سامنے آجاتی ہے۔''[۲۱]

اقبال متین کو افسانہ لکھنے کے لیے کبھی بہت بڑے موضوع کی ضرورت محسوس نہیں ہوتی، زندگی کے سچ یا کردار کی داخلیت سے وہ ایک ایسا موضوع تراشنے میں کامیاب ہو جاتے ہیں، جو ان کے ہاتھ لگ کر کندن بن جاتا ہے۔ چاہت انسان سے کیا کچھ کام نہیں کرواتی، اگر اظہار کی جرات نہ ہو تو خواہش منہ دیکھتے رہ جاتی ہے اور ناکامی کس طرح مقدر ٹھہرتی ہے۔ اس کی مثال 'شرمیلا' کے 'جواد' کے روپ میں دیکھی جاسکتی ہے، یا پھر افسانہ 'کھنڈر' عشق کی ناکامی کا نوحہ بن جاتا ہے۔ یہی محبت جب ہوس کے راستے جسموں میں داخل ہوتی ہے تو گھر تباہ ہو جاتے ہیں، لیکن جب جنون کی آگ ٹھنڈی ہو جاتی ہے اور ہوش کے ناخن بڑھنے لگتے ہیں تو کردار کا ایک ایسا روپ بھی سامنے آتا ہے جہاں ہوس اور احساسات میں تصادم شروع ہو جاتا ہے۔ افسانہ 'ڈورتھی' پانچ کرداروں پر مشتمل ہے۔ شوہر 'بروج' بیوی 'ڈورتھی' عاشق 'نقوی' اور ڈورتھی کے دو بچّے گڈّو اور گڈّی۔

ڈورتھی دو بچّوں کی ماں ہونے کے باوجود نقوی سے نہ صرف جسمانی تعلقات قائم کر لیتی ہے بلکہ اس کے ساتھ بقیہ زندگی بھی گزارنا چاہتی ہے۔ نقوی بھی اسے اپنانے کے لیے تیار ہے۔ بروج اس سارے منظرنامے کا خاموش تماشائی ہے۔ وہ جسمانی طور پر کمزور نہیں ہے بلکہ نقوی سے زیادہ طاقتور، قوی ہیکل ہے۔ محبت کے اس تکون میں بروج کبھی نقوی پر نفرت کا شکنجہ نہیں کستا۔ خود نقوی کے دل میں بروج کے لیے بے حد احترام ہے۔ ایک وقت ایسا بھی آتا ہے کہ جب ڈورتھی اپنا گھر چھوڑ کر نقوی کے گھر چلی آتی ہے اور وہ دونوں ساتھ رہنے لگتے ہیں۔ یہاں سے کہانی ایک نیا

موڑ لیتی ہے۔ بروج اور نقوی میں رقابت کے جذبات بھڑکنے کے بجائے ایک ایسی آگ روشن ہو جاتی ہے جو بچّوں کی خاطر ہر سمجھوتے کو ممکن بنانے کے لیے راضی ہو جاتی ہے۔ افسانے کا کلائمکس قاری کو ایک ایسے چونکا دینے والے مقام پر پہنچا دیتا ہے جس کا وہ تصوّر بھی نہیں کر سکتا اور اقبال متین کا فلسفۂ محبت اسے چاروں طرف سے جکڑ لیتا ہے۔

اقبال متین کا فلسفۂ محبت محدود نہیں ہے اور نا ہی مخصوص دلوں کے لیے مختص ہے۔ وہ افراد بھی جن کا تعلق شرفاء کے قبیلے سے نہیں ہوتا لیکن ان کے پاس بھی محبت و مروت اور ہمدردی کا احساس ہے اور رشتوں کی پاسداری بھی۔ افسانہ' درد کا رشتہ' کی کال گرل جہاں اپنے گاہکوں کی ہر طرح دلجوئی کرتی ہے وہیں اپنے شناسا کے لیے جس سے کوئی رشتہ نہیں ہے پھر بھی اس کی ضرورتوں کو محسوس کرتی ہے اور اپنے بھائی کے لیے وہ سب کچھ کرنے کے لیے تیار ہے جس وطیرہ پر صرف شرفاء اپنا حق سمجھتے ہیں۔ اس افسانے کا منظر نامہ' گھوڑ ریس' پر پھیلا ہوا ہے۔ اقبال متین اپنے قاری کو ریس کی بنیادی باتوں سے بھی روشناس کرواتے ہیں جنھیں وہ بالکل نہیں جانتا، اس افسانے کی زیریں پرتوں سے معصومیت کا ایک ایک ایسا چہرہ بھی سامنے آتا ہے جو سعادت حسن منٹو کی' سوگندھی' اور غلام عباس کے افسانے' اوس کی بوی' سے مختلف نہیں۔

اقبال متین یک نہایت متنوّع افسانہ نگار ہیں۔ ان کا طویل افسانہ'' آنگن کی سہاگن'' ممبئی کی جھگی جھونپڑیوں میں بسنے والے ایک مسلم خاندان کی عکاسی کرتا ہے تو افسانہ''پو پھٹنے تک'' حیدرآباد کے مضافات میں آباد ایک تلنگی خاندان کا نقشہ بھی پیش کرتا ہے۔ جھونپڑ پٹیوں میں زندگی بسر کرنے والے افراد معاشی تنگدستی کے باعث زندگی کی کتنی ہی نعمتوں سے محروم ہی نہیں رہ جاتے ہیں بلکہ کبھی کبھی ان جھونپڑیوں میں رشتوں کا وہ تقدس بھی کھو بیٹھتے ہیں جو ان کی زندگیوں کا ما حاصل ہوتا ہے۔ ان انسانوں کی زبان و بیان اور رہائش طور طریقوں پر اس قدر کامیابی کے ساتھ گرفت کی گئی ہے کہ عقل اقبال متین کے مشاہدے پر دنگ رہ جاتی ہے۔ ان کا ایک اور افسانہ' شیبا' بھی موضوع کے لحاظ سے نہایت اچھوتا افسانہ ہے بلکہ اگر یہ کہا جائے کہ اردو ادب میں اس قسم کے افسانے نہیں کے برابر ہیں تو غلط نہ ہوگا۔ دوسری عالمی جنگ کے پس منظر میں لکھا گیا یہ افسانہ انسانوں کی حیوانی جبلت اور حیوانوں کی انسانی صفات کا ایک ایسا مرقع بن گیا جہاں انسان بھی اپنے استحصالی عمل خود شرمندہ شرمندہ نظر آتا ہے۔ افسانے کا مرکزی کردار "شیبا'' ہے۔ لیکن یہ شیبا آخر ہے کون؟ افسانے کا اقتباس خود تعارف کرواتا ہے۔

"شیبا جس نے زندگی کی صعوبتوں میں میرا ساتھ دیا، میری شیبا جو ہر صبح سے شام تک سنگاپور کی قید سے میری رہائی کی منتظر رہی، میری شیبا کی اس کمینے میجر نے بے حرمتی کی تھی' بڑی تذلیل کی تھی اس کی' اتنی کہ خود اس کی قوم کے سپاہیوں نے اس حرکت پر ناپسندیدگی کا اظہار کیا تھا۔۔ " کون تھی یہ شیبا۔نام بڑا خوبصورت ہے۔''میں نے پوچھا شیبا۔۔شی۔۔۔با۔۔شی۔۔۔با۔۔مسعود نے دو ایک بار اسطرح اس کا نام لیا۔کہنے لگا۔میری کتیا۔وفادار جانور' میری ڈارلنگ۔'' اقبال متین نے ایسی نہ جانے کتنی عظیم اور لاجواب کہانیاں اردو ادب کو دی ہیں' لیکن ناقدین کے طبقے نے ان کے ساتھ انصاف نہیں کیا۔اگر آج بھی ان کے کہانیوں کا محاسبہ کیا جائے تو ان کا قد ان کے معاصرین میں نکلتا ہوا ہی محسوس ہوگا۔لیکن اقبال متین کو نہ کسی سے گلا ہے نہ شکوہ' وہ تو اس مور کے مانند ہے جو اپنے ہی رقص میں آپ بے خود ہے۔

اقبال متین کے اکثر افسانوں کی بنیاد ان کے گہرے مشاہدات اور تجربات پر رکھی گئی ہے۔حیدرآباد کے جاگیردارانہ سماج نے کئی کہانیوں کو جنم دیا۔اقبال متین نے آصف جاہی سلطنت کے کروفر کو بھی دیکھا' جاگیردارانہ ٹھاٹھ باٹ کو بھی دیکھا' اور پھر جب وقت بدلا تو انھوں نے شاہی اقتدار کو عوامی اقتدار میں منتقل ہوتے ہوئے بھی دیکھا۔جاگیرداروں کو لٹتے ہوئے بھی دیکھا۔امارت کے سرنگوں ہونے کے گواہ بھی بنے قدیم اور جدید تہذیبوں کے تصادم کو بھی بھوگا' قدروں کو پائمال ہوتے ہوئے بھی دیکھا اور قدروں کے پاسبانوں کو اپنی آبرو کی مٹی سسکتی آن بان کی پرورش کرتے ہوئے بھی دیکھا۔اس لیے ان کا قلم ایک مخصوص روایت کا امین ہے۔ان کے افسانے'' ملبہ۔گرتی دیواریں' پانی کے چراغ' آدمی اور آدمی' کتاب سے کتبے تک' اور' اندھیروں کی لاج زوال پذیر معاشرے کے موضوع پر اقبال متین کے شاہکار افسانے ہیں۔

اقبال متین نے افسانہ'' مہمان'' میں ایک عورت کی ممتا اور مجبوری کو ظاہر کیا ہے۔ایک عورت کی اولاد کے لیے تڑپ' اس کا ذمہ دار عورت کو ٹھہرانا مرد کی دوسری عورت سے شادی' دوسری عورت کا حاملہ ہو کر اس کا حمل ضائع ہو جانا اس حادثے سے اس عورت کا پاگل ہو جانا یہ ساری تفصیلات جذباتی انداز میں افسانے میں پیش کی گئی ہیں۔

اقبال متین کے بہت سے افسانے ایسے ہیں جو ابتداء میں قاری کا دامن تھام لیتے ہیں اس کے بعد قاری کو یہ احساس ہوتا ہے کہ افسانے نے غیر شعوری طور پر اسے اپنی گرفت میں لے لیا ہے۔اقبال متین کے افسانوں کی یہ خوبی انہیں مقبول بناتی ہے۔اقبال متین کے اکثر افسانوں کا آغاز

متاثر کن رہا ہے۔افسانہ ''ساحی'' کا ابتدائیہ ملاحظہ ہو:

> ''میں نے جب اس کا خط کھولا تو گلاب کی پنکھڑیاں میرے قدموں میں بکھر گئیں اور یہ پنکھڑیاں ساحرہ نے چن لیں۔میرا کتنا جی چاہا کہ ایک ایک پنکھڑی چن لوں لیکن یہ مجھ سے نہ ہوا میں نے ان کا خط بھی تو نہیں پڑھا بس القاب پر نظر ڈالتے ہی سرخ ہو اٹھی اور اپنے بلوز میں اڑس کر پلو برابر کر لیا''
>
> ۲۲

اقبال متین نے افسانوں کے انجام کے بارے میں کافی احتیاط برتی ہے۔ان کے افسانوں کے انجام سے متعلق ڈاکٹر سید محمد عقیل لکھتے ہیں:

> ''اقبال متین کے افسانوں میں بنیادی بات کہانی کے سوڑ اور پلاٹ کی ترتیب ہوتے ہیں۔ان کی تمام کہانیوں میں قاری واقعات کے ساتھ گھومتا رہتا ہے اور کردار ان واقعات کے سٹلائٹ کی طرح ساتھ ساتھ گھومتے رہتے ہیں۔ اور پھر اختتام پر کہانی ایک حیرت انگیز رُخ اختیار کرکے کبھی قاری کو حیرت میں ڈالتی ہے اور کبھی اختتام کی جستجو اور اس کی تشفی بھی اس نہج سے کرتی ہے کہ کوئی ذہنی الجھن یا تشنج باقی نہیں رہ پاتا۔اس تمام سفر میں کہانی اپنا آخری چہرہ قاری کے تصور میں پیش نہیں کرتی۔ بہت کم ایسا ہوتا ہے کہ آخری کڑی قاری کے ذہن میں کہانی ختم ہونے سے پہلے موجود ہو جائے۔ جہاں ایسا ہونے لگتا ہے کہ افسانہ نگار فوراً اسے ٹوئسٹ دے کر دوسری جانب موڑ دیتا ہے۔اور پھر بڑے اہتمام سے اسے کہانی کے اختتام تک لے جاتا ہے۔۲۳

کردار نگاری بھی افسانے کا اہم جز ہے۔افسانے کے کردار ہی ہوتے ہیں جو کسی کہانی کو انجام تک پہونچاتے ہیں۔اقبال متین نے اپنے کرداروں کے ذریعے انسانی دکھ درد کی گرہیں کھولی ہیں۔ان کے افسانوں میں زندگی کے حقائق کی عکاسی کرتے' حالات کے مارے اور زندگی کے

ستائے ہوئے کردار پائے جاتے ہیں۔ان کے بیشتر افسانوں میں جیتے جاگتے کردار ملتے ہیں۔ان کے کرداروں میں کوئی ہیرو یا مثالی کردار نہیں ملے گا۔سب کے سب عام زندگی گزارنے والے انسان ہیں۔ان کے مشہور کردار۔نیا ماسٹر (اجنبی)۔چھبل داس (چھگن چاچا) رام دیال (بیمار) برہان (برہان قاطع) وغیرہ ہیں۔

اقبال متین کے کردار چونکہ حقیقی زندگی سے تعلق رکھتے ہیں تو ان کرداروں کے ذریعے ادا ہونے والے مکالمے بھی فطری ہوتے ہیں۔اقبال متین نے زندگی کا گہرائی سے مطالعہ کیا تھا۔انہیں پتہ تھا کہ کس علاقے کے لوگ کس طرح کی بول چال کرتے ہیں وہ اپنے کرداروں کی سماجی و جغرافیائی حیثیت کے مطابق ان سے مکالمے ادا کرواتے ہیں جن میں بناوٹ اور تصنع نہیں ہوتا۔اور کردار اپنے فطری انداز میں بات کرنے کے سبب ہمارے اپنے لگتے ہیں۔

افسانے کے دیگر اجزائے ترکیبی پر بھی اقبال متین کو عبور حاصل ہے۔ان کے افسانوں کا اسلوب رواں ہے۔وہ مکالموں' منظر نگاری اور جذبات نگاری سے اپنے اسلوب میں رنگ بھرتے ہیں۔اور افسانے کی کشمکش' کہانی کے تسلسل اور حیرت انگیز انجام سے قاری کو اپنا افسانہ مکمل پڑھنے کے لیے باندھے رکھتے ہیں۔اقبال متین کی افسانہ نگاری کی فنی خصوصیات کا احاطہ کرتے ہوئے نامور شاعر و ادیب سلیمان اریب اقبال متین کے افسانوی مجموعے ''اجلی پرچھائیاں'' کے دیباچے میں لکھتے ہیں:

> ''یوں اقبال متین کہانی کی کسی بندھی ٹکی ٹکنک کا پابند نہیں لیکن وہ کہانی کو ایک مشاق مشاطہ کی طرح بنا سنوار کر اور نوک پلک سے آراستہ کر کے اہل نظر کے سامنے لاتا ہے۔وہ کہانی کے ضروری اجزا کے ساتھ دوسرے فنی نکات پر بھی پوری توجہ صرف کرتا ہے اور خاص طور پر کردار نگاری اور جزئیات نگاری میں تو اسے ید طولی حاصل ہے۔وہ اپنی کہانی کے لئے کبھی کوئی ایسا کردار نہیں چنے گا جس سے وہ نہ مل چکا ہو۔بلکہ جب تک خود کردار کی طرف سے یہ اصرار نہ ہو کہ جب تم مجھ سے، مجھ سے زیادہ واقف ہو تو پھر مجھ پر کیوں نہیں لکھتے۔اس پر اقبال متین کہے گا کہ تمہاری خواہش ہو تو میں تم پر آج ہی کہانی لکھوں

گا مگر ایک شرط پر کہ میرا کیمرہ جس میں اکسرے کی مشین بھی لگی ہے اگر تمہارے ظاہری خدوخال کے ساتھ تمہاری روح کے ڈھکے چھپے گوشوں کو بھی اجاگر کردے تو مجھے برا بھلا نہ کہنا اور جب کردار کی طرف سے اقبال متین کو اجازت مل جائے گی تو پھر وہ بڑی بے دردی اور بڑی ہمدردی سے اس کردار کو کاغذ پر منتقل کردے گا۔ چنانچہ آپ چھگن چاچا سے گاؤں میں ملیے یا برہان سے اسٹیشن والی سڑک پر، رام دیا سے آروند گھوش کی تعلیمات پر تبادلہ خیال کیجئے یا شیکھر کے ساتھ ہرن کے شکار پر جائیے، بیگم سے راست اس کے جسم کا مول تول کیجئے یا ہارڈنگ کے ساتھ کوالٹی میں آخری بار وسکی پیجئے آپ کو کوئی کردار اجنبی نہیں لگے گا سب آپ کے شناسا، دوست، عزیز رشتہ دار اور پیارے نکلیں گے اور ہوسکتا ہے کہ کسی کردار کے روپ میں آپ کو خود اقبال متین نظر آجائے اور آپ جھجک کر پیچھے ہٹ جائیں، اگر کہانی میں کردار نگاری کی کوئی اہمیت ہے اور اپنے زندہ کرداروں کے بل بوتے پر کوئی افسانہ نگار زندہ رہ سکتا ہے تو اس مجموعے کی حد تک ہی چھگن چاچا برہان، ماسٹر صاحب اور رام دیال اقبال متین کو زندہ رکھنے کے لئے کافی ہیں۔"[۲۴]

افسانہ نگاری کی مجموعی خوبیوں کے باعث اقبال متین اردو کے ایک نامور افسانہ نگاروں کے طور پر ادب کی دنیا میں اپنا مقام رکھتے ہیں۔

## قدیر زماں

قدیر زماں (۱۹۳۳۔۲۰۱۸) تلنگانہ کے ایک اور نامور افسانہ نگار گزرے ہیں۔ تلنگانہ

کے ضلع کریم نگر کے ایک مالا مال موضع گمبھیر پور میں ایک متوسط زمیندار خاندان میں ان کی پیدائش ہوئی۔ابتدائی تعلیم تعلقہ مستقر جگتیال پر ختم کر کے قدیر زماں ملازمت کے لئے حیدرآباد آئے تو یہیں کے ہو رہے۔ چھوٹی موٹی ملازمتوں کے بعد محکمہ امداد باہمی میں ایک درمیانی درجے کے عہدے سب رجسٹرار پر منتخب ہوئے اور اسپیشل کیڈر ڈپٹی رجسٹرار کے عہدے سے ریٹائر ہوئے۔ حیدرآباد میں ملازمت کرتے ہوئے انہوں نے اپنا تعلیمی سفر بھی جاری رکھا اور او۔ ایل۔ ایل۔ بی اور ایم۔کام تک کی اعلیٰ ڈگریاں حاصل کیں۔ حیدرآباد میں بھی وہ چپ نہیں بیٹھے۔سب سے پہلے ان کی سماجی مصروفیات میں، گلبرگہ اسٹوڈنٹس کا ٹیچ سے وابستگی تھی جہاں ان کی ملاقات مشہور مزاح نگار مجتبیٰ حسین اور کرناٹک کے اردو کے مشہور ادیب اور جہد کار وہاب عندلیب سے ہوئی۔ان سب نے مل کر "بزم ادب، کاچیگوڑہ" کی بنیاد رکھی جس سے حیدرآباد کے کئی نامی گرامی ادیب اور شاعر ابھرے۔ جامعہ عثمانیہ میں پوسٹ گریجویشن میں داخلہ لیا تو آرٹس کالج کی طلبا یونین کے صدر منتخب ہوئے۔مجلّہ عثمانیہ کے علاوہ ایک رسالے "سفینہ" کے ایڈیٹر بھی رہے۔انجمن آرائی قدیر زماں کا بڑا پسندیدہ مشغلہ ہے۔تنہائی پسندی اور قنوطیت کا شکار وہ کبھی نہیں رہے۔ یکے بعد دیگرے کئی انجمنوں سے ان کی بڑی عملی وابستگی رہی۔ وہ اردو کی محض ادبی انجمنوں ہی سے نہیں بلکہ اور کئی سماجی اداروں سے بھی جڑے رہے جن میں حیدرآباد لٹریری فورم، اقبال اکیڈیمی، فورم فار ماڈرن تھاٹ اینڈ لٹریچر (جو خود انہوں نے قائم کیا) کے علاوہ پرکاشم انسٹی ٹیوٹ، اکشراجیوتی، انڈین انسٹی ٹیوٹ فار پبلک ایڈمنسٹریشن (لائف ممبر)، سوسائٹی فار پریزویشن آف انوائرنمنٹ اینڈ کوالٹی آف لائف (انجمن برائے تحفظ ماحولیات و معیار حیات) ہم سب ہندوستانی (ٹرسٹی)، بک ریویو گلڈ (ٹرسٹی) شامل ہیں۔

وہ رائیڈنگ کلب اور شکار کلب کے بھی ممبر رہے۔۱۹۹۳ء سے ۱۹۹۷ء تک وہ ساہتیہ اکادمی کے ممبر بھی رہے۔گھڑسواری، لٹھ بازی، بندوق اور تلوار چلانا ان کے مشاغل رہے ہیں۔ایسا لگتا ہے وقت کے ہر پل سے امرت رس نچوڑنے کو انہوں نے اپنا لازمہ حیات بنا لیا ہے۔ایک بھرپور زندگی گزارنا ہی ان کا مطمع حیات ہے۔ان تمام دلچسپیوں کے ساتھ ساتھ ان کا تخلیقی سفر بھی اسی سرگرمی سے جاری رہا۔افسانے، ڈرامے، اقبالیات کے علاوہ انگریز اور دیگر ہندوستانی زبانوں سے تراجم میں بھی انہوں نے انتھک کام کیا ہے۔قدیر زماں کے افسانوی مجموعوں میں 'رات کا سفر (۱۹۷۶ء)' اور 'ادھورا سفر (۱۹۹۰ء)' عنوانات سے ان کے دو مجموعے شائع ہوئے۔ ڈرامائی ادب

میں 'ماورا (۱۹۹۷ء)' اور 'پنجرے کا آدمی (۱۹۸۷ء)' جو ایڈورڈ البی کی "دی زو اسٹوری" سے ماخوذ ہے، شائع ہو چکے ہیں۔ ریڈیو سے براڈ کاسٹ ہونے کے علاوہ ان کے تین ڈرامے اسٹیج بھی ہوئے۔" ساہتیہ اکادمی کے رکن ہونے کی حیثیت سے حیدرآباد میں ترجمے پر ایک ورک شاپ کا اہتمام کیا، جس میں دوسری ہندوستانی زبانوں سے ۲۱ کہانیاں ترجمہ کروا کر ساہتیہ اکاڈمی سے شائع کروائیں۔ جن میں حیدرآباد کے ادیبوں کے منجملہ خود قدیر صاحب بھی شریک ہیں۔ سال ۲۰۰۰ء میں ان کی ایک معرکتہ الآراء کتاب "تلاش اقبال" بھی شائع ہوئی۔ ۲۸ جنوری ۲۰۱۸ء کو طویل علالت کے بعد قدیر زماں کا انتقال ہوا۔

قدیر زماں کا پہلا افسانہ ''جہانِ گزران'' کی اشاعت ماہنامہ ''صبا'' میں ۱۹۳۶ء میں ہوئی۔ اس افسانے سے متعلق وہ لکھتے ہیں:

> ''میری پہلی کہانی جو 'صبا' ۱۹۳۶ء کے شمارے میں شائع ہوئی۔ اس میں وقت اور ملکوتی جبر کا احساس آپ کو ملے گا۔ یہ جبر ساری کائنات پر ہے لیکن عتیق جو اس کہانی کا مرکزی کردار ہے اس فرد پر جبر کا واقعہ آپ کو ملے گا''۔ ۲۵

قدیر زماں کا پہلا افسانہ ''جہانِ گزران'' ان کے معیاری افسانوں میں ہوتا ہے۔ اس افسانے کا موضوع وقت کا سفر ہے جس میں مہد سے لے کر لحد تک داستان کو سمونے کی کامیاب کوشش کی گئی ہے۔ قدیر زماں کے افسانوں کا مطالعہ کیا جائے تو اندازہ ہوتا ہے کہ انہوں نے سماج میں پھیلی خرابیوں پر اپنی توجہ مرکوز کی ہے۔ انہوں نے تجربات اور مشاہدات زندگی کو اپنے افسانوں کا موضوع بنایا۔ ان کے افسانوں سے قاری مطمئن نظر آتا ہے۔ ان کے افسانوں میں واقعات سے زیادہ احساس کی اہمیت ہے۔ قدیر زماں اپنے قاری سے خطاب کرتے ہیں اور اسے متاثر بھی کرتے ہیں۔ زندگی کی تمام تر پیچیدگیوں پر ان کی نظر ہے۔ انہوں نے اپنے افسانوں میں زندگی کے تلخ حقائق کو پیش نہیں کیا بلکہ ان کا اظہار کیا ہے۔ قدیر زماں کے افسانوں کے موضوعات پر اظہار خیال کرتے ہوئے سلیمان اطہر جاوید لکھتے ہیں:

> ''لگتا ہے کہ افسانہ نویسی قدیر زماں کا کوئی ارادی عمل نہیں۔ بلکہ جب کوئی واقعہ یا کوئی موضوع ان کی توجہ اپنی طرف منعطف کر لیتا ہے اور شدت سے متاثر کرتا ہے تو وہ اس واقعہ

کو بس افسانے کی شکل دے دیتے ہیں۔ چنانچہ ان کے
سارے افسانوں کے موضوعات ان کے ماحول اور اطراف و
اکناف سے ماخوذ ہیں۔ان کی دلچسپیوں ان کے اپنے مشاغل
اور ان کے اپنے معمولات سے متعلق رکھتے ہیں''۔۲۶

اس قول کی روشنی میں قدیر زماں کے افسانوں کا جائزہ لیا جائے تو معلوم ہوتا ہے کہ انہوں نے دواخانہ کی زندگی کو قریب سے دیکھا ہے۔جس کی جھلک ان کے افسانوں ادھورا سفر۔ مانس گندہ۔ شناخت اور گیلا کفن میں نظر آتی ہے۔قدیر زماں کا بچپن تلنگانہ کے گاؤں میں گزرا تھا۔ جہاں بارش کے موسم میں چھوٹی چھوٹی ندیاں بہتی تھیں۔ دیہات کی زندگی کو انہوں نے قریب سے دیکھا اور ان کے مشاہدات کو اپنے افسانوں میں پیش کیا۔گھڑسواری قدیر زماں کا محبوب مشغلہ رہا ہے۔اس کی منظر نگاری ان کے افسانے''بے مثال'' میں ملتی ہے۔اختر حسن صاحب قدیر زماں کی افسانہ نگاری پر تجزیہ کرتے ہوئے لکھتے ہیں:

''قدیر زماں کسی ایک لمحہ فکر کے آتشیں احساس یا کسی
ایک چونکا دینے والے تجربے کی جذباتی آنچ سے اپنے
افسانے کے پیکر تراشتے ہیں۔زندگی کی جلتی ہوئی سماجی' سیاسی
اور نفسیاتی حقیقتوں کو اپنے چھوٹے چھوٹے افسانوں میں وہ
اس طرح سمودیتے ہیں کہ اشارتی زبان اور علامتی اسلوب کی
نقاب پوشی کے باوصف ان کے افسانوں کی زیریں لہریں
پڑھنے والوں کو متاثر اور اپنی طرف متوجہ کئے بغیر نہیں
رہتیں''۲۷

قدیر زماں کے افسانے''ادھورا سفر۔ہم زاد۔ بڑی چڑی اور آوازیں۔ مذکورہ قول کی تصدیق کرتے ہیں۔جس میں زندگی کے چند لمحوں کو افسانہ نگار نے اپنی گرفت میں لے لیا۔قدیر زماں نے اپنے چند افسانوں میں اشاراتی فضا سے کام لیا ہے۔مثلاً افسانہ''الاؤ'' میں آدم خور حکمراں طبقہ اور انتظامیہ ہے۔جس کا کام محکوموں اور مظلوموں کا استحصال ہے۔افسانہ''زیروزبر'' میں ٹرین ملک کا اشارہ ہے۔اس کا ڈی ریل ہوجانا ملک کی ترقی کا رک جانا ہے۔کسی بھی مسافر کو ملک کے مسائل سے کوئی دلچسپی نہیں۔سب کے سب بے حس ہیں اور صرف تماشائی۔

''ادھورا سفر'' کی بیس کہانیوں میں موضوع اور اسلوب کے اعتبار سے تنوع پایا جاتا ہے۔ یہ سب کے سب حقیقت سے بہت قریب ہیں۔ان افسانوں میں افسانہ نگار نے کسی نظریے کی ترویج نہیں کی بلکہ ان میں زندگی کی سچائیاں پیش کی ہیں۔لیکن جس طرح زندگی الجھی ہوئی ہے اسی طرح ان کے افسانوں میں بھی کرداروں کا الجھاؤ نظر آتا ہے۔مثلاً افسانہ ادھورا سفر میں واحد متکلم اپنے دوست کے سڑک حادثے میں انتقال کر جانے کے بعد عجیب کیفیات کا شکار ہو جاتا ہے۔اس افسانے کے بارے میں پروفیسر بیگ احساس لکھتے ہیں:

> ''اس افسانے کا ٹریٹمنٹ بہت عمدہ ہے۔شعور اور لاشعور کی کشمکش کو قدیر زماں نے بڑی فن کاری سے پیش کیا ہے۔ اور یہی ٹریٹمنٹ اسے عام افسانوں سے منفرد بناتا ہے۔''[۲۸]

قدیر زماں نے تاریخی واقعات کو بھی اپنے افسانوں میں اشارتاً برتا ہے۔افسانہ مانس گندھ میں ایک مشہور سیاسی لیڈر کی پھانسی کی جانب اشارہ کیا گیا ہے۔افسانے کا مرکزی کردار اس لیے پھانسی لے لیتا ہے کہ کسی ظلم میں سب کے سب ظالم اور قاتل تھے تو صرف ایک شخص کو پھانسی کیوں دی گئی۔افسانہ'' کچھوے کی واپسی'' داستانی طرز کا افسانہ ہے۔جل پری' کچھوا' سمندر اور ہستی اس کہانی کی اہم علامتیں ہیں۔اس افسانے میں انسانی فطرت کا اظہار انتہائی خوبصورت ہے۔

قدیر زماں کے افسانے حقیقت اور طلسم کا حسین امتزاج ہیں۔وہ انسان کی خارجی زندگی کے ساتھ اس کی داخلی کشمکش پر گہری نظر رکھتے ہیں۔

قدیر زماں نے اپنے افسانوں کے مجموعے''ادھورا سفر'' کو ہمزاد کے نام سے معنون کیا ہے۔یہ ان کے افسانوں میں ہیرو کی شکل میں موجود ہے۔جیسے 'وہ۔دیوار کا آدمی۔میں۔اجنبی نوجوان سب کے سب ہم زاد ہی کے روپ ہیں۔قدیر زماں کے افسانہ'' آوازیں'' میں زندگی کا فلسفہ بیان کیا گیا ہے۔''امن کی بستی'' میں آج کی نام نہاد دنیا پرستی پر طنز اور''مانس گندھ'' میں عدم تحفظ کا احساس پیش کیا گیا ہے۔قدیر زماں نے اپنے افسانوں کی دنیا میں محو ہو کر کہیں کہیں زبان و بیان پر کم توجہ دی ہے۔ان کا پیرایہ بیان حلاوت اور شیرینی سے دور نظر آتا ہے۔ان کے اسلوب میں کھر درا پن اور سپاٹ لہجہ ہے۔حیدرآباد کے نامور ادیبوں اور نقادوں نے قدیر زماں کی افسانہ نگاری پر اپنے خیال کا اظہار کیا ہے۔

مغنی تبسم نے یہ خیال ظاہر کیا کہ ”قدیر زماں کی کہانیاں کہانی پن کو تلاش کرنے والے قاری کو بھی مطمئن کرتی ہیں۔اور کہیں اینٹی کہانی کا قاری بھی ان کے افسانوں سے تسکین پاتا ہے“۔

پروفیسر سلیمان اطہر جاوید کے الفاظ میں ”قدیر زماں کی بعض کہانیوں میں ربط نظر نہیں آتا۔جیسے ادھورا سفر۔فریاد۔جہاں گزران اور آوازیں وغیرہ لیکن اس کے باوجود ان کے ہاں ایک ارتباط اور فکر کا ارتکاز ہے“۔

عالم خوندمیری نے انہیں جدید افسانے کا معتبر ترجمان قرار دیا ہے۔

مضطر مجاز کے خیال میں ”قدیر زماں کی کہانیوں کی ہئیت مواد کے اعتبار سے اپنا چولا بدلتی رہتی ہے۔جن کی خاص خوبی یہ ہے کہ وہ خود قاری سے مخاطب ہوکر اسے متاثر کرتی ہیں۔خود افسانہ نگار قاری سے مخاطب ہوکر اسے خطابیہ یا موعظہ و تلقین نہیں بتاتا“۔29

ایک شام قدیر زماں کے نام سے سیاست ادبی ڈائری محمد ریاض علی رضوی نے لکھی۔اس میں مختلف ماہرین ادب نے قدیر زماں کے فن اور شخصیت پر اظہار خیال کیا ہے۔

” غضنفر اقبال۔انٹرویو سے اقتباس

قدیر زماں کے ہاں صرف اشارتی زبان اور علامتی اسلوب ہی نہیں ایک اشارتی فضا بھی ملتی ہے جو خوشگوار ہونے کے باعث مزہ دے جاتی ہے۔وہ کھردرے اور سپاٹ پن سے کام لیتے ہیں جو اس زندگی کی بے رنگی اور اکھڑ پن کی چغلی کھاتا ہے۔

سلیمان اطہر جاوید

قدیر زماں جدید افسانے کے ایک معتبر ترجمان ہیں۔ان کی نظر صرف انسان کی خارجی زندگی پر نہیں رہتی وہ اس کے پس پردہ انسانی ضمیر کی کشمکش پر بھی نظر رکھتے ہیں اور خارج سے باطن کے ٹکراؤ کا بھی مشاہدہ کرنے کی ہمت ہے۔

عالم خوندمیری

قدیر زماں کسی ایک آتشیں احساس یا کسی ایک چونکا دینے والے تجربہ کی جذباتی آنکھ سے اپنے افسانے کے پیکر تراشتے ہیں۔ علامتی اسلوب اور اشاراتی زبان کی نقاب پوشی پڑھنے والوں کو متاثر اور اپنی طرف متوجہ کیے بغیر نہیں رہتی۔

اختر حسن

قدیر زماں کی کہانیاں کہیں کہانی پن کے متلاشی قاری کو مطمئن کرتی ہیں تو کہیں احساس کی تہوں سے گذر کر اینٹی کہانیوں کی تسکین کا باعث بھی بنتی ہیں۔

مغنی تبسم

قدیر زماں داستانی اساطیر کا بھی خوب صورت ستعمال کرتے ہیں۔ نقادان فہرست سازی میں مصروف رہے، قدیر زماں نے اپنے انداز میں لکھنا شروع کیا۔ کسی فیشن زدگی کا شکار نہ ہوئے اور فن کی منزلیں طے کیں۔ شعور اور لاشعور کی کشمکش کو قدیر زماں نے بڑی فن کاری سے پیش کیا ہے اور یہی ٹریٹمنٹ عام افسانوں سے منفرد بناتا ہے۔

بیگ احساس

قدیر زماں کو میں وقفے وقفے سے پڑھتا رہا۔ رسائل میں مجھے ایک افسانے سے دوسرے افسانے تک پہنچنے میں مہینوں لگ جاتے۔ کبھی سال بھر تک ان کی کوئی کہانی میری آنکھوں کے سامنے نہیں آتی۔ افسانوی مجموعہ ''کھلونے والا'' ہاتھ میں آیا اور میں جوں جوں افسانے پڑھتا گیا میری آنکھوں میں ایک ایسا باکمال افسانہ نگار ابھرا، جس کا ہر افسانہ فکر کے دریچے کھولتا ہے۔ ان کے افسانوی کرافٹ میں ایک ایسا اطمینان اور سکون ہے جو بہت کم افسانہ نگاروں کے پاس نظر آتا ہے۔ وہ ایک متنوع افسانہ نگار ہیں۔ انھیں زبان و بیان پر بڑی قدرت حاصل ہے۔ اہم بات یہ ہے کہ جزئیات، ماحول اور کرداروں کی زبان پر خصوصی توجہ دیتے ہیں۔

نورالحسنین

قدیر زماں کی اتنی ساری مصروفیات اور مشغولیات کے ساتھ تصنیفی اور تالیفی کام کو دیکھ کر حیرت ہوتی ہے کہ ان کے پاس ایسا کونسا منتر ہے۔ وہ زماں کی طناب کو ربر کی طرح کھینچ کر اپنے حسب مرضی کر لیتے ہیں۔ اقبال کی اس بات پر ہمیں یقین لانا پڑتا ہے۔ 'ایام کا مرکب نہیں راکب ہے قلندر'

وہاب عندلیب

قدیر زماں کبھی کبھی جادوئی حقیقت نگاری جو چھو لیتے ہیں تو کبھی نفسیات انسانی کی گہرائیوں میں غوطہ زن نظر آتے ہیں۔اس حیرت انگیز تنوع اور تخیل کی وسعت کے باوجود (بلکہ شاید اسی کی وجہ) قدیر زماں کے افسانے ہمارے عہد ہی کے افسانے نہیں ہیں، اگر ان کے کچھ افسانے کائناتی حقائق کی طرف اشارہ کرتے ہیں تو کچھ دیگر افسانے ہماری لسانی حیثیت اور مرتبے کو معرض سوال میں لاتے ہیں۔ان کا ذہن کسی شرط یا فلسفے یا اصول کی پابندی کو قبول نہیں کرتا۔وہ دنیا کو اور خود کو بھی ناقدانہ بصیرت کے ساتھ دیکھتے ہیں۔آج ایسے افسانہ نگار کم ہیں جو قدیر زماں کی طرح وسعت نظر اور فکر کی گہرائی کو کام میں لاتے ہیں۔قدیر زماں نے انسان کو انسان کی طرح دیکھا ہے، وہ انسان سے کچھ مطالبہ نہیں کرتے لیکن وہ اس کی کمزوریوں سے خوب واقف ہیں۔اس کے باوجود وہ فیصلہ نہیں سناتے ہیں ہمیں سوچنے پر مجبور کرتے ہیں۔شمس الرحمٰن فاروقی (کھلی کتاب سے اقتباسات) ص ۳۰

مجموعی طور پر قدیر زماں تلنگانہ سے تعلق رکھنے والے ایک منفرد افسانہ نگار تھے۔ان کے افسانے اپنے مخصوص طرز بیان اور موضوعات کے اعتبار سے انفرادیت کے حامل ہیں۔

## عوض سعید

تلنگانہ حیدرآباد سے تعلق رکھنے والے ایک اور نامور افسانہ نگار عوض سعید ہیں۔ جو ۶ ڈسمبر ۱۹۳۳ء کو حیدرآباد میں پیدا ہوئے۔ان کے والد کا نام سعید ابن عوض جابر ابن عبداللہ تھا۔ والدہ کا نام نورالنساء تھا۔ابتدائی تعلیم انوارالعلوم ہائی اسکول سے حاصل کی۔انہوں نے ۱۹۴۸ء میں سٹی کالج سے میٹرک کامیاب کیا۔۱۹۵۲ء میں چادر گھاٹ کالج سے کامرس میں انٹرمیڈیٹ کیا۔انوارالعلوم کالج میں بی اے میں داخلہ لیا۔لیکن دہلی میں ایک عارضی ملازمت ملنے کے سبب وہ اپنی تعلیم جاری نہیں رکھ سکے۔سٹی کالج میں ان کے اساتذہ میں جناب اکرام الدین صدیقی اور ایوننگ کالج میں پروفیسر مغنی تبسم، علی ظہیر، احمد حسین صاحب اور سراج الدین صاحب سے فیض حاصل کیا۔مشہور شاعر شاذ تمکنت کے گہرے دوست تھے۔ دہلی میں وزارت تغذیہ میں ڈیڑھ سال تک ملازمت کی۔اور پھر حیدرآباد واپس آ گئے۔۱۹۵۴ء میں فوڈ کارپوریشن آف انڈیا میں کلرک کی جائیداد پر ملازم

ہوگئے۔ اور اسی محکمہ میں بتدریج ترقی کرتے رہے اور اسسٹنٹ مینیجر کے عہدے تک ترقی پائی۔ ملازمت کے اٹھائیس برس کی تکمیل کے بعد بار بار کے تبادلوں سے بیزار ہوکر ۱۹۸۲ء میں قبل از وقت وظیفہ پر سبکدوش ہوگئے۔ ۲۳ستمبر ۱۹۶۰ء کو ان کی شادی پروفیسر مغنی تبسم کی بہن اور محمد عبدالغنی صاحب جج کی بیٹی فاطمہ سے ہوئی۔ جو ایک تعلیم یافتہ خاتون ہیں۔ انہوں نے بہ حیثیت لائبریرین کام کیا۔ ان کی دو اولادیں ہوئیں۔ بڑا لڑکا اوصاف سعید آئی ایف ایس میں کامیابی حاصل کرنے کے بعد انڈین فارن سرویس میں ملازم ہے اور خلیجی ممالک میں خدمات انجام دینے کے بعد ان دنوں سفیر ہند برائے سعودی عرب کے عہدے پر ریاض میں مقیم ہیں۔ دوسری لڑکی سیما ڈاکٹر ہیں جو شادی کے بعد اپنے شوہر ڈاکٹر وجاہت کے ہمراہ ان دنوں شکاگو امریکہ میں مقیم ہیں۔

عوض سعید کے ادبی سفر کا آغاز افسانہ نگاری سے ہوا۔ انہوں نے ''جیتے جاگتے'' کے عنوان سے ۱۹۴۹ء میں پہلا افسانہ لکھا۔ جو رسالہ ''نظام لاہور'' میں شائع ہوا۔ ان کے افسانوں کے مجموعے'' سائے کا سفر ۱۹۶۹ء' تیسرا مجسمہ ۱۹۷۳ء' رات والا اجنبی ۱۹۷۹ء اور کوہ ندا ۱۹۷۹ء میں شائع ہوا۔ ان کی کہانیوں کا مجموعہ'' بے نام موسموں کا نوحہ'' ۱۹۷۹ء میں شائع ہوا۔ عوض کی تصانیف پر ہندوستان کی مختلف اکیڈیمیوں نے انعام دیا۔

عوض سعید کے دوست احباب کا حلقہ کافی وسیع تھا۔ اپنے دوست احباب کی ملاقاتوں اور یادوں کو بیان کرتے ہوئے انہوں نے حیدرآبادی شخصیات پر خاکے لکھے۔ جو'' خاکے'' کے عنوان سے ۱۹۸۵ء میں محکمہ ثقافتی امور آندھراپردیش کے زیراہتمام شائع ہوا۔

عوض سعید نے تقریباً ۵۹ برس عمر پائی۔ آخری ایام میں وہ اپنی بیٹی داماد کے پاس بغرض علاج امریکہ منتقل ہوگئے تھے۔ اور وہیں ۴ جولائی ۱۹۹۲ء کو ان کا انتقال ہوا۔ اور تدفین بھی شکاگو میں عمل میں آئی۔ ان کی اہلیہ فاطمہ اب اپنے بیٹے اوصاف سعید کے ہمراہ ریاض سعودی عرب میں مقیم ہیں۔ فاطمہ کی بہن صدیقہ شبنم نامور شاعرہ ہیں جو لندن میں مقیم ہیں۔ جب کہ ان کے بھائی اور عوض سعید کے برادر نسبتی مغنی تبسم بھی اس دار فانی سے کوچ کر چکے ہیں۔ عوض سعید کے فرزند اوصاف سعید نے اپنے والد کی تصانیف' تصاویر اور دیگر یادوں کو ایک ویب سائٹ پر پیش کئے ہیں۔

عوض سعید کے تمام افسانوں میں چالیس افسانے بہترین سمجھے جاتے ہیں۔ انہوں نے ہر رنگ میں افسانے لکھے۔ نفسیاتی' سماجی' معاشرتی' تاریخی اور علامتی۔ ان کے افسانے معاشرے کے عکاس ہیں۔ فرد کے خیالات' اس کی خواہشات' جذبات واحساسات کی ترجمانی ان افسانوں

میں ہوتی ہے۔افسانہ تیسرا ٹکٹ' جلاوطن' رات کا اجنبی' ایک زہریلی کہانی' کھلونے کا غم' پہلی تنخواہ' وہ آدمی چبھن' تعاقب' گیندے کے پھول' کوما اور مسہری پر سوئی ہوئی عورت مثال کے طور پر پیش کئے جاسکتے ہیں۔افسانہ ''کھلونے کا غم'' میں ایک عورت کے جذبے کو پیش کیا گیا ہے جس میں زہریلے مادے کے جسم میں پھیل جانے سے امکان تھا کہ ماں کو بچایا جاسکتا ہے یا بچے کو۔ بڑی مشکل سے ماں کو بچایا گیا۔افسانہ ''تیسرا ٹکٹ'' میں فن کار کا ذاتی غم جھلکتا ہے۔افسانہ ''چبھن'' ایک نفسیاتی افسانہ ہے۔جس میں نوید اپنے باپ کے ساتھ بازار سے گزرتے ہوئے ہر وہ چیز دلانے کی ضد کرتا ہے جس پر اس کی نظر پڑتی ہے۔اور باپ یہ کہہ کر ٹال دیتا ہے کہ واپسی پر لیں گے۔جب نوید تھک کر باپ سے شکایت کرتا ہے تو وہ کہتا ہے کہ ''پیدل چلتے رہو گے تو تمہیں احساس ہوگا کہ زندگی کیا ہے۔ ابھی تم ایک فرلانگ ہی چلے ہو'' عوض سعید نے اس افسانے میں باپ اور بچے کے مشاہدے اور ان کے نفسیاتی ردعمل کو ظاہر کیا ہے۔افسانہ ''رات والا اجنبی'' عوض سعید کا ایک بہترین افسانہ ہے۔جس میں ایک نوجوان کی انا کی بے چینی اور ذہنی کشمکش دکھائی گئی ہے۔اور یہ بھی کہ وہ خود کو نمایاں کرنے کے لیے عجیب وغریب حرکتیں کرتا ہے۔افسانے کا اختتام ہر انسان کو یہ سوچنے پر مجبور کر دیتا ہے کہ شہرت ومقبولیت کے لالچ میں انسان کس قدر گر جاتا ہے۔جب نیکیاں اس کو مشہور نہیں کرتیں تو شہرت کے لیے اسے برائیوں کا سہارا لینا پڑتا ہے۔

عوض سعید نے اپنے نفسیاتی افسانوں میں جو کردار تخلیق کئے ہیں۔ان کا جواب نہیں۔سماج ان افسانوں کا موضوع ہے۔ان افسانوں میں سماجی بیماریوں کی نشاندہی بڑے دلچسپ انداز میں کی گئی ہے۔عوض سعید کے معاشرتی افسانوں میں نانی اماں۔ بیدل صاحب۔ ریت کے محل۔سائے کا سفر۔تولیہ۔ایک سینگ والا آدمی۔وہ لڑکی۔غنڈہ۔خاک دل۔چاہت کے پنکھ۔دل خانہ خراب۔کھلاڑی۔تماشہ۔مہمان۔پتھر کی خوشبو۔بند دروازہ۔اور نقش قدم وغیرہ ہیں۔

افسانہ ''نانی اماں'' ایک طویل افسانہ ہے۔جس میں محلے کی خبر گیری کرنے والی ایک نانی کا ذکر ہے جو ایک بلی کی خاطر اپنی جان دے دیتی ہیں۔افسانہ ''ایک سینگ والا آدمی'' عوض سعید کا ایک شاہکار افسانہ ہے جس میں انہوں نے ایک عجیب شخص کا ذکر کیا جس کے سر پر سینگ ابھر آیا تھا۔ لوگ اسے خوش بختی کی علامت سمجھتے تھے۔لیکن اس کی وجہ سے لوگوں کے کاروبار بگڑنے لگے۔ ایک نمائش والا اس کی نمائش کرنا چاہتا ہے لیکن سینگ والا انکار کر دیتا ہے۔عوض سعید کے سماجی افسانوں میں'' خون صد ہزار انجم۔گنبد بے در۔کوئلہ جل بھئی۔راکھ' گلاب اور صلیب۔نا

مراد۔ زمین کا عذاب۔ تیسرا مجسمہ۔ موذی۔ سمجھوتہ۔ لمحوں کی صلیب۔ فیرنی۔ جونک ۔لہو کے چراغ۔۔ اجنبی اور پچھتاوا وغیرہ ہیں۔

تقسیم ہند کے بعد ہندوستان و پاکستان کو اپنا وطن بنانے والوں کو کئی مسائل پیش آئے۔ دیگر افسانہ نگاروں کی طرح عوض سعید نے بھی تقسیم کے موضوع پر افسانے لکھے۔ افسانہ ''پل صراط'' بھی اسی قسم کا افسانہ ہے۔ افسانہ ''دوسری موت'' اور'' ریت کا چشمہ'' میں بھی یہی تصور ملتاہے۔ علامت نگاری اردو افسانہ نگاری کا جزو رہی ہے۔ عوض سعید کے چند افسانوں میں استعارات اور علامتیں پائی گئی ہیں۔ افسانے دوگز زمین۔ استری۔ چوتھا آدمی۔ کنواں آدمی اور سمندر وغیرہ علامتی افسانے ہیں۔ '' پنجرہ'' عوض سعید کا ایک علامتی افسانہ ہے۔ جس میں حویلی نما گھر۔ زنگ آلود قفل۔ طوطا سفید۔ زخمی سڑک۔ وغیرہ الفاظ علامتوں کے طور پر استعمال ہوئے ہیں۔ عوض سعید کے اکثر افسانوں میں گورکن۔ قبر۔ جنازہ۔ کفن اور موت جیسے الفاظ استعما ل ہوئے۔ بے نام موسموں کا نوحہ۔ کوما۔ فاصلے۔ گریہ۔ موذی۔ پل صراط۔ جنازہ۔ کتبہ۔ جونک آدمی اور آسیب۔ شال۔ جلاوطن۔ چوتھا آدمی اور تثلیث وغیرہ افسانوں میں اس قسم کے الفاظ استعمال ہوئے ہیں۔

عوض سعید کے افسانوں کی ایک نمایاں خصوصیت ان کے کرداروں کے رویے میں آنے والی اچانک تبدیلی ہے۔ ان کرداروں کے اندر ایک اور کردار پوشیدہ دکھائی دیتا ہے۔ ان کے کرداروں کے سراپے بھی افسانوں میں پائے گئے ہیں۔

عوض سعید ان مخصوص فنکاروں میں ہیں جن کی مضبوط بیانیہ تحریروں نے افسانوی ادب کو نئی سمت عطا کی۔ ان کے افسانوں میں نفسیاتی تناؤ، سریّت، رمزیّت، کرب اور گھٹن کی صورتیں غیر معمولی توجّہ کے اعتبار سے پہچانی جاتی ہیں۔ آج جب ہم ان کے افسانوں کو پڑھتے ہیں تو اِس بات کا احساس ہوتا ہے کہ عصری آدمی کی موہوم اور دشوار گزار فطرت کا ٹھیک ٹھیک اندازہ لگا کر قاری کو راغب کر لینا اور روایت سے انحراف کرتے ہوئے سنجیدہ ذہنی سے نئی حسیّت کا تعیّن کر لینا ایک پیچیدہ مرحلہ تھا جسے انھوں نے مدبّرانہ سہولت سے افسانوی فن میں منتقل کیا۔

عوض سعید کا فن مذہبیت یا مخصوص معاشرے سے سروکار نہیں رکھتا۔ وہ اپنے کرداروں کے نام علاقائی حیثیت کو ابھارنے کے لئے نہیں برتتے، نہ ہی علاقائی زبان یا مشرقی

علاقائیت اُن کی تحریروں کی پہچان بنتی ہیں، نہ ان کے افسانے کو عام معاشرتی افسانوں کی ذیل میں رکھا جا سکتا ہے۔ ان کے یہاں دیہی منظر نامہ نہیں ہوتا بلکہ پیچیدہ مدنی بافت ان کی تخلیق کا کینوس بن جاتی ہے۔ ان کے یہاں تخیّلاتی اڑان والی فینٹاسی بھی نہیں ہے بلکہ رمزیت اور اسرار کی تخیّل آزمائی والی فینٹاسی نظر آتی ہے۔ اُن کے افسانوی کردار اکثر و بیشتر بے نام اور مجرّد ہوتے ہیں (میں، تم، وہ، ہم وغیرہ) گویا عوض سعید نام کو قطعی اہمیت نہیں دیتے، نہ ہی کوئی نام استعاراتی ہوتا ہے بلکہ کبھی کبھی ایک ہی نام کو دوسرے افسانوں میں دہراتے نظر آتے ہیں (ظفر، جمیل وغیرہ)

''جلاوطن'' میں وہ خود کہتے ہیں۔ ''بھئی نام سے کیا ہوتا ہے۔ شکلیں تو بالکل جدا ہیں۔

'' اکا دکّا افسانوں کو چھوڑ کر عوض سعید اظہاریت پسند نہیں ہیں یعنی وہ موضوعی و داخلی عندیہ رکھتے ہوئے بھی اس طریق کار سے افسانہ سازی نہیں کرتے۔ اُن کا اسلوب واضح طور پر معروضی اور خارجی ہوتا ہے جس کے نیچے سے داخلیت کا چشمہ شور کرتا ہوا بہتا ہے۔

عوض سعید کی فنکاری میں جدیدیت برائے جدیدیت نہیں ہے۔ یہ دوسری بات ہے کہ جدید تحریک عموماً دارالحکومتوں اور بڑے شہروں میں پروان چڑھی اور تمام تخلیق فنون (شاعری، فکشن، ڈرامہ، مصوری، مجسمہ طرازی، موسیقی، آرکیٹیکچر وغیرہ) اس رجحان کے زیرِ اثر آ گئے۔ عوض سعید کے فکشن میں بیشتر صورتیں لامحالہ طور پر اسلوب، برتاؤ، یا ہیئت کی تشکیل میں معاون ہیں۔ مگر عوض سعید کا فن جس بات سے سروکار رکھتا ہے وہ ہے انسان کی دنیاوی پوزیشن اور اس کے عمل اور ردّعمل کو اپنے زاویہ سے دیکھنا۔ یہ ان کا تحریری اسلوب اور ہیئت کا جدید انداز ہے تجربہ ہے۔

عوض سعید کسی سچّے جذبے کے معروضی تلازموں کو منکشف کرتے ہیں۔ مثلاً انجانے جذبات، اجنبی احساسات، وہ غیر معمولی چیزیں جو ہمارے اردگرد نظر آتی ہیں مگر عام خیال ان کی طرف نہیں جاتا، وہ باتیں، وہ حرکتیں جو لا اظہار اور لا کلام ہیں، انسان کی نفسیاتی حالت، عجیب و غریب ارتباط، عجیب و غریب انتشار۔ یہ سبھی ان کے افسانوں کے بیان یا اس کے پس پردہ رونما ہیں۔ بیانیہ کی سطحیں جست لگاتی ہیں مگر سب ملا کر ایک مربوط تخیّلی بیان تشکیل پاتا ہے، افسانے کی اکائی بن جاتا ہے۔ قاری خود ہی محسوس کر سکتا ہے کہ سب کچھ کتنا سچ ہے۔

عوض سعید کے ہر افسانے کا اپنا جذبہ ہوتا ہے جس کا مرکزی یا بنیادی تلازمہ ہوتا ہے۔ چونکہ معاشرتی

وجود کے ساتھ اس جذبے کے دوسرے منسلکات پرت دار ہوتے ہیں اس لئے اکثر بنیادی معروضی تلازمے کی نمائندگی کے لئے دوسرے متغائر تلازموں کے برتاؤ سے افسانوں کی شکل نمایاں کی جاتی ہے۔''رات والا اجنبی''، ''وہ لڑکی'' اور ''نامراد'' جیسے افسانوں پر بنیادی تلازمہ اثر دار ہے۔''تیسرا مجسمہ'' اور ''ایک زہریلی کہانی'' میں غیرِ موجود کردار کا خالی پن ہے۔ ''تولیہ'' میں ضمیر ہے ''خواب میں ہنوز'' میں واقعہ کا آڑا پن ہے، ''بھیتر بھیتر آگ'' میں جنسی رویّہ کے طبعی اختلافات ہیں۔ یہ سبھی جذبہ کے ظہار کے لئے مضبوط بنیادی معروضی تلازمہ کی تشکیل کرتے ہیں۔

عوض سعید نے اکثر ایسے نفسیاتی افسانے بھی تحریر کئے ہیں جن میں جنسی طنز مفقود ہو اور فردیت کی چھاپ اسی طرح گہری ہو۔ توجہ کھینچنے کی شدت ان کا تخلیقی میلان ہے۔''رات والا اجنبی'' ان کی انفرادیت کی واضح مثال ہے جو اہمیت، توجہ اور کشش کے ٹریٹمنٹ پر قائم ہے۔ عوض سعید اِن عوامل سے فرد کی روح تک رسائی حاصل کرتے ہیں۔ عوض سعید کے فن سے اندازہ ہوتا ہے کہ توجہ کھینچنے کا رویہ لازمی طور پر جنسی نہیں ہے۔ عوض سعید کے غیر جنسی افسانے فرائڈ کا تتبع نہیں کرتے۔ بے توجہی اور توجہ کا تصادم کبھی منظر نامہ (تماشہ، کمرہ نمبر ۸۲، اداس نسل کا آخری آدمی) کبھی مظہراتی علامت (شال، موذی، گیندے کے پھول) کبھی بیانیہ تشکیل (نسخہ، کھلاڑی، نامراد، دیودسی) کبھی نفسیاتی کشمکش (خاک دل، جلاوطن، تولیہ) میں اپنی جلوہ نمائی کرتی ہے۔ مصنف معمول کے درمیان سے غیر معمولی صورت نقش کرنے کا ہنر جانتا ہے۔ عام حالات کے اندر سے غیر معمولی حالت کی پُر توجہ نمائندگی پر قدرت ان کی تخلیقی روش میں چار چاند لگا دیتی ہے۔ افسانوں کا راوی اصرار کرتا ہے کہ اس پر بھروسہ کیا جائے۔ وہ معتبر راوی ہے۔ مکالموں میں روزمرّہ کی گفتگو، نوک جھونک، کڑوے کٹیلے جملوں سے گھر باہر کی تصویریت قائم ہوتی ہے۔ بیانیہ کا مجرّد خیال کہیں پیچیدگی اختیار کرتا ہے تو کہیں اضطراب انگیز صدمہ پہنچاتا ہے۔

''ایک زہریلی کہانی'' میں عورت اور مرد کے درمیان پنپنے والے ازلی فاصلوں کا آڑا پن غالباً شوہر کی طبعی کمینگی کی جانب انگشت نما ہے۔''وہ آدمی'' میں اجنبی شخص سے منافرت کا ردّ عمل ہے۔ افسانے کا اختتامیہ اس کی ابنارملٹی کا پردہ اٹھا دیتا ہے اور وہ کوئی ضرورت مند انسان نکل آتا ہے۔ شاید ارد گرد کا ماحول ایبسرڈ اور ہمارا رویہ ابنارمل ہو گیا ہے۔

''اداس نسل کا آخری آدمی'' کی راہ سے معاشرے کی عجیب سی نفسیات نمایاں کی گئی

ہے۔مصنف پل پر سے موت کی چھلانگ لگانے والے شخص کے واسطے سے معاشرے کے رویہ پر سوالیہ نشان قائم کرتا ہے۔افسانہ تحفظ اور تازگی پہنچانے کی نا اہلی پر بلیغ طنز ہے۔

عوض سعید فنکار تھے۔ انہوں نے اپنے افسانوں میں ستھری زبان استعمال کی ہے۔پیچیدہ موضوعات کو بھی انہوں نے سلیس بیانیہ کے ذریعے پیش کیا ہے۔ان کے افسانوں میں مکالموں سے کہانی آگے بڑھتی ہے۔ان کے افسانوں میں طنز اور نشتریت پائی جاتی ہے۔اردو افسانوں میں جدید رجحانات کو متعارف کرانے والوں میں عوض سعید پیش پیش رہے۔ان کے افسانے انسانی زندگی کی اندرونی کشاکش اور اس کے روحانی کرب کی عکاس ہیں۔ افسانے کی تکنیک پر عوض سعید کو عبور حاصل تھا۔مجموعی طور پر ان کی افسانہ نگاری ایک نئی آہٹ کا پتہ دیتی ہے۔وہ دکن کے ایک منفرد افسانہ نگار کے طور پر جانے جاتے ہیں۔

## یٰسین احمد

یٰسین احمد آزادی کے بعد تلنگانہ سے ابھرنے والے ایک اہم افسانہ نگار ہیں۔حیدرآباد سے تعلق رکھتے ہیں۔۲۵ ستمبر ۱۹۴۶ء کو حیدرآباد میں پیدا ہوئے۔پی یو سی تک تعلیم حاصل کی اور محکمہ کمرشیل ٹیکس میں بہ حیثیت کلرک وابستہ ہوئے اور ترقی کرتے ہوئے ڈپٹی کمرشیل آفیسر کی حیثیت سے سبکدوش ہوئے۔یٰسین احمد نے اپنے والد میر شجاعت علی سے عربی اور فارسی زبان سیکھی۔یٰسین احمد کو انگریزی اور تلگو زبانوں پر بھی عبور حاصل تھا۔بچپن سے ہی پڑھنے لکھنے کا شوق تھا۔بارہ تیرہ سال کی عمر میں انہوں نے لکھنا شروع کیا۔کتابوں پر تبصرے لکھنے لگے۔ان کی پہلی کہانی ''ظالم'' کے عنوان سے حیدرآباد کے مشہور رسالہ ''قلمکار'' میں ۱۹۶۰ء میں شائع ہوئی۔پھر رفتہ رفتہ وہ افسانے لکھنے لگے۔اور ان کے افسانے ہند و پاک کے معروف ادبی رسائل میں شائع ہونے لگے۔ہندوستان میں شمع اور بیسویں صدی اور پاکستان میں آئندہ۔روشنائی وغیرہ رسائل میں ان کے افسانے شائع ہوئے۔ان کے افسانے اردو کے علاوہ ہندی، مراٹھی، تامل اور تلگو زبانوں میں بھی ترجمہ ہو کر شائع ہوئے۔یٰسین احمد کے کل چھ افسانوی مجموعے شائع ہوئے۔پہلا افسانوی مجموعہ ''گم شدہ آدمی'' ۲۰۰۳ء۔دوسرا افسانوی مجموعہ ''سلاٹر ہاؤز'' ۲۰۰۵ء۔تیسرا افسانوی مجموعہ ''یہ کیا جگہ ہے'' چوتھا افسانوی مجموعہ ''دھار'' ۲۰۱۱ء۔پانچواں افسانوی مجموعہ ''سایوں بھرا دالان'' ۲۰۱۲ء اور چھٹا افسانوی مجموعہ ''شکستہ جذبے'' ۲۰۱۷ء میں شائع ہوا۔تبصرے خاکے اور مضامین پر مشتمل ان

کی تصنیف ''میری نظر میرا مطالعہ'' ۲۰۱۰ء میں شائع ہوئی۔انہوں نے رشید درانی کے اشتراک سے غیر منقسم آندھرا پردیش کے افسانہ نگاروں کے تعارف اور تحقیقات پر مشتمل کتاب ''ہر ذرہ ستارہ ہے'' بھی ترتیب دی۔ یونیورسٹی آف حیدرآباد میں ان پر تحقیقی کام بھی ہورہا ہے۔

یٰسین احمد کے افسانوں میں جاگیردارانہ نظام' سیاست' وطن پرستی' مکاری' عیاری' احسان فراموشی' وغیرہ موضوعات ملتے ہیں۔ان کے افسانے ''گردش ایام'' اور ''ایک گلشن اجڑ گیا'' میں جاگیردارانہ نظام کی جھلکیاں پائی جاتی ہیں۔افسانہ ''اژدھا'' میں سیاسی نظام کو بے نقاب کیا گیا ہے۔''جو چپ رہے گی زبان'' اور ''مقتل'' افسانوں میں ملک کے بگڑتے عصری حالات کو بیان کیا گیا ہے۔افسانوں ''پر رسا'' ''ملی کہاں امان'' اور ''سایوں بھرا دالان'' میں زندگی کے گھناؤنے پہلوؤں کو یٰسین احمد نے اجاگر کیا۔جنسی زیادتی کو انہوں نے فنکاری سے پیش کیا۔افسانہ ''انسان کا کاٹا'' میں انہوں نے سیاست کی کارفرمائی اور انسانوں کے کالے کرتوتوں کو بیان کیا۔افسانہ ''شہر بے ضمیر'' میں انہوں نے اونچی سوسائٹی کے کالے کرتوتوں سے پردہ فاش کیا۔''دودھ پلائے ہوئے سانپ'' میں انہوں نے مکاری' عیاری اور احسان فراموشی کو موضوع بحث بنایا۔افسانہ ''شی'' محبت کے موضوع پر ہے۔افسانے ''شاہکار'' ''بونسائی'' اور ''پریم حنیفہ'' کا موضوع دوستی اور وطن پرستی ہے۔افسانہ ''شاہکار'' میں بتایا گیا کہ کس طرح ایک عورت کی زندگی شادی' شوہر اور بچوں کے بغیر ادھوری رہتی ہے۔''افسانہ ''تیس پہ چھ'' میں عورت کی پاکیزگی کو اجاگر کیا گیا۔افسانہ ''سلاٹر ہاؤز'' میں نظام تعلیم کے مسائل کو اجاگر کیا اور کہا کہ دور جدید کے تعلیمی ادارے سلاٹر ہاؤز کے مشابہ ہوگئے ہیں۔اس طرح ان کے سبھی افسانے سماج کے مختلف پہلوؤں کو اجاگر کرتے ہیں۔ان کے بیشتر افسانے اپنے دور کی معاشرت کے عکاس ہیں۔ازدواجی زندگی کی دھوپ چھاؤں' عورت اور مرد کی نفسیات' خواتین کے مسائل اور معاملات کو یٰسین احمد نے فنکاری سے اجاگر کیا۔انہوں نے صرف خواتین کے یکطرفہ پہلو کا اجاگر نہیں کیا بلکہ نسائی مسائل کے مختلف پہلوؤں کو انہوں نے اپنے افسانوں میں جگہ دی ہے۔یٰسین احمد کی افسانہ نگاری کی خاص بات یہ ہے کہ انہوں نے غیر ضروری طوالت سے اجتناب کیا۔ان کے افسانے مختصر اور جامع ہوا کرتے ہیں۔چھوٹے اور برجستہ جملوں کے ذریعے انہوں نے اپنے افسانوں میں جان ڈالی ہے۔اپنے مختصر افسانوں میں انہوں سادگی اور پرکاری اور اختصار اور ایجازش کے ذریعے تلخ حقائق اور بے رحم صداقتوں کو نمایاں کیا۔یٰسین احمد نے اپنے عہد کا گہرائی سے مطالعہ کیا تھا اور اس عہد کے واقعات کو افسانوں میں ڈھالا۔ان کے افسانون

میں سماجی، معاشرتی، سیاسی، جنسی وار معاشی حقیقتیں جھلکتی ہیں۔

یٰسین احمد کا اسلوب سیدھا سادہ اور سلیس ہے۔انھوں نے اپنے افسانوں میں انداز بیان دلکش اور عام فہم رکھا۔ کچھ افسانوں کے زبان و بیان میں مقامی رنگ جھلکتا ہے۔ انھیں افسانہ نگاری کے فن پر عبور حاصل تھا۔ ان کے افسانوں کے پلاٹ سادہ منظّم اور غیر پیچیدہ ہوتے ہیں۔انہون نے اپنے افسانوں میں بیانیہ تکنیک،فلیش بیک تکنیک، خود کلامی کو استعمال کیا۔ان کے افسانوں میں کردار نگاری جاندار ہے۔کرداروں کی حرکات وسکنات کہانی کے عین مطابق ہیں۔ان کے افسانوں میں منظر نگاری حقیقی ہے۔اور کہانی سے تعلق رکھتی ہے۔ان کے افسانوں میں مکالمے مختصر اور چست ہوتے ہیں۔وحدت تاثر افسانے کا لازمی جز ہے جو یٰسین احمد کے افسانون میں پایا جاتا ہے۔انھوں نے اپنے افسانوں میں تجسس کے عنصر کو برقرار رکھا یہی وجہ ہے کہ قاری ان کے افسانوں کو اختتام تک پڑھتا ہے۔

یٰسین احمد عصر حاضر کے ایک کامیاب افسانہ نگار تھے۔خاموش مزاجی سے انھوں نے تلنگانہ کے افسانہ نگاری کے سفر کو جاری رکھا۔زندگی کے آخری دو سال علالت کے سبب بستر پر ہی گزرے۔آخر کار ۱۸ اگسٹ ۲۰۱۹ء کو ان کا انتقال ہو گیا۔

یٰسین احمد نے اپنے افسانوں میں ملک کے مایوس کن سیاسی حالات کا برسر اقتدار رہنماؤں کی کجروی، جبریت، علاقائیت، دہشت گردی، مفلسی، طبقاتی کشمکش، جنسی بے راہ روی، اخلاقی اقدار کا زوال، ریاکاری، مفاد پرستی، سبھی کچھ پیش کیا۔انھوں نے فسادات کو الگ تناظر سے دیکھنے کی کوشش کی۔افراد کی تنہائی اور اجنبی پن کے احساسات، کیفیات، انسانی روح کی پنہائیوں، دل کے تاریک نہاں خانوں اور ذہن کی تہوں میں پہنچ کر محسوس ہوتا ہے۔اور ان سب کے داخلی کرب کو اپنے افسانوں کے پیکر میں ڈھالا ہے۔حقیقت نگاری، زندگی کی جامعیت اور اس کے احساسات کے نشیب و فراز کو پیش کرنے کا فن یٰسین احمد کو بہت خوب آتا ہے۔ان کے یہاں علامتیں مربوط ہوتی ہیں۔جس سے خود بہ خود معنویت ابھر کر آتی ہے۔یہ ایک بڑی انفرادیت ہے جو یٰسین احمد کو شناخت دیتی ہے۔

# جیلانی بانو

تقسیم ہند کے بعد تلنگانہ حیدرآباد دکن سے ابھرنے والی افسانہ نگاروں میں جیلانی بانو کا نام اہم ہے۔اردو کی خاتون فنکاروں کے حوالے سے اردو فکشن کی تاریخ میں جیلانی بانو کا نام کئی اعتبار سے اہمیت کا حامل ہے۔ وہ ۱۴/ جولائی ۱۹۳۶ء کو اتر پردیش کے شہر بدایوں میں پیدا ہوئیں۔ان کے والد حیرت بدایونی بہ سلسلہ ملازمت حیدرآباد میں سکونت پذیر ہوئے لہٰذا حیدرآباد میں ہی جیلانی بانو نے سکونت اختیار کرلی۔ان کی ابتدائی تعلیم گھر پر ہی ہوئی اور انہوں نے باضابطہ طور پر تعلیم حاصل نہیں کی۔ایم۔اے تک کی اعلیٰ تعلیم جیلانی بانو نے پرائیویٹ ہی حاصل کی۔بچپن میں فنون لطیفہ سے لگاؤ تھا۔خاص کر مصوری بے حد پسند تھی۔ڈرامہ اسٹیج کرنے کا بھی شوق پال رکھا تھا۔انہیں آغا حشر کے ڈرامے نقل کرنے میں بڑا مزہ آتا تھا۔سات بھائی بہن تھے اور سب کے سب آرٹسٹ تھے۔کوئی فوٹو گرافر کوئی شاعر کوئی ڈرامہ نگار تھا۔کسی کو میوزک سے دلچسپی تھی تو کسی کو صحافت سے۔سب کے ساتھ رہ کر زندگی گذارتے ہوئے انہوں نے طرح طرح کے تجربات حاصل کئے۔ان کی شادی انور معظم سے ہوئی جو خود ایک فنکار ہیں۔ان کے بیٹے اشہر فرحان نے ہندوستان میں اردو کمپوزنگ کو فروغ دیا۔گھر کے علمی ماحول میں جیلانی بانو نے ادبی کیریئر کا آغاز کیا۔پہلی کہانی "موم کی مریم" کے عنوان سے لکھی جو ادب لطیف، لاہور کے سالنامے میں شائع ہوئی، انہوں نے تقریباً ۲۰ کتابیں لکھیں۔ان کے افسانوں کے کئی مجموعے اشاعت سے ہمکنار ہوئے جن میں :"روشنی کے مینار، نروان، پرایا گھر، روز کا قصہ، یہ کون ہنسا، نئی عورت، تریاق، بات پھولوں کی، سوکھی ریت اور راستہ بند ہے" وغیرہ کافی اہمیت کے حامل ہیں۔ جیلانی بانو کی ایک مشہور کہانی ''نرسیا کی باوڑی'' ہے جس پر ایک فلم ''ویلڈن ابا'' شیام بنیگل نے بنائی۔انہوں نے اپنے افسانوں میں عورتوں کے مسائل، جہیز، بیٹی کی پیدائش، طلاق، آپسی جھگڑے، نفسیاتی الجھنیں، غریبی جہالت اور اندھ وشواس جیسے موضوعات کو پیش کیا۔افسانوں کے علاوہ ناول "ایوان غزل" ۱۹۷۶ء، بارش سنگ ۱۹۸۵ء، اور ناولٹ " جگنو اور ستارے" ۱۹۶۵ء اور "نغمے کا سفر" ۱۹۷۷ء " شائع ہو چکے ہیں۔

ناول ''ایوان غزل'' کا نام ابتداء میں ''عہد ستم'' رکھا گیا تھا۔ ہندوستان اس وقت بحرانی

دور سے گزر رہا تھا۔ عہد ستم'' نام سنسر کی زد میں آ جانے کے خطرے کے پیش نظر جیلانی بانو نے اسے ''ایوان غزل'' میں تبدیل کر دیا۔ جیلانی بانو نے ''ایوان غزل'' لکھ کر اردو ناولوں میں ایک اچھے ناول کا اضافہ کیا۔ اردو کے پسندیدہ ناولوں میں اس کا شمار کیا جاتا ہے۔'ایوان غزل'' میں اپنے عہد کی بہتر انداز میں ترجمانی کی ہے۔ اس میں حیدرآباد کی جاگیردارانہ زندگی کی نزاعی کیفیت، کرب و الم کا خاکہ پیش کیا ہے۔

جیلانی بانو کا دوسرا ناول ''بارش سنگ'' ۱۹۸۴ء کراچی پاکستان سے اور ۱۹۸۵ء میں حیدرآباد سے شائع ہوا۔ ''بارش سنگ'' کا سب سے پہلے مراٹھی میں ترجمہ کیا گیا اور حیدرآباد سے شائع ہونے والے رسالے ''پنچ دھارا'' میں اسے قسط وار شائع کیا گیا۔ ''بارش سنگ'' کو انگریزی میں بھی ترجمہ کیا اور Hail of Sterness نام سے دہلی سے شائع ہوا۔ ''پتھروں کی بارش '' کے نام سے ہندی میں ۱۹۸۷ء میں دہلی سے شائع ہوا۔ جیلانی بانو کے ناولٹ کا مجموعہ ''جگنو اور ستارے'' کے نام سے لاہور سے ۱۹۶۵ء میں شائع ہوا۔ اس مجموعہ میں تین ناولٹ شامل ہیں۔ (۱) دیکھیں کیا گزرے ہے قطرے پر (۲) جگنو اور ستارے (۳) رات جگنو اور ستارے کا ایک اور ایڈیشن پاکٹ بکس سائز میں شائع ہوا ہے اس ناولٹ میں صرف دو ناولٹ ہی یکجا ہیں (۱) رات اور (۲) جگنو اور ستارے۔ اس مجموعہ کو انہوں نے اپنی بڑی بہن ''بو آپا'' کے نام معنون کیا ہے۔ جیلانی بانو کے دوسرا ناولٹ کا مجموعہ ''نغمے کا سفر'' ہے۔ یہ ۱۹۷۷ء میں حیدرآباد سے شائع ہوا۔ ساہتیہ اکیڈیمی اور اردو اکیڈیمی آندھرا پردیش کے مالی تعاون سے اردو مرکز حیدرآباد سے شائع ہوا ہے۔ اس مجموعے کو اتر پردیش اردو اکیڈیمی اور آندھرا پردیش اردو اکیڈیمی نے ۱۹۷۸ء میں انعام سے نوازا۔ نغمے کے سفر کو جیلانی بانو نے اپنے شوہر ڈاکٹر انور معظم کے نام معنون کیا ہے اس مجموعے میں ان کے چار ناولٹ یکجا کئے گئے ہیں۔ (۱) اکیلا (۲) پتھر کا جگر (۳) کیمیائے دل اور (۴) نغمے کا سفر ناولٹ جگنو اور ستارے اور نغمے کا سفر کے علاوہ جیلانی بانو کے چند ناولٹ رسالوں میں شائع ہوئے ہیں۔ جیسے ''گڑیا کا گھر'' اور ''ابارشن'' ناولٹ ''گڑیا کا گھر'' پاکستانی رسالہ دوشیزہ میں نومبر ۱۹۷۹ء میں شائع ہوا ہے۔

جیلانی بانو مختلف ادبی وسماجی تنظیموں کی سرگرم کارکن بھی رہی ہیں، ریڈیو اور ٹیلی ویژن سے بھی منسلک رہیں۔ جیلانی بانو کو کئی ایوارڈ بھی ملے۔ ۱۹۸۵ء میں سوویت لینڈ نہرو ایوارڈ، ۱۹۸۸ء میں مہاراشٹر اردو اکادمی کی جانب سے کل ہند ایوارڈ' ہریانہ اردو اکیڈیمی ایوارڈ

اور ۱۹۸۸ء میں مجلس فروغ اردو، دوحہ قطر ایوارڈ اور ۲۰۰۱ء میں حکومت ہند کی جانب سے 'پدم شری' ایوارڈ قابل ذکر ہیں۔

جیلانی بانو اردو کی ہمہ جہت ادیبہ ہیں۔ انہوں نے نثر کی تمام اصناف پر طبع آزمائی ہے اس کے علاوہ انہوں نے کتابوں پر تبصرے بھی کئے روزنامہ سیاست' میں کالم شیشہ و تیشہ بھی لکھا ہے۔ مختلف اخبارات ورسائل میں ان کی تخلیقات شائع ہوئی ہیں۔ یہ ملک و بیرون ملک کی مشہور شخصیت ہیں۔ ان کی شخصیت محتاج تعارف نہیں۔

جیلانی بانو کے افسانوی مجموعے''روشنی کے مینار'' اور''نروان'' کے افسانے وقتی تاثرات کا نتیجہ ہیں۔ آندھرا پردیش کے ماحول کو انہوں نے اپنے افسانوں میں پیش کیا۔ ان کے افسانوں میں موم کی مریم' تلچھٹ' ایک انار' آگ اور پھول اور دیوداسی کو کافی مقبولیت حاصل ہوئی۔

جیلانی بانو اپنی افسانہ نگاری کے بارے میں لکھتی ہیں:

''اگر میں زیادہ غور سے دیکھوں تو میری افسانہ نگاری پر ان آریاؤں کی چھاپ بھی ہے۔ جو نگر نگر علم کے چراغ جلاتے پھرے ایران و عجم کی ثقافت بھی میرے خون کا جز ہے۔ جو میرے آبا و اجداد اپنے ساتھ لائے تھے''۔[۳۱]

جیلانی بانو نے اردو افسانہ نگاری کو نئی راہیں فراہم کیں۔ ابتداء ہی سے ان کے افسانوں میں بالغ نظری اور پختگی پائی جاتی ہے۔ ان کا سماجی شعور ستھرا ہوا اور گہرا تھا۔ وہ دوسروں سے زیادہ خود اپنی تخلیقات کی پارکھ تھیں۔ جیلانی بانو کا محبوب ترین موضوع عورت ہے۔ انہوں نے ہندوستانی عورت کے دکھ درد کو قریب سے دیکھا اور بڑی فنکاری سے اسے تعمیری انداز میں اپنے افسانوں میں پیش کیا۔ اس ضمن میں اپنے خیالات کا اظہار کرتے ہوئے وہ لکھتی ہیں:

''میں نے یہ کہانیاں نہیں لکھیں۔ تین لکیریں کھینچی ہیں۔ تاکہ دنیا کہ سب سیتائیں امن اور حفاظت کے حصار میں محفوظ رہیں۔ اور ساری دنیا کے راونوں کی آنکھوں میں مرچیں بھر کر انہیں الٹا لٹکا دیا جائے۔ یہی میری کہانیوں کا آدرش ہے''۔

[۳۲]

جیلانی بانو نے فلیش بیک کی تیکنک کو اختیار کرتے ہوئے اپنا افسانہ''موم کی مریم'' لکھا

ہے۔ یہ ان کا بہترین اور موثر افسانہ ہے۔ ''فصل گل جو یاد آئی'' مونولاگ ہے۔ انہوں نے اپنے افسانوں میں عورت کے بہت سے روپ پیش کئے ہیں۔ امن۔ بورزوائی طبقہ کی شکست اور پرولتاری طبقے کی امنگ اور لگن جیلانی بانو کے پسندیدہ موضوعات ہیں۔ خورشید الاسلام جیلانی بانو کے فن کے بارے میں لکھتے ہیں:

> ''وہ سماج کا مطالعہ نہایت ہمدردی اور خلوص کے ساتھ کرتی ہیں۔ اس لیے وہ کردار اور سماج کی آویزش کو ہمارے سامنے اجاگر کرنے میں زیادہ کامیاب ہیں۔ معاشرے پر تنقید کرتے ہوئے وہ افراد کا داخلی کردار بھی ہمارے سامنے مخصوص انداز میں پیش کرتی ہیں''۔۳۳

جیلانی بانو کے افسانے ''سیتا ساوتری'' اور ''نروان'' میں مذہبی ڈھونگ، فرسودہ رسم و رواج اور ضعیف الاعتقادی کو پیش کیا گیا ہے۔ افسانہ ''میں'' میں خود کلامی کی تکنیک استعمال کی گئی ہے۔ افسانے کا کردار سندرم اپنے ماضی کو حال میں بیان کرتا جاتا ہے۔ جیلانی بانو اپنے افسانوں سے اپنے قاری کو سماجی برائیوں کو دیکھنے اور انہیں دور کرنے کی طرف راغب کرنے میں کامیاب ہوئی ہیں۔ افسانہ ''سونا آنگن'' میں عصر حاضر کے نوجوانوں کی لاپرواہی کو موضوع بنایا گیا ہے۔ اور ساتھ میں ضعیف والدین کی بے بسی کو بھی اجاگر کیا گیا ہے۔ افسانہ ''سونا آنگن'' میں اولاد کی جانب سے ماں باپ کے ساتھ لاپرواہی کا تذکرہ کیا گیا ہے۔ ''ادو'' جیلانی بانو کا اہم افسانہ ہے۔ یہ افسانہ اکثر نصابی کتابوں کا حصہ رہا ہے۔ اس افسانے میں غریب لڑکے کا دولت مند طبقے کی جانب سے استحصال کا ذکر کیا گیا ہے۔ ادو کی جیب میں جب ایک روپیہ آجاتا ہے تو وہ بہت کچھ خریدنا چاہتا ہے لیکن غریب ہے اس لیے وہ روپے کو مناسب کام میں خرچ کرنا چاہتا ہے۔ ادو اپنے مالک کی کار ڈھکیلتا ہے تاکہ اسے کچھ پیسے ملیں لیکن مالک کار اسٹارٹ ہوتے ہیں اسے بغیر کچھ دئے چلے جاتے ہیں۔ ایک روز ادو کو ایک روپیہ نیچے پڑا ہوا ملتا ہے جو اس کے لیے بہت بڑی دولت تھی۔ اس نے یہ روپیہ چوری کر کے حاصل نہیں کیا تھا لیکن روپیہ جیب میں آنے کے بعد وہ طرح طرح کے خیالات میں مبتلا ہوتا ہے۔ وہ اپنی بہن کو روپیہ دینا چاہتا ہے لیکن اس کا دل نہیں مانتا دن بھر وہ روپیہ لیے پھرتا رہتا ہے بالآخر گھر کے ملازمین اسے مالکن کے سامنے پیش کر دیتے ہیں۔ وہ مالکن کو روپیہ دے کر کہتا ہے کہ راستے میں پڑا ہوا ملا تھا لیکن مالکن اس پر جھوٹ کا الزام عائد کرتی ہیں۔ اس افسانے میں

جیلانی بانو نے انتہائی سادگی کے ساتھ قاری کو دو طبقات کی جانب متوجہ کیا ایک غریبوں کا استحصال کرنے والا دوسرا محنت کے ثمر سے محروم۔ پہلے طبقے کی نمائندگی صاحب اور بیگم صاحبہ کرتی ہیں جب کہ دوسرے طبقے کی نمائندگی غریب ادو کرتا ہے۔ اس افسانے کے ذریعے جیلانی بانو نے واضح کیا کہ کس طرح ہماری مذہبی اور اخلاقی قدریں کھوکھلی ہو گئی ہیں۔

جیلانی بانو نے اپنے افسانوں میں موضوع کے انتخاب کے علاوہ افسانہ نگاری کی تکنیک پر بھی توجہ دی ہے۔ ان کی کردار نگاری جاندار ہے۔ اردو افسانہ نگاری میں ایک اہم اور منفرد حیثیت کی حامل ہوتیں۔ جیلانی بانو کے افسانوں کے کردار متوسط طبقے کے افراد ہیں۔ یہ نئے ہندوستان کے وہ کردار ہیں جو سابقہ تہذیب اور زندگی کی بچی ہوئی یادیں اپنے سینے سے لگائے نت نئی تبدیلیوں کو حیرت سے دیکھ رہے ہیں۔ یہ وہ نوجوان ہیں جنہیں آزاد ہندوستان کی بیکاری، فاقہ کشی گھلا کر مار رہی ہے۔ جیلانی بانو کے اہم کرداروں میں ''موم کی مریم'' کی قدسیہ، ''دیوداسی'' کی ملکہ اور حمید، ''روشنی کے مینار'' کی پرکاشو، ''ڈریم لینڈ'' کی روشن، نینا اور نشاط، ''مٹی کی گڑیا'' کا سلیم اور لکشمی، ''بھور اور چراغ'' کی سرلا دیوی، ''آئینہ'' کے اسلم، فاطمہ اور امان، ''پنچوں کی رائے'' کی شبراتن، ''فصلِ گل جو یاد آئی'' کی منی، ''ایک انار'' کا اطہر اور مجیا، چھمیا، ''نئی عورت'' کی نغمہ، ثریا اور شباب وغیرہ ہیں۔ یہ کردار ہمارے معاشرے کے چاروں طرف پھیلے ہوئے ہیں۔ جیلانی بانو نے ان کے دکھوں اور غموں کو دیکھا ہے، ''فصلِ گل جو یاد آئی'' کی منی والدین کی مرضی کے مطابق ایک جاہل بد سلیقہ اور دیہاتی نوجوان کے پلّے باندھ دی جاتی ہے۔ ''بھور اور چراغ'' کی سرلا دیوی منی، نینا اور لکشمی کی طرح نہیں ہے۔ اس نے زندگی کی جدوجہد میں براہ راست قدم رکھا ہے۔ ''روشنی کے مینار'' کی پرکاشو اس روشنی کے مینار کی طرح ہے جس سے مسافر اپنی منزل مقصود پالیتا ہے یہ کردار زندہ اور جیتے جاگتے ہیں۔ ہم لوگ تہذیب کو ترقی دیتے دیتے اتنی دور جا پڑے ہیں کہ اب عورت عورت نہیں میٹھی گلاب جامن بن کر رہ گئی ہے۔ اور مرد وحشی درندہ ہے جو بھوکھا کتا بن گیا ہے۔''

جیلانی بانو کی کردار نگاری پر اثر ہے ان کے کرداروں میں مرد اور عورت کے درمیان کوئی امتیازی لکیر نہیں کھینچی گئی ہے۔ مرد اور عورت کے درمیان دو رشتے بھی خاص اہمیت کے ساتھ پیش کئے گئے ہیں۔ ایک تو عورت مرد کی ہوس پرستی کا شکار نظر آتی ہے۔ دوسرے عورت عزیزوں اور رشتہ داروں کے استحصال کے علاوہ سماج کے دوسرے مردوں کی حرم سراؤں کو بھی روشن کرتی ہے۔ ان کے افسانوں کے کردار وہ لڑکیاں ہیں جو گھریلو پابندیوں سے عاجز آ کر اپنی دنیا آپ بسانا چاہتی

ہیں۔ جیسے افسانہ ''موم کی مریم'' کی قدسیہ مردوں کی بے رحمی کا شکار ہو جاتی ہے۔اسی طرح ''دیو داسی'' کی ملکہ بھی ہے جو نچلے طبقے کی عورت ہونے کی باعث ایک اعلیٰ طبقے کے آدمی سے باوجود گہری محبت کے بعد شادی نہیں کر پاتی۔ان کہانیوں میں پیش کی گئی عورت مظلوم ہے۔جو حالات کے مدنظر مردوں کی محبت نہیں پاتی۔انہوں نے اپنے افسانوں میں ایک بھی کردار ایسا پیش نہیں کیا جس کے وجود پر یقین نہ آتا ہو۔ان کے کرداروں کی نسوانی دنیا عصمت کی طرح جنسی الجھنوں میں مبتلا نہیں ہے۔

جیلانی بانو کا اسلوب نگارش سادہ اور رواں ہے۔وہ قاری کو دلچسپ جملوں، مکالموں اور کہانی کی کشمکش کے ساتھ اپنے افسانے کے ساتھ باندھے رکھتی ہیں۔اور قاری ان کے دلچسپ اور رواں اسلوب کی بدولت افسانے کو مکمل پڑھنے کے لیے راضی ہو جاتا ہے۔ان کے اسلوب کی یہ خوبی ہے کہ ان کی تحریر میں کہیں بھی خلا نظر نہیں آتا۔ بلکہ تسلسل موجود ہے۔وہ قاری کے اندر تسلی کا احساس پیدا کرتی ہیں۔مجموعی طور پر جیلانی بانو اردو افسانے کی تاریخ میں اپنے مخصوص موضوعات ،افسانے کی تکنیک پر عبور اور اظہار بیان کی قدرت کے سبب ایک اہم افسانہ نگار کے طور پر یاد رکھی جائی گی۔اور ان کے افسانے عالمی سطح پر مقبولیت حاصل کرتے رہیں گے۔

## رفیعہ منظور الامین

رفیعہ منظور الامین (۲۰۰۸-۱۹۳۰) تلنگانہ حیدرآباد سے تعلق رکھنے والی اردو کی نامور فکشن نگار گزری ہیں۔۲۵ جولائی ۱۹۳۰ء کو عثمان پورہ حیدرآباد میں پیدا ہوئیں۔ان کے والد کا نام محمد عبدالحمید تھا۔وہ پولیس ٹریننگ اسکول کے پرنسپل کی حیثیت سے ریٹائر ہوئے تھے۔انہوں نے بچوں کو اچھی تعلیم دی اور ان کی تربیت بھی کی۔رفیعہ نے بی ایس سی تک تعلیم حاصل کی۔ان کی شادی ۱۹۵۶ء میں منظور الامین سے ہوئی جو دوردرشن کے ڈائرکٹر جنرل کے عہدے پر برسوں فائز رہے۔ان کی اولاد میں دو لڑکیاں ڈاکٹر ذیشان امین اور ڈاکٹر فروزاں امین۔ رفیعہ منظور الامین کا انتقال ۳۰ جون ۲۰۰۸ء کو ہوا۔

رفیعہ منظور الامین کا نام ادب اور میڈیا میں بہت مشہور ہے۔خاص کر حیدرآباد کے فکشن

نگاروں میں ان کی کافی شہرت ہے۔انہوں نے بے شمار افسانے اور کئی ناول لکھے۔ان کا مشہور ناول ''عالم پناہ'' ہے جس پر ''فرمان'' سیریئل بنایا گیا۔ان کی پہلی تصنیف ''سارے جہاں کا درد'' ۱۹۶۹ء میں شائع ہوئی۔جو ایک رومانی ناول ہے۔ ان کا تیسرا ناول ''یہ راستے'' ۱۹۹۱ء میں شائع ہوا۔رفیعہ منظور الامین کے افسانوں کا پہلا مجموعہ ''دستک سی در دِل پر'' ۱۹۸۶ء میں شائع ہوا۔دوسرا مجموعہ '' آہنگ'' ۲۰۰۰ء میں شائع ہوا۔ان کی کہانیوں میں عورت مرکزی کردار ہوتی ہے۔انہوں نے اپنے افسانوں میں زندگی کی حقیقتوں کو پیش کیا۔انہوں نے ''سائنسی زاویے'' کے عنوان سے سائنسی مضامین بھی لکھے۔انہوں نے ادب اور سائنس کو جوڑنے کی کوشش کی ہے۔

رفیعہ منظور الامین اپنے بے شمار افسانوں، ناولوں انفرادی لب ولہجہ اور طرز ادا کی بناء پر ادب کی جانی پہچانی شخصیت ہیں۔رفیعہ منظور الامین کو بچپن سے ہی کہانیاں لکھنے کا شوق ہے۔ان کی پہلی کہانی دہلی سے شائع ہونے والے رسالہ ''پیام تعلیم'' میں شائع ہوئی۔کالج میں بھی وہ ادبی سرگرمیوں میں بے حد مصروف رہتی تھیں۔ کالج میگزین ''کا سماں'' کی ادارت کے فرائض بھی انہوں نے انجام دیئے۔

رفیعہ منظور الامین کو اردو ادب سے بڑی دلچسپی رہی۔ علاوہ ازیں مجسمہ سازی، باغبانی، مصوری، فوٹو گرافی اور سیاحت ان کے محبوب مشاغل تھے۔ منظور صاحب کی ملازمت کے سلسلے میں مختلف مقامات پر تبادلوں سے آدھی دنیا کی سیاحت کی۔رفیعہ منظور الامین بہ حیثیت ناول نگار، افسانہ نگار، ڈرامہ نگار اور انشائیہ نگار مشہور ہیں۔ اس کے علاوہ سائنس سے گریجویٹ ہونے کی وجہ سے سائنس سے بھی دلچسپی تھی۔سائینسی مضامین کا مجموعہ ''سائینسی زاویئے'' شائع کیا۔ان کے تحریر کردہ سائینسی مضامین رسائل کی زینت بنے اور نصاب کا حصہ رہے۔ان کے تحریر کردہ افسانے سرکردہ اخبارات اور رسائل کے زینت بنے۔

رفیعہ منظور الامین کے نمائندہ افسانوں میں ڈیر فادر۔بازگشت۔نیل کنٹھ۔بلاعنوان۔پرائی۔تنگا منی۔سوئمبر۔مات۔رشتے۔کھوئی ہوئی فاہوں کے ہم سفر۔اپنی اپنی صلیب۔ناگ پھنی کا کھیت۔حرف آگہی۔چپ۔ایک نگاہ کا زیاں۔اور ددستک سی دل پر شامل ہیں۔

رفیعہ منظور الامین کے افسانوں کا مجموعہ جو بہت مشہور ہے''دستک سی در دِل پر'' ۱۹۸۹ء میں سیمانت پرکاش نئی دہلی کی جانب سے شائع ہوا۔جو حسب ذیل چوبیس (۲۴) نمائندہ افسانوں

پر مشتمل ہے۔

ا۔تنگا منی ،۲۔ مات ،۳۔ایک نگاہ کا زیاں ،۴۔ رشتے ، ۵۔کون ، ۶۔کھوئی راہوں کے ہمسفر ، ۷۔اپنی اپنی صلیب ، ۸۔ناگ پھنی کا کھیت ، ۹۔حرف آگہی ،۱۰۔چپ ،۱۱۔ ٹینی بار پر ،۱۲۔ بچھو بوئی ،۱۳۔ستمگر ،۱۴۔سوئمبر ،۱۵۔ریت کی گھڑی ،۱۶۔ بے وفا ،۱۷۔تیسرا دیس ،۱۸۔شور سلاسل ، ۱۹۔جونک ،۲۰۔ باسنگ شو ،۲۱۔گھن ،۲۲۔ چھینے ہوئے لمحے ،۲۳۔قمیص ،۲۴۔دستک سی در دِل پر۔

مجموعہ ''دستک سی در دِل پر'' میں مشمولہ افسانے ''رشتے'' ''بے وفا'' ''بچھو بوائی'' ''ناگ پھنی کا کھیت'' اور ''دستک سی در دِل پر'' بے مثال افسانے ہیں۔افسانہ ''رشتے'' میں آج کے ہندوستانی سماج میں بڑھتی ہوئی مغربیت اور اسکے ساتھ ہماری معاشرتی اقدار کی عمدہ عکاسی کی گئی ہے۔افسانہ ''دستک سی در دِل پر'' میں کشمیر کے حسین مناظر کو پیش کرتے ہوئے یہ بتانے کی کوشش کی گئی ہے کہ آج کا انسان اتنا خود غرض ہو گیا ہے کہ اپنے مفاد کی خاطر دوسروں کی زندگی تباہ کرنے سے بھی عار نہیں کرتا۔ ہمارے معاشرے میں بے زبان ہو کر لہولہان زندگی بسر کر رہے ہیں۔ ایسا محسوس ہوتا ہے کہ اپنی تحریر کے ذریعہ سماج کی خدمت کرنے کو انہوں نے اپنی زندگی کا مشن بنا رکھا ہے۔رفیعہ منظور الامین نے اپنی افسانہ نگاری' ناول نگاری' ڈرامہ نگاری اور سائینس پر مبنی اپنی بے شمار تحریروں سے یہ ثابت کر دیا ہے کہ وہ ہر صنف پر کافی عبور رکھتی ہیں۔ انہوں نے اپنی افسانہ نگاری کے لیے ہندوستان کے مختلف علاقوں سے اور بیرون ہند سے کردار لئے ہیں۔ منظور صاحب کا ماس میڈیا سے تعلق رفیعہ منظور الامین کے لیے فال نیک ثابت ہوا۔مختلف علاقوں کے تبادلے نے انہیں وہاں کے مختلف سماجی پہلوؤں کو اجاگر کرنے میں مدد کی۔

رفیعہ منظور الامین کے افسانے موجودہ سماج کے لیے ایک آئینہ کی طرح کام کرتے ہیں۔ وہ زبان سادہ سہل عام فہم لکھتی ہیں۔ انہوں نے اپنے افسانوں کے موضوعات کو مختلف زاویوں سے دیکھا ہے اور اپنی ذات کا لمس عطا کیا ہے۔ وہ موضوع کے مرکزی نقطے کو پکڑ کر نہیں بیٹھ جاتیں بلکہ وہاں سے اپنے اطراف میں آزادروی سے دیکھتی ہیں اور مثبت و منفی حقائق کا پتہ لگاتی ہیں۔ان کا مقصد ہوتا ہے کہ ہر معیار کے ذہن تک رسائی ہو۔ان کے افسانے قاری کے ذہن پر ایسا تاثر چھوڑتے ہیں کہ دل اور دماغ ایک ہو کر سوچنے پر مجبور ہو جاتے ہیں۔

رفیعہ منظور الامین کے دیگر افسانے ''ڈیر فادر'' ''پرائی'' بازگشت'' ''نیل کنٹھ'' ''رشتے'' ''حرف آگہی'' ''بچھو''

''بے وفا''،''بلا عنوان'' وغیرہ۔

افسانہ ''ڈیر فادر'' میں ان کے مشاہدے میں گہرائی بھی ہے اور گیرائی بھی ہے۔اس افسانے میں یہ بتانے کی کوشش کی گئی ہے کہ ایک باپ چاہے وہ لندن کا ہو یا ہندوستان کا اپنی اولاد سے بے حد پیار کرتا ہے اور ان سے بہت سی امیدیں وابستہ رکھتا ہے۔اس افسانے کا ہیرو ضعیف شخص ہے جو بیوی کے انتقال کے بعد لندن میں رہتا ہے۔کبھی تنہائی کا گلہ نہیں کرتا ہمیشہ اپنے دوستوں کے ساتھ ہنسی خوشی وقت گزارتا اور اپنے دوستوں سے ذکر کرتا ہے کہ میرے بچے میرا بہت خیال رکھتے ہیں اور میرا انتظار کرتے رہتے ہیں۔ ایک دفعہ اس ضعیف شخص کا دوست ملنے کے لیے گھر آ گیا۔یہ ضعیف شخص وہسکی پی رہا تھا اور کہنے لگا کہ یہ وہسکی میری بیٹی لیزا اور اس کے شوہر دے کر گئے ہیں،اور میں مائیکل کے بیٹے کی سالگرہ میں جانے آیا ہوں۔ اس ضعیف شخص کے دوست اس کی زندگی پر رشک کرتے رہتے کہ اس زمانے میں کتنی فرمانبردار اولاد ہیں وہی دوست پھر ملنے کے لیے گھر آیا تو اس ضعیف شخص کا انتقال ہو چکا ہے اور وہاں ایک خط لکھا ہوا تھا۔ڈیر فادر، آپ کو نیا رین کوٹ پسند آیا ہوگا۔دوست خط لے کر اس کے بیٹے مائیکل کی تلاش میں نکلا تو پتہ چلا کہ مائیکل تو پانچ سال کا بچہ تھا تب ہی مر گیا تھا وہ اب تک اپنے بیٹے مائیکل کو زندہ تصور کر کے خط لکھ کر اپنے آپ کو تسلی دے لیتا، کہ میرا بیٹا ہے میری بیٹی ہے مجھے اس طرح چاہتے ہیں میرا خیال رکھتے ہیں۔ یہ ایک سبق آموز کہانی ہے کہ اولاد کا سہارا والدین کے جینے کا سہارا ہوتا ہے۔اس افسانے میں شروع سے لے کر آخر تک تسلسل رہتا ہے اور قاری کو تجسس رہتا ہے کہ آگے کیا ہوا۔کہانی ختم ہونے کے بعد قاری سوچنے پر مجبور ہوتا ہے کہ سماج میں ایسا بھی ہوتا ہے مگر اس کے آگے انسان بے بس ولا چار رہتا ہے۔اس افسانے کے مطالعے سے بوڑھے اور بے سہارا لوگوں کی ہمت افزائی ہو سکتی ہے۔اس افسانے میں زندگی کی سچائیوں کا سامنا کرنے اور ان سے سمجھوتہ کر کے بے فکر زندگی گزارنے کا سلیقہ ملتا ہے۔

افسانہ ''بلا عنوان'' رسالہ ''شمع'' میں شائع ہوا تھا اور اس افسانے کو ''شمع'' کے قارئین نے بہت سراہا ہے۔ اس افسانے کا ہیرو ایک امریکن شخص ٹام ہے جو بہت کروڑ پتی ہے۔ شادی کے بارے میں اس شخص کے خیالات ہندوستانی تھے کہ وہ ایک ایسی لڑکی سے شادی کرے گا جس کا ماضی میں کوئی چاہنے والا نہ ہو۔بہت کوشش کے بعد اس کی ملاقات مارگریٹ سے ہوتی ہے۔ جو اس کے خیالات پر پوری اترتی ہے،شرمیلی،کم سخن،سنجیدہ وشرقی تہذیب کا نمونہ تھی۔ان خوبیوں کی

وجہ سے ٹام سے شادی ہو جاتی ہے۔ کچھ دن بعد مارگریٹ کے گردے خراب ہو جاتے ہیں۔ ٹام بہت پریشان رہتا ہے جب کہ مغربی دنیا میں رشتے بہت جلد بدلتے رہتے ہیں۔ شادی کے بہ نسبت طلاق کا فیصلہ زیادہ ہوتا ہے۔ اس کے باوجود ٹام اپنی بیوی مارگریٹ سے بے انتہا محبت کرتا ہے اور اپنی بیوی کو کھونا نہیں چاہتا۔ اپنی فیکٹری میں کام کرنے والے لڑکے فریڈی کو ایک لاکھ ملین کے عوض گردے کی فروخت کے لیے راضی کر لیتا ہے۔ فریڈی انجانے میں گردے دے کر ماں کی جان بچاتا ہے۔ مارگریٹ اپنے لڑکے کو جانتی تھی، مگر فریڈی اسے نہیں جانتا تھا۔ اس طرح سے فریڈی نے اولاد کا فرض ادا کر دیا تھا۔ ٹام اچھی خوبیوں کا مالک تھا مگر اس کے پاس برائیاں بھی تھی وہ بے ایمانی اور وعدہ خلافی، ٹام فریڈی کو رقم دینے سے انکار کرتا ہے اور اس سے کہتا ہے کہ اعضا کی فروخت کو قانوناً جرم کہتا ہے۔ ٹام سے مارگریٹ اصرار کرتی ہے کہ وعدہ خلافی نہ کرے تو ٹام کہتا ہے کہ کونسا وعدہ کیسا دستاویزی ثبوت ہے۔ ٹام کی بات پر مارگریٹ کو بہت غصہ آتا ہے اور وہ بتاتی ہے کہ فریڈی اس کا اپنا بیٹا ہے۔ یہ سن کر ٹام پیسے دینے راضی ہو جاتا ہے۔ ٹام کے ہدایت کے مطابق فریڈی کو روپیوں کا تھیلا وہیں رکھ کر مارگریٹ کو کار میں چیک اپ کے لیے لے جانا ہوتا ہے، راستے میں ٹائم بم پھٹ پڑتا ہے اس طرح سے سب کے پرخچے اڑ جاتے ہیں، اور ٹام کا انتقام پورا ہوتا ہے۔ کیوں ٹائم مشرقی طریقے سے اپنی بیوی سے محبت کرتا ہے مگر جب اسے معلوم ہوتا ہے مارگریٹ کی زندگی میں پہلے کوئی مرد آ چکا ہے نفرت کی آگ میں جھلستا رہتا ہے مارگریٹ اور فریڈی کے خاتمہ کے بعد اس کے بدلے کی آگ ٹھنڈی ہوتی ہے۔

رفیعہ منظور الامین نے افسانہ ''پرائی'' کے لیے انتہائی نازک موضوع کا انتخاب کیا ہے۔ یعنی سکھوں کی جانب سے پنجاب میں خالصتان بنانے کا مطالبہ۔ افسانہ نگار نے اس دور میں پنجاب میں ہوئی خونریز وارداتوں اور زندگی کی بے کیفی کا ذکر کیا ہے۔ گرونانک کو ماننے والے جب تشدد پر اتر آتے ہیں تو کیسے سڑکوں پر لاشوں کا انبار لگ جاتا ہے۔ افسانہ ''تنگامنی'' میں مچھیروں کی زندگی کو پیش کیا گیا ہے۔ افسانہ ''سوئمبر'' میں واضح کیا گیا ہے کہ لڑکی کی بدصورتی اسے کھوٹا سکہ بنا دیتی ہے۔ رادھیکا کو چیچک کے داغوں کے سبب کوئی پسند نہیں کرتا جب کہ افسانہ نگار کا کہنا ہے کہ شادی میں صورت کے بجائے سیرت دیکھنا چاہئے۔ رفیعہ منظور الامین نے افسانہ ''مات'' میں راجستھان کے تپتے صحرا میں دو برائیوں غلامی اور بچپن کی شادی کو اجاگر کیا ہے۔ ایک لڑکی گنگی کو اپنے خسر کا قرض چکانے ساہوکار کی غلامی جھیلنا پڑتی ہے۔ افسانہ ''ایک نگاہ کا زیاں'' میں فلسطین

والوں کی وطن پرستی کا ذکر کیا گیا ہے۔

رفیعہ منظور الامین کے افسانوں کی بنیاد ان کا گہرا مشاہدہ ہے۔انہوں نے روزمرہ کی زندگی کو قریب سے دیکھا۔اور اپنے اطراف واقع ہونے والے حادثات کو افسانوں کا روپ دیا۔وہ سیدھے سادھے دلکش پیرائے میں افسانے پیش کرتی ہیں جس کے سبب قاری ان کے افسانوں کا مطالعہ کرتا ہے۔اوران سے اثر لیتا ہے۔رفیعہ منظور الامین ایک ہمدرد دل رکھتی تھیں یہی وجہ ہے کہ انہوں نے اپنے افسانوں میں پیش کردہ مظلوم کرداروں سے ہمدردی کا اظہار کیا ہے۔ان کی زبان سادہ اور سہل ہے۔زندگی کے تجربات کو انہوں نے موزوں مکالموں کردار نگاری اور منظر نگاری کے ساتھ اپنے افسانوں میں پیش کیا ہے۔تلنگانہ کی خاتون افسانہ نگاروں میں وہ اونچے مقام پر فائز نظر آتی ہیں۔

## بیگ احساس

تلنگانہ حیدرآباد دکن کے نامور افسانہ نگاروں میں ایک نام بیگ احساس کا بھی ہے۔یہ بنیادی طور پر افسانہ نگار ہیں۔ایک بلند پایہ محقق نقاد ادیب صحافی اور استاد اردو ہیں۔جامعہ عثمانیہ اور سنٹرل یونیورسٹی حیدرآباد کے شعبے اردو کے صدر بھی رہے۔ بیگ احسا س کا اصل نام محمد بیگ ہے لیکن بیگ احساس کے نام سے اردو دنیا میں مشہور ہیں۔۱۰۔اگسٹ ۱۹۴۸ء کو حیدرآباد میں پیدا ہوئے۔ابتدائی ملازمت اور کچھ عرصہ صحافت سے وابستہ رہنے کے بعد یونیورسٹی آف حیدرآباد سے" کرشن چندر شخصیت اورفن" موضوع پر پی ایچ ڈی کی ڈگری حاصل کی۔عثمانیہ یونیورسٹی میں اردو لیکچرر کے عہدے پر فائز ہوئے اور ترقی کرتے ہوئے پروفیسر اور صدر شعبہ اردو کے عہدے تک پہونچے۔جامعہ عثمانیہ کے اساتذہ پروفیسر مغنی تبسم' پروفیسر سیدہ جعفر' پروفیسر یوسف سرمست' پروفیسر اشرف رفیع' غیاث متین' ڈاکٹر عقیل ہاشمی' ڈاکٹر مجید بیدار اور ڈاکٹر افضل الدین اقبال وغیرہ کے ساتھ شعبہ اردو کی سرگرمیوں میں حصہ لیا۔ بعد میں یونیورسٹی آف حیدرآباد میں پروفیسر اور صدر شعبہ اردو رہے۔اپنے تخلیقی سفر کے دوران ان کی کتابیں خوشہ گندم
(افسانوی مجموعہ ۱۹۷۹)' حنظل (افسانوی مجموعہ ۱۹۹۳)' کرشن چندر شخصیت اور فن (تحقیق ۱۹۹۹)'

شور جہاں

( تنقیدی مضامین ۲۰۰۵ء)' ہزار مشعل بکف ستارے (۲۰۰۵ء) درد کے خیمے (افسانوی مجموعہ ۲۰۰۹ء) مرزا غالب (تعلیم بالغان ۲۰۰۴ء)' بوجھ کیوں بنوں (تعلیم بالغان ۲۰۰۴ء)' شاذ تمکنت (مونوگراف ۲۰۱۰ء) دکنی فرہنگ (بہ اشتراک، ڈاکٹر ایم۔ کے۔ کول ۲۰۱۲) اور دخمہ (افسانوی مجموعہ ۲۰۱۵ء) شائع ہوئیں۔ ان کے افسانوں کا انگریزی زبان میں ترجمہ بھی ہوا۔ وہ کچھ عرصہ صحافت سے بھی وابستہ رہے رہبر فلم' سیاست' منصف وغیرہ اردو اخبارات کے فلمی صفحوں کے لیے ہفتہ وار کالم لکھتے رہے۔ انہوں نے خاکہ نگاری میں بھی طبع آزمائی کی۔ حیدر آباد کی ادبی شخصیات پر انہوں نے خاکے لکھے۔ ان کا مقبول خاکہ ''مجتبیٰ حسین'' کے نام سے مشہور ہوا۔ ساہتیہ اکیڈیمی دہلی کے اردو مشاورتی بورڈ کے رکن ہے۔ حال ہی میں ساہتیہ اکیڈیمی نے انہیں ان کے تازہ افسانوی مجموعہ ''دخمہ'' کی اشاعت پر ساہتیہ اکیڈیمی ایوارڈ سے نامزد کیا، انہیں آندھرا پردیش اردو اکیڈیمی کی جانب سے بیسٹ ٹیچر ایوارڈ اور ان کی کتابوں پر اردو پانچ ایوارڈ ملے۔ اردو اکیڈیمی تلنگانہ اسٹیٹ کی جانب سے انہیں سال ۲۰۱۶ کا باوقار مخدوم ایوارڈ دیا گیا ہے۔ اس طرح وہ ساہتیہ اکیڈیمی ایوارڈ کے بعد باوقار مخدوم ایوارڈ کے حامل حیدر آبادی افسانہ نگار بن گئے ہیں۔

بیگ احساس پروفیسر مغنی تبسم کے انتقال کے بعد عالمی شہرت یافتہ رسالہ سب رس کے مدیر ہیں۔ اور ملک کی کئی ادبی ولسانی تنظیموں سے وابستہ ہیں۔ مختلف ادبی اجلاسوں اور سمیناروں میں شرکت کے لئے ملک و بیرون ملک کی جامعات اور اداروں کا دورہ کیا۔

بیگ احساس نے اپنے ادبی سفر کا آغاز افسانہ نگاری سے کیا اور گذشتہ تین دہائیوں میں انہوں نے جدید ڈکشن میں ایسی کہانیاں لکھیں ہیں کہ جدید اردو افسانہ کے موضوع پر گفتگو بیگ احساس کے حوالے کے بغیر ادھوری رہ جائے گی۔ ''خنظل'' (افسانوں کا مجموعہ) ان کے فن کا روشن نمائندہ ہے۔ تدریسی صلاحیت میں یہ اپنی انفرادیت رکھتے ہیں۔ ایم اے ایم فل کے علاوہ پی ایچ ڈی کی سطح پر ان کے شاگردوں میں چند ایک نامور شاعر و ادیب بھی ہیں۔ ان کے مقالہ ''کرشن چندر شخصیت اور فن'' کے حوالے سے بیگ احساس کے تحقیقی معیار کو دنیائے ادب نے تسلیم کیا ہے۔ جامعہ عثمانیہ کی فاصلاتی تعلیم کے نصاب کی ترتیب اور دیگر اداروں کی نصابی کتب کی ترتیب کے حوالے سے بیگ احساس کو ماہرین تعلیم کی صف میں شمار کیا جاسکتا ہے۔ فن افسانہ نگاری کے میدان میں اپنے آپ کو منوانے کے بعد بیگ احساس نے تنقید کے میدان میں قدم رکھتے ہی اپنی سنجیدہ

متوازن، متنی تنقید کے پیمانوں سے معمور مدلل اور بصیرت افروز نکات کے حوالے سے ہندوستان کے شمال اور جنوب دونوں سمتوں میں اعتبار و احترام کے حامل ہو گئے۔

بیگ احساس نے اپنے ادبی سفر کے چالیس برسوں میں چار افسانوی مجموعوں کا گرانقدر سرمایہ دیا ہے جن میں ''خوشۂ گندم''، ''حنظل''، ''درد کے خیمے'' اور ''دخمہ'' شامل ہیں۔اس کے علاوہ ان کے ادبی مضامین کا مجموعہ ''شور جہاں'' بھی منظر عام پر آ چکا ہے۔انہوں نے تخلیقی اظہار کے لیے افسانہ کی صنف کا انتخاب کیا ہے۔انہوں نے سماجی تنقید کے ذریعہ ہندوستانی مسلمانوں کو درپیش مسائل کا نہایت فنکارانہ اور تخلیقی پیرائے میں جائزہ لیا ہے۔ان کی بعض تحریروں کا انگریزی کے علاوہ کنڑ زبانوں میں ترجمہ کیا جا چکا ہے۔ان کی ایوارڈ یافتہ تصنیف ''دخمہ'' دراصل سکندرآباد کے قدیم پارسی قبرستان کے قریب رہنے والوں کی زندگیوں کے گرد گھومتی ہے۔

بیگ احساس نے اپنے افسانوں میں سماج کے کمزور نکات پر زیادہ زور دیا ہے۔معاشی استحصال۔سیاسی جبر اور فرقہ واریت کو انہوں نے اپنے افسانوں کا موضوع بنایا ہے۔بیگ احساس کے پہلے افسانوی مجموعے ''خوشہ گندم'' کے نمائندہ افسانے ''تیرگی کا سفر'' اندھیری دھوپ۔ریت کا سمندر۔گندی آگہی کے اندھیرے اور خوشہ گندم ہیں۔افسانہ ''تیرگی کا سفر'' کے کرداروں میں ایک کتا ایک گداگر اور ایک لڑکی منیرا سب کے سب سردیوں کے نرغے میں اپنی بقا کے لیے گرمی اور تمازت کو ڈھونڈ رہے ہیں۔گداگر سردی کی نذر ہو جاتا ہے۔افسانہ ''اندھیری دھوپ'' ایک پگلی کی کہانی ہے۔وہ لالہ جی کی کپڑے کی دکان کو اپنا مستقل ٹھکانہ بنا لیتی ہے۔وہ حاملہ ہوتی ہے تو لوگ اس سے نفرت کرتے ہیں بچے کی پیدائش کے بعد وہ بچے کو لالہ کی گود میں ڈال کر وہاں سے چلی جاتی ہے۔افسانہ ''ریت کا سمندر'' میں کامنی اور وکرم کے ناجائز تعلقات کو بیان کیا گیا ہے۔افسانہ ''گندی'' میں ایک لڑکی ثمینہ کے بس کا سفر بیان کیا گیا ہے جس میں الٹی ہونے پر ایک گندا لڑکا اسے گندی کہتا ہے۔افسانوی مجموعہ ''خوشہ گندم'' کے افسانوں کو پڑھ کر یہ احساس ہوتا ہے کہ بیگ احساس نے نچلے طبقے کے انسانوں سے ہمدردی کا اظہار کیا ہے۔انہوں نے متوسط طبقے کے لوگوں کی زندگی کو پیش کیا اور ظاہر کیا کہ یہ لوگ بھی نچلے طبقے کے گندے لوگوں سے کچھ کم نہیں۔بلراج کومل بیگ احساس کے افسانوی سفر کے بارے میں لکھتے ہیں:

''بیگ احساس نے ان افسانوں میں انسانی رشتوں اور انسانی صورت حال کے زمانی منظر نامے کو مختلف جہتوں سے دیکھا ہے۔ایک سطح پر یہ اقتصادی پس ماندگی کا منظر نامہ ہے۔جس

میں شامل عمل کردار اقتصادی پسماندگی کے طفیل جسمانی اور ذہنی جبر سہتے ہیں۔۔۔’’گندی‘‘ میں نفاست اور گندگی کی حد فاضل پلک جھپکنے کی میعاد میں قلع قمع ہو جاتی ہے۔ یہ صورتحال قول وفعل کا عبرت انگیز کرب لیے ہوئے ہے۔ خوشہ گندم میں پیٹ کی بھوک اور جنسی بھوک میں ایک تہذیبی دیوار حائل ہے لیکن خوشہ گندم کی فراہم کردہ تسکین کے بعد یہ دیوار از خود مائل بہ انہدام ہونے لگتی ہے۔ اور جنسی بھوک بیدار ہو جاتی ہے۔ یہی جنسی بھوک جب مرد اور عورت کے رشتے میں انتخاب و ترجیح کے موقع فراہم کرتی ہے تو روشنی اور اندھیرے کی ایسی آمیزش جنم لینے لگتی ہے جس میں عورت اور مرد بعض اوقات ذاتی اور غیر ذاتی تشدد کی نذر ہو جاتے ہیں۔ یا اگر کسی طرح بقید حیات رہتے ہیں تو مسلسل کرب کی زندگی گزارتے ہیں۔ رشتوں کا سفر خط راست کا سفر نہیں ہوتا‘‘۔

بیگ احساس کا دوسرا افسانوی مجموعہ ’’حنظل‘‘ ہے۔ اس مجموعے میں شامل افسانوں میں پناہ گاہ کی تلاش۔ میوزیکل چیر۔ کرفیو۔ اجنبی اجنبی۔ سوا نیزے پر سورج۔ نیا شہسوار اور حنظل شامل ہیں۔

افسانہ ’’پناہ گاہ کی تلاش‘‘ کا پس منظر فسادات ہے۔ اس افسانے میں نیکی اور بدی کے احساس سے عاری انسان نظر آتے ہیں۔ اس افسانے میں ظاہر کیا گیا کہ فسادات کے موقع پر قانون کے رکھوالے اپنا فریضہ انجام نہیں دیتے اور بعد میں یہ ظاہر کرنے کی کوشش کرتے ہیں کہ انہوں نے فسادات پر قابو پالیا جب کہ بہت کچھ نقصان ہو چکا ہوتا ہے۔ ’’میوزیکل چیر‘‘ افسانے کا موضوع انسانی خود غرضی اور بے حسی ہے۔ افسانے میں ایک عورت کا ذکر ہے جو بس میں سفر کرتی ہے۔ اس کی گود میں ایک کمزور بیمار بچی ہے۔ دوران سفر بچی کا انتقال ہو جاتا ہے۔ وہ بس سے اترتی ہے تو اس کی سیٹ خالی ہی رہتی ہے۔ کچھ دیر بعد ایک جوان لڑکی بس میں سوار ہو کر اس سیٹ پر بیٹھتی ہے تو لوگ اسے للچائی نظروں سے دیکھنے لگتے ہیں۔ عورت جب بس میں جگہ پوچھتی ہے تو کوئی اسے جگہ نہیں دیتا لیکن جوان لڑکی کو سب دیکھنے لگتے ہیں۔ اس افسانے میں بیگ احساس نے سماج کے پسماندہ طبقات سے اپنے اظہار ہمدردی کو پیش کیا ہے۔ افسانہ ’’کرفیو‘‘ بھی سماجی برائیوں کی عکاسی کرتا ہے۔ کرفیو کے اعلان کے بعد ایک عورت اپنے گھر جانا چاہتی ہے۔ فون کرنے پر اس کے شوہر سے بات نہیں ہوتی ایک افسر اسے بہ حفاظت گھر پہونچانے کی بات کرتا ہے لیکن مجبور عورت اپنے جسم پر عائد کرفیو کو توڑ دیتی ہے۔ اس افسانے میں ظاہر کیا گیا کہ کرفیو جیسی صورتحال میں کیسے کمزور طبقات پر مظالم ڈھائے جاتے ہیں۔ افسانہ ’’اجنبی اجنبی‘‘ میں شوکت صدیقی نام کے شخص کا فسانہ

ہے جو گھر کا بوجھ اٹھانے کے لیے بیرون ملک زندگی گزارتا ہے جب وہ وطن آتا ہے تو اس کی بیوی بچے اس سے اجنبیت کا اظہار کرتے ہیں تو وہ ایک مرتبہ پھر بیرون ملک چلا جاتا ہے۔ یہ متوسط طبقے کے ہر گھر کی کہانی ہے کہ گھر کا ذمہ دار فرد اپنی زندگی کے قیمتی ایام دیارِ غیر میں گزار دیتا ہے تاکہ اس کی بیوی بچے اچھے رہیں۔ لیکن اپنے ہی گھر میں بچے اس سے ایسا برتاؤ کرتے ہیں کہ وہ ابھی کیوں واپس آیا ابھی تو مزید خواہشات کی تکمیل باقی ہے۔ افسانہ ''سوا نیزے کا سورج'' میں قانون کے محافظوں کی جانب سے قانون توڑنے کو آشکار کیا گیا ہے۔ ''حنظل'' دراصل کڑوے پھل کو کہتے ہیں۔ افسانہ نگار کا یہ تاثر ہے کہ جب پھل زہریلا ہو جائے تو اس کے پیڑ کو کاٹ دینا چاہئے کیوں کہ اب وہ حیات بخش پھل نہیں دے سکتا۔ افسانوی مجموعہ ''حنظل'' میں بیگ احساس نے موضوعاتی اور فنی اعتبار سے اچھے افسانے پیش کئے ہیں۔

بیگ احساس کا تیسرا افسانوی مجموعہ ''درد کے خیمے'' ہے۔ اس افسانوی مجموعے میں شامل اہم افسانہ 'درد کے خیمے'' ہے۔ اس افسانے میں ہجرت کے کرب اور ہجرت کر جانے والوں کو اپنے وطن عزیز کی بے بسی سے یاد کے درد کو عجیب انداز میں پیش کیا گیا ہے۔ افسانہ نگار کی بہن ہجرت کر کے اپنے شوہر کے ساتھ پاکستان چلی جاتی ہے۔ بھائی زندگی کے ہنگاموں میں مصروف رہتا ہے۔ بہن کی بہت خواہش ہوتی ہے کہ وہ زندگی میں ایک مرتبہ اپنے عزیزوں سے ملنے ہندوستان آئے لیکن سیاسی حالات اسے آنے نہیں دیتے۔ بہن کا انتقال ہو جاتا ہے۔ بھائی پاکستان سفر کرتا ہے وہاں کچھ دن قیام کرتا ہے۔ وطن واپسی سے پہلے وہ اپنی بہن کی قبر پر فاتحہ پڑھتا ہے۔ جب وہ حیدرآباد آتا ہے تو پاکستان سے اطلاع آتی ہے کہ اس کے جانے کے بعد اس کی بہن کی قبر کا کہیں نام و نشان نہیں ہو سکتا ہے کہ وہ اپنے بھائی کے ساتھ وطن کی مٹی میں مل گئی ہو۔ اس افسانے میں بیگ احساس نے حیدرآباد کی عظمت کو اجاگر کیا کہ کس طرح نظام دور میں حیدرآباد نے ترقی کی تھی اور حیدرآباد چھوڑ کر پاکستان کو وطن بنانے والوں نے بڑی غلطی کی۔ اس افسانوی مجموعے میں شامل دیگر افسانے بھی بیگ احساس کی فنی عظمت کو ظاہر کرتے ہیں۔

بیگ احساس کے افسانوں کا چوتھا مجموعہ 'دخمہ' کے نام سے ۲۰۱۵ء میں شائع ہوا۔ اس میں بیگ احساس کے ۱۰ افسانے شامل ہیں۔ یہ افسانے مختلف رسالوں میں شائع ہو کر ناقدین سے تحسین حاصل کر چکے ہیں۔ 'سنگ گراں' میں بیگ احساس نے اسقاط حمل اور ایک ماں کی مامتا کی شدت کو بیان کیا ہے۔ افسانہ کے مذکر و مؤنث کردار آپس میں محبت کرتے ہیں۔ یہی محبت شادی کی

راہ ہموار کرتی ہے۔ دونوں کی شادی تو ہو جاتی ہے لیکن دقت یہ ہے کہ لڑکا اپنی بیوی کو کہاں رکھے کیوں کہ اس کے پاس کوئی گھر نہیں ہے۔ اس لئے دونوں دن ہی ملتے ہیں۔ رات کو لڑکی اپنے گھر چلی جاتی ہے۔ اسی طرح دونوں کے شب و روز گزرنے لگتے ہیں۔ اسی بیچ یہ خبر دونوں کو دہلا دیتی ہے کہ لڑکی ماں بننے والی ہے۔ لڑکی اپنے بچے کے تصور میں اس حد تک کھو جاتی ہے کہ اسے محسوس ہوتا ہے کہ اس کی ناف سے ممی ممی کی آوازیں آرہی ہیں۔ لڑکا اس سوچ میں گم ہے کہ اگر بچہ ہو گیا تو وہ اسے کہاں رکھے گا۔ اس کے پاس کوئی گھر تو ہے نہیں۔ اس لئے وہ چاہتا ہے کہ حمل گرا دیا جائے۔ لڑکے کی مجبوری سے لڑکی متاثر ہو جاتی ہے اور حمل گرا دینے کا ارادہ کر لیتی ہے۔ لیکن اس کی ماں اس کے خلاف تھی۔ اسقاط حمل کا فیصلہ ہی اٹل رہتا ہے اور ماں ہار جاتی ہے۔

افسانہ 'کھائی' میں بیگ احساس نے تین نسلوں کی کہانی پروئی ہے۔ ان تین نسلوں کی نمائندگی کرنے والے کرداروں کے ناموں میں بھی علامت اور تمثیل کی جھلک ملتی ہے۔ شوکت جاگیرداری کے زوال اور اس کے خاتمہ کے بعد کا کردار ہے۔ اس کی جاگیرداری کب کی ہوا ہو گئی لیکن ابھی بھی وہ شوکت و جاہ و جلال کا دلدادہ ہے۔ اسے اس بات کی قطعی فکر نہیں کہ گھر بار کیسے چلے گا۔ وہ بالکل بے پرواعیش کی زندگی گزارنے کا خواہاں ہے۔ اس کے برعکس اس کا بیٹا کفایت ہے۔ گھر کے حالات اس سے پوشیدہ نہیں ہے۔ وہ بہت ہی کفایت شعاری سے اپنا گھر بار چلا رہا ہے۔ پھٹے پرانے کپڑوں میں اپنی زندگی گزار رہا ہے۔ خود روکھا سوکھا کھاتا ہے لیکن اپنے باپ کے گالی گلوج سے بچنے کے لئے اس کے لئے مرغن غذا کا انتظام کرتا ہے۔ کفایت کا ایک بیٹا ہے شہزادہ۔ وہ کسی طرح پڑھ پڑھا کر گلف پہنچ جاتا ہے اور دولت کی انبار لگا دیتا ہے۔ اس کا مزاج بھی اپنے دادا شوکت کی طرح ہی شاہانہ ہے۔ جب شوکت کا انتقال ہو جاتا ہے اور مزدور کفایت سے اس لئے جھگڑ پڑتا ہے کہ وہ صرف قبر کی کھدائی کا پیسہ دینا چاہتا ہے۔ شورس کر اس کا بیٹا اس کی مطلوبہ رقم باپ کے منع کرنے کے باوجود ادا کر دیتا ہے۔ باپ کہتا بھی ہے کہ یہ قبر اب کس کام کی ہے۔ بیٹا کہتا ہے یہ آپ کے کام آئے گی۔ باپ بیٹے کا نظریاتی فرق وہاں بھی سامنے آتا ہے جب کفایت اپنے باپ کو عام قبرستان میں دفن کرنا چاہتا ہے اور اس کا پوتا شہزادہ اپنے دادا کی نعش کو شہر کے سب سے مہنگے قبرستان میں دفن کرنا چاہتا ہے۔ یہاں کفایت کی کفایت شعاری شرمسار ہو جاتی ہے اور شہزادہ کا شاہانہ مزاج فاتحانہ جشن مناتا ہے۔ اس کہانی میں بیگ احساس نے تین پیڑھیوں کے نظریاتی اختلاف کو خوبصورت انداز میں پیش کیا ہے۔ پہلے جاگیرداری تھی تو اخلاق و مروت کی پاسداری بھی

تھی لیکن نئی نسل کے پیسہ تو آ گیا ہے لیکن وہ بڑوں کی عزت اور اخلاق و مروت کو بالکل بھول گیا ہے۔اس افسانہ کا آغاز آگے کی کہانی جاننے کے لئے مجبور کر دیتا ہے۔ان تینوں کرداروں میں تین سوچ کی عکاسی کی گئی ہے۔شوکت علی کے پاس کوئی شوکت نہ ہوتے ہوئے بھی عیش کی زندگی گزارنا چاہتا ہے۔ اپنے تو کچھ کرتا نہیں اپنے بیٹے کفایت علی کا خون چوستا رہتا ہے۔شہزادہ گرچہ کسی ریاست کا ملک نہیں مگر دولت کی ریل پیل نے اسے ایک شہزادہ بنا دیا ہے۔ ہر جگہ تصنع اور دکھاوا اس کی زندگی کا مقصد بن گیا ہے۔اس میں سب سے کھرا کردار کفایت علی ہے۔ وہ حالات سے سبق لیتے ہوئے کفایت شعاری سے اپنا کام چلاتا ہے اور چادر کے مطابق ہی اپنا پاؤں پھیلاتا ہے۔

افسانہ 'چکرویو' فرقہ واریت کے موضوع پر بیگ احساس کا بہترین افسانہ ہے۔ دھرت راشٹر اور سنجے کی مکالماتی فضا میں اس افسانہ کو خلق کیا گیا ہے۔علامت ورتمثیل کے پیرایے میں اس کو خوب سے خوب تر بنانے میں بیگ احساس نے کوئی کسر اٹھا نہیں رکھی ہے۔اس افسانے میں مستعمل علامت اور تمثیل گجرات فسادات کی جانب اشارے کرتے ہیں۔ یہ علامت اور تمثیل اتنی واضح ہیں کہ کسی قیاس کے گھوڑے کی ضرورت نہیں پڑتی ہے۔ کانگریس کے سابق ممبر پارلیمنٹ مرحوم احسان جعفری کی دردناک موت اور انسانیت کو شرمسار ہونے سے بچانے کے لئے ان کی ساری کوشش رائیگاں ہو جاتی ہے۔ان تمام کا بیان بیگ احساس نے بہت ہی ہنر مندی اور فنکارانہ چابکدستی سے کیا ہے۔ افسانہ نگار کے یہ جملے ساری حقیقت کو ہماری آنکھوں کے سامنے لا دیتا ہے۔ گجرات فساد میں دوسرا گھناؤنا عمل ایک نو مہینے کی حاملہ عورت کا پیٹ چاک کر اس کا بچہ باہر نکالنا ہے۔اس واقعہ کو افسانہ نگار نے جس اثر انگیزی سے پیش کیا ہے، وہ قابلِ تعریف ہے۔ظلم وسفا کی پر مبنی افسانے کی جو زبان ہونی چاہئے ، بیگ احساس نے یہاں شعور کی رو کو وہی آگ پیش کی ہے جس سے ضمیر لہولہان ہو جاتا ہے۔ روح کانپ اٹھتی ہے اور ظالم کے خلاف نفرت کے انگارے ابلنے لگتے ہیں۔ ظالم اپنے کریہہ عمل میں اتنا مدہوش ہوتا ہے کہ اسے اتنا بھی ہوش نہیں رہتا کہ کسی کے ظلم و تعدی سے انسانیت نہیں مرتی۔ وہ پھر سے اپنا وجود بحال کر لیتی ہے۔

افسانہ 'سانسوں کے درمیان' بیگ احساس کا ایک عمدہ افسانہ ہے۔ اس افسانہ میں رشتوں کے تقدس کی پامالی، احساس فرض کا فقدان، اولاد کی بے حسی اور بوڑھے باپ کی بیچارگی کی داستان نشتر چبھونے جیسی ہے۔ باپ کوما کی حالت میں بے سدھ پڑا ہوا ہے۔ اس کے دو بیٹے ہیں۔ ایک خلیج میں ہے اور دولت سے کھیل رہا ہے اور دوسرا حیدرآباد میں ہے اور تنگدستی کی مار جھیل

رہا ہے۔ خلیج میں رہنے والا بیٹا اپنے باپ کے علاج کے لئے فائیو اسٹار جیسا اسپتال منتخب کرتا ہے اور تنگدستی کی مار جھیلنے والا بیٹا اس کی تیمارداری پر مامور ہے۔ باپ کی تیمارداری کے نام پر اب اس کے پاس خلیج سے پیسہ آرہا ہے۔ ان پیسوں سے وہ اپنے بچوں اور بیوی کے شوق کی تکمیل کرتا ہے۔ حد تو ہے کہ اس فائیو اسٹار اسپتال کا حمام بھی فائیو اسٹار جیسا ہے۔ وہ اپنی بیوی کو وہاں غسل کرواتا ہے اور جنسی اختلاط سے لطف اندوز بھی ہوتا ہے۔ ایک طرف اس باپ کی سانسیں ہیں اور دوسری طرف میاں بیوی کے جنسی اختلاط کی سانسیں۔ یہ دور جدید کی کرامات ہیں کہ انسان سے باوقار زندگی جینے کا سلیقہ بھی چھین لیا ہے۔ معروضیت اور واقعیت پسندی میں اس افسانے کا جواب نہیں ہے۔

افسانہ 'نجات' میں فرحان کی دیوانگی کا بہترین نقشہ کھینچا گیا ہے۔ فرحان بدیس میں رہتا ہے۔ ابھی اس کی نئی نئی شادی ہوئی تھی۔ شادی کے بعد وہ بدیس چلا جاتا ہے لیکن فوراً ہی واپس چلا آتا ہے۔ جب اس کا دوست سوال کرتا ہے کہ کیا بیوی کے بغیر رہنا مشکل تھا۔ فرحان نے جواب دیا کہ ایسی کوئی بات نہیں ہے۔ دراصل وہاں ایک علاقے کے لوگ کام کرتے ہیں۔ انھیں میری موجودگی کھل رہی ہے اسی لئے انھوں نے میرے پیچھے اوباش لوگوں کو لگا دیا ہے۔ اور انڈر ورلڈ والے میرے پیچھے پڑ گئے ہیں۔ فرحان کے پاگل پن کی یہ پہلی سیڑھی تھی۔ کچھ دنوں بعد وہ اس کا اظہار کرنے لگا کے اس کے اندر روحانی طاقت حلول کر گئی ہے۔ اس کے بعد وہ طرح طرح کی حرکتیں کرنے لگا جس کا صحیح الدماغ آدمی مرتکب نہیں ہوسکتا۔ اچانک ایک دن وہ بے ہوش ہو جاتا ہے۔ یہ پاگل پن کا سخت دورہ تھا۔ فرحان کے اس پاگل پن میں اس کی بیوی عاشی اس کی خوب خدمت کرتی ہے۔ ایک وقت ایسا بھی آتا ہے جب وہ عاشی کے ساتھ رہنا نہیں چاہتا اور اس پر طرح طرح کے الزامات لگاتا ہے اور کہتا رہتا ہے کہ محلّہ کے لوگوں کے ساتھ اس کے ناجائز تعلقات ہیں۔ ان سب کے باوجود عاشی اپنے شوہر فرحان کا ساتھ نہیں چھوڑتی ہے اور پہلے ہی کی طرح اس کی خدمت کرتی رہتی ہے۔ اب فرحان اچھا ہونے لگتا ہے۔ اچھا ہوتے ہی پچھلی ساری باتیں اس کے ذہن سے محو ہو جاتی ہیں۔ ایک دن فرحان کے دوست کو عاشی کا فون آتا ہے۔ یہ ایک نفسیاتی افسانہ ہے۔ کہانی کا کلائمکس بالکل آخر میں ظاہر ہوتا ہے۔ جب اس کلائمکس سے پردہ اٹھتا ہے تو قاری اس افسانے کو پھر سے پڑھنے پر مجبور ہو جاتا ہے۔ گویا فرحان اپنی کمزوری کو پہلے دیوانگی، بہانہ بازی اور اب احسان مندی کے حجاب میں چھپانا چاہتا ہے۔

'دھار' ایک نفسیاتی افسانہ ہے۔ افسانہ گرچہ مختصر ہے۔ لیکن قومی اور بین الاقوامی سطح پر

مسلمان جس پریشانی سے گزر رہے ہیں، ان سارے مسائل کو بیگ احساس نے بہت ہی مہارت سے اس میں سمو دیا ہے۔ دراصل بابری مسجد کی شہادت اور ورلڈ ٹریڈ سنٹر پر حملہ کے بعد مغربی میڈیا مسلمانوں کے پیچھے ہاتھ دھو کر پڑ گئی ہے۔ میڈیا کے متعصب رویے سے نوجوانوں میں مذہبی شدت آ گئی ہے۔ افسانے کا مرکزی کردار آزاد خیال انسان ہے۔ وہ مذہب بیزار تو نہیں ہے لیکن مذہبی شعائر کا پابند بھی نہیں ہے۔ وہ شیوِنگ کرتا ہے۔ جب کہ اس کا لڑکا مذہبی شعائر کا پابند ہے۔ لمبی لمبی داڑھی رکھتا ہے۔ نماز روزے کا پابند ہے۔ جماعت میں جاتا ہے۔ وہ ملازمت کے لئے مغربی ملک کا سفر کرتا ہے۔ لیکن ہوائی اڈے پر اس کی لمبی لمبی داڑھی دیکھ کر اسے دہشت گرد سمجھ لیا جاتا ہے اور اسے اپنے ملک واپس کر دیا جاتا ہے۔ لڑکے کا نظریہ تبدیل ہو جاتا ہے اور اس کی داڑھی غائب ہو جاتی ہے۔ باپ کا شیوِنگ کٹ غائب ہو گیا تھا۔ وہ باپ کے لئے شیوِنگ کٹ لاتا ہے۔ باپ کہتا ہے کہ اب ہمیں اس کی ضرورت نہیں۔ تم کو ضرورت پڑے گی۔ باپ کی داڑھی بڑھ چکی ہے اور بیٹا شیوِنگ کرتا ہے۔ زمانے کے بدلتے نظریات اور حالات کے مدنظر آج کے انسان میں بھی تبدیلی آ رہی ہے۔ جب مذہب آڑے نہیں آتا تو اس کی پابندی کی جاتی ہے اور وہ روزگار اور ترقی میں رکاوٹ بنتا ہے تو مذہبی شعار سے ناطہ توڑ لیا جاتا ہے۔ یہی افسانے کا تھیم ہے جس کو افسانہ نگار بہت خوبصورتی سے بیان کیا ہے۔

افسانہ 'شکستہ پر' میں ایک شادی شدہ عورت کی نفسیات کا مطالعہ کیا گیا ہے۔ سشما کی ماں اس کی شادی کم عمری میں کرا دیتی ہے۔ مرضی کے خلاف اور کم عمری میں کی گئی شادی کا نتیجہ طلاق ہوتا ہے۔ سشما کی شادی اور اس کے طلاق میں بھی اس کی ماں کا زبردست ہاتھ ہوتا ہے۔ اس کے سبب وہ اپنی ماں سے نفرت کرتی ہے۔ سشما شادی سے قبل سمیر سے پیار کرتی تھی۔ لیکن اس شادی کی وجہ سے وہ اس سے دور ہو گئی تھی۔ دس برس بعد جب دونوں کی ملاقات ہوئی تو دونوں نے شادی کر لی۔ سشما نے جب یہ خبر اپنی ممی کو دیا تو کہا کہ فوراً اس گھر کو خالی کر دو۔ سشما سمیر کے ساتھ چلی گئی اور اس کے ساتھ خوش خرم رہنے لگی۔ سشما کو پہلے شوہر سے ایک لڑکی بھی ہے جس کا نام سمن ہے۔ سشما کی ماں نے سمن کو اپنے اصلی باپ کے پاس نہیں جانے دیا۔ سمیر سے شادی کے بعد جب سمن سے کہا گیا کہ اپنی ماں کے ساتھ چلی جاؤ تو اس نے انکار کیا۔ ایک دن سشما کا باپ سمن کو سشما کے پاس پہنچا دیا۔ شروع میں سمن گم صم رہتی تھی۔ دھیرے دھیرے وہ بے تکلف ہونے لگی اور سمیر سے اس کی خوب چھننے لگی۔ کہانی یہاں پر ایک زبردست موڑ لیتی ہے۔ نفسیات کی گرہیں کھلنے

لگتی ہیں۔اسی قسم کے چھوٹے موٹے واقعات سشما،سمیر اور سمن کے مابین ہوتے رہتے ہیں۔سمن جب اپنی ماں کی ساری پہن کر بالکونی میں کھڑی ہوتی ہے اور سمیر اپنی بیوی سشما سمجھ کر اس کو اپنی باہوں میں بھر لیتا ہے تو سمن چیخ نکل آتی ہے۔ چیخ سن کر سشما کچن سے باہر آتی ہے اور سشما کو دیکھ سمیر شرمندگی میں ڈوب جاتا ہے۔سشما ان سب سے پریشان رہتی ہے اور ایک دن جب وہ غصہ میں گھر سے نکل جاتی ہے اور رات بھر نہیں آتی ہے۔سمیر پریشان ہوجاتا ہے لیکن سشما کے یہ جواب قاری کو سوچنے پر مجبور کرتا ہے۔

افسانہ 'دخمہ بیگ احساس کا' ایک انوکھا اور اچھوتا افسانہ ہے۔اس افسانہ کے کردار پارسی لوگ ہیں۔اسی لئے اس کے عقیدہ سے مطابقت رکھنے والے دخمہ کو اس افسانہ کا عنوان رکھا گیا ہے۔ پارسیوں میں نعش کو نہ دفن کیا جاتا ہے اور نہ جلایا جاتا ہے۔ بلکہ دخمہ کے مقام پر اس کو رکھ دیا جاتا ہے تاکہ گدھ اسے نوچ نوچ کر کھالیں۔ یہ افسانہ تہذیب واقدار کی شکست وریخت کا بہترین اظہار یہ ہے۔اس افسانہ میں بیک وقت کئی لہریں موجزن ہیں۔ ماضی، حال اور مستقبل کا بیگ احساس کب سیر کرادیتے ہیں احساس ہی نہیں ہوتا۔ ملک کی آزادی، تقسیم اور دیگر سیاسی ہنگامے اس افسانہ کے صحن میں براجمان ہیں۔سماجی اور سیاسی حقیقت کی بہترین عکاسی اس افسانہ میں کی گئی ہے۔افسانے میں پارسیوں کی زندگی کو قریب سے پیش کیا گیا ہے۔افسانے کا مرکزی کردار سہراب ہے جو گناہوں بھری زندگی گزارتا ہے اسے احساس رہتا ہے کہ جب وہ مرجائے گا اور اس کی لاش کو دخمہ میں ڈال دیا جائے گا تو اس کی لاش کو کھانے گدھ آئیں گے یا نہیں کیوں کہ اب دخمہ شہر میں آگیا ہے اور کئی برس سے گدھ ادھر نہیں آرہے ہیں۔افسانہ نگار کو سہراب سے ہمدردی ہے۔افسانے کے آخری مناظر ملاحظہ ہوں:

> '' سہراب کی مہمان نوازی نے ہمیں بہت متاثر کیا۔اور آج اطلاع ملی کہ سہراب مرگیا۔ مجھے بار بار یہی خیال آتا تھا کہ '' مئے کدہ '' کے بند ہوجانے کا اس پر بہت اثر ہوا ہوگا۔ اس لیے شاید وہ زیادہ جی نہ سکا ہو۔ میں Guilty محسوس کرر ہا تھا۔اس کا اپنا کوئی نہ تھا۔ دور کے رشتے دار اور چند احباب تھے۔ پارسی باہر آرہے تھے۔سہراب کی برہنہ نعش کو دخمہ کی چھت پر چھوڑ دیا گیا ہوگا۔ میں بار بار آسمان کی طرف

دیکھنے لگا۔ بہت سے پارسی بھی رک گئے تھے۔ اگر گدھ نہ آئیں تو؟ کیا سہراب کی نعش دھوپ میں سوکھتی رہے گی؟ کاش سہراب نے الکٹرک بھٹی کو ترجیح دی ہوتی میں سوچ رہا تھا۔ میں نے غیر ارادی طور پر آسمان کی طرف دیکھا۔ مجھے بچپن کا وہ منظر دوبارہ نظر آنے لگا۔ گِدھوں کا ایک جھنڈ تیزی سے دخمہ کی طرف آرہا تھا۔ پارسیوں کے چہرے خوشی سے کھل اٹھے۔ بیس برس بعد یہ منظر لوٹا تھا۔ ''پتہ نہیں کہاں سے آئے ہیں؟'' وہ ایک دوسرے سے سوال کررہے تھے۔ ''اگر فرش پر چینی گرجائے تو چیونٹیاں کہاں سے آتی ہیں؟'' کوئی میرے کان میں پھسپھسایا۔۳۵؎

بیگ احساس کا یہ افسانہ اپنی انفرادیت، انوکھے بیان اور اچھوتے اسلوب کی وجہ سے اکیسویں صدی کا بہترین افسانہ کہلانے کا مستحق ہے۔ جب بھی اس دور کی افسانہ نگاری کا تذکرہ ہوگا، اس افسانہ کا ذکر یقیناً ہوگا، ورنہ وہ تاریخ مکمل نہ ہوگی۔

افسانہ 'نمی دانم ۔۔۔' میں بیگ احساس نے بے حد خوش اسلوبی سے خانقاہ کے شب و روز کی عکاسی کی ہے۔ مریدین حضرات اپنے پیر و مرشد سے بے پناہ عقیدت رکھتے ہیں۔ مرشد دنیا سے بے نیاز ہیں۔ البتہ مریدین کے مسائل کو حل کرتے ہیں اور ان کی یکسوئی کے لئے غیر محسوس طریقے سے ان کی رہنمائی اور مدد بھی کرتے ہیں۔ دکن صوفی سنتوں کی سرزمین رہی ہے۔ افسانہ نگاروں جیسے عزیز احمد، حمید سہروردی، نورالحسنین وغیرہ نے اس کو اپنے افسانے کا موضوع بنایا ہے۔ بیگ احساس اسی روایت کو آگے بڑھاتے نظر آرہے ہیں۔

افسانہ 'رنگ کا سایہ' اس لحاظ سے اہمیت کا حامل ہے کہ جس المناک واقعہ کو نہ تاریخی کتابوں میں جگہ ملی اور نہ ادب میں، اس واقعہ کو بنیاد بنا کر بیگ احساس نے اس افسانہ کا تانا بانا بُنا ہے۔ یہ سانحہ ریاست حیدرآباد سے تعلق رکھتا ہے۔ اس کے زخموں کی ٹیس اب بھی حیدرآباد کے مسلمانوں کا سینہ چھلنی کردیتی ہے۔ حیدرآباد پولس ایکشن کے ہاتھوں لاکھوں انسانوں کا قتل عام کیا جاتا ہے۔ ان کی جائدادیں ضبط کی جاتی ہیں، گھر رہتے ہوئے بے گھر کا درد سہنے پر مجبور کردیا جاتا ہے۔ یہ کہانی ان متوسط طبقہ کے مسلمانوں کی ہے۔ جوان زخموں سے لہولہان ہوکر محنت کش طبقوں

میں پناہ لینے پر بے بس ہو جاتا ہے لیکن یہاں بھی امان نہیں ملتا اور نفرتوں کے شکار بنتے رہتے ہیں۔ اس کہانی میں ایک ہندو لڑکی لکشمی اور ایک مسلمان لڑکے کی محبت ہے۔ حالات دونوں کو ایک ہونے نہیں دیتے۔ لڑکی کی شادی ہو جاتی ہے۔ لڑکی سانولی ہے اور لڑکا گورا چٹا۔ لڑکی کو جب بچہ ہوتا ہے تو گورا چٹا ہوتا ہے۔ اس کا باپ اسے قبول کرنے سے انکار کر دیتا ہے اور اسے چھوڑ دیتا ہے۔ افسانہ کا یہ کلائمس بہت ہی معنی خیز ہے۔ اس کے بعد ساری علامتوں سے پردہ اٹھنے لگتا ہے۔

بیگ احساس فطری افسانہ نگار ہیں، جن کے یہاں بناوٹ اور تصنع کہیں سے نہیں جھلکتا۔ وہ افسانوں کے بنائے ہوئے فریم میں افسانہ نہیں لکھتے بلکہ فریم کو توڑ کر اپنا نیا فریم بناتے ہیں اور اس میں کہانی کو فٹ کر دیتے ہیں۔ ان کی زبان ایسی ہوتی ہے جہاں عام اور خاص دونوں قاری کی رسائی آسانی سے ہو جاتی ہے۔ ان کا افسانہ صرف مزہ ہی نہیں دیتا بلکہ ایک پیغام بھی دیتا ہے اور پڑھنے والے کے لیے نئے نئے دروازے کھولتا ہے۔

بیگ احساس اردو کے ایک معروف افسانہ نگار ہیں۔ یہ صحیح ہے کہ ان کے افسانوں کی تعداد کم ہے لیکن جو کچھ بھی انہوں نے لکھا وہ ان کے فنی خلوص کی دلیل ہے۔ وہ بلا کا تخلیقی ذہن رکھتے ہیں۔ ان کے افسانے ذاتی مشاہدے اور تجربے پر مبنی ہوتے ہیں۔ ان کا مطالعہ اور مشاہدہ عمیق ہے۔ روزمرہ کی زندگی میں کوئی غیر معمولی واقعہ یا حادثہ جب انہیں متاثر کرتا ہے تو وہ اسے اپنے ذہن کے نہاں خانوں میں محفوظ کر لیتے ہیں اور پھر انہیں الفاظ کی مدد سے افسانہ کی شکل دے کر صفحہ قرطاس پر بکھیر دیتے ہیں۔ یہ ان کی باریک بینی اور دوررس نگاہ کا ثبوت فراہم کرتا ہے۔

کسی بھی افسانے میں عنوان کی بڑی اہمیت ہوتی ہے۔ ایک افسانہ نگار کے لئے لازم ہے کہ وہ بامعنی، دلچسپ اور جاذب نظر عنوان قائم کرے۔ عنوان کے لئے ضروری ہے کہ وہ طویل نہ ہو اور جو عنوان قائم کئے گئے ہوں اس کا تعلق افسانے کے اصل موضوع سے ضرور ہو۔ کیونکہ عنوان سے افسانے کی فضائی کیفیت معلوم ہو جائے، تو قاری کی دلچسپی بڑھ جاتی ہے اور وہ جلد ہی متوجہ ہو جاتا ہے۔ اس لحاظ سے جب ہم بیگ احساس کے افسانوں کا مطالعہ کرتے ہیں تو یہ بات سامنے آتی ہے کہ انھوں نے اپنے افسانوں کے لئے جو عنوان قائم کئے ہیں، وہ نہ صرف مختصر ہیں بلکہ دلکش، دلچسپ اور بامعنی ہیں۔ اس کا اندازہ مذکورہ بالا گزارشات سے بخوبی ہو گیا ہوگا۔ بیگ احساس کے افسانوں کا اختتام عام طور پر حزنیہ ہوتا ہے اور اس حزنیہ اختتام کی وجہ سے قاری کو افسانے کے مرکزی کردار سے ہمدردی کا ایک احساس ہوتا ہے اور یہ ہمدردی انسانیت کا تقاضہ ہے۔ کیونکہ یہ انسانی

فطرت ہے کہ جب وہ کسی کو حالات کی ستم ظریفی کا شکار ہوتے دیکھتا ہے تو اس کے دل میں ہمدردی کا ایک جذبہ خود بخود پیدا ہو جاتا ہے۔ بیگ احساس کے افسانے کے سبھی کردار عام طور پر حالات کی ستم ظریفی کے شکار ہیں۔ افسانے کے اختتام پر ان کی ستم ظریفی انتہا کو پہنچ جاتی ہے۔ اس طرح ہم کہہ سکتے ہیں کہ بیگ احساس کے افسانوں کا پلاٹ سیدھے سادے ہوتے ہیں۔ ان میں کوئی پیچیدگی نہیں ہوتی ہے۔ وہ کہانی کی ترتیب و تنظیم میں مشاق نظر آتے ہیں۔ پلاٹ کی تعمیر، واقعات کی ترتیب اور ارتقائے ماجرا میں ربط، تسلسل و روانی کا خاص خیال رکھتے ہیں۔ جذبہ تجسس بھی شروع سے آخر تک قائم رہتا ہے۔

افسانہ نگاری زندگی کی عکاسی کا فن ہے۔ اور افسانہ نگار کسی کردار کے وسیلے سے ہم تک اپنی بات پہنچانا چاہتا ہے۔ اس لئے فنکار کردار نگاری پر خاص توجہ دیتا ہے۔ اس طرح افسانے میں کردار نگاری کی خاص اہمیت حاصل ہو جاتی ہے۔ کردار نگاری ایک نہایت ہی مشکل اور نازک فن ہے۔ کیونکہ اس کی وجہ سے ایک فنکار کی عظمت واضح ہوتی ہے۔ کردار نگاری کے لئے یہ ضروری ہے کہ فنکار ایسے ہی کردار منتخب کرے جن کا تعلق افسانے کی دنیا سے ہو۔ جو خیر و شر دونوں کے مجموعے معلوم ہوں۔ عمدہ کردار نگاری کی وجہ سے افسانہ نگار کے کچھ افسانے یقیناً زندہ جاوید ہو جاتے ہیں۔ بیگ احساس کے افسانوں کا جب ہم مطالعہ کرتے ہیں تو یہ حقیقت منکشف ہو جاتی ہے کہ انہیں کردار نگاری کا سلیقہ آتا ہے۔ وہ اپنے افسانوں کے لئے جو کردار منتخب کرتے ہیں وہ اسی دنیا کے جیتے جاگتے کردار ہوتے ہیں۔ وہ کرداروں کی روح میں اتر کر ان کی شخصیت میں جھانک لیتے ہیں۔ اور انہیں اس طرح اجاگر کرتے ہیں کہ وہ اجنبی نہیں معلوم ہوتے ہیں۔ ان کے کرداروں میں چونکہ انسان سانس لیتے ہیں اس لئے ان میں خوبیاں اور برائیاں دونوں آ جاتی ہیں۔ اس لئے ان کے کرداروں میں تنوع پایا جاتا ہے۔ ان کے افسانے کے پردے پر معاشرے کے تمام طبقات اور مختلف قوموں کے کردار چلتے پھرتے نظر آتے ہیں۔ کرداروں میں خصائل کے اعتبار سے نیک و پارسا، آوارہ واوباش، بدمعاش و بدکردار، مخلص و بےلوث محبت کرنے والے اور ریاکار و فریبکار سب ہی موجود ہیں۔ انہیں کرداروں کی مدد سے وہ اپنے افسانوں کا ڈھانچہ تیار کرتے ہیں اور افسانے کی تخلیق کرتے ہیں۔ بیگ احساس نے ان تمام کرداروں کی تصویر کشی اس خوبصورتی اور چابکدستی سے کی ہے کہ وہ زندگی کی بھرپور حرکت اور حرارت کے حامل دکھائی دیتے ہیں۔ یہ ان کی فنی صناعی کا بین ثبوت ہے۔

بیگ احساس نے مختلف محفلوں میں اپنا شاہکار افسانہ ''دخمہ'' پیش کیا۔ جس پر ماہرین نے اپنی رائے کا اظہار کیا ہے۔ ایسی ہی ایک تقریب علی گڑھ یونیورسٹی میں منعقد ہوئی جس میں جب پروفیسر بیگ احساس نے اپنا افسانہ ''دخمہ'' پڑھ کر سنایا۔ تو پروفیسر قمرالہدیٰ فریدی نے افسانہ پر تبصرہ کیا اور بیگ احساس کے فن پر گفتگو کرتے ہوئے کہا کہ ''بیگ احساس کے قلم میں یہ جادو ہے کہ وہ قاری کو اپنی گرفت میں لے لیتا ہے۔ ان کے افسانوں میں آئے ہوئے کردار اسی معاشرے سے جڑے ہوئے معلوم دیتے ہیں جس معاشرے اور ماحول میں وہ سانس لے رہے ہیں۔ یہاں تک کہ ان کے افسانوں میں پیش ہونے والی چیزیں، جانور، چڑیا اور گدھ وغیرہ بھی اس معاشرے سے جڑے ہوئے نظر آتے ہیں۔'' پروفیسر شافع قدوائی نے بیگ احساس کے فن و شخصیت کے حوالے سے گفتگو کرتے ہوئے کہا کہ ''بیگ احساس کے افسانے کی دو جہتیں ہوتی ہیں ایک وہ جو اپنے افسانے اور کرداروں کے ذریعہ پیش کرنا چاہتے ہیں اور ایک وہ پس منظر جو ان کے کرداروں میں پوشیدہ ہے۔ ان کے افسانے قاری کو غور و فکر کی دعوت دیتے ہیں۔ ان کے افسانوں میں حیدرآباد کی زندگی اور اس کے ماحول کی بھی عکاسی دیکھنے کو ملتی ہے۔''[۳۶]

مجموعی طور پر بیگ احساس کی افسانہ نگاری موضوعاتی اور فنی اعتبار سے اہمیت کی حامل ہے اور وہ نہ صرف تلنگانہ بلکہ عالمی سطح پر اردو کے ایک منفرد اور منجھے ہوئے افسانہ نگار تسلیم کئے جائیں گے۔

## مظہر الزماں خاں

تلنگانہ حیدرآباد سے تعلق رکھنے والے ایک اور اہم افسانہ نگار محمد مظہر الزماں خان اپنی منفرد شناخت رکھتے ہیں۔ ۱۹۵۰ء کو پیدا ہوئے۔ ''تاج محل'' کے نام سے ان کا پہلا افسانہ ۱۹۶۵ء میں شائع ہوا۔ ان کی تخلیقات میں ''آخری داستان گو' آخری زمین' دستکوں سے ہتھیلیوں سے نکل جانا' شوریدہ زمین وغیرہ ہیں۔ ہارا ہوا پرندہ کو اے پی اردو اکیڈیمی نے انعام سے نوازا۔ آخری داستان گو پر یو پی اردو اکیڈیمی اور اے پی اردو اکیڈیمی نے انعام دیا۔ حیدرآباد لٹریری فورم سے وابستہ رہے۔ وہ ادبی دنیا میں کسی بھی تعارف کے محتاج نہیں ہیں۔ ان کی تخلیقات نہ صرف ہندوستان میں شوق سے پڑھی جاتی ہیں بلکہ پاکستان میں اس سے زیادہ دلچسپی سے پڑھی اور سمجھی جاتی ہیں۔ یہ

ستر کی دہائی سے افسانے لکھ رہے ہیں۔ان کا پہلا افسانہ ”کالا تاج“ کے عنوان سے شائع ہوا۔ان کے افسانوی مجموعے ہارا ہوا پرندہ۔دستکوں کا ہتھیلیوں سے نکل جانا ہے۔ان کے افسانوں کے انتخاب پر مجموعے بھی شائع ہوتے رہے۔

مظہر الزماں خاں نئی نسل کے افسانہ نگار ہیں۔ان کے فن پر تبصرہ کرتے ہوئے نامور نقاد پروفیسر ابوالکلام قاسمی لکھتے ہیں:

> ”مظہر الزماں خاں افسانہ نگاروں کی اس نسل سے تعلق رکھتے ہیں۔جنہوں نے گزشتہ دو تین دہائیوں میں مقبول ہونے والے اسالیب کے تنوع اور معنویت کو بڑی گہرائی سے سمجھا ہے۔اور اس پس منظر میں اپنے انداز تحریر اور اسلوب کو قابل شناخت بنانے کی کوشش کی ہے۔ظاہر ہے کہ اس نسل میں بھی نئے اسالیب کا تتبع کرنے والے زیادہ سامنے آئے اور اپنا لب و لہجہ بنانے اور سنوارنے والے کم۔میں مظہر الزماں خاں کے افسانوں اور ناولوں میں ان ہی معدودے چند فکشن لکھنے والوں کی شان پاتا ہوں“۔۳۷

مظہر الزماں خان کے اکثر افسانے علامتی ہوتے ہیں، لیکن ان میں سماج کی تہہ در تہہ ایسی پرتیں موجود ہوتی ہیں، کہ اگر قاری ان علامتوں کو سمجھ لے تو اسے ان افسانوں میں کہیں زیادہ لطف اور انبساط محسوس ہوگا اور وہ ان تخلیقات کی معنویت اور گہرائی کا قائل ضرور ہو جائے گا۔ بیسویں صدی کی افسانہ نگاری کی تاریخ میں محمد مظہر الزماں کا شمار نہ صرف اس وجہ سے ہوتا ہے کہ وہ علامتی افسانہ نگار ہیں بلکہ ان کے افسانے سماج کے ان رستے ناسوروں کے تعفّن سے آلودہ معاشرے کے عکاس ہوتے ہیں جو معاشرتی کج روی، نشیب و فراز اور ترش و تلخ حقائق کا آئینہ ہوتے ہیں۔

محمد مظہر الزماں خان کی تخلیقات علامتی ہوتی ہیں، جو عام طور پر قاری کو بہ آسانی سمجھ میں نہیں آتی ہیں، لیکن جو قارئین علامتوں کو سمجھتے ہیں اور ان علامتوں میں پوشیدہ باریکیوں سے واقف ہو جاتے ہیں، ان کے چہرے بشاشت سے کھل اٹھتے ہیں اور وہ مظہر الزماں کی تخلیقی ہنرمندی کے قائل ہوئے بنا نہیں رہ پاتے۔ان کے افسانوں کی ایک دوسری خوبی یہ ہے کہ ان میں ایک منفرد اسلوب نظر آتا ہے، جو تمام معاصر افسانہ نگاروں سے انھیں ممتاز بناتا ہے۔یہی وہ اسلوب ہے جو

انھیں ایک خاص اونچائی پر لے جاتا ہے، جہاں دیگر تخلیق کاروں کا پہنچنا محال ہوتا ہے۔ ان کے افسانوں میں بعض مقامات پر کچھ ایسے تراشیدہ مسجّع و مقفّیٰ جملے یکے بعد دیگر بنتے چلے جاتے ہیں، جو قاری کو عش عش کرنے پر مجبور کر دیتے ہیں۔ اپنے لکھنے کے انداز کے بارے میں ایک انٹرویو میں مظہر الزماں خاں انہوں نے کہا کہ:

''میرے لکھنے کا کوئی خاص وقت مقرر نہیں ہے۔ جب بھی طبیعت مائل ہوتی ہے۔ اور میری طبیعت اس وقت مائل ہوتی ہے جب زمین رونے لگتی ہے۔ جب بچے نیند میں چونک چونک اٹھنے لگتے ہیں۔ جب پانی رونے لگتا ہے۔ جب ذہنی بھکاری دانشور بن جاتے ہیں۔ جب ادیب اور نقاد حمال بن جاتے ہیں۔ جب مذہبی رہنما خود کو بیچنے لگتے ہیں۔ کنکریاں پہاڑوں کو دیکھ کر ہنسنے لگتی ہیں۔ اَنکھوے باہر آنے سے ڈرنے لگتے ہیں۔ دھوپ جسموں کو چاٹنے لگتی ہے۔ گدِھ زیتون کے شاخوں کو نوچنے لگتے ہیں اور انسانوں کی باتوں سے زنجیروں کی آوازیں سنائی دیتی ہیں۔ اور عدالتوں کے دروازے بند ہو جاتے ہیں یا فاختاؤں کو ہلاک کر دیا جاتا ہے۔ اس وقت کہانی مجھ پر اترنے لگتی ہے۔ ورنہ میرا کوئی وقت مقرر نہیں ہے۔ بعض وقت تو ایک دن میں الگ الگ موضوع پر دو دو کہانیاں لکھ چکا ہوں۔ اس کے علاوہ میں یہ بھی عرض کر دوں کہ جب تک کہانی کا موضوع وسیع نہیں ہوتا میں کہانی لکھتا نہیں۔ وسیع موضوع پر ہی قلم اٹھاتا ہوں۔ یہ اور بات ہے کہ میری لکھی کہانیوں کے موضوعات پر کچھ لوگوں کی نظر نہیں جاتی یا نہیں پہنچتی۔ اگر میری کہانی کسی پر پوری طرح کھل جائے تو موضوع اور امکانات اندازہ ہو جائے گا''۔[۳۸]

انٹرویو کے درج بالا جملوں سے یہ اندازہ لگایا جا سکتا ہے کہ مظہر الزماں گفتگو میں اتنی خوبصورت زبان پیش کر سکتے ہیں تو جب قلم ان کے ہاتھ میں آتا ہوگا تو وہ کیا سحر ڈھاتے ہوں گے۔

دوسری بات یہ کہ ان جملوں میں بھی بعض باتیں ایسی ہیں، جو علامتوں کے خانے میں آتی ہیں، ان جملوں کی گہرائی تک پہنچنا اور ان کو تفہیمی درجہ عطا کرنا ہرکس و ناکس کے بس کی بات بھی نہیں ہے، مثلاً دھوپ جسموں کو چاٹنے لگتی ہے۔ کنکڑیاں پہاڑوں کو دیکھ کر ہنسنے لگتی ہیں۔ انکھوے باہر آنے سے ڈرتے ہیں۔ گدھ زیتون کے شاخوں کو نوچنے لگتے ہیں جیسے فقروں میں جو علامتیں پوشیدہ ہیں، انھیں وہی بہتر طور پر سمجھ سکتا ہے جو علامتی افسانوں کی باریکیوں سے واقف ہو۔

سال 2013ء میں محمد مظہر الزماں خان کے نمائندہ افسانوں کا انتخاب ''محمد غالب نشتر نے بعنوان ''چھوڑے ہوئے لوگ'' مرتب کر کے دہلی سے شائع کرایا ہے۔ اس انتخاب میں مظہر الزماں کے 35 نمائندہ افسانے شامل ہیں، جو تمام علامتی افسانوں کے خانے میں رکھے جاسکتے ہیں۔ مظہر الزماں خان کی ایک مشہور کہانی ''چیونٹی'' ہے۔ یہ کہانی دراصل انسانی جبلت کو پیش کرتی ہے۔ اس میں انسان کی عیاری اور مکاری کو پیش کیا گیا ہے۔ لیکن علامتوں کے طور پر مکھی، مکڑی، چھپکلی اور چیونٹی جیسے حشرات الارض مخلوق کو پیش کر کے افسانہ نگار نے انسان کی فطرت، جبلّت اور اس کی ان حرکات کو پیش کیا ہے، جو واقعتاً عجیب سے لگتے ہیں۔ اس میں جو ایک کردار ہے وہ ''میں'' ہے اسی کردار کے سہارے کہانی آگے بڑھتی ہے۔ اس کردار کے مختلف حرکات کو پیش کرتے ہوئے تخلیق کار نے انسانی جبلت کو پیش کیا ہے۔ بلکہ یہ کہنے کی کوشش کی ہے کہ دنیا کی تمام مخلوقات میں انسان سے بڑھ کر کوئی عیار نہیں ہے۔ اس افسانے میں مظہر الزماں نے جس زبان اور خوبصورت اسلوب کا سہارا لیا ہے، اس سے اس کہانی کی معنویت بڑھ جاتی ہے۔ استعاراتی انداز اور علامتوں کا استعمال اس کہانی کو ایک شاہکار کہانی بنا دیتی ہے۔ کمرے کی منظر کشی کرتے ہوئے جس زبان اور اسلوب کا اس کہانی ''چیونٹی'' میں استعمال کیا گیا ہے، اسے ملاحظہ کیجیے:۔

> ''زیرو بلب کی دھواں دھواں روشنی پورے کمرے میں منجمد ہے۔ شلف میں سانس لیتی ہوئی چند گرد آلود کتابیں اوندھی لیٹی ہوئی ہیں۔ دائیں طرف کیلنڈر پر سرخ ہندسے تازہ خون کی طرح بکھرے ہوئے ہیں۔ اس کے اوپر کسی عورت کا مسخ شدہ چہرہ چپکا ہوا ہے۔ اور بائیں جانب کی دیوار پر میری کئی مرتبہ واش کی ہوئی لیکن پیدائشی انڈرویئر جھول رہی ہے اور میں اپنے شکن آلود بستر پر کروٹیں بدل رہا ہوں۔ کروٹیں جو زندگی کی علامت ہیں۔ کروٹیں جو اضطراب ہیں۔ کروٹیں جو زمین کے اندر چھپا ہوا انقلاب

ہیں۔ کروٹیں جو مٹھیوں کا زندہ کرب ہیں۔ کروٹیں جو بھاگی ہوئی نیند کی ناکام کوشش ہیں اور میری نیند کسی آسیب زدہ پرندے کی آنکھوں میں سما چکی ہے اور نگاہیں کمرے کی ننگی چھت پر جمی ہوئی ہیں، جس پر ایک مکڑی جالا تانے مکھی کو گھیرنے کی کوشش کر رہی ہے اور بے چاری مکھی عوام کی طرح جالے کے گرد چکر کاٹ رہی ہے۔'' ۳۹ے

یہاں مکڑی کی عیاری کو دکھایا گیا ہے اور یہ بھی بتایا گیا ہے کہ انسان سے بڑھ کر کوئی عیار ہو ہی نہیں سکتا۔ مذکورہ چند سطور میں فنکار نے ''کروٹ' لفظ کو مختلف معانی عطا کئے ہیں، اسے مختلف علامتوں کے ذیل میں رکھ کر پیش کیا ہے، لیکن ان کروٹوں کے سہارے انھوں نے اپنے مخصوص اسلوبِ نگارش کو جس انداز سے پیش کیا ہے، وہ انہی کا حق ہے۔ جن لفظیات کا انھوں نے اس افسانے میں استعمال کیا ہے، وہ ایک نیا تجربہ بلکہ اچھوتا ڈِکشن نظر آتا ہے۔ مثلاً نگاہیں کمرے کی ننگی چھت پر جمی ہوئی ہیں، کروٹیں جو مٹھیوں کا زندہ کرب ہیں، کروٹیں جو زمین کے اندر چھپا ہوا انقلاب ہیں اس طرح کے فقرے بہت دور تک سوچنے کی دعوت دیتے ہیں اور یہ بتاتے ہیں کہ اگر تخلیق کار چاہے تو وہ ایک ہی لفظ کو مختلف انداز سے ''علامت'' کا جامہ پہنا کر معنویت کی ایک وسیع و عریض وادی میں قاری کو پہنچا سکتا ہے، جہاں قاری اپنی علمی و فکری بے بضاعتی کا ماتم کرنے لگتا ہے، لیکن دوسری طرف وہ تخلیق کار کی داد دینے پر بھی مجبور ہوتا ہے کہ اس کے قلم کی جولانی کن کن معنوی تہوں کو کریدنے کی کوشش کرتی ہے۔ مظہر الزماں خان کے افسانوں میں جو زبان اور اسلوب ہے وہ واضح کرتا ہے کہ فکشن میں لسانی اظہار کی سطح کیا ہونی چاہئے اور تہہ نشیں مفاہیم کو کس طرح سطحِ آب پہ لائے بغیر تحیر، طلسم اور تمثیل کی روایت کا حامل بنایا جائے۔ مظہر الزماں خان کے افسانے ہمارے عہد میں جدید افسانوی تہذیب اور تخلیقی تحرک کا ایسا اظہار ہیں، جن پر اردو فکشن کی تاریخ کو آج بھی ناز ہے اور آنے والے عہد میں یہ افسانے ہمارے ادبی تاریخ کا مایہ ناز سرمایہ بنیں گے۔

اس میں کوئی شک نہیں کہ مظہر الزماں نے جو اسلوب وضع کیا اور جس اسلوب کے سہارے وہ اپنی تخلیقات کا تانا بانا بنتے ہیں، اس سے ان کی تخلیقی اور اختراعی صلاحیت نمایاں ہو کر سامنے آتی ہے۔ ان کا منفرد اسلوب ان کی کہانیوں میں خاص معنویت پیدا کرتا ہے۔ ان کی مخصوص زبان ان کی تخلیقات کو مقبولیت کا جامہ پہناتی ہے۔ ان کی خاص ذہنی سطح ان کے افسانوں میں تہہ

داری پیدا کرتی ہے۔ان کا کہانی بیان کرنے کا امتیازی انداز انھیں ان کے معاصرین میں امتیاز عطا کرتا ہے۔ان کی سحر انگیز کردار نگاری انھیں افسانہ نگاری کی دنیا میں افقی مقام عطا کرتی ہے اور ان کا تمثیلی طرزِ اظہار ان کی کہانیوں کو گویائی عطا کرتا ہے۔یہی وہ اوصاف ہیں جو مظہر الزماں کو ایک بڑا فنکار بناتے ہیں۔اس بات سے انکار نہیں کیا جاسکتا کہ بھلے ہی معاصر افسانہ نگاروں میں ایسے بہت سے افسانہ نگار ہیں جنھوں نے علامتی کہانیاں لکھی ہیں، اور لکھ رہے ہیں، لیکن جو چیز مظہر الزماں کو ان معاصر افسانہ نگاروں میں امتیاز و انفرادعطا کرتی ہے وہ ان کا مخصوص، سحر انگیز اور دل نشیں اسلوب نگارش ہے۔یہ اسلوب ان کی اپنی ایجاد ہے، جسے دوسرا ایجاد تو نہیں کرسکتا ہے ہاں اس کی تقلید ضرور کرسکتا ہے۔

افسانہ ''گلدار'' فلسفیانہ گفتگو کا ایک خوبصورت بیانیہ ہے۔جس میں افسانہ نگار نے ایک خاص قسم کا تجربہ کیا ہے۔گلدار دو دوستوں خالد بن عزیز اور سعید بن سعد کے مکالمات پر مشتمل ایک شاہکار افسانہ ہے،جس میں وقت کی حکمرانی موضوع بحث قرار پاتی ہے۔ ''گلدار'' افسانے کے متعلق ''چھوڑے ہوئے لوگ'' کے مرتب محمد غالب نشتر نے اپنے مقدمے میں لکھا ہے:۔

> ''گلدار محمد مظہر الزماں خاں کا ایک شاہکار افسانہ ہے۔ اس افسانے میں بیانیہ، اسلوب، کردار نگاری، پلاٹ، مکالمے اور تصویر کشی، زندگی سے کی گئی ہے۔افسانے میں دو کردار واضح طور پر نظر آتے ہیں جو طویل عرصے کے بعد ایک دوسرے سے ملتے ہیں۔میز بان دوست، مسافر دوست سے اتنے دن تک ملاقات نہ ہونے کا سبب دریافت کرتا ہے تو مسافر دوست وقت، سفر اور زمین سے متعلق فلسفیانہ گفتگو کرتا ہے۔ اس افسانے میں چھپا استعارہ ہے، جو اپنے اندر بڑی معنویت رکھتا ہے۔اس کا مطلب یہ بھی نکالا جاسکتا ہے کہ امریکہ کو عرب نے پال رکھا ہے، جو اسی کی سرزمین پر بے خوف و خطر گھوم رہا ہے''۔۴۰

مظہر الزماں خان کا ایک اور شاہکار افسانہ ''سفر'' ہے جس میں تصوف کے مسائل پیش کئے گئے ہیں۔عشق حقیقی کی باتیں کی گئی ہیں۔جس میں علم معرفت کی گرہیں کھولنے کی کوشش کی گئی

ہے اور راہ سلوک کے مسافر کے لئے رہنمایانہ خطوط پیش کئے گئے ہیں، لیکن اس افسانے کا بھی گہرائی سے اسلوبیاتی مطالعہ کیا جاسکتا ہے اور فنکار کے زبان کے حوالے سے بڑی عمدہ بحث کی جاسکتی ہے۔ افسانہ ''سفر'' بھی علامتی افسانہ ہے جس میں عشق کی حکمرانی اور اس کی سلطنت کو موضوع بنایا گیا ہے، بلکہ مختصراً یہ کہا جائے تو بہتر ہوگا کہ افسانہ نگار نیا اس افسانے میں بس یہ پیغام دینے کی کوشش کی ہے کہ عشق ہی اصل ہے اس کے بغیر کسی کا وجود ہی ممکن نہیں ہے۔ عشق کے تصور کو جس انداز میں افسانہ نگار نے اس کہانی میں پیش کیا ہے اسے ملاحظہ کیجئے اور افسانے کے اسلوب پر توجہ کیجئے تو اندازہ ہو جائے گا کہ عشق کی کارفرمائیاں کہاں کہاں نظر آتی ہیں:۔

''جب عشق پیدا ہوا تو زمین پر ایک آگ لگ گئی تھی کہ یہ عشق کی آگ تھی اور عشق کی آگ کی کوئی ایک صورت نہیں ہوتی کہ عشق کی بیشمار صورتیں ہوتی ہیں، جو دکھائی نہیں دیتیں۔ مگر ہر صورت اپنی جگہ ایک صورت ہوتی ہے کہ عشق ایک انتہا ہے۔ لیکن عشق اول وہاں سے شروع ہوتا ہے جہاں عرش الٰہی موجود ہے اور وہیں مکمل اور ختم ہوتا ہے جہاں عرش الٰہی موجود ہے اور عشق کو ہر نظر اپنے مزاج اور اپنے اپنے ارادوں سے دیکھتی ہے، چنانچہ جب بیج زمین سے عشق کرتا ہے تو اس کے عشق میں فنا ہو کر ایک نئی شکل میں زمین سے برآمد ہوتا ہے۔ خوشبو، پھول سے عشق کرتی ہے تو اپنا وجود اس کے جسم میں چھپا لیتی ہے کہ وہ اس کی ہر پنکھڑی میں جذب ہو جاتی ہے۔ اس کے ایک ایک رشتے میں خود کو ضم کر دیتی ہے۔ ہوائیں درختوں کے ہر حصے سے عشق کرتی ہیں تو اس کی ہر شاخ اور ہر پتے میں خود کو تلاش کرتی رہتی ہیں کہ اس کے بغیر وہ باقی ہی نہیں رہتیں۔ چنانچہ اللہ تعالی اپنے بندے سے بھی ایسے ہی عشق کرتا ہے اور اس کے عشق کی انتہا ہے کہ اس نے اپنے بندے کے لئے بے حد وحساب چیزیں پیدا کر دی ہیں تا کہ وہ ان تمام چیزوں سے فائدہ اٹھائے''۔[41]

مظہر الزماں خاں کے پاس اساطیری اور داستانی انداز بھی ملتا ہے۔ان کے افسانوں ''پاؤں۔نئی زمین کے پودے۔نئی طلسم ہوشربا کی کہانی آخری داستان گو کی زبانی وغیرہ میں ان کی افسانہ نگاری کا یہ رخ کچھ زیادہ ہی نمایاں دکھائی دیتا ہے۔

مظہر الزماں خاں کے فن پر تبصرہ کرتے ہوئے نامور محقق ونقاد پروفیسر گوپی چند نارنگ لکھتے ہیں:

> ''مظہر الزماں خاں ان چند افسانہ نگاروں میں سے ایک ہیں جو تجربے کو اپنے وجود کا حصہ بنانے کے بعد قلم اٹھاتے ہیں۔وہ اظہار کے نئے محاورے کی تلاش کرتے ہیں۔ان کا افسانہ نئی حقیقت کی تخلیق ہے۔وہ حقیقت جو تجربے اور زندگی کے بطن سے پھوٹ کر پوری زمین پر پھیل جاتی ہے۔مظہر الزماں خاں پامال راہوں کے مسافر نہیں ہیں۔ان کے فسانے صداقت کی نئی جہات کی جستجو کرتے ہیں۔اور نئے نئے امکانات کی بشارت دیتے ہیں''۔[۴۲]

اردو کے ایک اور نامور نقاد پروفیسر شمیم حنفی مظہر الزماں خاں کے فن کے بارے میں لکھتے ہیں:

> ''میں نے مظہر الزماں خاں کی کہانیاں پڑھی ہیں۔ان کے حسیت کا تعلق ہمارے عہد کی ان سچائیوں سے ہے جو پوشیدہ ہیں۔مظہر الزماں خاں نے ان کی بنیاد پر ایک نئے سفر کی جستجو پیدا کرنے کی کوشش کی ہے۔[۴۳]

مظہر الزماں خاں کے افسانوں میں علامت نگاری کے ضمن میں مضطر مجاز لکھتے ہیں:

> ''مظہر الزماں خاں کا قلم ہمارے عصری سماج کی بے حسی، سفا کی اور منافقت کا پردہ چاک کرتا ہے۔یہ کام قبل ازیں منٹو، عصمت اور بیدی جیسے فنکار کر چکے ہیں۔مگر ان کا فن بڑی حد تک حقیقت نگاری کا تھا۔سفاک حقیقت نگاری لیکن مظہر الزماں خاں کی بات میں گہری کاٹ اس کی استعارہ سازی اور علامت نگاری سے پیدا ہوتی ہے۔لیکن اس کا استعارہ اور

علامت دور از کار اور نا قابل فہم نہیں۔ منٹو نے کہا تھا کہ اگر دیکھنے والی آنکھ ہو تو ذرے ذرے میں کہانی لکھی ہوئی ہے۔ایسا لگتا ہے کہ مظہر الزماں خاں نے منٹو کی یہ بات گرہ میں باندھ لی ہے۔مگر اس کا فن منٹو کے فن سے بہت مختلف ہے۔اور خاکم بدہن کہیں زیادہ متاثر کن۔ ؎۴۴

رسالہ ''ابجد'' نے مظہر الزماں خاں کے فن پر ایک خاص نمبر شائع کیا۔جس میں مختلف مشاہیر ادب نے مظہر الزماں خاں کے فن پر اپنے خیالات کا اظہار کیا ہے۔اس خاص نمبر پر ڈاکٹر محسن جلگانوی نے تبصرہ کیا۔مظہر الزماں خاں کے حوالے سے انہوں نے لکھا کہ:

''مظہر الزماں خاں ہمارے شہر کے ایسے فکشن نگار ہیں جن کے ناول اور افسانے ہندوستان سے زیادہ پڑوسی ملک پاکستان میں پڑھے جاتے ہیں۔ان کی کتابیں اور کتابوں کے ایڈیشن ان کی اجازت کے بغیر طبع کر کے دھڑلے سے فروخت ہوتے ہیں۔حیدرآباد میں شاید چند ہی ایسے خوش قسمت ہوں گے جن تک ان کے افسانوں کے مجموعے یا ناول پہنچے ہوں گے یا جنہوں نے ان کے سرورق ہی دیکھے ہوں گے۔

مدیر "ابجد" قابل مبارکباد ہیں کہ انہوں نے مظہر الزماں خاں کو اس خصوصی شمارے کے ذریعہ ایک بھرپور خراج تحسین پیش کیا ہے وہ اپنے ادارے میں رقم طراز ہیں:

"محمد مظہر الزماں خاں، اردو افسانے کی تاریخ میں دیر تک یاد رکھے جائیں گے۔انہوں نے افسانے کے روایتی تصور کو پوری طرح منہدم کر دیا ہے۔افسانے کی منطق کو زیروزبر کر دیا ہے۔آغاز، وسط، انجام، علت و معلول کے قضایا کو منقلب کر دیا۔افسانے کے وہ قاری جو مربوط پلاٹ اور منضبط کہانی پن کے عادی ہو چکے ہیں، وہ کس طرح محمد مظہر خان کے افسانوں کو ہضم کر پاتے؟ان کے افسانے عام قاری کیلئے قطعی نہیں ہیں۔ان کے افسانے سنجیدہ قراءت کے متقاضی ہیں۔انہیں باذوق قاری کے حلقوں میں خوب سراہا گیا۔اینٹی پلاٹ اور اینٹی اسٹوری کی صفت سے متصف ہونے کے باوجود ان کی کہانیاں ترسیل اور ابلاغ کی ناکامی سے دوچار نہیں ہوتیں۔محمد مظہر الزماں خاں ذہین اور تخلیقی قوت سے بھرپور فن کار ہیں۔انہوں نے افسانے کو کلیشے سے آزاد کیا۔نئے علائم اور نئے استعارات وضع کئے۔تلمیحات کیلئے اسلامی اساطیر کے نئے منطقے دریافت کئے۔مظہر الزماں خاں کے "اعتراف ہنر" کے اس گوشے میں اردو ادب کے نامور نقاد گوپی چند نارنگ، حقانی

القاسمی، سید تحسین گیلانی (ساوتھ آفریقہ)، محمد واجد (مدیر آئندہ۔ پاکستان) رؤف نیازی، غالب نشتر شامل ہیں لیکن یہ دیکھ کر حیرانی ہوئی کہ اس باکمال فنکار کے فن اور ہنر پر جنوبی ہند اور بالخصوص شہر حیدر آباد سے کسی نقاد یا ادیب کی کوئی تحریر شامل نہیں جب کہ یہ حقیقت ہے کہ فکشن کی کوئی بھی فہرست مظہر الزماں خاں کے نام کے بغیر نامکمل ہی ٹھہرے گی۔

کیا ہم مظہر الزماں خاں کے اس قول کی تصدیق کر رہے ہیں کہ۔۔۔ یہ زمین اب میلی ہوگئی ہے، اس پر آج نہ کوئی قطب ہے نہ ابدال کہ یہ دور، دور نابینا ہے تاہم دعویٰ ہے سبھوں کو اپنی اپنی بینائی کا۔ وہ لوگ جنہوں نے زندگی بھر سوئی اور دھاگے کی صورت نہیں دیکھی، اس دور بلاخیز میں رفوگر بنے بیٹھے ہیں کہ آج جامعہ کی دہلیزوں کے اندر اور باہر خود ساختہ دانشور ڈھول کے مانند ہیں اور دیواروں پر طوطے بیٹھے کتابیں رٹ رہے ہیں کہ ہر طرف الو شور مچا رہے ہیں۔ پروفیسر گوپی چند نارنگ نے مظہر الزماں خاں کو کہانی کی دنیا کا ایک باکمال فنکار قرار دیتے ہوئے لکھا ہے کہ وہ ہمارے عہد کے چند افسانہ نگاروں میں سے ایک ہیں جو تجربے کو اپنے وجود کا حصہ بنانے کے بعد قلم اٹھاتے ہیں۔ وہ اظہار کے نئے نئے محاورے کی تلاش کرتے ہیں اور ان کا افسانہ نئی حقیقت کی تخلیق ہے اور وہ حقیقت جو تجربے اور زندگی کے بطن سے پھوٹ کر پوری زمین پر پھیل جاتی ہے۔ مظہر الزماں خاں کی تحریروں کی اسراریت اور پوشیدگی، علائم اور اسمات، قاری کو تجسس کے ایک ایسے غار میں لے جاتی ہے جس کے بطن میں دور دور تک ایک سراسیمگی اور اندھیرا ہوتا ہے لیکن کہیں دور ہلکی سی روشنی کی ایک لکیر دکھائی دیتی ہے جو ان کے قاری کو سربستہ راز گپھا سے آگے جہان روشن کا پتہ دیتی ہے۔ بقول شمس الرحمٰن فاروقی: مظہر نے اپنے پیچیدہ اور شدید تاثر رکھنے والے افسانوں کے ذریعہ اپنی الگ پہچان بنائی ہے۔ وہ ان غواصوں میں سے ایک ہیں جو محض سیلاب کی سطح پر دھارے کے ساتھ بہنے والوں میں سے نہیں ہیں بلکہ اس کی تہہ میں بہتے ہیں تو سطح آب پر تلاطم آتا ہے۔ ان کی کتاب "شورہ پشتوں کی آماجگاہ" کے فلیپ پر ان کی ایک تحریر ان کے نکتہ نظر کی ترجمان ہے، لکھتے ہیں: "تمام کائناتیں اور اس میں آباد ساری چیزیں جیسے دکھائی دیتی ہیں۔ دراصل من وعن ویسی نہیں ہوتیں کہ ہر شئے کے اندر کئی اسرار اور بے پناہ راز پوشیدہ ہوتے ہیں۔ چنانچہ بیشتر کہانیاں، رازوں اور بھیدوں سے بھرا بستہ ہیں کہ ان میں افکار، مسائل اور معنی کا ایک بڑا ہجوم ہے اور پھر یہ مجھ سے جڑی ہوئی بھی ہیں۔ لہذا میں تمہاری کہانیوں کا راوی بھی ہوں اور قاری بھی ہوں کہ ان کا تعلق مجھ سے بھی ہے"۔[۴۵]

مجموعی طور پر یہ بات کہی جاسکتی ہے کہ مظہر الزماں خان کے افسانوں کی ایک

اہم ترین خصوصیت یہ ہے کہ انھوں نے اپنی تخلیقات کو خاص نہج عطا کیا ہے جس میں علامتوں اور استعاروں کی بھرمار ضرور ہوتی ہے، لیکن اس کے ساتھ ہی ساتھ پڑھنے والے کو ان کا مخصوص اسلوب متاثر کئے بغیر نہیں رکھتا ہے۔ وہ ان کی تحریروں کی روانی ،موسیقیت ،لفظوں کے زیر وبم، فقروں کی برجستگی اور اس کی نغمگی کا احساس اپنے دل میں محسوس کرتا ہے اور نغمگی کا یہ احساس واثر اس کے دل پر تادیر قائم رہتا ہے۔ مظہر الزماں اس عہد کے ایک نمائندہ اور جینئس افسانہ نگار ہیں جنھوں نے افسانہ نگاری کی دنیا میں ایک علیحدہ افسانوی قبیلہ تخلیق کیا ہے جو ان ہی سے عبارت ہے۔

تلنگانہ کے نامور افسانہ نگاروں کی اس فہرست میں اقبال متین' عوض سعید' جیلانی بانو' رفیعہ منظور الامین' بیگ احساس اور مظہر الزماں خاں کی افسانہ نگاری کا جائزہ پیش کیا گیا۔ اس جائزے سے اندازہ ہوتا ہے کہ سرزمین تلنگانہ نے نامور افسانہ نگار پیدا کئے اور ان کے فن کی پذیرائی برصغیر کے علاوہ دنیا بھر میں ہوئی۔ یہی وجہ ہے کہ اقبال متین' بیگ احساس' جیلانی بانو' مظہر الزماں خاں کی پذیرائی پڑوسی ملک پاکستان' خلیجی ممالک امریکہ اور کناڈا میں بھی خوب ہوئی۔ اور آج بھی ان افسانہ نگاروں کے فن پر لکھا جارہا ہے۔ بیگ احساس کو ساہتیہ اکیڈیمی اور اردو اکیڈیمی کا مخدوم ایوارڈ دیا گیا۔ دیگر افسانہ نگاروں کی نگارشات بھی عالمی سطح کے افسانوی ادب میں شمار کی جاتی ہیں۔

## حواشی

۱۔ عاتق شاہ فٹ پاتھ کی شہزادی حیدرآباد۔۱۹۴۸ءص ۷
۲۔ عاتق شاہ فٹ پاتھ کی شہزادی ص۹۴
۳۔ عاتق شاہ اندھیری تلنگانہ پبلی کیشنز حیدرآباد ۱۹۵۲۔ص۔۷
۴۔ عاتق شاہ اندھیری ۔ص۔۹
۵۔ عاتق شاہ اندھیری ۔افسانہ عبدالرحمٰن ۔ص۔۱۱
۶۔ عاتق شاہ اندھیری ۔افسانہ عبدالرحمٰن ۔ص۔۲۷
۷۔ عاتق شاہ اندھیری ۔ہندوستان چلو پاکستان چلو ۔ص۔۴۰

۸۔ بحوالہ۔اندھیری۔مشاہیر کی آرا۔ ص۔۱۴۰۔۱۴۲

۹۔ عاتق شاہ۔تخلیق کا کرب مشمولہ۔جنم جنم کے ساتھی۔حیدرآباد۱۹۶۸ءص۱۱

۱۰۔ عاتق شاہ۔افسانہ سونے کی اینٹ۔جنم جنم کے ساتھی۔ص۔۲۵۔۲۶

۱۱۔ عاتق شاہ۔راستے کی کہانی۔حیدرآباد۔۱۹۷۸۔ص۔۹

۱۲۔ عاتق شاہ۔راستے کی کہانی۔ص۔۱۷

۱۳۔ مصطفیٰ کمال ۔دومنٹ کی خاموشی۔حیدرآباد۱۹۸۶۔ص۔۶

۱۴۔ عابد سہیل،اقبال متین کے تین افسانے (ایک غیر رسمی سا تنقیدی مطالعہ) مشمولہ،سہ ماہی بادبان (اقبال متین نمبر)،شمارہ نمبر:۱۳،جولائی تا ستمبر ۲۰۱۰ء،کراچی۔

۱۵۔ اقبال متین،شہر آشوب،مشمولہ،اقبال متین کے افسانے (جلد اوّل) ص،۶۷۸،ایجوکیشنل پبلشنگ ہاؤس،دہلی،۲۰۰۹۔

۱۶۔ اقبال متین،شہر آشوب،مشمولہ،اقبال متین کے فسانے (جلد اوّل) ص،۶۷۸،ایجوکیشنل پبلشنگ ہاؤس،دہلی،۲۰۰۹۔

۱۷۔ اقبال متین،چھت،مشمولہ،اقبال متین کے افسانے (جلد اوّل)ص،۴۰۷۔

۱۸۔ اقبال متین،نچا ہوا البم،مشمولہ،اقبال متین کے افسانے (جلد اوّل)ص، ۱۸،۰۸۱۔

۱۹۔ ایضاً،ص،۳۸۱۔

۲۰۔ اقبال متین،کتاب سے کتبے تک،مشمولہ،اقبال متین کے افسانے (جلد اوّل)ص،۲۱۰۔

۲۱۔ شمس الرحمٰن فاروقی۔شب خون۔شمارہ۶ ۲۷

۲۲۔ اقبال متین۔افسانہ ساحی۔شعور سفر منزل۔نچا ہوا البم ص۔۴۰

۲۳۔ ڈاکٹر سید محمد عقیل۔حرفے چند۔آگہی کے ویرانے۔ص۸

۲۴۔ سلیمان اریب۔دیباچہ اجلی پرچھائیاں۔حیدرآباد۱۹۶۰ء۔ص۸

۲۵۔ قدیر زماں۔سب رس جنوری ۲۰۰۱ءحیدرآباد۔ص۔۳۸

۲۶۔ سلیمان اطہر جاوید۔قدیر زماں کی افسانہ نگاری۔سب رس حیدرآباد جنوری ۲۰۰۱ءص۔۴۶

۲۷۔ اختر حسن۔قدیر زماں کی افسانہ نگاری۔بحوالہ سب رس۔جنوری ۲۰۰۱۔ص۔۴۷

۲۸۔ بیگ احساس۔ادھورا سفر۔ص۴۳

۲۹۔ بحوالہ حیدر آباد میں اردو افسانہ آزادی کے بعد۔محی الدین باشا

۳۰۔ سیاست ادبی ڈائری۔محمد ریاض علی رضوی۔۳۱ جنوری ۲۰۱۵ء۔

۳۱۔ جیلانی بانو۔دیباچہ۔روشنی کے مینار۔ص۔۳

۳۲۔ جیلانی بانو۔دیباچہ۔روشنی کے مینار۔ص۔۴

۳۳۔ خورشید الاسلام۔مختصر افسانہ اردو ادب آزادی کے بعد۔ص۴۴

۳۴۔ بلراج راج کومل۔بیگ احساس کے افسانے ایک مطالعہ۔جنوری ۲۰۰۱۔ص ۲۴

۳۵۔ بیگ احساس۔دخمہ۔بحوالہ جہان اردو ویب سائٹ

۳۶۔ بحوالہ عالمی ٹائمز ویب سائٹ

۳۷۔ ابوالکلام قاسمی۔آخری داستاں گو۔سب رس حیدر آباد جون ۲۰۰۰۔ص ۵۵

۳۸۔ چہرے آوازوں کے،ایم آر پبلی کیشنز،نئی دہلی،2014،صفحہ 85

۳۹۔ چھوڑے ہوئے لوگ،صفحہ 31-32

۴۰۔ چھوڑے ہوئے لوگ،صفحہ 31-32

۴۱۔ چھوڑے ہوئے لوگ صفحہ 196-197

۴۲۔ گوپی چند نارنگ بہ حوالہ۔سب رس حیدر آباد جون ۲۰۰۰۔ص ۵۸

۴۳۔ شمیم حنفی۔بہ حوالہ۔سب رس حیدر آباد جون ۲۰۰۰۔ص۔۶۱

۴۴۔ مضطر مجاز۔بہ حوالہ۔سب رس حیدر آباد جون ۲۰۰۰۔ص۔۶۶

۴۵ محسن جلگانوی۔تبصرہ۔رسالہ ابجد مظہر الزمان نمبر۔بہ حوالہ۔تعمیر ویب سائٹ مدیر مکرم نیاز

# تلنگانہ کے چند دیگر افسانہ نگار

تلنگانہ میں کئی ایسے افسانہ نگاری بھی گزرے ہیں جنہوں نے علاقائی سطح سے اپنی افسانہ نگاری کا آغاز کیا اور شہرت کی بلندی پر پہونچے۔ ان میں خاتون افسانہ نگاروں کی بھی خاصی تعداد ہے۔ عام طور پر دکن میں اردو ادب کے فروغ کے حوالے سے شہر حیدرآباد کا ذکر زیادہ کیا جاتا ہے کہ حیدرآباد سے یہ یہ افسانہ نگار ابھرے ہیں لیکن علاقہ تلنگانہ میں شہر نظام آباد' کریم نگر' عادل آباد' ورنگل' میدک اور دیگر اضلاع سے بھی کئی نامور افسانہ نگار ابھرے ہیں۔ کچھ ایسے افسانہ نگار بھی ہیں جو شمالی ہند میں تو پیدا ہوئے لیکن مستقل طور پر علاقہ تلنگانہ میں سکونت پذیر ہوئے۔ ان افسانہ نگاروں کی کاوشیں بھی ایسی ہیں کہ ان کا ذکر کیا جائے اور تلنگانہ میں افسانہ نگاری کے فروغ میں ان کی خدمات کو شامل کیا جائے۔ ذیل میں ایسے ہی افسانہ نگاروں کے فن کا جائزہ پیش کیا جارہا ہے۔

## عفت موہانی

عفت موہانی (۱۹۳۷۔۲۰۰۵) تلنگانہ حیدرآباد دکن سے تعلق رکھنے والی ایک معروف ناول نگار و افسانہ نگار گزری ہیں۔ ہندوستان کے علاوہ بیرونی ممالک میں بھی شہرت حاصل کی ہے۔ عفت موہانی قلمی نام ہے اصل نام خورشید سلطانہ ہے۔ ابتدائی تعلیم کی تکمیل کے بعد عثمانیہ یونیورسٹی سے بی۔اے، ایم۔اے، اور بی۔ایڈ میں امتیازی کامیابی حاصل کی۔ عفت موہانی کے مزاج میں بہت سادگی تھی اکثر سفید رنگ لباس زیب تن کرتی ہیں۔ ان کے ناول کی ہیروئین بھی اکثر سفید لباس میں جلوہ گر ہوئی ہیں۔ عفت موہانی کو گھریلو کاموں میں سینے پرونے، پکوان وغیرہ سے بالکل بھی دلچسپی نہیں تھی اس لئے انہیں تصنیف و تالیف کے لئے بہت وقت مل جاتا تھا ویسے

بچپن سے ادبی ذوق رہا۔ آٹھ سال کی عمر سے کہانیاں لکھنا شروع کیا۔ ان کی کہانیاں اخبار ''میزان'' میں بچوں کے صفحے پر شائع ہوتی رہیں۔ ان کی پہلی تخلیق ''مذاق'' کے عنوان سے رسالہ ''بیسویں صدی'' میں ۱۹۶۳ء میں شائع ہوئی۔ عفت موہانی نے تقریباً ۸۵ ناول اور سینکڑوں افسانے لکھے ہیں۔ ان کے کچھ افسانے درد و درماں' آخری تحفہ' سویرے' تقدیر' شہر آرزو' دوراہا' چبھن' آفریں' ہار جیت' محبت تم سے کی میں نے' خواب ناتمام' اگن برہا کی' وفا جن سے کی' ملن کے سپنے' خوشبو تری یادوں کی' اندیشوں کا سایہ' محبت کی راہیں' پیاسا' ذرا سی بات' شام انجام' حصار' بے وفا' پیاس اور سراب' روح کے چھالے' مذاق' دھیمے دھیمے چراغ جلتے ہیں' وغیرہ ہیں۔ اس زمانے کے اکثر افسانہ نگاروں کی طرح عفت موہانی کے افسانے بھی ہندو پاک کے نامور رسائل میں شائع ہوتے رہے۔ ہندوستان کے رسائل پونم' بیسویں صدی' روبی' جرائم' تحریک' جلتے دیپ' آبشار' شب خون' شاعر' زیور' صبح نو' فلمی ستارے' فلمی تصویر اور تعمیر وغیرہ میں اور پاکستان کے رسائل ساقی' جام نو' اشجاع' زیب النساء' بتول' اوراق ادب' سیپ اور صبح امید وغیرہ میں عفت موہانی کے افسانے شائع ہوتے رہے اور ان کے افسانوں کو پڑھنے اور پسند کرنے والے قارئین کی تعداد بہت زیادہ تھی۔ نسیم انہونوی کی فرمائش پر انہوں نے ناول لکھنے شروع کئے اور بہت زیادہ ناول لکھے۔ عفت موہانی نے ۱۹۷۱ء سے ۱۹۹۵ء تک تقریباً ۸۵ ناول لکھے۔ ۱۹۹۵ء میں نسیم انہونوی کے انتقال کے بعد سے انھوں نے ناول لکھنا چھوڑ دیا۔ تاہم افسانہ نگاری کا سفر جاری رہا۔ عفت موہانی نے مختلف النوع موضوعات پر خامہ فرسائی کی ہے۔ اخلاقی اصلاحی، سماجی معاشرتی، قومی یکجہتی ونفسیاتی مسائل وغیرہ جیسے موضوعات پر اپنا قلم اٹھایا ہے۔

''پیاسا'' عفت موہانی کا ایک نفسیاتی افسانہ ہے۔ جس میں انہوں نے انسان کی فطری پیاس کی طرف اشارہ کیا ہے۔ علوی صاحب کی بیوی کی وفات کے بعد وہ تنہا رہ جاتے ہیں۔ اپنی اولاد میں وہ خوشیاں بانٹنے کی کوشش کرتے ہیں بیٹے کی شادی کرتے ہیں اس کی اولاد ہوتی ہے تو اس کے ساتھ دل لگا لیتے ہیں۔ جب دوسری اولاد ہوتی ہے تو پہلا بچہ دوسرے بچے کے ساتھ کھیلنے لگتا ہے یہ بات علوی صاحب کو اچھی نہیں لگتی۔ بہو کو اپنے خسر کا رویہ کچھ اچھا نہیں لگتا۔ بیٹا باپ کے رویے سے ناراض ہو کر بیوی بچوں کے ساتھ الگ ہو جاتا ہے۔ اس واقعہ کا اثر علوی صاحب پر پڑتا ہے اور وہ رونے لگتے ہیں۔ بچے باپ کے غم کو دیکھ کر پھر واپس آجاتے ہیں۔ وہ وعدہ کرتے ہیں کہ پھر کبھی کسی کو نہیں ڈانٹیں گے۔ اس طرح عفت موہانی نے افسانہ ''پیاسا'' میں تنہائی کا شکار انسان کی

فطرت بیان کی ہے۔کہ وہ کیسے اپنی تنہائی کو دوسروں کے ساتھ خوشی بانٹتے ہوئے دور کرنا چاہتا ہے۔

عفت موہانی نے افسانہ'' محبت کی راہیں'' میں قومی یکجہتی کو موضوع بنایا ہے۔خان صاحب اور رائے صاحب دونوں اچھے پڑوسی ہوتے ہیں ایک مقدمے میں خان صاحب کو رائے صاحب کے خلاف گواہی دینی پڑتی ہے۔دونوں کی دوستی میں شگاف پڑ جاتا ہے۔فرقہ وارانہ فسادات میں خان صاحب رائے صاحب کی جان بچاتے ہیں۔اوران کی بیوہ لڑکی ورشا سے اپنے چھوٹے لڑکے شوکت کی شادی بھی کرتے ہیں۔اس طرح عفت موہانی نے ہندوستان میں قومی یکجہتی کو پروان چڑھانے کے لیےاس افسانے سے اچھا سبق دیا ہے۔عفت موہانی ایک زود گو افسانہ نگار و ناول نگار رہی ہیں۔نئی نسل کے نوجوان لڑکے اور لڑکیوں نے ان کے افسانوں اور ناولوں کا خوب مطالعہ کیا۔ان کے افسانے اصلاحی رنگ کے تھے۔ان کا اسلوب نگارش سادہ رواں دلچسپ تھا۔تلنگانہ کی تہذیب کوانہوں نے اپنے افسانوں میں پیش کیا۔عفت موہانی کے کئی ناولوں کے مختلف زبانوں میں ترجمے ہو چکے ہیں جیسے کنٹری وغیرہ اتر پردیش اردو اکیڈیمی نے ان کے بعض ناولوں پر ایوارڈ دیئے ہیں۔

# آمنہ ابوالحسن

تلنگانہ کی افسانہ نگار خواتین میں آمنہ ابوالحسن (۲۰۰۵-۱۹۴۱) کا نام کسی تعارف کا محتاج نہیں۔سیدہ آمنہ ابوالحسن جو آمنہ ابوالحسن کے نام سے ادبی دنیا میں اپنی تخلیقات کے سلسلے میں شہرت رکھتی ہیں۔آمنہ ابوالحسن کی پیدائش ۱۰ مئی ۱۹۴۱ء کو حیدرآباد میں ہوئی۔ان کے والد کا نام ابوالحسن سید علی تھا۔جو ماہر قانون ہونے کے ساتھ ساتھ سیاست سے بھی دلچسپی رکھتے تھے۔آمنہ ابوالحسن کو بچپن سے ہی فنون لطیفہ سے گہری دلچسپی تھی۔اپنی عمر کے ابتدائی دور سے ہی وہ موسیقی اور ادب کی شوقین تھیں۔انہوں نے زندگی کا ہر جذبہ موسیقی اور ادب سے ہی حاصل کیا۔محبت اور خوبصورتی ان کی کمزوری رہی اس لیے حیات کی تلخیاں اور سختیاں ان کے لیے آسان ہوگئیں۔ان کے الفاظ میں'' دلوں کا طواف کعبہ کا طواف ہے''۔وہ کہتی ہیں کہ جو شخص انسان سے پیار نہیں کرسکتا وہ اللہ سے عشق نہیں کرسکتا۔

آمنہ ابوالحسن کو بچپن سے ہی لکھنے کا شوق تھا۔انہیں گھر سے ادبی ماحول ملا تھا۔آپ کے والدابوالحسن سید علی مرحوم نامور قانون اور سیاست داں ہونے کے ساتھ ساتھ سیاسی رہنما بھی تھے۔ ان کے والد ہندوستان کی پہلی پارلیمنٹ کے رکن بھی تھے۔علاوہ ازیں قائد ملت نواب بہادر یار جنگ کے بعد آپ کو اتحادالمسلمین کا صدر چنا گیا تھا۔ایسے والد کے زیرسایہ تعلیم وتربیت نے آمنہ ابوالحسن کے ادبی ذوق کو نکھارا۔ان کی پہلی تخلیق کہانی کے روپ میں ''ننھی کلی'' کے عنوان سے بچوں کے لئے شائع ہونے والے رسالے میں چھپی جب یہ مڈل کلاس کی طالبہ تھیں۔اس کے بعد باضابطہ لکھتی ہی چلی گئیں۔ان کے قلم کی جادو بیانی نے کئی تخلیقات کو جنم دیا۔آمنہ ابوالحسن کی شادی دوران تعلیم ہی جناب مصطفیٰ علی اکبر صاحب سے ہوئی جو آل انڈیا ریڈیو نیوز ریڈر دہلی رہے۔آمنہ ابوالحسن اپنے اطراف واکناف پر گہری نظر رکھتی ہیں۔اور انہوں نے اس کا اظہار اپنے افسانوں میں کیا ہے۔ان کے ہر افسانے میں کچھ نہ کچھ مقصدیت ضرور ہوتی ہے۔ان کی اکثر کہانیوں کا تعلق عورتوں کی نفسیات سے ہے۔انہوں نے زندگی کے حادثات اور عملی تجربات کی بنیاد پر اپنے کردار تخلیق کئے ہیں۔کسی نے کیا خوب کہا ہے کہ ''غم کائنات ان کے افسانوں میں ایک چشمہ کی طرح ابلتا ہے۔اور ایک قوت کی طرح پنپتا ہے۔ان کے افسانوں کا پہلا مجموعہ ''کہانی'' اور دوسرا ''بائی فوکل'' ہے۔انہوں نے بہت سے ناول بھی لکھے۔مثلاً سیاہ سرخ، تم کون ہو، واپسی، آواز اور پلس مائنس۔آمنہ ابوالحسن کو جدید دور کی بڑھتی ہوئی پیچیدگیوں، نفسیاتی الجھنوں اور انسانی تاریخ کی کربناکی کی تصویر کشی میں مہارت ہے۔ان کے افسانے ذہن وفکر میں ایک احساس پیدا کرتے ہیں۔جو ان کی کہانیوں کا نچوڑ ہوتا ہے۔

آمنہ ابوالحسن نے جو افسانے لکھے ان میں کچھ اس طرح ہیں : ۱۔ تجدید۔۲۔معذرت۔۳۔میری میا۔۴۔میرا ناچی رے۵۔خالق۶۔برمزار ما۔۷۔سچائی کا بوجھ۔ ۸۔اندھیرا روشنی اور دل۔۹۔کہانی ۱۰۔ٹرمینس ۱۱۔اندھیرے کا خوف ۱۲۔گیت ۱۳۔دل۔ ۱۴۔منظر۔۱۵۔پتھر کی قیمت۔ ۱۶۔نام۔۱۷۔روشنی۔۱۸۔برجو۔۱۹۔اشیرواد۔ ۲۰۔تین لڑکیاں۔۲۱۔سرگوشی۔۲۲۔منزلیں دار کی۔۲۳۔کاتبِ تقدیر۔۲۴۔چاپ۔۲۵۔دریچہ۔۲۶۔ ایک بوند عطر کی۔۲۷۔ننکو۔۲۸۔آوا۔۲۹۔لیبل۔۳۰۔ایکس وائی زیڈ۔۳۱۔وہ عورت۔۳۲۔بائی فوکل۔۳۳۔راستہ۔۳۴۔مولی۔۳۵۔شیشے کی دیوار۔۳۶۔خوشبو کی منزل۔۳۷۔گہن ۳۸۔پرتو۔۳۹۔پہچان۔۴۰۔عفریت۔۴۱۔طواف۔۴۲۔کرسی۔۴۳۔حاصل حیات۔۴۴۔پیلا

## پھول

آمنہ ابوالحسن کے افسانہ ''تجدید'' کا مرکزی کردار اسٹیشن ماسٹر شیام جب اس قصبہ میں آیا وہ پچیس (۲۵) سال کا توانا نوجوان تھا۔ شیام اپنی ڈیوٹی کے فرصت کے وقت تصویریں بنا کر دیواروں پر آویزاں کرتا۔ ایک رات جب اسٹیشن پر ریل گاڑی رکتی ہے تو ایک لڑکی گھبرائی ہوئی پریشان کیبن کے اندر آتی ہے۔ اور بیٹھنے کی اجازت مانگتی ہے۔ شیام کے لیے یہ انوکھا تجربہ تھا۔ اس لڑکی نے بتایا کہ وہ گھر سے بھاگ کر آئی ہے، اسکے باپ نے زبردستی اس کا بیاہ کرنا چاہا، خود کو بچانے کا کوئی راستہ نہ تھا۔ یہ کہتے ہوئے وہ سوگئی۔ شیام نے اس کی تصویر بنادی جب ریل گاڑی آ گئی شیام نے اس لڑکی کو جگایا اور وہ لڑکی چلی گئی۔ شیام انتظار کی گھڑیاں دیکھتا رہا بھی تو وہ لڑکی آئے گی۔ پچیس سال کے بعد اپنی بیٹی کے ساتھ وہ اسٹیشن پر آئی بیٹی اپنی تصویر اس ویران پلیٹ فارم پر دیکھ کر حیران ہوگئی تب اس کی ماں نے کہا کہ وہ تصویر تمہاری نہیں میری ہے پچیس سال پہلے میں تمہاری جیسی تھی جب میں گھر سے بھاگ کر آئی تو اس اسٹیشن ماسٹر نے مجھے پناہ دی اور میری تصویر بنائی تھی نہ جانے وہ اسٹیشن ماسٹر اب کہاں ہے۔ شیام دونوں ماں بیٹی کی باتیں سن رہا تھا تب ہی ریلوے اسٹیشن پر زور دار دھما کہ ہوتا ہے کہ شیام نے ایک پٹری پر دو گاڑیوں کی آمد کا سگنل دے دیا تھا لڑکی اور اس کی ماں تصویر پھینک کر باہر نکلتے ہیں اور شام تصویر کو اٹھا کر اس کی پشت پر پچیس سال پہلے لکھی تاریخ کو مٹا کر نئی تاریخ درج کرتا ہے۔ اس افسانے میں آمنہ ابوالحسن نے طویل انتظار کو بہتر انداز میں پیش کیا۔ لیکن شیام کو اس طویل انتظار کے بعد بھی کچھ حاصل نہیں ہوا۔ افسانہ ''معذرت'' سات صفحات پر مشتمل بالکل معمولی نوعیت کی کہانی ہے چند سہلیاں سونیا، رضیہ، ناہید، ممتاز، سلمیٰ جامن توڑنے درخت پر چڑھتی ہیں۔ محمود نامی ایک نوجوان کی مینا سے چھیڑ چھاڑ ہوتی ہے۔ محمود مینا کی ساری سہلیوں کو پکچر بتاتا ہے اور گھما کر لاتا ہے آخر میں محمود کی شادی مینا کے بجائے سونیا سے ہوجاتی ہے۔ کورٹ میریج جس کی اطلاع اخبار کے ذریعے معلوم ہوتی ہے ساری سہلیاں مینا کا غم دور کرنے جاتی ہیں مینا حسب معمول چوینگم چباتی ہوئی کہتی ''معذرت کی مطلق ضرورت نہیں'' اس افسانے کے کردار اور کہانی میں جان نہیں۔ افسانہ ''میری میا'' کی کہانی ایک ٹھیلہ بنڈی راں ونا یک کے ارد گرد گھومتی ہے۔ ونا یک دن بھر کی کمائی لال مرچ اور کیریوں کی فروخت سے ہونے والے پیسے دوستوں کو سنیما دکھاتا اور شراب پی کر اڑا دیتا ہے اس کی ماں ریشمی کو شکایت رہتی ہے کہ گھر میں پیسے نہیں دیتا تو شادی کس حرح کروں گی ایک دفعہ ونا یک ماں کو پچاس روپئے دیتا ہے۔ ماں ایک لڑکی

دیکھ کر شکنتلا سے اس کی شادی کر دیتی ہے۔ شادی کے جشن کے دن ہی داروغہ ایک کانسٹبل کے ساتھ آ کر ونایک کو گرفتار کر لیتا ہے۔ سارے مہمان پریشان ہو جاتے ہیں تب ونایک فخر سے کہتا ہے کہ اس نے شکنتلا پر الزام لگایا تھا اس لئے میں نے سے قتل کر دیا۔ یہ افسانہ غریب طبقے کی دکھ بھری کہانی ہے۔ افسانہ ''میرا ناچی رے'' عشق و محبت میں تڑپنے والوں کی داستان ہے۔ نشاط زماں سے محبت کرتی ہے اور ایاز نشاط سے محبت کرتا ہے جب کہ زماں شادی شدہ ہے اور بچے بھی ہیں نشاط کو اس لئے زماں پسند ہے کہ وہ نشاط کے ناچ گانے کو پسند کرتا ہے۔ نشاط کا خیال ہے کہ انسان، گوشت اور جسم ہی نہیں دل و دماغ بھی ہے چنانچہ وہ زماں کے قریب ہو جاتی ہے۔ افسانہ ''خالق'' خالص فلمی انداز کا افسانہ ہے۔ زرینہ کی زندگی میں تین مرد آتے ہیں زرینہ کا دل جیتنے کی کوشش کرتے ہیں۔ رفعت زرینہ کا ساتھ دینے کا وعدہ کرتے ہوئے شہر سے باہر چلا جاتا ہے جب واپس آتا ہے تو زرینہ نہیں ملتی ایک عرصہ بیت جانے کے بعد رفعت اور زرینہ کی ملاقات ہوتی ہے لیکن زرینہ رفعت کو پہچاننے سے انکار کر دیتی ہے۔ زرینہ کی بیٹی دور سے ان دونوں کی گفتگو سن رہی تھی اور رفعت آخر میں میری بچی کہہ کر ہاتھ پھیلا دیتا ہے۔ مصنفہ کو مصوری اور موسیقی دونوں سے دلچسپی ہونے کے باعث کئی افسانے جنم لیتے ہیں افسانے گیت، منظر، سچائی کا بوجھ میں منظر کشی اور پیش کشی کا انداز بہت عمدہ ہے۔ اس سے پیار و محبت کے لطیف جذبوں کو ابھارا گیا ہے۔ آمنہ ابوالحسن نے شہری زندگی سے ہٹ کر دیہاتی لوگوں کی زندگی کی بہت عمدہ نمائندگی کی ہے وہاں کے کھیت کھلیان، دیہات کا پس منظر وہاں کی بولیوں کا ذکر ان افسانوں میں ''آوا'' اور ''برجو''، ''لیبل'' اور ''میری میا'' میں بہتر انداز میں تجزیہ کیا ہے۔ ''کہانی'' کا شمار بیانیہ نوعیت کی کہانیوں کے زمرے میں آتا ہے۔ شعور کی تکنک سے کام لیتے ہوئے کہانی کا تانا بانا تیار کیا گیا ہے۔ آمنہ ابوالحسن نے کہانی میں کردار ''جہاں'' کی زندگی میں آئے نوجوانوں کا ذکر تو کیا ہے اسی میں ایک نوجوان زماں ہے۔ زماں کون ہے اور جہاں سے کیا رشتہ ہے۔ گھر میں آویزاں تصویر کا کیا مطلب ہے آیا وہ تصویر والی شخصیت بقید حیات ہے یا نہیں۔ اس افسانے میں بہت سے سوالات جگہ پاتے ہیں۔

افسانہ میری میّا میں آمنہ ابوالحسن نے نچلے اور محنت کش کرداروں کو نمائندگی دی ہے۔ اس میں بتایا گیا ہے کہ نچلے طبقے کے لوگ محنت کش ہونے کے باوجود نہ صرف آپس میں لڑتے جھگڑتے ہیں بلکہ جب کسی پر مصیبت درپیش ہو تو وہ سب چیزوں کو بھول کر ایک ہو جاتے ہیں۔ اس معاشرے کی سچی نمائندگی کرتے ہوئے لکھا ہے کہ اس معاشرے کی عورت اپنے شوہر کو کوستی ہے۔ عام طور پر

مرد کسی نہ کسی جرم کا ارتکاب کر کے سلاخوں کے پیچھے چلا جاتا ہے اور عورتوں کو بچوں کی پرورش کا فریضہ انجام دینا پڑتا ہے۔ ریشمی کا کردار اس افسانے کا نمائندہ کردار ہے جو فطرتاً لالچی ہے۔ ریشمی اپنے بیٹوں سے ہمیشہ ن کی کمائی کے بارے میں پوچھتی رہتی ہے اور روزانہ کی کمائی چھین کر اپنے پاس محفوظ رکھتی ہے۔ ن کی اس عادت سے تنگ آ کر اس کا بڑا بیٹا بابوا لگ ہو جاتا ہے۔ ریشمی کو اس کا شوہر چھوڑ کر چلا جاتا ہے اس کے ساتھ اس کا چھوٹا بیٹا ونائک رہتا ہے بہن کا لڑکا کالے بابو بھی اُسی کے ساتھ رہتا ہے۔ بیٹا ونائک ہر بات پر بہن اور اس کے لڑکے کو پیٹتا ہے۔ ان سب باتوں کے باوجود ریشمی کا ایک خواب ہے کہ اُس کے بیٹے ونائک کی شادی ہو جائے۔ جس کیلئے وہ پیسہ جمع کرتی ہے۔ ایک محنت کش مضبوط جسم کی کالی فولاد کی طرح سخت لڑکی شکنتلا سے اس کی شادی طئے کر دیتی ہے شادی کے دن داروغہ آ کر ونائک کو بھورے نامی شخص کے قتل کے جرم میں گرفتار کر لیتا ہے۔ بھورے نے ونائک سے کہا تھا کہ اُس کی ہونے والی بیوی بدچلن ہے۔ جیل جاتے ہوئے ونائک شکنتلا سے ماں کا خیال رکھنے کو کہتا ہے۔ جبکہ شکنتلا اپنی بدقسمتی کا رونا روتی ہے۔ افسانوں میں مختلف کرداروں کی عکاسی کے ذریعے محنت کش طبقہ اُبھر کر نظر آتا ہے۔ کرداروں کے ذریعے نفسیاتی کشمکش اور ذہنی تناؤ بھی دکھایا گیا ہے۔ ریشمی اپنے شوہر کو گالیاں دیتی ہے تو ونائک اُسے بری طرح پیٹ دیتا ہے۔ بیٹے سے پیٹے جانے کے دروان بھی ریشمی اُس کے جیب ٹٹولتی رہتی ہے۔ کہانی کے آغاز سے ہی کرداروں کے درمیان رشتوں کی بے حُرمتی کا ثبوت ملتا ہے۔ لیکن اختتام میں رشتوں کا احترام نمایاں نظر آتا ہے۔ مختلف کردار ان پڑھ جاہل اور پست طبقہ ہونے کے باوجود اُن میں شعور کی علامت پائی جاتی ہے۔ یہ شعور اُن کی اپنی ضروریات کو بہتر ڈھنگ سے سمجھنے میں معاون ہوتا ہے۔

آمنہ ابوالحسن کے افسانوں میں افسانہ ''بر مزار'' ایک پاک وصاف خوبصورت افسانے کی حیثیت حاصل ہے۔ بظاہر یہ معمولی کہانی ہے لیکن افسانوں کے نقاد نے اسے صبر وتحمل اور ایثار کے وصف کی بنیاد پر اہمیت دی ہے۔ یہ افسانہ ایک المیہ ہے جس سے ہزاروں قارئین بھی اس کیفیت سے دوچار ہوتے ہیں۔ افسانے کے کردار حساس ذہن کی نمائندگی کرتے ہیں سہیل اور الطاف دو دوست ہیں اور سہیل کی بیوی ثروت نہایت حسین ہے۔ ایک تعارف کے درمیان پتہ چلتا ہے کہ الطاف اور ثروت ایک دوسرے کو پہلے سے ہی جانتے تھے۔ الطاف اور سہیل کے دوستانہ تعلقات اتنے مضبوط اور بااعتماد ہیں کہ الطاف دو دن تک اپنی بیوی ثروت کی ذمہ داری سہیل کو سونپتا ہے جسے وہ بخوبی انجام دیتا ہے۔ اسی دوران الطاف کو اپنی بیوی کو میکے سے لانے کیلئے سسرال جانا

پڑتا ہے تب وہ ثروت کو بھی اپنی سسرال ساتھ لے جاتا ہے۔ طویل عرصے بعد سب کے بچے بڑے ہو جاتے ہیں اور اسی دوران کار حادثے میں سہیل کا انتقال ہو جاتا ہے اور ثروت اپنے بچوں کو لے کر میکے منتقل ہو جاتی ہے لیکن ہر سال اپنی شادی کی سالگرہ پر وہ گھر آتی ہے اسی دوران الطاف سے اس کی ملاقات ہوتی ہے اور دورانِ گفتگو بارش ہوتی ہے وہ بھیگتے رہتے ہیں اسطرح رات گزرتی ہے۔ ثروت کے لیے وہ رات ایسی تھی جس کی کوئی صبح نہیں تھی۔ ثروت کے کردار کے ذریعے آمنہ ابوالحسن نے یہ بتانے کی کوشش کی ہے کہ اپنے شوہر کے انتقال کے بعد بھی وہ ایک وفادار بیوی کی طرح اپنے بچوں کی پرورش کرتی ہے اور اپنی انفرادی زندگی کو بھلا دیتی ہے۔ ثروت کا کردار ایثار و قربانی کی علامت ہے۔ زندگی بھر وہ صعوبتیں برداشت کرتی ہے اور اُسی رات انتقال کر جاتی ہے۔ الطاف جنازے میں شرکت کرتا ہے اور سوچتا رہتا ہے کہ اگر دنیا اُسے پوچھے گی کہ وہ آنسو بہانے کا کیا حق رکھتا ہے تو وہ کیا جواب دے گا۔ غرض الطاف کے کردار کے ذریعے آمنہ ابوالحسن نے دوستی، وفاداری اور رواداری کے عناصر کی نمائندگی کی ہے۔ یہ افسانہ المیہ ہونے کے ساتھ ساتھ اس کی اختتامی کیفیت نہ صرف قارئین کو متاثر کرتی ہے بلکہ افسانہ نگار کی تخلیقی صلاحیت کی بھی عکاسی کرتی ہے۔

افسانہ ''افسانہ ''اندھیرا روشنی اور دل'' میں آمنہ ابوالحسن نے کرداروں کے ذریعے یہ بتانے کی کوشش کی ہے کہ انسان غلط راہوں پر کیوں اور کس طرح پڑ کر اپنی زندگی اجیرن کر لیتا ہے۔ اس افسانے میں صرف دو ہی کردار ہیں۔ ایک رئیسہ اور اس کی نوکرانی فتو۔ افسانے کا آغاز فطری انداز سے ہوتا ہے۔ جس میں رئیسہ دیکھتی ہے کہ اس کے سامنے والے فلیٹ کی چوتھی منزل پر ہنگامہ برپا ہوا ہے موسیقی کی زور و شور سے آوازیں آ رہی ہیں جو اُسے اپنی طرف کھینچ رہی ہیں۔ وہ اُس کی نغمگی میں مسحور ہو جاتی ہے۔ اور چاہتی ہے کہ کسی طرح اس موسیقی کی محفل میں شریک ہو جائے لیکن وہ خوددار ہونے کی وجہ سے ایسا نہیں کر سکتی تھی۔ جب وہ اپنی نوکرانی سے دوسرے دن اُس محفل کے بارے میں دریافت کرتی ہے تو اُسے پتہ چلتا ہے کہ وہاں ایک آرٹسٹ مقیم ہے۔ رئیسہ اُس آرٹسٹ کے بارے میں جاننے کے لیے متجسس ہے اس کام کے لیے وہ فتو کو کہتی ہے کہ اُس آرٹسٹ کے بارے میں مکمل معلومات درکار ہیں۔ فتو کا کردار اگرچہ کہ ایک نوکرانی کا ہے لیکن وہ بھی فطری طور پر ایک عورت کی سوجھ بوجھ رکھتی ہے کم عمر ہونے کے باوجود بھی فتو مرد کی ذہنیت سے بخوبی واقف تھی۔ کیونکہ اُسکے دونوں شوہر ناکارہ اور نااہل ثابت ہوئے تھے۔ وہ فتو کو اپنی کمائی کا ذریعہ بنانا چاہتے تھے۔ اس لئے فتو نے شوہروں سے ملنے والے تلخ تجربوں سے ازدواجی زندگی سے کنارہ کشی اختیار

کرلی تھی۔فتو رئیسہ کو آرٹسٹ کے بارے میں معلومات تو فراہم کرتی ہے لیکن ساتھ ہی یہ نصیحت کرتی ہے کہ اُس آرٹسٹ سے بچ کر رہے۔ رئیسہ کو دھیرے دھیرے پتہ چلتا ہے کہ وہ آرٹسٹ عورتوں میں کم اور شراب اور لڑکوں کا دیوانہ ہے۔ دل اور عورت کا اس کی زندگی میں کوئی مقام نہیں۔اس طرح رئیسہ کو یہ بات سمجھنے میں آتی ہے کہ اجنبی آرٹسٹ کس مزاج کا مالک ہے۔ وہ غور کرنے لگتی ہے کہ انسان جس نغمے کی تلاش میں رہتا ہے ضروری نہیں کہ وہی اس کی زندگی کا حاصل ہو۔ رئیسہ کا کردار عورت کی نفسیات اور اُس کے فطرت کی عکاسی کرتا ہے۔اس کے ذریعے یہ ظاہر ہوتا ہے کہ انسان کو وقت پر صحیح تربیت حاصل نہ ہو تو چاہے وہ کتنا ہی بڑا آرٹسٹ بن جائے بحیثیت انسان وہ بے کار ہی رہتا ہے۔ رئیسہ کے ذریعے آمنہ ابوالحسن نے پہلی مرتبہ افسانے کو نفسیاتی روش دی ہے اور ثابت کیا ہے کہ خیالی طور پر جس حقیقت کو قبول کرلیا جائے۔اُس حقیقت کی نمائندگی اُسی وقت ممکن ہے جب اُس پر سے پردہ اُٹھادیا جائے۔ آرٹسٹ کے کردار کے ذریعے اخلاقی گراوٹ اور انسان کی فطرت میں دھوکہ دہی کے عناصر کی عکاسی کی گئی ہے۔اس کی زندگی ایک جانور کی طرح گزر رہی ہے جو جنسی بے راہ روی کا شکار ہے۔

افسانوی مجموعہ ''کہانی'' میں شامل نویں کہانی کا عنوان بھی افسانے کے مجموعے کے عین مطابق ''کہانی'' ہے۔اس افسانے کے ذریعے آمنہ ابوالحسن نے یہ بتایا ہے کہ انھیں انسانی نفسیات سے بڑی دلچسپی ہے چنانچہ ایک کردار کی نفسیات کو نمائندگی دی ہے۔ جس کی وجہ سے کردار کو دوامی حیثیت حاصل ہوجاتی ہے۔اس کہانی میں ایک ہی کردار ہے جس کا نام ''جہاں'' ہے اور وہی راوی ہے۔ راوی اپنے مخصوص اور پیار بھرے لمحات کسی دوسرے کو کہانی کے طور پر سناتا ہے۔ واحد کردار کے ذریعے کہانی بُننا بلاشبہ ایک مشکل کام ہے۔ جسے تجربہ کی بنیاد کہا جا سکتا ہے۔اس مرحلے میں انسان کی خودکلامی بھی ظاہر ہوجاتی ہے ''جہاں'' کے بیان اوراس کے تجربات کی روشنی میں یہی بات واضح ہوتی ہے کہ جب تک ایک انسان دوسرے انسان کے دکھ درد کو پہچان نہیں سکتا تب تک کہانی کا وجود ممکن نہیں ''جہاں'' کے کردار کی یہ خوبی ہے کہ وہ دنیا کی ہر چیز میں خوبیوں کو تلاش کرتی ہے۔اُس کا کردار انشاء پرداز کے مثبت خیالات کا حامی ہے۔اس کردار کے مکالماتی انداز سے حقائق کی نمائندگی کے ساتھ ساتھ انسانی عقل و فراست کے دائرے بھی وسیع ہوتے نظر آتے ہیں۔اس افسانے میں شعور کی رو کی تکنیک کا استعمال بحسن خوبی کیا گیا ہے۔ افسانہ اگرچہ طویل ہے لیکن ڈرامائی کیفیت لیے ہوئے ہے اس افسانے کے مکالمے یہ ثابت کرتے ہیں کہ تخلیق کار کو صرف بیانیہ

پر ہی دسترس حاصل نہیں بلکہ مکالمات کو وابستہ اور برجستہ کرنے میں بھی اُن کو کمال حاصل ہے۔ افسانے کے کردار پر تبصرہ کرتے ہوئے نکہت سلطانہ نے حقیقت پسندانہ روش کے ساتھ ان کلمات کے ذریعہ خراجِ تحسین پیش کیا ہے۔

آمنہ ابوالحسن نے اس کہانی میں ''جہاں'' کی زندگی میں آئے نوجوانوں کا ذکر تو کر دیا مگر یہ نہیں بتایا کہ زماں کون ہے اس سے اس کا کیا رشتہ ہے۔

آمنہ ابوالحسن کی افسانہ نگاری میں موجود حسیت، حقیقت پسندی، ترقی پسندی کے ساتھ ساتھ جدیدیت کی نمائندگی کے دوران زندگی کی حقیقتوں اور وسائل کو ہی وسیلہ نہیں بنایا بلکہ انسانی جذبات اور احساسات کو بھی پوری دیانت داری کے ساتھ پیش کیا۔ آمنہ ابوالحسن کے افسانوں کے کردار کی حقیقت اور اُن کے کردار نگاری کے فن پر محاکمہ کرتے ہوئے۔ آمنہ ابوالحسن کے کردار کوئی آسمانی یا کسی اور دنیا سے تعلق نہیں رکھتے بلکہ یہ ہمارے سماج کا حصہ ہیں اور یہ کردار اپنا کام بخوبی نبھاتے چلے جاتے ہیں۔ تجدید کا ''شیام'' میری میا کی ''ریشمی'' میرا ناچی رے کی ''نشاط'' برمزارِ ما کے تینوں کردار (سہیل، الطاف اور ثروت) سچائی کا بوجھ کی ''سلمٰی'' اندھیرا روشنی اور دِل کی ''ریئسہ''، کہانی کی ''جہاں'' ۔۔۔۔۔ وغیرہ ایسے کردار ہیں جن کی شخصیت قاری کو متاثر کئے بغیر نہیں رہ سکتی۔ یہ کردار عام نوعیت کے انسان ہیں ان کی زندگی بھی عام نوعیت کی ہے۔ مگر ان سب کے جینے کا سلیقہ الگ الگ ہے کیونکہ ان میں انسانیت ہے جبکہ انسانیت ہی سب سے عظیم ہے۔

آمنہ ابوالحسن کے کرداروں میں زنانہ اور مردانہ کردار کی نشاندہی کر کے یہ ثابت کیا گیا ہے کہ انہیں زندگی سے قریب کردار اور حقیقت کو شامل کرنے سے بڑی دلچسپی ہے۔ الغرض اُن کے کرداروں کا وصف یہ ہے کہ وہ دھنک کے مختلف رنگوں کی طرح مختلف طبقات کی نمائندگی کرتے ہیں جن میں اخلاق تہذیب، جدیدیت اور رواداری کے پہلو نمایاں ہیں۔ آمنہ ابوالحسن نے بیس پچیس سال تک افسانے لکھے اور اردو افسانوں کے سرمائے میں قابل قدر اضافہ کیا۔ انہوں نے سماج کا قریب اور گہرائی سے مطالعہ کیا اور اپنے اطراف بکھری کہانیوں کو انسانی ہمدردی کے ساتھ پیش کیا۔

# زینت ساجدہ

زینت ساجدہ (۲۰۰۸-۱۹۲۴) تلنگانہ حیدرآباد دکن سے تعلق رکھنے والی ایک اہم افسانہ نگار ہیں۔ان کا پورا نام خواجہ زینت النساء ساجدہ بانو ہے اور وہ قلمی نام زینت ساجدہ سے جانی پہچانی جاتی ہیں۔۲۶مئی۱۹۲۴ء اندرون قلعہ رائچور میں پیدا ہوئیں۔زینت ساجدہ کی ابتدائی تعلیم نارمل اسکول کاچی گوڑہ میں ہوئی۔انہوں نے جامعہ عثمانیہ سے ایم اے اوراشرف بیابانی کی ''نوسرہار'' پر تحقیقی مقالہ لکھ کر پی ایچ ڈی کی ڈگری حاصل کی۔ان کے اساتذہ میں ڈاکٹر محی الدین قادر زور، پروفیسر سید محمد، پروفیسر ابوظفر،عبدالواحد، سجاد صاحب، جہاں بانو نقوی اور جعفری بیگم وغیرہ شامل تھیں۔ان بزرگوں سے انہیں فیض یاب ہونے کے مواقع ملے اوران سے وہ سب سے زیادہ متاثر بھی ہوئیں۔ان کی اچھی اور صحت مند اخلاقی قدروں کوانہوں نے اپنایا،ایک جگہ زینت ساجدہ خود اس بات کا اعتراف کرتی ہیں۔ان کی ساتھیوں میں صغراء ہمایوں مرزا، جہاں بانو نقوی ،لطیف النساء بیگم وغیرہ شامل تھیں ۔یہ سب خواتین اس تنظیم کی سرگرم رکن تھیں اور یہ لوگ اپنے مضامین کے ذریعہ ترک رسوم ، کفایت شعاری ، بچوں کی تربیت ،علم کی اہمیت ،لڑکیوں کی تعلیم ،ادب سے دلچسپی وغیرہ کی طرف متوجہ کرتے تھے۔ یہی خواتین تھیں جوحیدرآباد میں جتنی بھی کانفرنسیں ہوتی تھیں ان میں خواتین کی نمائندگی کرتی تھیں،ادبی محفلیں ہو یا مشاعرے چلمن ڈال کر پردے کا اہتمام کیا جاتا تھا۔نسوانی تعلیم کی اہمیت پر زور دیا جاتا تھااور سماجی اصلاح ان کا مقصد ہوا کرتا تھا۔

ڈاکٹر زینت ساجدہ نے ۱۹۴۷ء سے بحیثیت لکچرار اپنے ادبی خدمات کا سلسلہ شروع کیا۔ابتداء زنانہ کالج کوٹھی میں ان کا تقرر رہوا۔اس کے بعد پوسٹ گریجویٹ کالج بشیر باغ، نظام کالج ، ایوننگ کالج اور آخر میں ریڈر شعبہ اردو عثمانیہ یونیورسٹی کی حیثیت سے وظیفہ پر سبکدوش ہوئیں۔زینت ساجدہ اوران کے شوہر حسینی شاہد ترقی پسند تحریک سے بے حد متاثر تھے اورترقی پسند نظریات کے حامل ہونے کی وجہ سے انہیں بہت سی قربانیاں دینی پڑیں۔ تلنگانہ تحریک کا دور آیا۔ کمیونسٹ رہنما روپوش ہو گئے زینت ساجدہ چونکہ تدریس سے وابستہ تھیں اوران کا شمار کسان یا مزدور لیڈروں میں نہ ہوتا تھا اس لئے ان کو زیادہ پریشان نہیں کیا گیا لیکن ان کے ترقی کے منازل

میں رکاوٹیں پیدا ہوئیں۔ حسینی شاہد کے ساتھ بھی بہت زیادتی ہوئی ان پر یونیورسٹی کی ملازمت کے سارے راستے بند کردئے گئے۔ حسینی شاہد مختلف کالجوں میں پارٹ ٹائم کام کرتے رہے پھر اردو آرٹس کالج قائم ہوا تو انھیں وہاں پناہ ملی۔ زینت ساجدہ بھی بے پناہ صلاحیتوں کے باوجود ترقی کے زینے نہ طے کرسکیں بہ مشکل تمام ریڈر کے عہدے تک پہنچ پائیں۔ لیکن ان کو اس کا بھی ملال نہیں رہا کہ انہیں مزید عہدے کیوں نہیں ملے اور عہدے کی خاطر کسی کے سامنے نہ جھکنے کا جوان کا رویہ تھا اس کو اپنی ملازمت کے اختتام تک نبھاتی رہیں۔ وظیفہ پر علیحدگی سے دوسال پہلے انھیں صدر شعبہ اردو عثمانیہ یونیورسٹی مقرر کیا گیا تو انہوں نے سوچا کہ جس عمارت کے دروازے ان کے شوہر پر بند کر دئے گئے ہوں وہ اس میں کیسے جاسکتی ہیں۔ لہذا چند اہم میٹنگوں کو چھوڑ کر آرٹس کالج کی پتھریلی عمارت میں واقع صدر شعبہ کے دفتر کو زینت نہیں بخشی۔ صدر شعبہ کا سارا دفتر کام نظام کالج میں بیٹھ کر انجام دیتی رہیں۔

ماہنامہ ''شہاب'' حیدرآباد میں زینت ساجدہ کا پہلا افسانہ ''لاٹری'' شائع ہوا۔ اس کے بعد کئی رسائل و جرائد جیسے ''افکار'' نظام، سب رس، ایوان، ادبی دنیا میں اکثر مضامین اور افسانے شائع ہوتے رہے۔ افسانوں کے علاوہ مختلف النوع موضوعات پر ان کی کتابیں جن میں بچوں کیلئے تین کتابیں ''نگر نگر کی بات'' (بچوں کے لئے) ''محبّ وطن خواتین'' (بچوں کیلئے) ''بہادر عورتیں'' (بچوں کیلئے) شامل ہیں۔ اس کے علاوہ ''کلیات شاہی'' (ترتیب کار) ''تلگو ناول کی تاریخ'' حیدرآباد کے ادیب، حصہ نثر اول دوم کی ترتیب کار، ''تاش کے محل'' (تلگو ناول کا ترجمہ) وغیرہ منظر عام پر آچکے ہے۔ اس کے ساتھ ساتھ ایک افسانوی مجموعہ ''جل ترنگ'' بھی شائع ہوا ہے۔

زینت ساجدہ کا پہلا افسانوی مجموعہ ''جلترنگ'' ہے۔ جو حیدرآباد کے ادبی حلقوں میں ان کی شہرت کا باعث بنا۔ یہ حسب ذیل دس افسانوں پر مشتمل ہیں: ۱۔ پروانے ۲۔ کھلاڑی ۳۔ بی بی ۴۔ کنول رانی ۵۔ یونیورسٹی روڈ پر ۶۔ شہزادی ۷۔ مذاق ۸۔ پارو ۹۔ بجھتا ہوا شعلہ ۱۰۔ آخری لمحہ۔

اس مجموعہ میں شامل سبھی افسانے نہایت خوبصورت ہیں جو مختلف النوع موضوعات پر مبنی ہیں۔ خصوصاً بی بی، یونیورسٹی روڈ پر، بجھتا ہوا شعلہ اور آخری لمحہ کا شمار ان کے بہترین افسانوں میں کیا جاسکتا ہے۔ خود زینت ساجدہ صاحبہ ''بی بی'' کو اپنے اس مجموعے کی سب سے بہتر کہانی قرار دیتی ہیں۔ بقول ان کے ''ساری کہانیاں حقیقی ہیں صرف افسانوی مبالغہ سے کام لیا گیا ہے۔''[۲]

افسانوی مجموعہ ''جلترنگ'' میں پہلا افسانہ ''پروانے'' ہیں۔ زینت ساجدہ اپنے افسانے ''پروانے میں پروانوں کے سنہری ڈھیر کو ایک مختلف زاویہ سے دیکھتی ہے۔ بے حد جذباتی انداز میں یاد ماضی کے اوراق کو کریدنے والا یہ افسانہ قاری کے ذہن کو جھنجھوڑ دیتا ہے۔ ''یونیورسٹی روڈ پر'' اس افسانے میں امراء کی بے حسی پر لطیف انداز میں روشنی ڈالی گئی ہے۔ امراء کسی کی مدد کرنا اپنی توہین سمجھتے ہیں۔ بہ نسبت اس کے ایک غریب بہت ہمدرد اور درد مند دل رکھتا ہے۔ اس افسانے میں ہیرو اور ہیروئین کی کار بارش کی وجہ سے خراب ہوجاتی ہے۔ سامنے کی کوٹھی کے مکین سے مدد مانگتے ہیں تو وہ صاف انکار کردیتا ہے۔ اس افسانے میں دکھایا گیا ہے کہ اونچے طبقے کے لوگ بہت خودغرض اور مطلب پرست ہوتے ہیں۔ جلترنگ کی کہانیاں بڑی حد تک سماجی، اصلاحی اور رومانی انداز لئے ہوئے ہیں لیکن کہانیوں کو ابتدائی کوشش کہا جاسکتا ہے۔ خود زینت ساجدہ ان کہانیوں کو تجربے کا نام دیتی ہیں۔ جلترنگ کے بعد بھی ان کی کئی بے شمار کہانیاں شائع ہوچکی ہیں۔ جو تکنیک موضوع اور فکر وشعور کے اعتبار سے ''جلترنگ'' کی کہانیوں سے کہیں زیادہ بلند معیار کی حامل ہیں۔

روشنی اوتار، زنجیریں اور اجنبی اس کی روشن مثالیں ہیں۔ ان کہانیوں کے موضوعات خواتین کی زبوں حالی اور عدم مساوات ہے۔ جلترنگ کی کہانیوں میں رومانیت غالب ہے اس کے بعد کی کہانیاں دعوت فکر دیتی ہیں۔

روشنی ایک غم زدہ عورت کی کہانی ہے۔ شوہر کی وفات کے بعد بیٹے کی نہ صرف اچھی طرح پرورش کرتی ہے بلکہ اعلیٰ تعلیم یافتہ بنا کر بیرون بھیجتی ہے۔ اس کا بیٹا ہی اس کا واحد سہارا رہتا ہے اس کا جینے کا مقصد ہی اس کا بیٹا ہے۔ بیرون ممالک جا کر اس کا بیٹا جب شادی کرلیتا ہے اور اپنی ماں کو شادی کی اطلاع دیتا ہے۔ اس کی ماں پر غم کا پہاڑ ٹوٹ پڑتا ہے اور شدت سے تنہائی کا احساس ہونے لگتا ہے۔ جب وہ اپنے باپ کے کہے ہوے الفاظ دہرانے لگتا ہے کہ ''ماں باپ کو ہمیشہ اولاد کی ضرورت ہوتی ہے لیکن اولاد کو ماں باپ کا خیال نہیں ہوتا'' یہ سوچ کر وہ حوصلہ مند ہو جاتی ہے کہ ابھی اس دنیا میں مجھ سے بھی زیادہ دکھی لوگ رہتے ہیں اور غم کا مداوا کرتے ہوئے اپنی سہیلی کو خط لکھتی ہے کہ تم اپنے آپ پر افسوس نہ کرو اور تمہاری گٹھیا کی بیماری سے پریشان نہ ہو اور بھائی صاحب کے دمہ سے پریشان نہ ہو۔ تم دونوں ایک دوسرے کے دکھ سکھ کے ساتھی تو ہو اور آج میں بھی خدمت کا راستہ چن لیا اور اب میں اداس ہوں نہ اکیلی ہوں۔

ان کے دیگر افسانوں میں ''کھلاڑی'' بی بی، کنل رانی، یونیورسٹی روڈ پر، شاہزادی، مذاق

، پاور، بجھتا ہوا شعلہ اور آخری لمحہ'' شامل ہیں۔ افسانہ ''شاہزادی'' میں عورت کا کردار عجیب وغریب ہے۔ یہ عورت عام بیویوں سے الگ معلوم ہوتی ہے۔ اس میں رقابت نام کی کوئی چیز ہی نہیں اظہار (ہیرو) ایک ہنگامہ پرور زندگی کا خواہشمند ہے تو شاہزادی (ہیروئن) حالات سے سمجھوتہ کرنے والی ایک سیدھی سادی لڑکی کی جو اپنے شوہر کی برائیوں کو بڑائی میں سمجھتیں اظہار شاہزادی کو اس سے کوئی شکایت نہیں۔ خطوط پڑھنے کے بعد بھی اس پر کوئی اثر نہیں ہوتا۔ زینت ساجدہ نے شاہزادی کو ایک دیوی بنا کر پیش کیا ہے۔ جو صرف محبت کرنا جانتی ہے جس کے پاس صرف خلوص ہے۔

زینت ساجدہ کی زبان سادہ سلیس اور دل نشین ہوتی ہے۔ موقع ومحل کے لحاظ سے وہ زبان کا استعمال کرتی ہیں۔ جس سے ان کے مافی الضمیر کی بھرپور عکاسی ہو جاتی ہے، یہ اور قاری کسی الجھن میں مبتلا نہیں ہوتا۔ اس ضمن میں قدیر امتیاز نے مندرجہ بالا رائے قائم کی ہے۔

''روزمرہ محاورے اور ضرب المثال کے معاملے میں زینت ساجدہ نے احتیاط اور سلیقہ مندی سے کام لیا ہے اور کہیں تحریر کو بوجھل ہونے نہیں دیا۔ وہ الفاظ کی نزاکتوں کا خیال رکھتی ہیں۔ ان کے محاورے موقعہ کی نزاکت کے لحاظ سے چست ہیں۔ محاوروں کے استعمال کے سلسلے میں زینت ساجدہ کی ذہانت اور سلیقہ کا قائل ہونا پڑتا ہے۔ یہی ذہانت وہ ان موقعوں پر بھی دکھاتی ہیں جہاں وہ کم کم کہتے ہوئے بھی بہت کچھ کہہ جاتی ہیں'' زینت ساجدہ ایک باصلاحیت افسانہ نگار بلند پایہ ادیبہ، دیانتدار محقق، مورخ ایک متوازن نقاد اور سلجھی ہوئی طنز نگار کی حیثیت سے بھی منفرد مقام کی حامل ہیں۔

زینت ساجدہ کے افسانوں کا سب سے بڑا وصف ان کا دلنشین انداز بیان ہے۔ ان کا اسلوب بیان رواں اور شگفتہ ہے۔ ان کے مجموعے ''جل ترنگ'' کے سارے افسانوں میں آپ بیتی کی کیفیت پائی جاتی ہے۔ یہ افسانے مختلف تجربوں کے حامل ہے۔ زینت ساجدہ اپنے افسانوں سے متعلق ایک جگہ رقمطراز ہیں۔ ''جل ترنگ'' کی ساری کہانیاں سچی ہیں۔ صرف افسانوی مبالغے سے میں نے کام لیا ہے۔ ان کہانیوں کے سارے کردار زندہ موجود ہیں''۔ غرض ڈاکٹر زینت ساجدہ کے افسانے حیدرآباد کے مخصوص لب ولہجہ اور مکالموں کی بناء  پر انفرادیت رکھتے ہیں اور انہوں نے افسانہ نگاری کے فن کو اس کے ضروری لوازات کے ساتھ اپنی منفرد طرز نگارش اور خوبصورت تکنیکی انداز کا اہتمام کر کے اپنے ہم عصر افسانہ نگاروں میں ممتاز مقام حاصل کر لیا ہے۔

زینت ساجدہ نے بے باکی کے ساتھ سماج کے ان گھناؤنے واقعات پر روشنی ڈالی ہے۔

جوترقی پسند ادیب کا بنیادی رجحان رہا۔ زینت ساجدہ اپنی بے پناہ حقیقت نگاری کی وجہ سے اپنے فن میں آفاقیت یا عمومیت پیدا کرتی ہیں اور اپنے کرداروں کو زندہ اور متحرک پیش کرنے میں بہت زیادہ قدرت رکھتی ہیں۔ ان کے افسانے موثر ہوتے ہیں اور شگفتگی لئے ہوتے ہیں۔ وہ انسانی نفسیات سے اچھی طرح واقف ہیں۔ زینت ساجدہ کے افسانوں میں امتیازی خصوصیت اچھوتا پن ہے۔ ان کے دل میں عورتوں کی ناقدری کا پورا پورا احساس ہے جوان کے قلم کی روانی میں صاف دکھائی دیتا ہے۔ان کے خیالات کی پاکیزگی، طرز ادا، زبان کی سادگی اور شگفتگی ہر لحاظ سے قابل ستائش ہے۔ ان کی سب سے پہلی تخلیق ''لاٹری'' افسانہ نما مضمون ہے جو ماہنامہ شہاب حیدرآباد سے شائع ہوا۔ اس کے بعد ان کے بے شمار افسانے اور مضامین رسائل اور اخبارات کی زینت بڑھاتے رہے ہیں۔ بحیثیت مجموعی زینت ساجدہ کے تمام افسانے تمام، شگفتہ، دلچسپ اور فکرانگیز ہیں۔ ان کا ایک صاف ستھرا مزاج ہے اور سوچنے کا ایک مخصوص ڈھنگ اور بات کہنے کا خاص سلیقہ ہے یہی وجہ ہے کہ ان کے افسانے صحت مند ذہن وفکر کی ترجمانی کرتے ہیں اور خوب سے خوب تر ذہن کی تعمیر کرتے ہیں۔

# قمر جمالی

قمر جمالی علاقہ تلنگانہ سے تعلق رکھنے والی عہد حاضر کی نامور افسانہ نگار ہیں۔ان کا اصلی نام قمر سلطانہ ہے اور قلمی نام قمر جمالی ہے۔ ان کے والد کا نام مولوی محمد جمال شریف صاحب تھا۔ ۱۲اپریل ۱۹۴۸ءکو کاچیگوڑہ حیدرآباد میں پیدا ہوئیں۔کاچیگوڑہ گرلز ہائی اسکول سے میٹرک پاس کیا اس کے بعد بیسک ٹریننگ کی تکمیل کی۔ بی اے انگریزی ادب میں اور ایم اے بھی انگریزی ادب میں پہلا سال مکمل کیا دوسرا سال ادھورا رہ گیا۔ بیسک ٹریننگ کرنے کی وجہ سے کچھ عرصہ پیشہ تدریس سے بھی وابستہ رہیں اس کے بعد محکمہ مالگذاری میں منڈل ریونیو آفیسر محبوب نگر اور حیدرآباد میں تعینات رہیں۔محکمہ مال گزاری میں ۳۱ سال اپنی خدمات بحسن وخوبی انجام دینے کے بعد قمر جمالی بہ حیثیت تحصیلدار اپریل ۲۰۰۶ء میں ملازمت سے سبکدوش ہوئیں۔اس کے بعد ۲۰۰۸ء میں ایم۔ اے (فارسی) عثمانیہ یونیورسٹی حیدرآباد سے درجہ اوّل میں کامیاب ہوئیں۔قمر جمالی کی شادی ۱۹۷۹

میں محمد محمود حامد صاحب سے ہوئی۔ ان کے شوہر سرکاری ملازم ہونے کے علاوہ ایک اچھے افسانہ نگار بھی تھے اور ''تناظر'' سہ ماہی رسالے کے سب ایڈیٹر بھی تھے۔

قمر جمالی نے باضابطہ طور پر اپنے ادبی سفر کا آغاز ماہنامہ 'بیسویں صدی' رسالہ سے کیا۔ اِس رسالے میں ان کا پہلا افسانہ ۱۹۶۹ء میں شائع ہوا۔ افسانہ کے علاوہ قمر جمالی نے ڈرامہ، مضامین، انشائیہ، رپورتاژ، سفرنامہ، کالم نگاری، وفاتیہ وغیرہ تمام نثری اصناف میں طبع آزمائی کی ہے۔ لیکن اِن میں شاعری کی چاہ اَدھوری رہ گئی ہے۔ اب تک کے ادبی سفر میں قمر جمالی کے چار افسانوی مجموعے ''شبیہ'' (۱۹۹۰)، ''سبوچہ'' (۱۹۹۲)، ''سحاب'' (۲۰۰۱)، ''زہاب'' (۲۰۰۷)، ''صحرا بکف'' (۲۰۱۵)، ایک ڈراموں کا مجموعہ ''سنگ ریزے'' (۱۹۹۳) ایک ناول ''آتش دان'' (۲۰۱۴) شائع ہوکر اپنا لوہا منوا چکے ہیں۔ ان کی ادبی خدمات کے اعتراف میں انہیں کئی انعامات و اعزازات سے بھی نوازا جا چکا ہے۔ اِن اعزازات میں آندھرا پردیش اُردو اکادمی ایوارڈ (۱۹۹۲)، امتیاز صبر (۱۹۹۷) لکھنو کے علاوہ بیسٹ رائٹر ایوارڈ (۱۹۹۷) منجانب ہندو مسلم یوتھ فورم حیدآباد شامل ہیں۔ انہیں بسٹ سٹیزن ایوارڈ اور میر اکیڈیمی لکھنو کی جانب سے ''امتیاز میر'' ایوارڈ سے نوازا گیا۔ حال ہی میں قمر جمالی کو مولانا آزاد نیشنل اُردو یونیورسٹی اور راجستھان اُردو ریسرچ انسٹی ٹیوٹ کی جانب سے ''پروفیسر قمر رئیس فکشن ایوارڈ ۲۰۱۸'' سے بھی نوازا گیا ہے۔ قمر جمالی کے افسانوں کا انگریزی، اڑیا، ہندوی زبانوں میں بھی ترجمہ کیا جا چکا ہے۔ افسانہ ''فاتح عالم'' کو انگریزی زبان میں پروفیسر راجیو ورما چندی گڑھ نے ترجمہ کر کے سہ ماہی رسالہ Symphony کٹک، اڑیسہ میں شائع کیا۔ افسانہ ''اُپچ'' کو اڑیا زبان میں ڈاکٹر نسیمہ بیگم نے ترجمہ کیا۔ جھنکار اڑیسہ میں شائع کیا گیا۔ افسانہ ''اگنی پرویش'' کو ہندی زبان میں ترجمہ کیا گیا۔ اِن سب کے علاوہ اور ایک قابل امتیاز بات یہ ہے کہ قمر جمالی کی تمام کتابیں امریکہ کی چودہ لائبریریوں میں محفوظ ہیں۔

قمر جمالی ''انجمن ترقی پسند مصنفین'' کی ملک گیر سطح پر سکریٹری ہیں اور ریاستی سطح پر بھی سکریٹری رہی ہیں اور نہایت ہی سرگرم رہی ہیں۔ محبوب نگر میں بھی ادبی محفلوں میں شرکت کرتی رہیں۔ ''محفل خواتین'' حیدرآباد میں مہمان خصوصی کی حیثیت سے شرکت کرتی ہیں۔ شعبہ خواتین ادارہ ادبیات اردو کی سکریٹری ہیں۔ علاوہ ازیں دیگر کئی انجمنیں جو ادب سے جڑی ہیں ان سے وابستہ ہیں۔

قمر جمالی کے ادبی سفر کی ابتداء بچپن ہی میں ہوگئی تھی۔ انہیں لکھنا جنون کی حد تک پسند

تھا۔ بچپن میں ان کی ٹیچر جب انہیں کسی موضوع پر مضمون لکھنے کو کہتی تو وہ اِس مضمون میں ایک کردار شامل کر کے کہانی بنادیا کرتی تھیں۔ دراصل یہیں سے ان کی افسانہ نگاری کی ابتداء ہوئی ہے۔ وہ خود اپنی افسانہ نگاری کی ابتداء کے بارے میں کہتی ہیں:

> ''اسکول میں استانی مضمون لکھنے کو کہتیں تو میں اس میں ایک کردار کا اضافہ کر کے کہانی بنادیتی تھی۔ بعض اوقات استانی ناراض ہوجاتیں۔ ''یہ کیا لکھا ہے؟'' تو میں اس کا جواب نہیں دے سکتی تھی کیونکہ مجھے مضمون، انشائیہ، کہانی اور افسانہ میں تمیز کرنی نہیں آتی تھی۔ غالباً اپنی عمر کے چودھویں سال ایک کہانی لکھی۔''۳؎

قمر جمالی نے اپنا پہلا افسانہ ''اے چاند چھپ نہ جانا'' کے عنوان سے غالباً ۶۸-۱۹۶۷ میں لکھا۔ جو دہلی سے نکلنے والے ایک رسالہ ''روداِدِ حیات'' میں شائع ہوا۔ اس کے بعد باضابطہ چھپنے کا سلسلہ شروع ہوگیا۔ قمر جمالی کے پاس روداِدِ حیات میں چھپنے سے پہلے افسانوں کا خاصہ ذخیرہ موجود تھا۔ لکھ کر ایک ٹین کے بکسے میں چھپا دیا کرتی تھیں۔ جب باضابطہ چھپنے کا سلسلہ شروع ہوا انھیں دوبارہ پڑھ کر جو بچکانی افسانے تھے انہیں تلف کر دیا جو موزوں افسانے تھے انہیں شائع کروایا۔

قمر جمالی کی بنیادی پہچان افسانہ نگاری سے ہے۔ انہوں نے اب تک تقریباً سو (۱۰۰) افسانے لکھے جتنے لکھے اتنے شائع ہوئے۔ دو سال روزنامہ ''ہمارا عوام'' کے ادبی کالم کی نگران کار رہیں اور ایک سال تک ہر ہفتہ ایک ادبی کالم ''زمین کھا گئی آسماں کیسے کیسے'' کے عنوان سے لکھتی رہیں ہیں۔ علاوہ ازیں ایک سہ ماہی رسالہ ''تناظر'' کی مدیر تھیں اور ان کے شوہر سب ایڈیٹر رہے۔ یہ رسالہ پچیس تیس سال پرانا ہے جسے دہلی سے بلراج ورما صاحب نکالتے تھے۔ ۱۹۹۸ء میں اس کی ادارت قمر جمالی کے نام منتقل ہوئی۔ انہوں نے تین شمارے نکالے ان کی ترقی ہوگئی (MRO) منڈل ریونیو آفیسر بن جانے کی وجہ سے ادارت کا بوجھ سنبھال نہیں پا رہی تھیں اس لیے استعفیٰ دیدیا۔

قمر جمالی کا مقصد ہے کہ اپنے قلم سے سماج کی تلخ حقیقتوں کو واضح کر کے ذہن کو جھنجھوڑنے کا کام لیں اور وہ ایک حد تک کامیاب بھی رہی ہیں۔ قمر جمالی کے افسانوں میں یہ بات ظاہر ہوتی ہے کہ انھیں اپنی اقدار سے بے انتہا پیار ہے وہ عورت کے تقدس اور عظمت کی قائل ہیں۔

قمر جمالی کے افسانوں کا مجموعہ ''شبیہ'' پڑھنے سے پتہ چلتا ہے کہ وہ اپنے قلم سے کس طرح کھیلتی ہیں۔ سبھی افسانے اچھے ہیں۔خصوصاً ''فاتح عالم'' ایک متاثر کن افسانہ ہے جس میں عورت اور مرد کی تخصیص کو مٹا کر اپنے جذبے کی توانائی اور احساس سے ہمکنار کرنے کی کوشش پنہاں ہے۔عورت کو نسوانیت کا جلال عطا کرتی ہیں۔ اس افسانے میں دکھایا گیا ہے کہ ایک عورت انتہائی غریب ہونے کے ساتھ ساتھ ایک بچے کی ماں بھی ہے۔ ناکافی لباس زیب تن کئے ہوئے بس میں چڑھتی ہے۔اسے ہوس بھری نگاہیں گھورتی رہتی ہیں۔ بارش بہت زوردار ہورہی ہے۔گود میں چند ماہ کا بچہ ہے بس سے اب اترنا ہے۔ دفعتاً وہ ایک عزم کے ساتھ اٹھتی ہے اور اپنی ساڑی اتار کر بچے کو اس میں لپیٹ لیتی ہے اور خود بوسیدہ پیٹی کوٹ اور بلاوز میں ہی سب کے سامنے کھڑی ہو جاتی ہے۔ اس وقت اس کے چہرے پر ممتا کا ایسا تقدس اور جلال جھلک رہا ہے کہ وہ تمام ہولناک نگاہیں جو چند لمحے پہلے اسے گھور رہی تھیں۔خود بخود نیچے جھک جاتی ہیں۔اس وقت اس کے چہرے پر ایسی طمانیت جھلک رہی تھی جیسے کہ کہ اس نے ایک عالم کو تسخیر کرلیا ہو۔عورت کا ماں کا رشتہ بہت مقدس ہوتا ہے اس رشتہ میں اپنی اولاد کے لئے ہر مصیبت اور ہر تکلیف سہنے کی طاقت ہوتی ہے۔اس حوصلہ کے سامنے کوئی فاسد خیال پنپ نہیں سکتا۔

اپنی افسانہ نگاری کے بارے میں جب ان سے پوچھا گیا کہ آپ افسانہ کیوں لکھتی ہیں؟ اس سوال کے جواب میں قمر جمالی نے کہا کہ:

> ''اس کا جواب دینا مشکل ہے'' جہاں تک میری ذات کا مسئلہ کوئی میرے اندر بیٹھ کر ڈکٹیٹ کرواتا ہے۔ شاید یہی وجہ ہے۔ میں افسانہ کسی کی خواہش، مطالبہ یا پھر ضرورت کے تحت نہیں لکھ سکتی مرے لئے یہ ایک مقدس عمل ہے۔ ایک غیر فطری فعل۔ ہاں جب اس کی بنت مکمل ہو جاتی ہے اور زبان و بیان کا مسئلہ شروع ہوتا ہے تو میں اس پر محنت کرتی ہوں۔ یہاں سے میرا فطری عمل شروع ہوتا ہے۔ زبان کو کرداروں اور ماحول کے مطابق ڈھالنا۔زبان کی صحت و درستگی کا مجھے بہت خیال رہتا ہے۔ جس علاقے کی بولی بول رہے ہوں شائستگی کا دامن ہاتھ سے نہیں چھوٹنا چاہئے

یہ ان کا اپنا نظریہ ہے''۔؎

افسانوی مجموعہ ''سبو چہ'' کے افسانے ''سوالیہ نشان''؟ ''کفن'' ''رام لالے'' ''مجسمہ'' ''کھنڈر'' ''جئے بھوانی'' ... اور پھانسی دے دی گئی'' ''اگنی پرویش'' ''زندگی زندگی''۔ ان سب افسانوں میں ایک مقصد کار فرما ہے۔ افسانہ ''کفن'' ایک غریب مرتبان بیچنے والی خانہ بدوش عورت گوری کی داستان غم ہے۔ مسلسل پانچ دن بارش ہونے کی وجہ سے مرتبان خریدنے کوئی نہیں آیا۔ بیچاری گوری اور اس کے دو بچے بھوک سے نڈھال تھے اور سردی سے اکڑ رہے تھے۔ ایک موٹر نشین خاتون سو ۱۰۰ مرتبان خریدنے آئی تو گوری بہت خوش ہوگئی اور سوچنے لگی کہ کھانے کی چیزوں کے علاوہ پہننے اوراوڑھنے کے گرم کپڑے خریدے گی۔ موٹر نشین میم صاحبہ کو مرتبان بتانے میں گوری بہت مصروف ہوگئی۔ وہ بچوں کا واسطہ دے کر مرتبان خریدنے پر مجبور کر رہی تھی۔ اُدھر گوری کے بڑے بیٹے نے چار پانچ بار ماں سے کہا کہ ماں چھوٹے کی طبیعت خراب ہو رہی ہے، ماں چھوٹا ٹھنڈا ہو رہا ہے۔ ماں دیکھو میری بات سنو کہیں دیر نہ ہو جائے۔ گوری کام میں مصروف کہنے لگی جا ڈیرے میں لے جا کر سلا دے۔ ابھی دو منٹ کی بات ہے۔ یہ سب تو میں تم لوگوں کے لئے ہی تو کر رہی ہوں۔ گوری کے ہاتھ میں جب سو مرتبان کے پیسے آگئے تو منافع کے پیسے الگ اور باقی کے پیسے غلہ میں ڈالنا تھا۔ کیونکہ اس کا میاں آنے والا تھا۔ اگر اس کے ہاتھ لگ گئے تو سارے پیسے اُڑا دیتا۔ آخر کار میاں نے آ کر گوری کو گالیاں دیتے ہوئے لاتوں سے مارنے لگا۔ گوری کے صبر کا پیمانہ لبریز ہوگیا اور کہنے لگی یہ لے اب تک دیتی آئی ہوں۔ اس کے شوہر نے کہا تو کیا کسی کو دے سکتی ہے تو تو لے سکتی ہے تو نے میرے بچے کی جان لی ہے۔ جب گوری نے یہ سنا سر چکرا کر بے ہوش ہوگئی اور سارے لوگ جمع ہو گئے۔ جب گوری کو ہوش آیا تو اس کا شوہر رو رہا تھا اور کہہ رہا تھا کہ جیتا آدمی تو ننگا بھی جی لے... مگر مر کر تو اُسے جسم پر پوشاک چاہیئے نا... گوری نے جو پیسے گرم کپڑوں کے لئے جمع کئے تھے اس پیسے سے کفن آیا۔ واقعی غریبی انسان کو جیتے جی مار دیتی ہے۔ قمر جمالی افسانے کے فن اور اس کی تکنیک کی ترسیل سے بخوبی واقف ہیں۔ انہوں نے اپنے قاری کو اپنے افسانوں سے اس بات کا اعتماد بھی دلایا کہ ادب کا کام سماج کی نمائندگی بھی ہے۔ لطیف انداز بیان کا حسین امتزاج ملتا ہے۔

افسانہ ''عنوان'' کا پلاٹ سادہ اور منظم ہے جو ایک پٹھان باپ بیٹی اور ایک عورت کے اِرد گرد گھومتا ہے۔ پٹھان باپ اور بیٹی ایک پہاڑی کے دامن میں رہتے ہیں۔ حالانکہ وہ ہندوستان

میں مقیم ہیں مگر ہندوستانی نہیں ہیں۔ایک عورت جس کا نام و پتہ معلوم نہیں ہے ان کے گھر پناہ لیتی ہے۔عنقریب اُس کی زچگی ہونے والی ہوتی ہے۔اس لئے وہ سفر کرنے کے قابل نہیں ہے۔وہ ایک لڑکے کو جنم دیتی ہے۔پٹھان کی لڑکی اُس نومولود بچے کے باپ کے بارے میں دریافت کرتی ہے تو وہ اجنبی عورت اُسے کچھ نہ بتا کر صرف یہ کہتی ہے کہ وہ مرد اُسے دھوکہ نہیں دے گا۔وہ ہر مہینے کی ۲۰ تاریخ کو آتا ہے۔بچہ کا باپ افغان مہاجر ہے اور وہ ایک آرٹسٹ ہے، وہ دھوکہ نہیں دے سکتا اور وہ اپنے بچے کو لینے ضرو آئے گا۔پٹھان اسے اپنی بیٹی تسلیم کر لیتا ہے اور اُس عورت کو یقین دلاتا ہے کہ اگر وہ اُس بچے کو باپ کا نام نہ دِلوا سکا تو کم سے کم اس ملک کی شہریت دلا دے گا تا کہ وہ مجبور زندگی گزارنے سے بچ جائے۔اس دوران اُس عورت کی طبیعت بگڑتی جاتی ہے اور اس کی موت ہو جاتی ہے۔پٹھان کی لڑکی اُس مقررہ تاریخ پر پہاڑی پر جاتی ہے تا کہ اس بچے کے باپ کی تلاش ہو سکے اور بچہ اُسے سونپ سکے۔اتفاق سے ایک ادیبہ کا بھائی سیر کرتا ہوا وہاں پہنچ جاتا ہے اور پٹھان کی لڑکی غلط فہمی کا شکار ہو کر اُسے اپنے ساتھ گھر لاتی ہے۔تمام حقیقت سے روشناس کراتی ہے۔ساری روداد جاننے کے بعد اس ادیبہ کا بھائی بچے کو اپنانے کے لئے تیار ہو جاتا ہے اور بچہ اپنے ساتھ گھر لے آتا ہے۔ادیبہ بہن کو تمام کہانی سناتا ہے۔جب ادیبہ اُس لڑکی کا نام پوچھتی ہے تو وہ کہتا ہے:

''وہ جو تم کہتی تھیں کہ اولادِ آدم کی ہر کڑی کہیں نہ کہیں سے
اسی نسل آدم سے ملتی ہے چاہے نام کچھ ہوں۔عنوان کچھ؟''۵

افسانے کا پلاٹ قارئین کی توجہ اپنی طرف مرکوز کیے رکھتا ہے۔شروع سے آخر تک قارئین کا تجسس برقرار رہتا ہے یہ جاننے کے لیے کہ آگے کیا ہوگا۔غرض افسانے کا پلاٹ جامع اور موثر ہے۔قمر جمالی نے اس پلاٹ کے ذریعے نہ صرف قصہ بیان کیا بلکہ اس کے توسط سے انسان کی سوچ کے دائروں کو بھی نمائندگی دی ہے۔

افسانہ 'روشنی' کا آغاز منظر نگاری کے ذریعے کیا گیا ہے۔جس میں ایک قحط زدہ گاؤں کی عکاسی کی گئی ہے۔افسانے کے پلاٹ سے پتہ چلتا ہے کہ گاؤں میں قحط پڑا ہے اور لوگ مجبوراً شہر منتقل ہو رہے ہیں۔صفدر خان گاؤں کا ایک مہذب، معتبر اور ذمہ دار شخص ہے۔جسے گاؤں کے سبھی لوگ عزت سے جھک کر سلام کرتے ہیں۔گاؤں کا ماحول خوشگوار ہے اور ہمہ مذاہب کے لوگ مل جل کر بھائی چارہ سے رہتے ہیں۔صفدر خان اپنے بیوی اور بیٹے مجید خان کے ساتھ تعلیم کی غرض

سے شہر مقیم ہو جاتا ہے۔اس دوران فساد پھوٹ پڑتا ہے۔ بدلتے ہوئے حالات سنگین ہوتے چلے جاتے ہیں اور اچانک گاؤں میں پولیس کی سیٹیوں اور شور وغل کی آواز گونجنے لگتی ہے۔ اُپیش کی ماں کملا صفدر خاں کے گھر چھپ کر اپنی جان بچاتی ہے اور بتاتی ہے کہ شہر کے بیچ ایک نوجوان کا قتل ہو گیا ہے۔ قتل کی واردات لالہ مکند لال کی گلی میں ہوتی ہے۔ جہاں مجید خان پڑھنے جایا کرتا تھا۔ صفدر خان یہ سمجھتا ہے کہ اُس کے بیٹے کا قتل ہوا ہے اور وہ غصے میں ٹھان کر نکلتے ہیں کہ راستے سے گزرنے والے ہر ایک کو قتل کر دے گا۔ پس منظر میں اللہ اکبر کے ساتھ ساتھ جے بجرنگ بلی کی آوازیں یہ ظاہر کرتی ہیں کہ فسادی دو مذاہب سے تعلق رکھتے تھے۔ جیسے تیسے صفدر خان لاش تک پہنچتا ہے، جو کوئی لمبے تڑنگے نوجوان کی معلوم ہوتی تھی، اُس پر میلا سا کپڑا اُڑایا گیا تھا اور قریب ہی ایک کاپی اور پین پڑا تھا۔ صفدر خان کی ہمت نہ ہوئی کہ وہ لاش کا چہرا دیکھتا۔ وہ محسوس کرتا ہے کہ اُس کا سب کچھ لٹ گیا ہے۔ خون کے دھبے لالہ مکند لال کے گھر کی نشاندہی کر رہے تھے۔ غصے میں وہ لالہ کے گھر انتقام کی نیت سے بند دروازوں کو توڑتا ہوا اندر گھس جاتا ہے۔ اُسے لالہ کے بیٹے اروند کی تلاش تھی جسے قتل کر کے وہ اپنا انتقام لینا چاہتا تھا۔ جیسے ہی لالہ مکند لال سامنے آتا ہے۔ صفدر خان پوری قوت سے اُس پر حملہ کرتا اس سے پہلے ہی دوسری زبردست طاقت اُسے گرفت میں لے لیتی ہے۔ وہ کوئی اور نہیں بلکہ اس کا اپنا بیٹا مجید خان تھا جو اُسے انسانیت سوز حرکت سے روک دیتا ہے۔ اپنے بیٹے کو زندہ دیکھ کر مجید خان کو خوشی سے زیادہ شرمندگی کا احساس ہوتا ہے کہ جس شخص نے اُس کے بیٹے کی جان بچائی وہ اُسے ہی قتل کر رہا تھا۔ وہ لاش کسی اور کی نہیں بلکہ لالہ مکند لال کے بیٹے اروند کی تھی۔ مجید خان نے لالہ کے جذباتی کیفیت اور طیش میں انسان کے رویے کی نشاندہی کرتے ہوئے بتایا گیا ہے کہ غصہ میں انسان اپنی عقل کھو دیتا ہے اور صحیح فیصلہ نہیں لے پاتا۔ کہانی بڑی دلچسپ اور قارئین کو جکڑے ہوئے رکھتی ہے۔ اس افسانے کے پلاٹ کے ذریعے قمر جمالی نے نہ صرف انسانی فطرت بلکہ ہندوستانی روایات و رواداری کی اہمیت کو اُجاگر کیا ہے۔ افسانے کا پلاٹ منظم اور سادہ ہے۔ قمر جمالی نے اپنی فنی صلاحیت سے واقعات کو ترتیب وار سلسلے سے بیان کیا ہے۔ کہانی میں کہیں بھی کوئی خامی نظر نہیں آتی۔

افسانہ ''فاصلے مٹ گئے'' کا پلاٹ بھی دیگر افسانوں کی طرح مکمل و منظّم ہے۔ کیپٹن عاکف جو ایک غازی تھا۔ اب اپاہج کی زندگی گزار رہا ہے۔ اپنی اپاہج زندگی سے وہ مغموم ہے اور اُسے اس زندگی سے موت بہتر لگتی ہے۔ بنگلہ میں صرف عاکف اور اس کی بیمار ماں رہتے ہیں۔ بیمار

ماں کچھ دنوں بعد چل بستی ہے۔ ماں کی جدائی کے غم سے کیپٹن عاکف کی دلخراش چیخیں بھی قابو میں نہیں تھیں۔ مختلف رپورٹرس کے فون عاکف کو انٹرویو کیلئے وصول ہوئے۔ کیپٹن عاکف جھلاہٹ کا شکار ہے کہ اس کی تفصیلات رپورٹرس کو کیسے معلوم ہوئیں۔ اسی دوران ایک زنانہ رپورٹر کی کال پر عاکف انٹرویو کے لئے مان جاتا ہے۔ وہ چاہتی تھی کہ اس کے انٹرویو سے لوگوں کو حوصلہ اور زندگی جینے کا سلیقہ ملے۔ عاکف کہتا ہے کہ جب سے وہ میدان جنگ سے غازی بن کر لوٹا ہے ٹوٹ پھوٹ گیا ہے۔ وہ رپورٹر کوئی اور نہیں بلکہ ریشمی ہے جو اُس کی محبوبہ رہ چکی تھی۔ عاکف اس سے شادی کا وعدہ کر کے جنگ میں چلا جاتا ہے۔ اپنے فرائض انجام دیتے ہوئے وہ اپنی محبت کو بھول جاتا ہے۔ اس لیے ریشمی عاکف سے ناراض ہے۔ اس کے طنزیہ مکالمے سن کر عاکف بے ہوش ہو جاتا ہے۔ ریشمی عاکف کی مجبوری سمجھ جاتی ہے اور اُسے معاف کر دیتی ہے۔ اور کہتی ہے:

''وہ فرشتہ نہیں عورت! عورت جو زندگی میں ایک بار
کسی کو اپنا مان لے تو پھر مشکل ہی سے اُسے فراموش کر سکتی
ہے۔''[۶]

اور دونوں ایک دوسرے سے بغل گیر ہوتے ہیں۔ اس طرح افسانے کا پلاٹ اختتامیہ میں خوشگوار ہو جاتا ہے۔ دو بچھڑے پریمی مل جانے سے ان کے درمیان فاصلے مٹ جاتے ہیں۔ اس طرح افسانے کا عنوان بھی معنی خیز اور موزوں ہے۔

افسانہ 'آخر کیوں؟۔۔؟!!' کا پلاٹ ہندوستان کی قدیم تہذیب کا مظہر ہے۔ اس کے ذریعے قمر جمالی نے ہندوستان کی گنگا جمنی تہذیب اور ہندو مسلم رواداری اور ثقافت کی نمائندگی کی ہے۔ افسانے کے بیانیہ میں ایک بچے کے ذریعے مسلم گھرانے پر روشنی ڈالی گئی ہے۔ بچہ عید کی تیاریوں میں مصروف ہے۔ افسانے میں عید کی نماز سے قبل کی گہما گہمی اور عید کی تیاریوں میں خود کے علاوہ گھر کے بزرگ افرادِ خاندان جیسے دادا ابا، بڑے ابا، بڑی اماں، راموکاکا، رحیم چاچا اور ریڈی انکل کی مصروفیت کا ذکر کیا گیا ہے۔ بچہ بزرگوں کی طرح پگڑی باندھنے کی ضد کرتا ہے۔ کامیاب بھی ہو جاتا ہے لیکن اُس سے پگڑی سنبھل نہیں پاتی تب راموکاکا کہتے ہیں:

''بیٹا! پگڑی نہیں گرائی جاتی، بھلے ہی سرکٹ جائے۔''[۷]

راموکاکا کا یہ جملہ پگڑی کی اہمیت کا غماز ہے۔ عیدگاہ پر گاؤں کے سبھی ہندو مسلم پہنچتے ہیں۔ عید کی نماز ختم ہوتے ہی عید مبارک کا شور بلند ہوتا ہے۔ اِس منظر نگاری کے ذریعے قمر جمالی

نے آپسی بھائی چارہ قدیم تہذیب اور رواداری کے عناصر کی نشاندہی کی ہے۔صرف عید ہی نہیں بلکہ دیوالی بھی جوش وخروش سے بلالحاظ مذہب منائی جاتی تھی۔تہوار چاہے کسی مذہب کا ہو صرف خوشیاں ہی بٹورے جاتی تھیں۔بیانیہ کا وہی بچہ جب بڑا ہو جاتا ہے تو حالات بدل جاتے ہیں گاؤں، ویران اور شہر آباد ہونے لگے برسوں بعد بڑی اماں شہر آتی ہیں تو انھیں بتایا جاتا ہے کہ اس دن دیوالی ہے تو ان کے چہرے پر مسکراہٹ پھیل جاتی ہے اور بے شمار جھریوں میں لرزش پیدا ہوتی ہے۔پٹاخے کی زوردار آواز پر بڑی اماں اچھل پڑتی ہے اور انھیں گمان ہوتا ہے کہ کیا جنگ چھڑ گئی۔بڑی اماں اپنی صحت کے تعلق سے فکر مند ہیں۔بڑی اماں کے کردار کے ذریعے قمر جمالی نے یہ بتانے کی کوشش کی ہے کہ کسی کو تکلیف پہنچا کر تہوار کی خوشی نہیں منائی جا سکتی۔تہوار کی اصل خوشی ایک دوسرے کو اپنے سکھ میں شامل کرنے میں ہوتی ہے۔بھائی چارہ کی جگہ تعصب اور نفرت نے لے لی ہے۔قمر جمالی نے اس پلاٹ کے ذریعے ثابت کیا ہے کہ ایک دور میں لوگ مذہب کے نام پر ایک دوسرے سے قریب ہوتے تھے لیکن آج کے دور میں مذہب کے نام سے ایک دوسرے سے دور ہونے لگے ہیں۔اس طرح یہ افسانہ اتحاد کی اہمیت اور بھائی چارے کی ضرورت پر زور دیتا ہے۔

افسانہ 'لائف لائن' کا پلاٹ ایک دولت مند لڑکی اور اس کے بے چارگی کے اطراف گھومتا ہے۔اس کی ماں بسترِ مرگ پر ہے۔اُسے اپنے بیٹی کی فکر کھائی جا رہی ہے۔موت کی آغوش میں جانے سے پہلے ماں کو اپنا داماد دیکھنے کی تمنا ہے۔نوجوان لڑکی ایک شخص سے منت وسماجت کرتی ہے کہ اس کے حال پر رحم کھا کر کچھ وقت کے لیے وہ اس کے شوہر کا رول ادا کرے جس کے لیے وہ باضابطہ کچھ رقم کی پیشکش کرتی ہے۔وہ شخص کہتا ہے کہ وہ ایک ذمہ دار رپورٹر ہے۔لیکن لڑکی کی کیفیت اور مجبوری میں اس کی مدد کا اِرادہ رکھتا ہے اور اس کے شوہر کا رول ادا کرنے کو تیار ہوتا ہے۔جب دونوں ہسپتال پہنچتے ہیں تو اس لڑکی کی ماں اپنی آخری سانس گن رہی ہوتی ہے۔لڑکی ماں سے کہتی ہیکہ یہ شخص وہی ہے جسکا اسے انتظار تھا۔ماں اپنی آنکھوں سے ہی اپنی خوشی کا اظہار کرتی ہے اور ہیرے کی انگوٹھی اسے تحفتاً دے کر دارِ فانی کو کوچ کر جاتی ہے۔اس واقعہ کے بعد نوجوان اس لڑکی کو اپنانے کا اِرادہ کر لیتا ہے لیکن لڑکی نہیں مانتی۔سیماب خود کو Most eligible bachelor کہتا ہے جبکہ وہ کنوارہ ہے۔جبکہ لڑکی کہتی ہیکہ وہ شادی نہیں کر سکتی۔بہت اصرار کے بعد وہ اسے کہتی ہے:

''وہ چند سکوں کے عوض امیر زادوں کا دِل بہلانے والی

طوائف کی بیٹی ہے اور زندگی اس کے لئے ناسور بن چکی
ہے۔'' ۸

یہاں پر قمر جمالی افسانہ کے پلاٹ کو نیا موڑ دیتے ہوئے دونوں کی زندگی کو بچپن کی طرف موڑ دیتی ہے۔لڑکی بتاتی ہے کہ جب وہ پانچ برس کی تھی تب اس کی منگنی اِس کے خالہ زاد بھائی ،جو آٹھ برس کا تھا، سے ہو چکی تھی۔ کچھ نا گہانی حالات کی وجہ سے دونوں بچھڑ جاتے ہیں اور لڑکی آج بھی اس کا انتظار کرتی ہے کیونکہ وہ کہتا تھا کہ لڑکی کی ہتھیلی پر اس کی لائف لائن مڑ کر ملتی ہے۔ تبھی سیماب بھی کہتا ہے کہ اس کا انتظار ختم ہوا وہ کوئی اور نہیں بلکہ اُس کا خالہ زاد سیماب ہی ہے۔اس طرح قمر جمالی نے افسانہ میں خوشگوار اختتام دے کر افسانہ کو رومانیت بخشی ہے۔قمر جمالی کے افسانوں میں موضوعات کے تنوع پر اظہار خیال کرتے ہوئے مقبول فاروقی لکھتے ہیں:

'' قمر جمالی کی کہانیوں میں موضوعات کا جو تنوع ہے
وہ ان کے تجربات ومشاہدات کی وسعت اور ان کی تخلیقی توانائی
کا مظہر ہے۔قمر جمالی کے اسلوب کی انفرادیت ان کی خود
اعتمادی اور افسانے کے فن پر اِن کی گرفت کا ثبوت ہے۔'' ۹

قمر جمالی اپنے افسانوں کے تئیں کہیں بھی غافل یا بے توجہی برتتے ہوئے نظر نہیں آتیں۔جسکی وجہ سے وہ افسانے میں تاثیر کی گہرائی پیدا کر پاتی ہیں۔ان کے افسانے ،واقعات کے ارتقاء اور ان کی رو کے فطری نتائج ہوتے ہیں۔غرض ان کے افسانے ایک مثالی پلاٹ کی پانچ خصوصیات سادگی ،حقیقت پر مبنی ،تجدیدیت سے گریز، منتہا یا کلائمکس اور دلچسپی سے مزین ہوتے ہیں۔ افسانے ''روشنی''، ''لائف لائن''، ''آخر کیوں''، ''فاصلے مٹ گئے''، ''لہو پکارے گا'' اور ''عنوان'' اِن خصوصیات سے مالا مال ہیں۔

قمر جمالی کے افسانے انفرادی نوعیت کے حامل ہیں۔انھوں نے جن مسائل پر اپنی توجہ مرکوز کی ہے وہ مسائل دورِ حاضر کے چبھتے اور سلگتے مسائل ہیں۔ان کے افسانوں کے پلاٹ عام طور پر مختلف مسائل سے اپنے قارئین کو روشناس کراتے ہیں۔قمر جمالی کے افسانوں میں افسانہ نگاری کی تین عناصر پلاٹ' کردار اور کہانی نمایاں طور پر دیکھے جاسکتے ہیں۔ان عناصر کی قمر جمالی کے افسانوں میں شمولیت قاری کیلئے ایک پیغام ہے۔اپنے افسانوں کے سادہ اور منظّم پلاٹ کو وہ شعور کی رو کی تکنیک یا فلیش بیک کے ذریعے پیچیدہ بناتی ہیں۔جس کی وجہ سے کبھی کبھی کہانی میں بے

ضابطگی اور تسلسل کی کمی دیکھی جاسکتی ہے۔ افسانوں میں جو واقعہ، تجربہ یا خیال، افسانے کی بنیاد بنتا ہے قمر جمالی اُنھیں اپنی فنی مہارت کے ذریعے اس میں مناظر، کردار، مکالموں اور کبھی کبھی خود کلامی کے ذریعے رنگ بھرتی ہیں۔ زندگی میں پیش آنے والے چھوٹے چھوٹے یا غیر اہم واقعات کو پلاٹ کے روپ میں ڈھال کر افسانہ بنانا قمر جمالی کی حساس طبیعت کا نتیجہ ہے۔ ان کے زیادہ تر افسانے عام لوگوں کی زندگی میں پیش آنے والے اَلم ناک واقعات پر مبنی ہوتے ہیں۔ چونکہ بچپن ہی سے انھوں نے اپنی ذاتی زندگی میں دکھ درد، صعوبتیں جھیلی ہیں۔ یہی عناصر ان کے افسانوں میں اُبھر کر پلاٹ کے ذریعے کردار کی شکل میں نظر آتے ہیں۔

## رفیعہ سلطانہ

ڈاکٹر رفیعہ سلطانہ (۱۹۲۵۔۲۰۰۷) جامعہ عثمانیہ سے فارغ نامور سپوت بلند پایہ محقق، نقاد، افسانہ نگار، انشاء پرداز، ڈرامہ نگار، بہترین مقرر، اعلیٰ پایہ کی اُستاد اور کامیاب منتظم گزری ہیں۔ ۱۴ ڈسمبر ۱۹۲۵ء کو اورنگ آباد میں پیدا ہوئیں۔ ان کے والد کا نام سردار مرزا تھا۔ رفیعہ سلطانہ نے اورنگ آباد سے میٹرک پاس کیا تھا۔ اورنگ آباد کی سرزمین پر ان کے ابتدائی علمی و ادبی ذوق کو مولوی عبدالحق کی وجہ سے جلا ملی۔ اعلیٰ تعلیم کی رغبت دلانے اور حیدآباد میں حصول تعلیم کی جراءت مولوی عبدالحق بابائے اُردو نے دلوائی۔ وہ اورنگ آباد سے حصول تعلیم کے لیے حیدرآباد منتقل ہوئیں۔ ویمنس کالج کوٹھی حیدآباد سے ۱۹۴۲ میں انٹر کی تعلیم مکمل کی۔ سال ۱۹۴۴ میں بی اے کیا اور ۱۹۴۶ء میں عثمانیہ یونیورسٹی سے ایم اے کی تعلیم مکمل کی۔ ایم اے اُردو میں رفیعہ سلطانہ نے ''اُردو ادب کی ترقی میں خواتین کا حصہ'' موضوع پر مقالہ لکھا۔ ان دنوں موجودہ ایم فل کے طرز پر ایم اے میں بھی مقالہ لکھنا لازمی تھا۔ جس کی تحقیقی اہمیت ہوا کرتی تھی۔ رفیعہ سلطانہ نے پروفیسر عبدالقادر سروری کی زیرنگرانی پی ایچ ڈی مقالہ تحریر کر کے سال ۱۹۵۴ء میں کیا۔ ان کے تحقیقی مقالے کا موضوع ''اُردو نثر کا آغاز اور ارتقاء انیسویں صدی کے اوائل میں'' تھا۔ ایم اے اور پی ایچ ڈی کے لیے لکھے گئے ان کے تحقیقی مقالے ان کے وہ تحقیقی کارنامے ہیں جن پر اُردو تحقیق بجا طور پر فخر کرسکتی ہے۔ ''اُردو ادب کی ترقی میں خواتین کا حصہ'' نسائی ادب پر لکھی جانے والی اُردو میں پہلی تحقیقی کتاب ہے۔ یہ کتاب

نایاب نہیں تو کمیاب ضرور ہے۔ ان کا مقالہ ’’اُردو نثر کا آغاز و ارتقاء‘‘ ۱۹۴۷ء میں شائع ہوا۔سال ۱۹۴۷ء میں ویمنس کالج کوٹھی میں بہ حیثیت اُردو لکچرر تقرر رہوا۔ڈاکٹریٹ کی ڈگری حاصل کرنے کے بعد شعبہ اُردو‘ عثمانیہ یونیورسٹی منتقل ہو کر اپنی خدمات کا آغاز کیا۔سال ۱۹۶۸ء تا ۱۹۷۹ء تک وہ پروفیسر و صدر شعبہ اُردو کے عہدہ پر فائز رہیں جب کہ ڈین فیکلٹی آف آرٹس کے باوقار منصب پر سال ۱۹۸۲ء تا ۱۹۸۴ء تک فائز رہیں اور سال ۱۹۸۵ء میں وظیفہ حسن خدمات پر سبکدوش ہوئیں۔ڈاکٹر رفیعہ سلطانہ ساہتیہا کیڈیمی آندھرا پردیش کی رکن کے علاوہ بیورو فار پرموشن آف اُردو دہلی کی بھی رکن رہیں۔ڈاکٹر رفیعہ سلطانہ کو سال ۱۹۸۴ء میں بیسٹ ٹیچر ایوارڈ سے بھی نوازا گیا تھا۔اُردو اکیڈیمی آندھرا پردیش نے مجموعی خدمات پر ۱۹۹۵ء میں انہیں ایوارڈ سے نوازا۔ڈاکٹر رفیعہ سلطانہ ۸۱ سال کی عمر میں ۲۴۔مارچ ۲۰۰۷ء کو اس جہان فانی سے کوچ کر گئیں۔

ڈاکٹر رفیعہ سلطانہ کی تصانیف کی تعداد دس ہے۔جن میں کچے دھاگے (افسانوں کا مجموعہ) ۱۹۴۹ء چراغِ محفل (ڈراما)‘ اقبالِ سخن‘ فن اور فنکار‘ کلمتہ الحقائق (ترتیب وتدوین) ۱۹۶۱ء ‘اُردو ادب کی ترقی میں خواتین کا حصہ ۱۹۶۲ء (تحقیق)‘ اُردو نثر کا آغاز وارتقاء ۱۹۶۲ء (تحقیق)‘ دکنی نثر پارے ۱۹۶۷ء (تحقیق) اور کلیاتِ احسان شامل ہیں۔ان کے علاوہ بھکتی مسلک اور اُردو شعراء انگریزی میں بھی کتاب لکھیں ہیں۔دکنی تحقیق کے سلسلہ میں ان کی چار کتابیں اہم ہیں۔

ڈاکٹر رفیعہ سلطانہ نہ صرف بلند پایہ محقق اور نقاد ہی نہیں بلکہ بہترین افسانہ نگار بھی ہیں، ان کا شمار جامعہ عثمانیہ کے تیسرے دور کے افسانہ نگاروں میں ہوتا ہے۔ ان کے افسانوں کا مجموعہ ’’کچے دھاگے‘‘ میں نو دلچسپ افسانے (۱)۔زیروبم۔(۲) نئے پرانے۔(۳) کچے دھاگے۔(۴) کھنڈر۔(۵) بیس سال بعد۔(۶) بھنور ارسیا۔(۷) دل ناداں۔(۸) نور وظلمت۔(۹) رومیو جولیٹ۔شامل ہیں۔

رفیعہ سلطانہ کی تخلیقی صلاحیتوں کا آغاز کم عمری میں ہی ہو گیا تھا۔سید علی رضوی ان کی افسانہ نگاری کی ابتداء کے ضمن میں لکھتے ہیں:

> ’’وہ جب ساتویں جماعت کی طالبہ تھیں۔تب عبدالرزاق بسمل کے زیر ادارت شائع ہونے والے رسالہ ’’شہاب‘‘ میں ان کا پہلا مضمون ’’انگریزی تعلیم اور نوجوان‘‘ کے عنوان سے شائع ہوا۔اس کے بعد قارئین اور

ناقدین کے حوصلہ افزاء ردعمل نے انہیں زبان وادب سے
دلچسپی اور لگاؤ کو تقویت بہم پہونچائی۔''١٠

رفیعہ سلطانہ اپنے افسانوں کے موضوعات اوران کے پس منظر کے سلسلے میں لکھتی ہیں:

''میرے افسانوں کا پس منظر فطرت انسانی اور غم عشق ہے۔انسانی فطرت کی بوقلموں رنگا رنگی اس کا حزن اس کی یاس اس کی حسرت اس کی مظلومی میرے افسانوں کا موضوع ہے۔ممکن ہے یہ انفرادی خزینے اس اجتماعی دور میں جب ادب بھی اجتماعی بن گیا ہے۔زیادہ مقبول نہ ہوسکیں۔لیکن میرے پیش نظر عالمگیر ادب کا وہ رجحان ہے جس کی بدولت اس کے ڈانڈے نفسیات کی سرحدوں سے مل گئے ہیں''۔١١

رفیعہ سلطانہ کے افسانوی مجموعہ ''کچے دھاگے'' میں شامل پہلے افسانے کا عنوان ''زیر و بم '' ہے۔اس افسانے کا موضوع عورت اور مرد کے نزدیک محبت کے معنوں میں فرق اور اس کے جذبات میں اتار چڑھاؤ ہے۔لڑکا لڑکی ایک دوسرے سے محبت کرتے ہیں۔لڑکا کسی اور سے شادی کرتا ہے کچھ عرصہ بعد وہ پھر پہلی لڑکی کی جانب متوجہ ہوتا ہے۔لڑکی اس سے پھر بھی محبت نبھاتی ہے لیکن اس کی شادی کسی اور سے کردی جاتی ہے تو وہ جان دے دیتی ہے۔اس افسانے کی خاص بات مرد اور عورت کے جذبات میں اتار چڑھاؤ کو پیش کرنا ہے۔دونوں کی محبت کے فرق کو بیان کرتے ہوئے افسانے میں رفیعہ سلطانہ یوں اپنے خیالات کا اظہار کرتی ہیں:

''مرد کی محبت بجلی کی چمک ہے جو جگہ جگہ چمکتی ہے۔
اور عورت کی محبت کٹیا کا دیا ہے۔جو آہستہ آہستہ جل کر اسی خطے کو منور کرتا رہتا ہے۔١٢

افسانہ ''کچے دھاگے'' مغربی افکار پر مبنی ہے۔جس میں مرد شادی کے بعد بھی دیگر عورتوں سے تعلق رکھتا ہے۔رفیعہ سلطانہ نے اس افسانے میں جنسی زندگی، ازدواجی محبت، انسانی فطرت اور ماحول کو موضوع بنایا ہے۔ریاض اور سلمیٰ میاں بیوی ہیں۔ان کی زندگی میں مغربی تہذیب کا پروردہ نعیم داخل ہوتا ہے۔وہ ریاض کا دوست ہے۔لیکن اپنے دوست کی بیوی کی تعریف یوں کرتا ہے:

"ٹھیک کہا تھا ریاض نے آپ واقعی چارمنگ اوہ میرا
مطلب دلکش ہیں۔اس تعریف پر سلمٰی کے گالوں پر حیا کی سرخی
دوڑ جاتی ہے۔آپ کی ساری کا رنگ خوبصورت ہے اور آپ
کی جلد پر کھلتا ہے" [۱۳]

اپنے شوہر کے علاوہ غیر مرد کی زبانی اپنی تعریف سن کر سلمٰی مشرقی حیادار عورت کی طرح شرمندہ ہو جاتی ہے۔رفیعہ سلطانہ نے ریاض۔سلمٰی اور نعیم کے کرداروں کے ذریعے بڑی خوبی کے ساتھ مشرق اور مغرب کی تہذیب کا موازنہ کیا ہے۔نعیم کی زبانی مغربی افکار کا اظہار کرتے ہوئے رفیعہ سلطانہ نے مشرقی سماج میں بڑھ رہی بے باکی کو اجاگر کیا ہے۔نعیم کہتا ہے:

"انسان فطرتاً مختلف زوجی ہے۔لہٰذا شادی کے بعد
زوجین سے یہ توقع رکھنا کہ وہ ہر طرح ایک دوسرے کے وفادار
رہیں گے بالکل بے کار ہے۔شادی بیاہ سماج اور مذہب کے
بندھن ہیں۔جو کچے دھاگوں کی طرح ناپائیدار ہوتے
ہیں۔لہٰذا شوہر بیوی کو آپس میں سمجھوتہ کر لینا چاہئے"

[۱۴]

سلمٰی مشرقی خیالات کی مالک ہے وہ نعیم کے خیالات
پر جواب دیتی ہے؛

"اس قسم کی چیزیں عورت کی فطرت سے بعید ہیں۔
وہ ایک مرکز سے وابستہ رہنا چاہتی ہے۔مرکز گریزی عورت کی
فطرت نہیں" [۱۵]

رفیعہ سلطانہ کے اس افسانے سے اندازہ ہوتا ہے کہ آزادی سے قبل انگریز دور میں مسلم نوجوان آزاد خیال ہونے لگے تھے۔ترقی پسند تحریک کے زیر اثر بھی اردو افسانے میں جنسی آزادی اور بے راہ روی کے عناصر آنے شروع ہو گئے تھے جنہیں رفیعہ سلطانہ نے اپنے افسانہ "کچے دھاگے" میں بہ خوبی پیش کیا ہے۔

افسانہ "نئے اور پرانے" میں افسانہ نگار نے زندگی کی اس حقیقت کو واضح کیا کہ زبان سے نکلی بات، کمان سے نکلا ہوا تیر اور گزرا ہوا وقت واپس نہیں آتے۔اور دو شخصیتوں کے درمیان پایا

جانے والا عمر کا فرق بھی مسائل پیدا کر سکتا ہے۔ افسانہ ''کھنڈر'' میں رفیعہ سلطانہ نے تحت الشعور کی کارستانیوں کو بیان کیا ہے۔ افسانے کا ہیرو اکرم ہے۔ بچپن سے وہ رضیہ کو چاہتا تھا لیکن رضیہ اسے نہیں ملتی۔ رضیہ اس کے تحت الشعور میں اس طرح بیٹھ جاتی ہے کہ وہ دوسری عورتوں کو اپنی محبت کے جال میں پھانس کر رضیہ کے نہ ملنے کا بدلہ لیتا ہے۔ اسے ایک لڑکی یاسمین ملتی ہے۔ جو اس سے سچی محبت کرنا چاہتی ہے لیکن اکرم اسے ٹھکرا دیتا ہے بعد میں اسے احساس ہوتا ہے اور اس کی زندگی کھنڈر محسوس ہونے لگتی ہے۔

رفیعہ سلطانہ کا ایک کامیاب افسانہ ''بیس سال بعد'' ہے۔ اس افسانے میں انہوں نے جذبہ محبت عمر اور زماں و مکاں کی قید سے آزاد ہے۔ افسانے میں واضح کیا گیا ہے کہ انسان کو ہمیشہ اپنی پسند کی چیز نہیں ملتی۔ اگر ملتی بھی ہے تو وقت گزرنے کے بعد ملتی ہے جس سے وہ خوش نہیں رہتا۔

مجموعی طور پر رفیعہ سلطانہ کی افسانہ نگاری دلچسپ ہے۔ ان کے یہاں افسانے کے مختلف اجزائے ترکیبی میں ایک آہنگ اور توازن ملتا ہے۔ پلاٹ کے ساتھ کردار نگاری کو خوش اسلوبی کے ساتھ پیش کرنے کا فن ان کے پاس نظر آتا ہے۔ ان کے افسانوں کے کردار زندگی کے قریب معلوم ہوتے ہیں۔ اس مجموعے کے بیشتر افسانے نفسیاتی حقائق پر مبنی ہیں۔ ڈاکٹر رفیعہ سلطانہ نے اپنے افسانوں کے ماحول میں ایسی فضا پیدا کی ہے جو جاری وساری نظر آتی ہے۔ جو دلچسپ بھی اور حیرت انگیز بھی ہے۔ وہ افسانے کے واقعات کا اس طرح نقشہ پیش کرتی ہیں کہ قاری اس کو پڑھ کر جیتا جاگتا منظر اپنی نظروں کے سامنے محسوس کرتا ہے۔ ڈاکٹر رفیعہ سلطانہ اپنی تخلیقات کے ذریعہ علمی و ادبی دنیا میں کافی مقبولیت حاصل کی۔

## افروز سعیدہ

افروز سعیدہ تلنگانہ حیدرآباد دکن کی نئی اور ابھرتی ہوئی افسانہ نگار خاتون ہیں۔ ۱۹۴۴ء اپریل میں حیدرآباد کے معزز خاندان میں پیدا ہوئیں۔ ان کے دادا نواب سخاوت جنگ بہادر اول تعلقہ دار تھے۔ ان کے پانچ میں سے ایک فرزند گ جناب شرافت حسین کسٹم آفیسر مرحوم کی پہلی اولاد ہے۔ والد محترم ادبی ذوق سے معمور شخصیت کے مالک تھے۔ افروز سعیدہ کو اعلیٰ تعلیم دلانا

چاہتے تھے۔ انہوں نے۱۹۶۲ء میں ریڈی کالج سے بی ایس سی اور۱۹۶۴ء میں بی اے کیا،لیکن والدہ محترمہ کے کہنے پر گریجویشن کے بعد۱۹۶۲ء میں مرتضٰی قاسمی ایجوکیشن آفیسر اورنگ آباد (مہاراشٹرا) سے شادی ہوئی۔انہوں نے شادی کے بعد بھی اپنی تعلیمی کاوشیں جاری رکھیں اور پھر ۱۹۹۱ء میں ایم اے درجہ اول میں پاس کیا۔

افروزسعیدہ کوادبی ذوق ورثہ میں ملا تھا۔ افروزسعیدہ کوکالج کے زمانے سے ہی لکھنے کا شوق تھا۔ اس زمانے میں ریڈی کالج میں محترمہ جہاں بانونقوی ان کی لکچرار تھیں۔ انہوں نے ہی ان کی ہمت افزائی کی اور ذوق کو سراہا۔افسانے اور مضامین لکھنا اور سنانا ڈراموں میں کام کرنا اور بیت بازی میں حصہ لینا ان کے محبوب مشغلے رہے ہیں۔ان کے انیس (19) افسانوں کا پہلا مجموعہ ''نایاب'' اردوادب میں اضافہ کا حصہ ہے۔

افروزسعیدہ کے افسانے''خاتونِ مشرق''''مریم''''پونم''اور ماہنامہ''پیام اردو'' میں شائع ہوتے رہے اوران کے پرانے پڑھنے والے ان کی محاورانہ تحریروں سے واقف ہیں۔ ان کے افسانے ان کی دکھ بھری زندگی کی پیداوار ہیں۔ڈاکٹر حبیب ضیاء افروزسعیدہ کے بارے میں لکھتی ہیں:

> ''اچھے مکالمے لکھنا ہر ادیب کے بس کی بات نہیں۔ افروزسعیدہ مکالمہ نگاری کے فن سے خوب واقف ہیں۔اپنے کئی افسانوں میں انہوں نے مکالمہ نگاری کے جوہر دکھائے ہیں۔اردوزبان سے تھوڑی سی واقفیت رکھنے والا بھی ان کے افسانے نہ صرف پڑھ سکتا ہے بلکہ افسانے کے مرکزی خیال پر غوروفکر بھی کرسکتا ہے۔'' ۱۶

افروزسعیدہ محفل خواتین سے۱۹۸۰ء سے وابستہ ہیں۔ یہ محفل ہر ماہ کے دوسرے ہفتہ کومنعقد ہوتی ہے۔ انہوں نے یہاں پرکئی افسانے سنا کرداد حاصل کی۔

افروزسعیدہ کوکہانیاں لکھنے اورڈراموں میں کام کرنے کا شروع ہی سے شوق رہا ہے۔ اپنے کالج میں بھی انہوں نے کئی اسٹیج ڈراموں میں کام کیا۔افروزسعیدہ کے بیشتر افسانے نفسیاتی حقائق پر مبنی ہیں قاری کے ذہن کو متاثر کئے بغیر نہیں رہ سکتے۔ ان کے افسانے آل انڈیا ریڈیو سے۱۹۷۶ء تا۱۹۸۰ء میں نشر ہوتے رہے۔ اس کے علاوہ عرب ٹائمز،کویت میں افسانہ''یادیں'' کے عنوان سے۲جولائی۱۹۸۰ء کو چھپا تھا۔

افروز سعیدہ کا افسانوی مجموعہ ''نایاب'' دلچسپ و اصلاحی افسانوں کا مجموعہ ہے۔ جس میں ا۔ تکمیل آرزو۔ ۲۔ نادان۔ ۳۔ نایاب۔ ۴۔ مجرم کون؟۔ ۵۔ پشیمان۔ ۶۔ شام غم کی قسم۔ ۷۔ فیصلے کی رات۔ ۸۔ انتقام۔ ۹۔ ادھورے خواب۔ ۱۰۔ خواب یا حقیقت۔ ۱۱۔ منزل بہاروں کی۔ ۱۲۔ پھولوں کی چھن۔ ۱۳۔ تہی دامن۔ ۱۴۔ خزاں رسیدہ۔ ۱۵۔ دائرے۔ ۱۶۔ بکھرے موتی۔ ۱۷۔ کرن۔ ۱۸۔ فیصلہ۔ ۱۹۔ فریب آرزو۔ افسانے شامل ہیں۔

افروز سعیدہ کا افسانہ ''فیصلے کی رات'' ایک اچھی کہانی ہے۔ سفینہ اس کا مرکزی کردار ہے اور کہانی اسی کے اطراف گھومتی ہے۔ سفینہ بیوہ تھی۔ اس کی ایک لڑکی اسماء تھی۔ اسماء کی سالگرہ ہے اور اسی سال اسماء نے میٹرک درجہ اول میں پاس کیا تھا۔ اس کہانی کا پلاٹ تین مرد حضرات پر منحصر ہیں۔ ایک سفینہ کا شوہر جو زمیندار تھا انتقال ہو چکا ہے۔ دوسرے شخص رفیق سے ملاقات ملازمت کے دوران ہوتی ہے اور عشق کی آگ پہلے ہی دن سے بڑھتی چلی جاتی ہے اور سفینہ سوچنے لگتی ہے کہ میں ایک تیس سالہ بیوہ ہوں اور ایک جوان لڑکی کی ماں ہوں ذراسی لغزش بدنامی و رسوائی کے گہری کھائی میں ڈھکیل سکتی ہے۔ سفینہ نے کئی بار سوچا کہ نوکری سے استعفیٰ دے دوں مگر جذبات کے بہاؤ میں فیصلہ نہیں کر پا رہی تھی۔ سفینہ کے جذبات کا حال ملاحظہ فرمائیے۔

> ''تمہاری قربت کے خیال ہی سے میرے دل کی دھڑکن
> بے قابو سی ہو رہی تھیں۔ میرے اندر سلگتی آگ کی حرارت کو
> اگر تم نے محسوس کر لیا تو کیا ہوگا۔ اپنے احساسات و خیالات
> سے میں تمہیں آگاہ کرنا نہیں چاہتی تھی۔ مجھے تم سے محبت تھی
> بس، روحانی محبت، جسے میں ایک طرفہ ہی رکھنا چاہتی تھی۔
> اکیلی فنا ہو جانا چاہتی تھی کیونکہ اس فنا میں مجھے اپنی بقا نظر آتی
> تھی... ۱۷؎

ایک دن اچانک رفیق نے جذبات سے بے قابو ہو کر سفینہ کا ہاتھ اپنے تپتے ہاتھوں میں لے لیا اور دونوں تپش محسوس کرنے لگے پھر سفینہ سوچنے پر مجبور ہو گئی کہ ایک شادی شدہ مرد جو ایک کنبہ کا سرپرست ہے اور سماج میں ایک اعلیٰ مقام پر ہے میں ایک بیوہ ہوں جو معاشرے کے چہرے پر بدنما داغ ہیں۔ دوسرے دن سفینہ نے اپنا استعفیٰ بھیج دیا۔ کچھ دن بعد اپنے آپ کو سنبھال کر ایک اسکول میں ملازمت ڈھونڈ لی۔ یہاں بھی اس اسکول کے ڈائرکٹر حسن جاوید بھی سفینہ پر کچھ زیادہ ہی

مہربان تھے اور سفینہ کی بیٹی اسماء کو باپ کا پیار دینا چاہتے تھے۔ سفینہ کو اپنے فیصلہ کا اعلان اسماء کی سالگرہ پارٹی میں کرنا تھا۔ اسی پارٹی میں اسماء کی سہیلی رعنا کے باپ رفیق بھی چلے آتے ہیں۔ سفینہ کی نظر جب رفیق پر پڑتی ہے ماضی کی یادیں آنے لگتی ہے۔ اب سفینہ کے لیے ''فیصلہ کی رات'' تھی۔ اسکولی ڈائرکٹر مس حسن جاوید یا پھر رفیق اسی کشمکش میں سفینہ بے ہوش ہوکر گر جاتی ہے پھر ہوش آنے پر دیکھتی ہے اسماء رو رہی ہے اور رفیق کے قریب بیٹھی ہے پھر رفیق سفینہ سے مخاطب ہوکر کہنے لگے:

> ''سفینہ مجھے خوشی ہے کہ برسوں بعد تم سے ملاقات ہوئی میں تم سے بات کرنا چاہتا ہوں تم برا تو نہیں مانوگی۔ سفینہ تم جب پہلی بار میرے آفس آئی تھی اسی دن تمہیں اپنانے کی تمنا نے میرے دل میں گھر کرلیا تھا۔ تمہیں اپنی سمجھنے لگا تھا تمہارا استعفیٰ سے ایک دن پہلے میں بہک گیا تھا دوسرے دن تم سے معافی مانگنا اور تمہارا ہاتھ تھام لینا چاہتا تھا۔ اسی دن تم نہیں آئیں دو چار دن انتظار کرنے کے بعد تمہارے گھر گیا تو معلوم ہوا تم کہیں اور منتقل ہوچکی ہو اور آج ... '' رفیق خاموش ہو گئے۔ مس جاوید حسن دودھ کا گلاس لئے آگئے تھے اور سفینہ کو سہارا دے کر اٹھانے لگے۔ رفیق بھی آگے بڑھے اور اسی وقت سفینہ پھوٹ پھوٹ کر رونے لگی... ''۱۸

اور فیصلہ کیا ہوسکتا ہے، افروز سعیدہ نے قاری پر چھوڑ دیا۔ انہیں اپنی صنف سے خاصی ہمدردی ہے۔ انھوں نے ہمیشہ عورت کی مظلومیت کو اجاگر کرنے کی کوشش کی ہے۔ ماں، بیوی، بیٹی، بہو ہر حیثیت میں عورت استحصال کا شکار رہی ہے۔ انہوں نے زندگی کو ہمیشہ قریب سے دیکھا ہے۔ بے کسوں اور مظلوموں کی حمایت ان کی تحریروں کا بنیادی مقصد رہا ہے۔

افروز سعیدہ کے افسانے سماجی شعور اور عصری حسیت کی عمدہ مثال ہیں۔ ان کے افسانے متوسط طبقے اور نچلے متوسط طبقے کی معاشرتی زندگی کی عکاسی کے ساتھ ساتھ مختلف النوع موضوعات کا احاطہ کرتے ہیں۔ ان کے مسائل ان کے دکھ ان سب کا بغور جائزہ لے کر ان کو اپنے شعور کی مدد سے صفحہ قرطاس پر بکھیر دیا ہے۔ ان کے ضمن میں یہ خوبیاں بہ درجہ اتم پائی گئی ہیں۔

افروز سعیدہ کا دوسرا افسانوی مجموعہ ''بدلتا ہے رنگ آسماں کیسے کیسے'' طبع ہو چکا ہے۔

جس میں شامل افسانوں کے عنوانات ۱۔کاغذ کی کشتی۔۲۔ جہاں اور بھی ہیں۔ ۳۔ پیاسی شبنم۔ ۴۔ بدلتا ہے رنگ آسماں کیسے کیسے۔ ۵۔... اور ہم غبار دیکھتے رہے۔۶۔مکافات عمل۔ ۷۔ وقت کی کروٹ۔ ۸۔رانگ نمبر۔۹۔انتظار تیرا آج بھی ہے۔ ۱۰۔تاریک راہوں کے مسافر۔ ۱۱۔کشکول۔ ہیں۔

افروز سعیدہ کے یہ افسانے بہترین تہذیبی شعور کے حامل ہیں جن میں تلخی ہوتی ہے نہ طنز بلکہ ان کے افسانے نہایت ہی دھیمے انداز میں قاری کے دل و دماغ پر اثر انداز ہوتے ہیں اور کچھ سوچنے پر مجبور کر دیتے ہیں۔ انہوں نے اپنے کرداروں کی نفسیات کو بڑی چابکدستی اور کامیابی سے پیش کیا ہے۔افروز سعیدہ کے تمام افسانے زندگی کے کسی نہ کسی رُخ پر روشنی ڈالتے ہیں اور اس کے اچھے اور بُرے پہلوؤں کو اُجاگر کر کے انسانی زندگی کی بنیادی کمزوریوں کی جانب توجہ مبذول کرواتے ہیں۔ بہر کیف ان کا فن مقصدیت اور افادی ادب کی زندہ مثال ہے۔

## ڈاکٹر بانو طاہرہ سعید

ڈاکٹر بانو طاہرہ سعید ملک و بیرون ملک کی شہرت یافتہ اردو، فارسی، انگریزی کی ممتاز شاعرہ ادیبہ تھیں۔ اس کے علاوہ ایک نقاد اور افسانہ نگار بھی تھیں۔ ان کی پیدائش ۱۹۲۰ء میں شمالی ہند میں ہوئی۔ تعلیم لکھنو میں پائی۔ انہوں نے ازبلا تھوبرن کالج لکھنو سے بی اے کی ڈگری حاصل کی اور اپنے والد کی پنشن کے بعد ان کے ساتھ تہران چلی گئیں۔ بانو طاہرہ کے والد سعید امیر علی معصومی ایران کے مشہور رئیس تھے دولت مند ہونے کے ساتھ ان کے خاندان میں علم و ادب کا ذوق تھا۔ اسی شوق میں سید امیر علی کمسنی میں تعلیم حاصل کرنے کے لئے یورپ گئے۔ تعلیم مکمل کرنے کے بعد وہ ایران واپس جانے کے بجائے ہندوستان آ گئے۔ یہاں ان کے کئی رشتے دار پہلے سے سکونت پذیر تھے۔ میر علی صاحب قانون انگریزی اور فلسفہ کے ماہر تھے۔ پہلے وہ بنگال میں قانون کے پروفیسر رہے پھر لکھنو یونیورسٹی میں انگریزی کے پروفیسر بن گئے۔ اپنے ہی خاندان کی لڑکی سے انہوں نے ہندوستان کے دوران قیام شادی کی۔ ایک بیٹا اور ایک بیٹی بانو طاہرہ سعید بھی یہاں تولد ہوئے۔ پھر ۱۹۳۶ء میں وہ وظیفہ پر سبکدوش ہونے کے بعد واپس تہران چلے گئے۔

بانو طاہرہ سعید کو ایران سے جتنی محبت تھی اتنی ہی ہندوستان سے بھی تھی۔ ایران میں رہتیں تو ہندوستان کی یاد میں بے چین رہتیں۔ اور ہندوستان آتیں تو ایران کی فضائیں ان کے خیالوں میں انگڑائیاں لیتی تھیں۔ کرنل سعید سے ازدواجی رشتے میں منسلک ہونے کے بعد وہ حیدرآباد آ گئیں۔ بانو طاہرہ سعید کو علمی لگن بچپن سے تھی۔ زمانہ طالب علمی میں شاہ ایران نے ادبی انعام سے نوازا۔ ایران میں صحافت کے کورس کی تکمیل کی اور ریڈیو تہران کے شعبہ اردو کی نگران و منتظم بھی رہیں اور بی بی سی کی ٹریننگ بھی حاصل کی۔ بانو طاہرہ سعید کئی ادبی و تہذیبی انجمنوں سے وابستہ تھیں۔ ان کا کلام اخبار، سیاست، کے علاوہ ملک و بیرون ملک کے ادبی رسائل میں اکثر و بیشتر شائع ہوتا رہتا تھا۔ حیدرآباد دوردرشن اور آل انڈیا ریڈیو کے ذریعے بھی ان کا کلام سنا جا سکتا تھا وہ ادارہ ادبیات اردو، انجمن ترقی اردو مجلس کے شعری محفلوں میں پابندی سے شرکت کرتی تھیں۔ محفل خواتین کی نائب صدر تھیں۔ ان کے شعری مجموعے اور نثری کتابیں فارسی اور انگریزی میں شائع ہو کر مقبول عام ہو چکی ہیں۔ ان کی کتابوں پر آندھراپردیش مغربی بنگال، بہار، اوراتر پردیش اردو اکیڈمی سے ایوارڈس دیئے گئے۔ ساہتیہ اکیڈیمی، منسٹری آف کلچرل افیرز، قومی یکجہتی، کلاسرسوتی اور مخدوم امن ایوارڈ، امتیاز میر ایوارڈ لکھنو، حاصل کر چکی ہیں۔

بانو طاہرہ سعید نے ہر صنف میں تخلیقات چھوڑی ہیں۔ کئی مختصر اور طویل افسانے اردو سے فارسی اور تلگو زبان میں ترجمہ ہو کر شائع ہوئے۔ ان کی ایک انگریزی نظم دنیا کی پچاس انگریزی نظموں کے مجموعہ میں شامل ہے۔ انگریزی ادب کی مجموعی خدمات کے اعتراف میں انہیں امریکہ کی عالمی یونیورسٹی اریزونا سے ڈی لٹ کا اعزاز دیا گیا ہے۔ بعض انگریزی نظمیں کامن ویلتھ پوسٹ گریجویٹ کورس میں شامل بھی کی گئی ہیں۔ جب وہ تہران میں تھیں تو اردو میں اپنے مقالے وہاں کے ریڈیو اسٹیشن سے سناتی تھیں۔ خبریں پڑھتی تھیں اور دوران جنگ ہندوستانی افواج کا پروگرام بھی نشر کرتی تھیں۔ وہاں کے اخباروں اور ادبی رسالوں میں ان کا کلام و مضامین چھپتے رہتے جو نہ صرف سراہے جاتے بلکہ انہیں انعامات سے نوازا جاتا۔ ان کی تصانیف میں ۱) ہدیہ طاہرہ (نعتیہ کلام) ۲) سات دوست، (بچوں کی کہانیاں) ۳) آشیاں ہمارا (قومی نظمیں) ۴) دور رہ کر (نثری نظموں کا مجموعہ) ۵) گل خونچکاں (نظمیں واقعات کربلا) ۶) برگ سبز (مجموعہ کلام) ۷) مثبت منفی (نا ملین کی انگریزی نظموں کا منظوم ترجمہ) ۸) مہکتے ویرانے ۹) بینتھ دی ہاو ۱۰) خون جگر (افسانے مجموعہ) شامل ہیں۔ علاوہ ازیں ان کی اردو نظموں کا منظوم تلگو ترجمہ بھی ارپنا کے نام

سے شائع ہو چکا ہے۔ ہر صنف میں ان کی تخلیقات موجود ہیں ۔ان میں فطری طور پر تخلیقی رجحان تھا وہ بنیادی طور پر امن کی متلاشی رہیں۔ وہ انسان دوستی اور قومی یکجہتی کی پرستار تھیں انہوں نے احساس کی شدّت، دل سوزی کی چاشنی سے اپنی تحریروں میں ایسی دل آویزی پیدا کی کہ ہر پڑھنے والا حساس ذہن ان کے بارے میں سوچنے پر مجبور ہو جاتا تھا۔ان کا مشاہدہ گہرا اور نازک تھا۔ خاصی طور سے زبان و بیان کی جو طرز انہوں نے اپنائی وہ تخلیقی صلاحیت کو غیر معمولی طور پر برا اثر بنا دیتی تھی۔

اگر ادیبہ کی حیثیت سے ان کے افسانوں کا مطالعہ کیا جائے تو پتہ چلتا ہے کہ ان میں انسانی کردار کی نفسیات کا خاصا خیال رہتا ہے۔ افسانے کے کردار ہر لحاظ سے مکمل اور جاندار رہتے روز مرّہ زندگی کے تجربات کا بغور جائزہ لیتی ہیں اور اسی وجہ سے جذباتی مسائل کی نمایاں جھلک دکھائی ہے۔ یہ ایسی پر اثر کہانیاں ہیں کہ پڑھنے والوں کو عورتوں کی نفسیات سے آگاہی ہوتی ہے۔ عورتوں کی محرومی اور مجروح جذبات کی بولتی تصویریں ہیں۔ بانو طاہرہ سعید کی اکثر کہانیاں عرب، مصر، اور ایران کی ہیں چونکہ بانو صاحبہ خود ان ممالک کی سیاحت کر چکی تھیں۔ اس کے علاوہ ایران اور ہندوستانی رسم و رواج اور طرز معاشرت کو بہتر طور پر پیش کیا گیا۔

بانو طاہرہ سعید کے اولین افسانوی مجموعہ ،خون جگر، میں میسما کو اس مجموعہ کا بہترین افسانہ قرار دیا جاسکتا ہے۔ اس افسانے میں عورت کی ناقدری اور ان مظالم پر روشنی ڈالی گئی ہے جو عورت کو سماج کی طرف سے اور کچھ نظام قدرت کے تحت اٹھانے پڑتے ہیں۔ میسما محنت کش ہونے کے باوجود اپنے شوہر کی ظلم و زیادتی کا شکار ہے اور اپنے پتی کی بے حسی، بے دردی و بے وفائی کے آگے مجبور ہے۔ میسما اچھے دن کے انتظار میں پتی کے ظلم سہتی رہتی یہ افسانہ انسانیت کی دم توڑتی صدائیں ہیں، حیوانیت اور درندگی کا شکار عورت ہے۔افسانہ خاتون مصر، ایک حب الوطن جوڑے کی کہانی ہے۔ جس میں نو بیاہتا دلھن اپنی انفرادی خواہشات پہ وطن عزیز کو ترجیح دیتی ہے۔ وردالعرب (عرب کا گلاب) ایک فوق الفطرت افسانہ ہے جو ایک ایسے ماحول میں لے جاتا ہے جہاں ہنسی اور تجسس ہے۔ ساتھ ہی سماج کے رسم و رواج کی جکڑ بندیوں کی شکار ایک مظلوم لڑکی داستان بھی ہے جو ان قیود کو توڑ نہ سکی اور ان پر قربان ہوگئی۔افسانہ، آغا باجی ایک گہرا نفسیاتی مشاہدہ ملتا ہے۔عورت کی فطرت اور اس کی کمزوریوں پر روشنی ڈالی گئی ہے، ایک اقتباس ملاحظہ ہو۔' ہزار منت کی ہزار سماجت سے کام لیا لیکن آغا باجی کسی صورت میں رام نہ ہو سکیں۔طلاق لے کر انہوں

نے زمانے پر ثابت کر دیا کہ تریا ہٹ کس قدر زبردست ہتھیار ہے۔'

''خون جگر'' بانو طاہرہ سعید کا ایک طویل افسانہ ہے، جس میں پہلی جنگ عظیم کے پس منظر کو پیش کیا گیا۔ سیاسی وسماجی افکار، تہذیب وتمدن اور اس روایات کی عکاسی کی گئی ہے۔ فن اور تکنک کے لحاظ سے بعض نقادوں کو یہ افسانے زیادہ چست وسڈول نہ معلوم ہوں گے۔ بانو طاہرہ سعید اچھی قصہ گو ہیں، ان میں بات کہنے کا سلیقہ موجود ہے۔ ان کے افسانے میں انشائیے کی سی دلکشی و جاذبیت موجود ہے ایسا محسوس ہوتا ہے کہ ان کہانیوں میں کردار نگاری اور افسانہ نویسی کے دوسرے لوازم کی حیثیت ثانوی ہے۔ انسانی مسائل کے ادراک اور دردمندی کا جذبہ ان کی ہر سطر میں جاری وساری نظر آتا ہے۔ یہی دردمندی بانو طاہرہ سعید صاحبہ کی تحریروں کی بنیادی خصوصیت معلوم ہوتی ہے۔ تہران میں پیدا ہونے والی یہ شاعرہ ۲۰۰۱ء دکن کی خاک کا حصہ بن گئی۔

# فریدہ زین

فریدہ زین تلنگانہ حیدرآباد دکن کی ایک نامور خاتون افسانہ نگار ہیں۔ کے افسانوں کے مطالعے سے ان کی خداداد صلاحیتوں کا اندازہ بخوبی لگایا جاسکتا ہے۔ ان کے افسانوی سفر کا آغاز رومان اور شاعرانہ انداز نگارش سے ہوا جس کی مثال ان کے افسانوں سے دی جاسکتی ہے۔ ان کے افسانوں میں سماجی شعور کے ساتھ ساتھ فرد اور سماج کی کشمکش کی صحیح عکاسی ملتی ہے۔ اپنے اطراف کے ماحول اور ذاتی تجربات و مشاہدات کو اپنے افسانوں میں سمونے کی کوشش کرتی ہیں۔ ''سسکتی چاندنی'' ایک افسانہ بھی ہے اور فریدہ زین کے افسانوں کے پہلے مجموعے کا عنوان بھی ہے۔ اس افسانہ میں ایک بدنصیب لڑکی چاند کی کہانی ہے جو حسن کی دولت سے بھی محروم ہے مگر اپنی انا اور خودداری پر جیتی ہے کسی کی ہمدردی ورحم کی بھیک کی محتاج نہیں۔ چاند کی خوبصورت بہن عفت کی شادی اس کے خالہ زاد بھائی صباحت سے ہوئی لیکن ایک بچے کو جنم دے کر اس کا انتقال ہو جاتا ہے۔ چاند کو بچے سے والہانہ محبت دیکھ کر صباحت چاند کے سامنے شادی کی پیشکش رکھتا ہے۔ چاند نے صباحت سے کہا کہ آپ کو باجی سے محبت تھی اور مجھ سے ہمدردی۔ اس ہمدردی اور رحم کی بنا

پر مجھ سے شادی نہ کیجئے۔ میری تمنائیں پوری نہ ہوسکیں اس کا مجھے غم نہیں۔ کوئی پھول پا کر نازاں رہتا ہے اور کوئی کانٹے پا کر خوش ہوتا ہے۔ ہم گڈو کی پرورش اور ازدواجی رشتے میں بندھ کر ہی نہیں بہن بھائی کے رشتے سے بھی کر سکتے ہیں۔فریدہ زین کے افسانوں کے کردار ایثار،قربانی کے جذبے ،پاکیزگی اور سمجھوتے ومفاہمت کو اُجاگر کرتے ہیں۔فریدہ زین کا دوسرا مجموعہ ''دل سے دار تک'' ہے جو

۱۹۸۲ء میں شائع ہوا۔اس کا پیش لفظ پروفیسر عنوان چشتی نے لکھا ہے۔ اس افسانوی مجموعہ میں مندرجہ ذیل گیارہ افسانے شامل ہیں۔

ا۔دل سے دار تک۔ ۲۔خوابوں کے کھنڈر۔۳۔چندا کی چاندنی۔۴۔دل ایک سجدہ گاہ۔۵۔پلکوں کی چھاؤں میں۔ ۶۔منزل۔۷۔بسیرا۔۸۔گھونگھٹ کی آنچ۔۹۔لہو کے رنگ۔۱۰۔چشم نم۔ ۱۱۔ اور ہم اکیلے ہیں۔

فریدہ زین نے ان افسانوں میں سماجی شعور، انسان سے ہمدردی، زندگی سے پیار، نفسیاتی مشاہدہ،غریبوں اور مفلوک الحال کرداروں کے واقعات کی صحیح عکاسی کی ہے۔ ان افسانوں میں ایک مقصد ہوتا ہے۔ کردار جو دن رات اپنا خون پسینہ ایک کرتے ہے اس کے باوجود اس کو اپنا حق نہیں ملتا۔ان کے افسانے ظلم کے خلاف شعور بیدار کرتے ہیں کہ اپنا حق مانگنے پر نہ ملے تو چھیننا چاہئے۔

فریدہ زین کا تیسرا افسانوی مجموعہ ''اے گردش دوراں'' جو ۱۹۹۱ء میں شائع ہوا۔ اس مجموعہ میں بھی گیارہ افسانے ہیں۔ جو حسب ذیل ہیں: ا۔اے گردش، دوراں ۔۲۔کوہ کن۔ ۳۔ کنارے بے وفا نکلے۔ ۴۔یہ بتا چارہ گر۔ ۵۔تلاش میں ہے سحر۔۶۔خون پھر خون ہے۔ ۷۔ پتھر کا دور۸۔قاتل مسیحا۹۔وقتِ سفر یاد آیا۔۱۰۔دل ڈھونڈتا ہے۔ ۱۱۔پھول انتظار کے۔

''اے گردش دوراں'' کی کہانی غریب اور معصوم سات سالہ لڑکی گلابی کی ہے۔ جس کے پیدائش کے دوسرے سال ہی اس کا باپ گلابی اور اس کی ماں کو چھوڑ کر چلا گیا اس کی ماں بھی گلابی سے نفرت کرنے لگتی ہے کہ گلابی منحوس ہے۔ اس کی پیدائش پر اس کے شوہر سے ساتھ چھوٹ گیا۔گلابی کی ماں نواب صاب کے شاندار بنگلے میں بہ حیثیت ملازمہ گزر بسر کرتی تھیں۔ گلابی کی ماں کی طبعیت ناساز رہنے لگی تو گلابی کو اپنی جگہ رکھوادی۔ گلابی اس گھر میں سارے گھر والوں کے کام جنگل کی ہرنی کی طرح اچھل اچھل کر کرتی لیکن گلابی کی پرواہ کسی کو نہیں۔ ایک دن نواب صاحب کے

دوست جو بمبئی سے آئے تھے گلابی کو دو روپے بخشش دیا۔ گلابی اس دن بہت خوش تھیں۔ کیوں کہ دس پیسے کو ترسنے والے ہاتھ پر آج دو روپے تھے۔ وہ دو روپے ماں کی دوا پر ہی خرچ ہو گئے۔ گلابی اپنے لیے کچھ بھی نہ لے سکی۔ گلابی سوچنے لگی روز ماں کو اس طرح روز دوائیاں ملتی رہی تو جلد سے جلد صحت ٹھیک ہو جائے گی۔ گلابی تو ہر روز مہمانوں کا انتظار رہنے لگا۔ جب بھی مہمان آتے ان کو مانگنے سے پہلے پانی پلا دیتی چائے پیش کرتی اور خاموش للچائی نظروں سے دیکھا کرتی مگر مقامی لوگ بخشش کیوں دیں گے۔ گلابی کی ماں نے کہا کہ کچھ پیسے دوا کے لیے بیگم صاحبہ سے مانگ کر لائے۔ بیگم صاحبہ نے کہا کہ پہلے ہی اگلے مہینے کی تنخواہ لے چکی اور اب کہاں سے دیں گے۔ گلابی کے پاس نکی بے بی کی اسکول کی فیس کے پیسے فراک میں تھے۔ اس دن بیگم صاحبہ نے گلابی کو بہت مارا پیٹا تھا نکی بے بی نے گلدان توڑ دیا اور الزام گلابی کے سر آ گیا۔ لیکن گلابی کو بیگم صاحبہ کی ڈانٹ کی پرواہ نہیں ماں کی فکر تھیں نکی بے بی کے فیس کے ۶۰ روپئیے لے کر گھر گئی ماں کی طبیعت بہت بگڑ چکی تھی۔ رحیمو چاچا کے رکشے میں دواخانہ لے جایا گیا۔ بتیس روپئے کی دوا لی اور اٹھائیس بچے ہوئے تھے۔ وہاں ہاسپٹل میں بڑے سرکار آ گئے اور گلابی کے گال پر تھپڑ رسید کر کے کہا ''چور کہیں کی'' اسکول کی فیس چرا کر لے آئی۔ گلابی نے کہا میں چور نہیں ہوں۔ میں آپ کے پیسے کام کر کے واپس کروں گی۔ ادھر ڈاکٹر نے کہا کہ اس پیشنٹ کے ساتھ کون ہے۔ رحیمو چاچا بھاگ کر گئے۔ ڈاکٹر نے کہا معاف کرنا ہم اس پیشنٹ کو بچا نہیں سکے۔ گلابی نے اٹھائیس روپئے بڑے سرکار کے منہ پر پھینک دیئے۔ گلابی کے سر سے ماں کا آخری سہارا بھی چھوٹ چکا تھا۔ فریدہ زین کے افسانوں میں تسلسل، روانی، سادگی، اسلوب کی نرمی برقرار رہتی ہے۔

فریدہ زین کا چوتھا مجموعہ ''دھرتی کا دکھ'' ہے۔ ۱۹۹۴ میں سے شائع ہوا۔ اس مجموعے میں سترہ افسانے ہیں۔ ۱۔ جنبش لب۔ ۲۔ دھرتی کا دکھ۔ ۳۔ اشکِ سنگ ۴۔ جائے پناہ۔ ۵۔ نقشِ فریاد۔ ۶۔ دھماکہ۔ ۷۔ ایک شیشہ اور ٹوٹا۔ ۸۔ درد اور درماں۔ ۹۔ چاند پھر نکلا۔ ۱۰۔ دستِ حنا۔ ۱۱۔ ٹکراؤ۔ ۱۲۔ کرچیاں۔ ۱۳۔ ویراں ہے میکدہ۔ ۱۴۔ پرواز۔ ۱۵۔ طوفان کے بعد۔ ۱۶۔ سائبان۔ ۱۷۔ نا آشنا۔

فریدہ زین صاحبہ کی کہانیاں عموماً بیانیہ ہوتی ہیں۔ ان کو زبان و بیان پر قدرت حاصل ہے۔ ان کے افسانوں میں منظر کشی کا مشاہدہ بہت وسیع ہوتا ہے۔ ان کے افسانوں میں پہلے ہلچل ہوتی ہے، پھر درد کسک، اختتام میں المیہ ہوتا ہے۔

فریدہ زین کا پانچواں افسانوی مجموعہ ''ایک حرفِ تمنا'' کے عنوان سے ۲۰۰۳ء میں شائع ہوا۔ اس میں کل پندرہ افسانے ہیں۔ ۱۔ ایک حرف تمنا۔ ۲۔ روزگار۔ ۳۔ سرائے کا نگہبان۔ ۴۔ شاہ کار۔ ۵۔ پھول کی پتی سے۔ ۶۔ مٹھی بھر اناج۔ ۷۔ بارش میں بھیگا سورج۔ ۸۔ روپ بہروپ۔ ۹۔ چھاؤں سے دھوپ تک۔ ۱۰۔ بھرم۔ ۱۱۔ بے نام سی یہ رات۔ ۱۲۔ سیلاب۔ ۱۳۔ بار شبنم۔ ۱۴۔ دل گم گشتہ۔ ۱۵۔ کوہ کن۔ اس مجموعہ میں چار افسانے محبت اور رومانی انداز کے ہیں۔ ایک حرف تمنا، سیلاب، چھاؤں سے دھوپ تک، بے نام سیرت۔ ان چار افسانوں میں محبت اپنے روپ بدلتی رہتی ہے۔ کرب تنہائی، آرزو، تمنا لئے ہوئے۔ مرد اور عورت کی محبت کی طالب تو کہیں شدید جذبہ انتقام۔ وہ اپنے افسانے کی بنیاد ایسے واقعہ پر نہیں رکھتی جو بعید از قیاس ہو۔ ان کے افسانوں میں نئے مسائل، نئے تجربوں کے ساتھ آگہی و بصیرت کی ایک مانوس فضاء ملتی ہے۔ ان کے یہاں تازگی ہے۔ مجموعوں میں شامل افسانوں کے مقابلے میں یہاں ان کا فن ارتقائی سفر میں تیزی سے پروان چڑھتا نظر آیا ہے۔ فریدہ زین کے افسانے فنی اعتبار سے بہت ہی کامیاب افسانے ہوتے ہیں۔

## نجمہ نکہت

نجمہ نکہت کا شمار حیدرآباد کی معروف افسانہ نگار خواتین میں ہوتا ہے۔ وہ ایک حقیقت پسند افسانہ نگار تھیں۔ نجمہ نکہت کے آباد واجداد کا تعلق بادشاہ جہانگیر کے سلسلے سے چلا آرہا ہے ان کے دادا سید حسین اتر پردیش لکھنو میں رجسٹرار ہائی کورٹ تھے۔ ان کے والد سید سراج الحسن بھی پیشہ وکالت سے وابستہ تھے۔ ان کی والدہ زیب انساء بیگم خوش اخلاق و دیندار خاتون تھیں۔ نجمہ نکہت ۲۴ مئی ۱۹۳۶ء کو حیدرآباد میں پیدا ہوئیں۔ بزرگوں نے چاندی بیگم نام رکھا اور ماں باپ نے جیلانی بیگم رکھا۔ جب پندرہ سال کی عمر میں دسویں جماعت میں داخل ہوئیں تو انہوں نے اپنی مرضی سے اپنا نام جیلانی بیگم سے بدل کر نجمہ نکہت رکھا۔ انہیں اپنے ماں باپ کا دیا ہوا نام جیلانی بیگم پسند نہیں تھا گیارہ سال کی عمر میں ان کی پہلی تصنیف ''وہ راتیں'' کے نام سے افسانہ ماہنامہ ''جادہ'' بھوپال میں شائع ہوئی جس کو کوثر چاندپوری نکالتے تھے۔ پندرہ سال کی عمر سے تو انہوں نے با

قاعدہ لکھنا شروع کیا۔ان کے افسانے قومی اور بین الاقوامی رسالوں میں چھپنے لگے تو خوشی کی انتہا نہ رہی۔اس سے ان کا حوصلہ بلند ہوا۔ لکھنے کا ذوق اور بڑھتا گیا۔کئی ایڈیٹر اور مصنفوں کے خطوط نے انہیں لکھنے پر مجبور کر دیا۔ نجمہ نکہت کو بچپن سے تعلیم کا شوق تھا۔ان کی ابتدائی تعلیم مفید الانام کوٹلہ علی جاہ حیدرآباد میں ہوئی۔عربی اور اردو کی تعلیم گھر پر ہوئی۔وہ پڑھنے میں ذہین اور سمجھ دار تھیں۔میٹرک کے امتحان کے وقت نجمہ نکہت سخت بیمار ہوگئیں۔ان کے بھائی ڈاکٹر حامد حسین نے ایک ٹیوٹر کو گھر پر رکھ کر تعلیم دلوائی۔ نجمہ نکہت کو میٹرک میں اچھے نمبرات سے کامیابی حاصل ہوئی انہوں نے پی یو سی کی تعلیم پرائیوٹ حاصل کی۔ نجمہ نکہت کی ملاقات لکھنو کے بہت بڑے رئیس جاگیردار شیخ احمد حسین قدوائی سے ہوئی اور یہ ملاقات محبت میں تبدیل ہوگئی فروری ۱۹۵۳ءکو شادی ہوئی۔ نجمہ نکہت کی ازدواجی زندگی بہت خوش حال تھی۔ بدقسمتی سے ان کے شوہر کا ورنگل سے حیدرآباد آتے ہوئے کار میں قلب پر حملہ کے باعث انتقال ہوگیا۔اس اچانک حادثہ کا نجمہ نکہت کو کو بہت صدمہ ہوا۔انہوں نے کوئی آٹھ سال ازدواجی زندگی بسر کی تھی۔شوہر کے اچانک داغ مفارقت دیئے جانے سے نجمہ نکہت کا چند برسوں تک دماغی توازن کھوگیا۔وہ گم صم رہنے لگیں۔کھانے پینے میں کوئی رغبت نہ لیتی تھیں۔گھنٹوں دیواروں پر ٹکٹکی لگائے رہتیں کچھ عرصہ تک تو اپنی بیٹیوں کو تک نہ پہچان پائیں ان کا باضابطہ علاج کیا گیا اور وہ نارمل ہوگئیں۔کم عمری کی بیوگی میں گریجویشن کی تکمیل کی۔ نجمہ نکہت کا اولین افسانوی مجموعہ ''سیب کا درخت'' ہے اور ایک غیر مطبوعہ گیارہ افسانے ہیں۔ مجموعہ ''سب کا درخت'' پندرہ افسانوں پر مشتمل ہے۔

(۱) کھنڈر (۲) سائے (۳) پتھر اور کونپل (۴) دو ٹکے کی (۵) اس رہگذر پر (۶) آخری حویلی (۷) ایر کنڈیشنڈ (۸) پھر وہی صبح پھر وہی شام (۹) سیب کا درخت (۱۰) شبنم اور انگارے (۱۱) وہ دونوں (۱۲) سکنڈ ہینڈ (۱۳) دھندلے نقوش (۱۴) ریشمی قمیض (۱۵) دور دیس سے۔مجموعی حیثیت سے تمام افسانے متاثر کن، دلچسپ اور نصیحت آمیز ہیں اس میں نفسیاتی مشاہدہ موجود ہے۔ انہوں نے اپنی تخلیقات کے ذریعہ اپنی شناخت برقرار رکھی ہے۔ اپنے فن سے خود کو ادب میں روشناس کر وایا یہی وجہ ہے کہ ادب کی دنیا میں نجمہ نکہت کا ایک مقام ہے انہوں نے اپنے قلم پر اپنی مضبوط گرفت کا ثبوت دیا ہے۔ ان کے بیشتر افسانوں میں جاگیرداری میں استحصال کا شکار ہونے والے کرداروں کے حالات،نفسیاتی پیچیدگیاں معاشی پستی، اخلاقی گراوٹ اور زندگی کا کرب ملتا ہے۔ اس نظام کے اختتامی کرب کو نہایت عبرت انگیز طریقہ سے پیش کیا گیا ہے۔ جاگیرداری نظام کے

خاتمہ کے بعد نئی نسل کی جدو جہد، طوفان سے ابھرنے کی کیفیت پرانی ذہنیت کے خطرناک پہلو، نیک اور اچھے مقاصد کے پیچھے کام کرنے والی جاگیردارانہ پالسی کو بلا جھجک افسانہ ''کھنڈر'' میں یہ بتایا گیا کہ حشمت جہاں کی زندگی ایک شاہانہ انداز سے گزر رہی تھی لیکن بعد میں وہ ایک بوسیدہ دیوڑھی کی گری ہوئی دیواروں کی طرح ایک کھنڈر میں تبدیل ہوگئی۔

افسانے کا پلاٹ حیدرآباد کے زوال پذیر جاگیردارانہ نظام اور ایک وسیع محل کے نمائندہ خاندان اور اس کے درمیان کی آویزش اور کشمکش کا ترجمان ہے۔ اس خاندان کے افراد ان دونوں اقدار کی نمائندگی کرتے ہیں۔ حشمت جہاں اس خاندان کی سربراہ ہے مٹتی ہوئی جاگیردارانہ تہذیبی اقدار کی وارث اور امین ہے۔ وہ ماضی کی یاد سے اپنی ویران زندگی میں رنگ بھرنے کی کوشش کرتی ہے۔ ان کا باہر کی دنیا سے کٹ کر اپنے گھر کی چہار دیواری میں سمٹنا، اس مٹتی بکھیرتی تہذیب اور تہذیب کی نمائندہ نسل کے المناک انجام کا یہ اشارہ ہے۔ حشمت جہاں کا کردار نامساعد حالات سے سمجھوتہ اور ناگوار حقائق سے عبارت ہے۔ وہ اس محل نما کھنڈر میں ایک کٹھ پتلی کی مانند ہے جو اپنے درمیان ایک توازن قائم رکھتی ہے۔ ان حالات میں سمجھوتہ اور شکست میں ہی وہ اپنی فتح سمجھتی ہے۔ حالانکہ یہاں سب کچھ اپنا ہوتے ہوئے بھی پرایا ہے۔ سہاگ، بچے، گھربار، نوکر چاکر کوئی بھی ایسا نہیں جسے وہ اپنا صرف اپنا کہہ سکے جب تک زندہ رہو، کھاؤ پیو، قیمتی لباس پہنو اور اپنے سجائے ہوئے کمرے میں پڑے رہو یہ کیسی زندگی ہے؟ آخر اس کا مقصد کیا ہے؟ وہ کس کو اپنا کہہ سکے وہ بھی اپنے حقوق اور اپنی حیثیت کے متعلق سوچنے کی اہمیت نہیں کرتی لیکن اب مجبور ولاچار ہے۔ بیمار ہے اسے اپنی ضروریات کی اشیاء کا ہوش نہیں۔ اس کا حافظہ نہایت کم زور ہے اس کی حالت کا نقشہ نجمہ نکہت نے یوں کھینچا ہے:

''اپنے سیاہ گھنی ابروؤں کے اشارے پر دیوڑھی کے ذرے ذرے کو جلانے والی حشمت جہاں اب تب دق میں مبتلا ہیں اپنے نواڑی پلنگ پر بے حس وحرکت پڑی ہیں جیسے ان کا جسم زندگی کی ساری بے چین جذبات وگمبھیر احساسات سے خالی ہو چکا ہو۔ پن دان کے خرچ کے لئے پانچ سو کی رقم لے کے بڑبڑانے والی کا پاندان اب عجیب انداز میں بکھرا پڑا تھا۔ چونے کی کٹوریاں نہ جانے نواب پاشاہ کے بچوں نے کھیل کھال کے کہاں پھینک دی تھیں۔ چھالیہ کے خانوں کے ڈھکن ادھر ادھر کہیں دالان میں دکھائی دیتے ان کی خوب صورت آنکھوں میں عجیب سا ڈر اور وحشت نظر آتی۔ اب تو بال بھی پکنے شروع ہو گئے تھے۔ بڑی بیگم پن کٹی میں زور زور سے پان کوٹیں وہ

دھیرے سے کراہتیں۔

''اماں حضت۔ یوں پان نہ کوٹیے میرے دل پر ہتھوڑے لگتے ہیں۔ اللہ قسم۔ اب آپ لوگوں کو ہمارے دکھ درد کا احساس نہیں رہ گیا ہے۔حشمت جہاں دو بچوں کی ماں تھی مگر وہ اپنی ممتا کو ترستی رہی۔کبھی دو بوند دودھ اپنے بچوں کو نہ پلایا۔اونچے خاندانوں کی اناؤں نے دودھ پلایا۔بچوں کو کھلانے،سلانے، پڑھانے کی ذمہ داری بوا کی ہی تھی۔ کہنے کو تو حشمت جہاں ان بچوں کی ماں تھی مگر وہ انہیں کبھی اپنے کلیجے سے نہیں لگا یا تھا۔ بڑے سرکار کا انتقال ہوا تو بے حساب بیوائیں کفنیا پہنے ادھر ادھر گھومتیں۔ بڑی دیوڑھی وسیع قبرستان میں تبدیل ہوگئی بے چین روحیں آدھی رات کو بھٹکتی تھیں۔ لوگ کہتے کہ یہ شاید ماں باپ پر ظلم ڈھا کر زبردستی ان کنواریوں کو محل میں داخل کر لینے کی سزا ہے۔ ان کی بیویوں کے دل سے نکلی ہوئی آہوں کا کرشمہ ہے۔ ماں سے ممتا چھین لینے و بے آسرا کے دینے کے عوض دیا گیا عذاب ہے۔اب دیوڑھی کی کمر بوسیدہ مکان کی طرح ہوگئی تھی۔ اب یہاں صرف معمولی زندگی رہ گئی تھی۔ سب کو بدمزاج اور چڑ چڑا بنا دیا تھا۔اب یہاں بیماریوں،لڑائیوں اور آپس کی دشمنی کا راج تھا۔سب کچھ لٹ گیا تھا۔''

اس افسانے کا بیشتر حصہ زوال پذیر جاگیردارانہ نظام پر مشتمل ہے۔ پلاٹ بے حد مربوط ہے جس میں واقعات کی ترتیب ان کا ارتقاؤ انجام ہے۔ نجمہ نکہت کے بعض افسانوں کے مختلف زبانوں میں ترجمے ہو چکے ہیں اور مختلف رسائل میں شائع ہو چکے ہیں :ایوان، صبا، چراغ شاہراہ دہلی، آندھرا پردیش حیدرآباد، ادب لطیف لاہور، سریتا فلمی ستارے دہلی، دوشیزہ کراچی وغیرہ۔مجموعہ ''سیب کا درخت کو اردو اکیڈمی آندھرا پردیش سے ایوارڈ بھی مل چکا ہے۔علالت کے بعد نجمہ نکہت کا انتقال ۲۹ اگست ۱۹۹۷ء کو ہوا۔

# صبیحہ نسرین

سرزمین اردو حیدرآباد دکن سے اردو افسانے کی آبیاری کرنے والی خاتون افسانہ نگاروں میں ڈاکٹر صبیحہ نسرین بھی ایک جانا پہچانا نام ہے۔اردو تحقیق وتنقید میں انہوں نے گراں قدر خدمات انجام دی ہیں۔ جامعہ عثمانیہ میں تدریس اردو کے فرائض انجام دے رہی ہیں۔اس کے ساتھ ہی افسانہ نگاری کو انہوں نے اظہار خیال کا ذریعہ بنایا۔ ڈاکٹر صبیحہ نسرین کا ایک افسانوی مجموعہ

''روشن راہیں'' ہے۔ان کی دو تصانیف روشن راہیں اور ''فسانہ عجائب کی تلخیص'' ۱۴ جنوری ۲۰۰۴ء میں زیور طباعت سے آراستہ ہو کر منظر عام پر آئیں۔افسانوی مجموعہ ''روشن راہیں'' کا پیش لفظ پروفیسر بیگ احساس صاحب (شعبہ اردو عثمانیہ یونیورسٹی) نے لکھا ہے۔اس مجموعہ میں ۳ افسانے شامل ہیں جن کے عنوانات اس طرح ہیں:

جل پری، ۔ دل دے آئے، ۔حسن اخلاق، ۔ عرشِ فلک، ۔ صنم کا شہر، ۔ Aclur & Recorded، ۔ روشن راہیں، ۔ العظمت للہ، ۔حسین جادوگر (پارٹ۔ ا)، ۔حسین جادوگر (پارٹ II)، ۔اسپِ تازی، ۔ بھارتی، ۔حسین کشتی، ۔میں بے قصور ہوں، ۔دو،دو، ۔صباح کمپنی، ۔ متاعِ عزیز، ۔حسین روپ، ۔ جو کہہ دیا سو کہہ دیا، ۔گولی نمبر ۱۲۰، ۔پتھر کا قلعہ، ۔شیریں ساز، ۔سچا پیار، ۔چاند ہتھیلی پر، ۔یہی تو ہے، ۔یہ کیا؟، ۔سچ کا انعام، ۔کانوں سنی آنکھوں دیکھی، ۔ جنگ،، دیو کی زبان۔

ڈاکٹر صبیحہ نسرین کے افسانوں میں فکرونظر گہرائی، زندگی کا عرفان اور آگہی و بصیرت ملتی ہے۔ تقریباً سبھی افسانے سبق آموز اور معلوماتی ہونے کے ساتھ ساتھ مذہبی پس منظر رکھتے ہیں۔افسانے ''جل پری'' اور ''حسین کشتی'' دونوں افسانوں کا موضوع کشتی ہے۔ ان افسانوں میں کشتی سے مراد ''اردو'' ہے۔ اردو کی بقاء کے لیے افسانے کی ہیروئین اپنے آپ کو مرمٹانے کا جذبہ رکھتی ہے۔ جب دل میں جذبہ بیدار ہوتا ہے اللہ سے مدد مانگنے پر غیبی طاقت رونما ہوتی ہے اور اپنے مقصد میں کامیابی حاصل ہوتی ہے۔افسانے ''روشن راہیں'' ''العظمت للہ'' میں بہت خوبصورت انداز میں ڈاکٹر صبیحہ نسرین نے یہ درس دیا ہے کہ اللہ ہی واحد ہے جو ہر شئے پر غالب ہے۔ اللہ ہی سے ہی دین اور دنیا کا وجود ہے۔ سب سے پہلے اللہ بعد میں دنیاوی نظام ہے۔ لوگ کہتے ہیں کہ ''اللہ'' مسلمان کا ہے۔ لیکن ڈاکٹر صبیحہ نسرین نے اپنی تحقیق سے یہ ثابت کر دیا ہے کہ ہر انسان اسلامی فطرت پر پیدا ہوتا ہے بعد میں وہ جس ماحول میں پرورش پاتا ہے اسی کا ہو جاتا ہے۔انہوں نے لکھا کہ اللہ ایک نور ہے جب یہی نور طلوع آفتاب کے ساتھ پھیلتا ہے اس سے ساری کائنات استفادہ اٹھاتی ہے۔اللہ اپنی عبادت کرنے والے اور نہ کرنے والے سب کو ہی اپنی نعمتوں سے مالامال کرتا رہتا ہے پھر بھی انسان شکایت کرتا ہے کہ اللہ سے کچھ فیض نہیں مل رہا ہے۔ جب کہ انسان کی ہر سانس پر اللہ کا اختیار ہے۔افسانہ ''حسین جادوگر۔ (پارٹ II) میں آجکل کے حالات حاضرہ پر ڈاکٹر صبیحہ نسرین نے بہت اچھا نقشہ کھینچا ہے۔ یہ اقتباس ملاحظہ

فرمائیے۔

''اسلام سے دشمنی پیغمبر اسلام سے دشمنی صرف بد باطن لوگ ہی کر سکتے ہیں، اور ان دنوں یہ فیشن بن گیا ہے کہ لوگ اپنے دنیاوی مقاصد پورا کرنے کے لیے ایمان بیچ رہے ہیں ان کی ہاں میں ہاں ملا رہے ہیں، لیکن انھیں بہت پچھتانا پڑے گا۔ ان کے بڑے بڑے اعزاز، بڑے بڑے عہدے، بڑے بڑے انعام جو ایمان بیچ کر انھوں نے کما لئے ہیں وہ انھیں اللہ پاک کے عذاب سے نہیں بچا سکتے۔ اور ان کے ہمدرد ان کے بہی خواہ ان کے دکھ کو دور نہیں کر سکتے۔ نادان اتنا بھی نہیں سمجھتے جو باپ کو باپ نہ کہے وہ پڑوسی کو چچا کیسے کہے گا۔ پہلے عہدے ایمانداروں کو دیئے جاتے تھے لیکن آج بے ایمانوں کے دیئے جاتے ہیں۔ یہاں سے وہاں تک سب کچھ بدلنا ہو گا۔ جب یہ جنگ جیتنا چاہتی ہو تو پہلے آنسو بہانا چھوڑو!! اپنے دکھ درد کو بھولنا سیکھو، پھر میدان میں آ جاؤ، حمایت کے لیے صیانت کے لیے دیکھو تو کون مہربان ہیں تم پر؟ پھر تمھیں کیا کمی ہے۔''[۱۹]

ڈاکٹر صبیحہ نسرین کے افسانے مقصدی ہونے کے ساتھ ساتھ حقیقت پسند ہوتے ہیں افسانے ''صباح کمپنی''، ''کانوں سنی آنکھوں دیکھی''، ''دیو کی زبان'' وغیرہ اپنے منفرد انداز میں ہیں۔ ان افسانوں میں ایک زاویہ نظر ہے، وسعت کی گہرائی ہے۔ ڈاکٹر صبیحہ نسرین کو اپنی تحریروں پر قدرت حاصل ہے۔ اگر ڈاکٹر صبیحہ نسرین اپنا افسانوی سفر جاری رکھیں تو اردو افسانے کے کارواں کو آگے بڑھا سکتی ہیں۔

## جمیل نظام آبادی

ہندوستان کی نو زائدہ ۲۹ ویں ریاست تلنگانہ میں فروغ اردو سرگرمیوں کے لئے جو

اضلاع مشہور ہیں ان میں ایک ضلع نظام آباد ہے جہاں سے بے شمار شعرا' ادیب اور صحافی ابھرے ہیں ۔ گزشتہ چالیس سال سے یہاں اردو زبان کی آبیاری کے لئے جو شاعر ادیب اور صحافی مشہور ہوئے ہیں ان میں ایک اہم نام جمیل نظام آبادی کا ہے ۔ جنہوں نے اپنے نام کے ساتھ اپنے شہر کا نام جوڑتے ہوئے اردو کے فروغ کا حق ادا کر دیا ۔ وہ ایک نامور شاعر' ادیب' صحافی' منتظم' مدرس ہونے کے علاوہ ایک اچھے افسانہ نگار بھی ہیں ۔ جمیل صاحب کی ادارت میں نکلنے والا رسالہ ماہنامہ " گونج " اپنی اشاعت کے چالیس سال مکمل کر چکا ہے اس لحاظ سے وہ کہنہ مشق صحافی اور ادیب بھی ہیں ایک عرصہ تک وہ علاقائی اردو اکیڈیمی مرکز کے مینیجر رہے جس کی بنا اردو اخبارات ورسائل ان کا اوڑھنا بچھونا رہا ۔ پرورش لوح وقلم کرتے رہیں گے کہ مصداق جمیل نظام آبادی نے اپنی ادارت میں گونج کے کئی خاص نمبر اور افسانہ نمبر بھی شائع کئے اور شاعری کی طرح فن افسانہ نگاری کے اپنے شوق کو بھی جلا بخشتے رہے ۔

جمیل نظام آبادی کے افسانوں کا پہلا مجموعہ " افسانے ہزاروں ہیں " کے عنوان سے ۲۰۱۶ ء میں شائع ہوا ۔ جمیل نظام آبادی چونکہ ایک کہنہ مشق شاعر ہیں اور تجربات زندگی کو جس طرح وہ شعر کے سانچے میں ڈھال کر مضمون کو امر کر دیتے ہیں اسی طرح انہوں نے اظہار کے سانچوں کے لئے فن افسانہ نگاری کو بھی اختیار کیا ۔ چنانچہ ان کے افسانوی مجموعے " افسانے ہزاروں ہیں " میں ہمیں موضوعات کا تنوع ملتا ہے ۔ اس افسانوی مجموعہ میں شامل افسانوں کے عنوانات " اولڈ ایج ہوم کے قیدی' آج کے آدم وحوا' یہ کیسا درد ہے' میٹھا نیم' وفا وفا نہ رہی' شاطر' راکھ میں دبی چنگاری' بے آواز لاٹھی' آج کی دروپدی' وہ لڑکی' جب چڑیاں چگ گئی کھیت' کیچڑ میں کھلا کنول' غبارے دیکھتے رہے' صدیوں نے سزا پائی' کبھی کسی کو مکمل جہاں نہیں ملتا' کٹھ پتلی' تمہیں کچھ نہیں آتا' میرا کونسا نمبر ہے' بہروپیہ' شادی مبارک ۔ وغیرہ ہیں ۔

جمیل نظام آبادی کے تحریر کردہ افسانوں کو جب ہم غور سے پڑھتے ہیں تو اندازہ ہوتا ہے کہ ایک فنکار کی طرح جمیل صاحب نے اپنے عہد کا مشاہدہ کیا اور ہمارے زندگی میں پیش آنے والے آئے دن کے حادثات اور واقعات کو اپنے افسانوں میں پیش کیا ۔ محبت' نفرت' جنس' مادہ پرستی' اخلاقی اقدار کی شکست وریخت' رشتوں کا ٹوٹنا اور جڑنا سماجی مسائل سب کچھ ان افسانوں میں ہے ۔

افسانوی مجموعے کے پہلے افسانے " اولڈ ایج ہوم کے قیدی " میں جمیل صاحب نے

والدین کے تئیں اولاد کی نافرمانی اور ان کی پرورش میں کوتاہی کے اہم سماجی مسئلے کی عکاسی کی ہے۔بس میں عید کے سفر پر جارہے اولڈ ایج ہوم کے مکین ریڈی صاحب اور رحمت علی درمیان میں بیٹھے مسافر کو اپنے حالات زندگی سناتے ہیں اور اس سے دریافت کرتے ہیں کہ اس کی اولاد کے احوال کیا ہیں اور وہ ان کے ساتھ کس طرح کا رویہ اختیار کئے ہوئے ہیں تب افسانہ نگار اپنے بے اولاد ہونے کے غم کو بیان کرتا ہے اور سمجھتا ہے کہ بے اولاد ہونا غم ہے یا خدا کا شکر۔اس جذبے کی عکاسی کرتے ہوئے جمیل صاحب کرداروں کی زبانی یہ خیالات پیش کرتے ہیں:

> ''رحمت علی صاحب نے دعائیہ انداز میں کہا'' بھائی صاحب آپ کو صرف ایک غم ہے کہ آپ کو اللہ نے اولاد نہیں دی۔آپ ہماری طرح اولاد کے ستائے ہوئے تو نہیں ہیں''۔ ریڈی صاحب نے کہا'' آپ کا چھوٹا ہی سہی گھر تو ہے ہماری طرح اولڈ ایج ہوم کے مجبور تو نہیں ہیں''۔بس ایک جھٹکے کے ساتھ رک گئی اور میں انہیں خالی خالی نظروں سے دیکھتا ہوا بس سے اتر گیا''۔[۲۰]

جمیل صاحب نے افسانے کو جس موڑ پر ختم کیا وہی افسانہ نگار کی فنکاری ہے۔افسانے میں زندگی کے کسی ایک پہلو کو چبھن کے انداز میں پیش کیا جاتا ہے اور اس افسانے میں ریڈی صاحب اور رحمت علی کے خیالات اور مضمون نگار کو اولاد کے ضمن میں لگنے والا جھٹکا یہ سوچنے پر مجبور کردیتا ہے کہ اولڈ ایج ہوم کے ان صاحب اولاد قیدیوں سے وہ بے اولاد ہی بھلا ہے۔

افسانہ'' آج کے آدم وحوا'' میں جمیل نظام آبادی نے ایک ماہر فن کار کی طرح موجودہ دور کے متوسط طبقے کے شادی بیاہ کے مسائل کو بیان کیا ہے جب کہ سسرال میں اکیلی خاتون آشا کام کے بوجھ تلے پریشان ہوجاتی ہے اور سسرال والوں کے تنگ کرنے پر اپنے مائیکے چلی آتی ہے۔افسانہ نگار رشتوں کو جوڑنے پل کا کام کرتا ہے اور آشا سے ملانے اس کے شوہر آدرش کو اس کے گھر بلاتا ہے۔کافی دنوں سے شوہر سے دور رہ کر آشا کو شوہر کی یاد ستاتی ہے اور آدرش بھی اپنی بیوی کو کھونا نہیں چاہتا۔سسرال سے لوٹ آئی آشا کیوں کر آدرش کے ساتھ جانے اور سسرال کی عارضی سختیوں کو جھیلنے تیار ہوجاتی ہے اس بات کو ایک فنکار کے طور پر پیش کرتے ہوئے افسانہ نگار اپنے افسانے کا انجام یوں کرتے ہیں:

''میں آشا کو سمجھا تا رہا۔ مگر مجھے ایسا محسوس ہونے لگا
کہ ان دونوں کے کانوں تک میری آواز نہیں پہنچ رہی ہے
کیوں کہ اب ان کی آنکھوں کی زبان نے اپنا کام شروع کر دیا
تھا۔ میں نے مناسب سمجھا کہ کچھ دیر کے لئے انہیں تنہا چھوڑ
دوں۔ میں وہاں سے اٹھ آیا وہ دونوں کمرے میں تنہا رہ گئے۔
تھوڑی دیر بعد آشا باہر آئی۔ اس نے مجھے بتایا کہ یہ مجھے لے
جانا چاہتے ہیں۔ اس لئے میں واپس جا رہی ہوں۔ پھر وہ اپنا
سامان سمیٹنے اور پیک کرنے میں لگ گئی۔'' ۲۱

جمیل نظام آبادی نے جس انداز میں اس افسانے کا انجام کیا اس سے ان کی فن افسانہ نگاری پر عبور کا اندازہ ہوتا ہے۔ شادی کے بعد میاں بیوی کی دوری انہیں دنیا کے غم دور کرنے پر مجبور کر دیتی ہے اور ایک دوسرے کا سایہ اور ساتھ انہیں دنیا کے اور رشتے داری کے عارضی غم سہنے کا حوصلہ دیتا ہے۔ جمیل صاحب کا یہ افسانہ سماجی تعمیر کا ایک اہم افسانہ ہے۔ جس سے رشتوں میں آنے والی دراڑوں کو پر کیا جا سکتا ہے۔

افسانہ ''یہ کیسا درد ہے'' میں فنکار جمیل صاحب ایک اسکول کی غریب بچی نادرہ کے جذبات کو پیش کرتے ہیں جو اپنی کتابیں کھو جانے کے سبب پریشان تھی اور آخر میں ایک ہمدرد انسان کی مدد سے نادرہ نامی غریب بچی کی مدد ہو جاتی ہے۔

افسانہ ''کڑوا نیم'' میں جمیل نظام آبادی نے سماج کے ایک کڑوے سچ کو پیش کیا کہ سرکاری ملازمت کے حصول کے لئے کیسے سماج کے کردار جسم فروشی جیسی لعنت کو بھی قبول کر لیتے ہیں۔ اور سچی محبت کا دھرم بھرنے والے کڑوے نیم کو میٹھا سمجھ کر قبول کر لیتے ہیں۔ افسانے کی مرکزی کردار ثمینہ سرکاری ملازمت کے حصول کے لئے سپرنٹنڈنٹ کرشنا کے ساتھ شب گزاری کرتی ہے۔ اس سے قبل وہ ناصر سے محبت بھی کرتی ہے لیکن ناصر کو ملازمت نہ ملنے پر وہ جسم فروش ثمینہ سے شادی کے لئے راضی ہو جاتا ہے۔ سماج میں پیش آ رہے یہ واقعات ہی ہیں جنہیں جمیل صاحب جیسے افسانہ نگار میٹھا نیم بنا کر پیش کرتے ہیں۔ افسانہ ''وفا وفا نہ رہی'' میں جنس اور ہوس پرستی کی ایک اور مثال پیش کی گئی جس میں اپنے شوہر سعید کے لا علاج مرض کے دوران اس کی ہوس پرست بیوی شوہر کے کمرہ وارڈ میں ہی اس کی نیند کی حالت میں اپنے دیور سے منہ کالا کرتی ہے ایک رات نیند کی

گولی نہ کھا کر جب شوہر کو زرینہ کے کالے کرتوت دکھائی دیتے ہیں تو وہ اصل مرض کے بجائے قلب پر حملے سے موت کا شکار ہو جاتا ہے اور اس کے پاس پڑی نیند کی گولیاں ثمینہ کے کردار پر سوالیہ نشان کھڑی کرتی ہیں۔ افسانہ ''شاطر'' میں بھی ناجائز رشتوں کی پول کھولی گئی ہے جب کہ شوہر کے ملک سے باہر رہنے کے دوران بیوی اپنے دوست سے ناجائز تعلقات رکھتی ہے۔ افسانہ ''راکھ میں دبی چنگاری'' بے آواز محبت کو پیش کرتا ہے جب کہ ایک افسر اپنی محبت کھو دینے کے بعد غمزدہ ہو گیا تھا لیکن تبادلے کے بعد اس کی محبت ایک شادی شدہ خاتون کی شکل میں اس کے دفتر میں ملتی ہے تو وہ ایک مرتبہ پھر اس سے دور ہو جانا چاہتا ہے۔ تب اس کے محبوبہ کہتی ہے:

> ''میری خوش نصیبی ہے کہ میرا محبوب میرے سامنے ہے تو ہے۔ اور اب میں اسے جی بھر کر دیکھ تو سکتی ہوں۔ آپ پھر مجھ سے میرا یہ سکھ چھین لینا چاہتے ہیں۔ یہ آپ کی شرافت ہے یا بزدلی میں نہیں جانتی۔ میں اس کی جرات رندانہ پر حیرت زدہ رہ گیا۔ محبت کا یہ روپ میرے لئے نیا مگر جان فزا تھا۔ پھر دوسرے ہی دن میں نے اپنے ٹرانسفر کی درخواست واپس لے لی''۔ ۲۲

جمیل صاحب کے افسانوں کی خاص بات یہ ہوتی ہے کہ اکثر افسانوں میں وہ واحد متکلم کے طور پر پیش ہوتے ہیں۔ کبھی افسانے کے اہم کردار کے روپ میں یا کبھی مصلح کے روپ میں۔ اور افسانے کا انجام تک پہونچانے میں اہم کردار ادا کرتے ہیں۔ افسانہ ''بے آواز لاٹھی'' میں سماج کی ایک اور لعنت لڑکیوں کی بے راہ روی کو پیش کیا گیا جب کہ مولوی اکمل کی لڑکیاں بھاگ کر شادی کرتی ہیں جب انہیں ان کے ایک داماد کی جانب سے طعنہ ملتا ہے تو وہ چپ رہ جاتے ہیں جب اسی داماد کی لڑکی اور مولوی اکمل کی نواسی کے بھاگ کر شادی کر لینے کی خبر ملتی ہے تو مولوی اکمل رنجیدہ ہونے کے بجائے مطمئن ہو جاتے ہیں کہ اب دیکھو لڑکیوں کی بے راہ روی کا کرب کیا ہوتا ہے اس کے باپ کو محسوس ہونے دو۔ سماج کے اس رویے کو جمیل صاحب نے یوں ہی نہیں پیش کیا بلکہ اقدار کے شکست و ریخت کے اس ماحول میں یہ قصے اب چاروں طرف نظر آ رہے ہیں۔ جن سے منہ نہیں موڑا جا سکتا۔ افسانہ ''آج کی درو پدی'' میں بھی مسلم طبقے کی لڑکیوں میں ہو رہی بے راہ روی کو پیش کیا گیا ہے جس میں ایک لڑکی کی شادی کے دن بھی اپنے دوستوں سے عیاشی کو پیش کیا گیا ہے اور

شب عروسی میں وہ اس لئے مطمئن ہوجاتی ہے کہ اس کے بھولے بھالے شوہر کو اس کے کالے کرتوت کا پتہ نہیں چلا۔ افسانہ نگار ایک مصور کی طرح سماج کے مختلف رنگ بڑی بے باکی سے پیش کرتے جاتے ہیں اور انہیں اس تصویر کشی میں سماج کا کوئی ڈر نہیں لگتا۔ افسانہ ''وہ لڑکی'' ایک نفسیاتی افسانہ ہے جس میں ایک کم عمر طالبہ اپنے اسکول کی بڑی عمر کے استاد پر عاشق ہوجاتی ہے لیکن ایک خوشگوار موڑ پر وہ راہ راست پر آجاتی ہے۔ ''جب چڑیاں چگ گئی کھیت'' میں ایک ایسے گھرانے کا قصہ پیش کیا گیا ہے جس میں ایک شخص ناجائز لڑکی رکھنے والی خاتون سے محبت کرتا ہے اور دوسری طرف اس کی لڑکی کو بھی اپنے دام میں گرفتار کرلیتا ہے اور وہ دونوں ناجائز حمل والی ہوجاتی ہیں۔ یہ افسانہ بھی سماج پر ایک طنز ہے۔

جمیل نظام آبادی کے دیگر افسانے بھی بولڈ ہیں۔ انہوں نے عصر حاضر کے عجیب و غریب نفسیاتی اور جنسی جذبات پر مشتمل قصوں کو افسانوں کا روپ دیا ہے۔ ان کے افسانوں کے کردار ہمارے سماج کے جیتے جاگتے کردار ہیں۔ ان میں مذہب کی کوئی قید نہیں ہندو مسلم سب اس سماج میں اپنے کرتوت کے سبب سامنے آتے ہیں۔ جمیل نظام آبادی کے موضوعات اچھوتے ہیں جس سے ان کی گہری نظر کا پتہ چلتا ہے۔ افسانوں میں کردار نگاری مکالمہ نگاری اور زماں و مکاں بھر پور ہے۔ افسانوں کے پلاٹ میں کہیں جھول نظر نہیں آتا۔ منٹو کی طرح جمیل صاحب نے بھی جنس کو محض تلذذ کے لئے نہیں بلکہ بہ طور فن پیش کیا ہے۔ واحد متکلم کی طرح وہ اکثر افسانوں میں خود اپنی جھلک دکھاتے ہیں۔ ان کے سماجی موضوعات پر لکھے افسانے بھی سماجی اصلاح میں اہم رول انجام دیتے ہیں۔ ان کے افسانے ترقی پسندی اور جدیدیت کی جھلک پیش کرتے ہیں۔ امید کی جاتی ہے کہ اگر وہ افسانہ نگاری کا سفر جاری رکھیں تو مزید شاہکار افسانے پیش کرسکتے ہیں۔

## انیس فاروقی

محمد انیس فاروقی (۱۹۵۳۔۲۰۱۹) نظام آباد سے تعلق رکھنے والے نامور سماجی افسانہ نگار گزرے ہیں۔ حال ہی میں ان کا انتقال ہوا ہے۔ وہ پیشے سے سول انجینیر تھے۔ اور بقول رفیعہ منظور الامین ''انیس فاروقی پلوں کی تعمیر کرتے ہیں تو ادب میں بھی پلوں کی تعمیر کررہے ہیں''۔ یہ پل آگہی اور ادراک کے پل ہیں۔ نظام آباد کے علمی گھرانے سے ان کا تعلق رہا ہے۔ ان

کے بڑے بھائی محمد ایوب فاروقی مرحوم صاحب طرز ادیب وشاعر گزرے ہیں۔انیس فاروقی کو ادبی ورثہ اپنے بھائی سے ملا۔انیس فاروقی کی ابتدائی تعلیم نظام آباد ہی سے اردو میڈیم سے ہوئی۔ پالی ٹیکنیک سے جے ٹی ایس کیا۔اور محکمہ اے پی آئی سی میں بہ حیثیت انجینیر ملازمت شروع کی۔اور جنرل مینیجر انجینئر کے عہدے پر فائز ہوئے۔ملازمت کے سلسلے میں حیدرآباد کے علاوہ انہیں محبوب نگر' نظام آباد اور کرنول جیسے اضلاع میں رہنے کا موقع ملا۔جہاں وہ ان علاقوں کی ادبی انجمنوں سے وابستہ رہے۔اور اپنی شعری وادبی تخلیقات پیش کرتے رہے۔انیس فاروقی کے تحریر کردہ افسانے اپنے وقت کے مشہور ادبی رسائل شمع' بیسویں صدی' بانو' پاکیزہ آنچل' مشرقی آنچل وغیرہ میں شائع ہوتے رہے۔ان کا پہلا افسانہ نامور رسالے ''شمع '' میں ۱۹۷۵ء میں شائع ہوا۔ ان کے افسانے بزم سہارا' ماہنامہ آندھرا پردیش' ماہنامہ تلنگانہ' قومی زبان اور اردو اخبارات کے ادبی سپلمنٹوں میں شائع ہوتے رہے۔اردو اکیڈیمی نے جب سے اردو کے ابھرتے ادیبوں اور شاعروں کو اپنی تخلیقات کی اشاعت کے لئے مالی امداد دینے کا سلسلہ شروع کیا ہے اس وقت سے محمد انیس فاروقی بھی اپنے افسانوں کے مسودات اردو اکیڈیمی میں بغرض اشاعت پیش کرتے رہے اور اردو اکیڈیمی کی جزوی مالی امداد سے ان کے افسانوں کے سات مجموعے شائع ہوکر مقبولیت حاصل کر چکے ہیں۔ان کا پہلا افسانوی مجموعہ ''ریزہ ریزہ چاندنی'' (۱۹۹۴ء) میں شائع ہوا جسے اردو افسانوں کے حلقوں میں بہت پسند کیا گیا۔ اس کے بعد یکے بعد دیگر ان کے مزید افسانوی مجموعے ''کرچی کرچی خواب'' (۱۹۹۸ء)''سائبان'' (۲۰۰۳ء)''گماں سے آگے'' (۲۰۰۶ء)''شفق کے سائے''(۲۰۰۹ء) '' تند دھڑکنوں کا بھنور'' (۲۰۱۲ء) اور'' دل کی وادی میں'' (۲۰۱۷ء) شائع ہوئے۔انیس فاروقی ایک اچھے شاعر بھی تھے۔حال ہی میں ان کا پہلا شعری مجموعہ ''بے خواب دریچے'' منظر عام پر آکر ادبی حلقوں میں پذیرائی حاصل کر چکا ہے۔

کہا جاتا ہے کہ افسانہ نگار اپنی کہانی کا مواد اپنے عہد' اپنے ماحول اور اپنے سماج سے لیتا ہے۔انیس فاروقی بھی ایک درد مند دل رکھنے والے فنکار تھے۔انہوں نے اپنے سماج کا گہرا مطالعہ کیا اور اپنے مشاہدات اور تجربات کو اپنے افسانوں میں پیش کیا۔انسانی زندگی کے تین ادوار ہوتے ہیں۔بچپن' جوانی اور بڑھاپا۔انیس فاروقی نے شروع شروع میں جو کہانیاں لکھی ہیں اس کے لئے زندگی کی اس درمیانی کڑی کا انتخاب کیا۔یہ عمر کھلنڈرے پن سے سنجیدگی تک سفر کرتی ہے محبت 'شادی' تعلیم' دوستی' قرابت داروں کی نگاہوں میں اپنی شخصیت کا تعین' معاشرتی زندگی کے آداب کی

تربیت' رکھ رکھاؤ' برے بھلے کی پہچان کی ابتداء' معصوم جذبے' کچھ بننے کی خواہش' اپنی آرزؤں اور امنگوں کی تکمیل کے لئے ضد اور ماحول سے اور روایتوں سے ٹکراؤ' کچی عمر کے کچے جذبے رومان پرور فضاؤں میں جنم لیتے ہیں۔اور زمانے کے سرد گرم تھپیڑوں کی زد میں آکر اپنی موت آپ مرجاتے ہیں۔ پرشباب آنکھوں میں مسرت اور سرور کی جگہ نمی تیرنے لگتی ہے۔انیس فاروقی کی اکثر کہانیوں کے تانے بانے ایسی ہی فضاؤں میں بنے گئے ہیں۔ان کے کردار زندگی کے ہمک سے بھرپور ہوتے ہیں۔کہانیوں کی فضاء رومان پرور فضاؤں سے اٹھتی ہے۔آنکھوں میں رنگین خواب جنم لیتے ہیں۔پھراڑتے ہوئے لمحے حقائق کی سنگلاخ چٹانوں سے ٹکرا کر زخمی ہوجاتے ہیں۔ان زخموں سے لہو رستا ہے۔پھروقت مرہم بن جاتا ہے۔مدوجزر کے بعد گہری جھیل کے مسطح پانی کا سا سکون۔

انیس فاروقی کے افسانوی سفر پر طائرانہ نظر ڈالیں تو پتہ چلتا ہے کہ وہ ایک سماجی افسانہ نگار کے طور پر سامنے آتے ہیں۔وہ ایک منجھے ہوئے تخلیق کار کی طرح اپنی کہانیوں کے موضوعات سماج سے حاصل کرتے ہیں۔انیس فاروقی اپنے دور کے مختلف واقعات وحوادث پر گہری نظر رکھتے ہیں اور ان واقعات کو بنیاد بنا کر مشاقی سے اپنے افسانوں کے پلاٹ تیار کرتے ہیں۔اوراس میں اپنے فن کی ہنرمندی سے تخلیق کا جادو جگاتے ہیں۔وہ اپنے افسانوں کے لئے زماں ومکاں کے طور پر اپنے عہد اور شہر حیدرآباد کی تہذیبی فضاء کو پیش کرتے ہیں۔انیس فاروقی کے افسانوں میں حیدرآبادی معاشرہ جھلکتا ہے۔ان کے کردار حیدرآباد کے متوسط گھرانوں کی عکاسی کرتے ہیں۔متوسط طبقے کے مسلم خاندانوں کے حالات' نوجوانوں کی نفسیات' محبت' شادی اور گھریلو زندگی سے معمور مشرقی تہذیب کے نظارے ان کے افسانوں کی بنیاد ہیں۔ چند افسانوں میں ضمیر اور بے ضمیری کی کیفیت جھلکتی ہے۔سیاسی داؤپیچ بھی ان افسانوں میں دکھائی دیتے ہیں۔سیاستدانوں کے سیاہ کرتوت اورعوام کے جذبات سے کھلواڑ کے نقشے بھی انہوں نے اپنے افسانوں میں پیش کئے ہیں۔

انیس فاروقی افسانہ نگاری میں اپنے مطمع نظر کو بیان کرتے ہوئے لکھتے ہیں:

> ''مجھے اعتراف ہے کہ میں اپنے اطرف واکناف کے ماحول سے اپنی کہانی کے موضوعات حاصل کرتا ہوں۔ میرے موضوعات ہر طبقہ کے سماجی مسائل ہیں۔میں اپنی کہانی میں اصلاح کا پہلو غالب رکھتا ہوں۔کیوں کہ میرا ایقان ہے کہ قلم اللہ کی امانت ہے اسے شر کے بجائے خیر کے لئے

استعمال کرنا چاہئے۔ میرے کردار اپنے ماحول کا حصہ ہیں۔ یہ کردار حق کے متلاشی ہیں اور کہانی کے انجام کے طور پر انہیں ان کی منزل مل جاتی ہے۔ میرے افسانوں میں محبت کے پاک جذبات کی عکاسی ہوئی ہے۔ میں نے ہندوستان کے شہروں خاص طور سے حیدرآباد کی فضاء کو اپنے افسانوں میں پیش کیا ہے۔ میں نے بعض نقادوں کی آراء کو مدنظر رکھتے ہوئے اپنے موضوعات میں وسعت اور تنوع پیدا کیا۔ اور دہشت گردی، موقع پرست سیاست، جرائم اور انسانیت کو درپیش مسائل پر بھی قلم اٹھانے کی کوشش کی ہے۔ امید ہے کہ قارئین کو اس مجموعہ میں شامل کہانیاں اور افسانے بھی پسند آئیں گے۔ اور ان کی قیمتی آراء مجھے اپنے فن کو مزید نکھارنے میں معاون ثابت ہوں گی۔''[۲۳]

ان کے افسانوی مجموعہ ''دل کی وادی میں'' افسانے ''کس چڑیا کا نام ہے'' اور ''محنت کی روٹی'' میں سیاست دانوں کے کرتوت پیش کئے گئے ہیں۔ افسانہ محنت کی روٹی میں انیس فاروقی کا انداز بیان ملاحظہ ہو۔

''دیپک ایک ہارے ہوئے جواری کی طرح جب لوٹ رہا تھا تو راستہ میں اس کی نگاہ شاہراہ سے دور ایک نیم کے درخت پر پڑی جس کے سائے میں ایک کسان چادر بچھائے اپنے لڑکے کے ساتھ نیند کی گہری وادیوں میں پہنچ گیا تھا۔ وہ اپنی کار روک کر اس کے پاس پہنچ گیا جس کے قریب توشہ دان رکھا تھا۔ اس نے اسے جگایا اور پوچھا ''کاکا بہت میٹھی نیند سو رہے ہو؟ یہ سن کر کسان نے جواب دیا ''ہاں بیٹا دھوپ میں کام کرنے کے بعد محنت کی دو روٹی کھانے اور ندی کا میٹھا پانی پینے کے بعد میٹھی نیند آ ہی جاتی ہے۔ یہ بات تم نہیں سمجھ سکو گے!! اور وہ سوچنے لگا'' کاکا نے کتنی گہری بات ہی ہے''

پھر اسے اپنی ماں کی کہی ہوئی بات یاد آ گئی۔ ''بیٹا! ہمیں اپنی محنت کی روٹی پر بھروسہ کرنا چاہئے''۔ ۲۴ؔ

دیگر افسانے ہماری تہذیب کے مختلف رنگ پیش کرتے ہیں۔ ان افسانوں میں حیدر آباد کی گنگا جمنی تہذیب، محبت کی سچائی، جذبوں کی پاکیزگی اور رشتوں کا تقدس نظر آئے گا۔ ''دل کی وادی میں'' ایک ایسا ہی افسانہ ہے۔ ''خالی ہاتھ'' افسانے میں دولت کی عارضی چمک کے آگے اقدار کی اہمیت اجاگر کی گئی ہے۔ حسن کمال دنیاوی آسائشوں کے حصول میں تمام جائز ناجائز طریقوں سے دولت کما کر مادی آسائشیں حاصل کر لیتا ہے لیکن اس کی بیٹیوں کی زندگی میں آنے والے حالات اسے یہ سوچنے پر مجبور کر دیتے ہیں کہ اس کی ماں کے کہے ہوئے الفاظ ''نہیں جمال، نہیں۔ تمہاری سوچ غلط ہے۔ تمہیں اپنی سوچ بدلنا ہوگا۔ ہر حال میں جائز، جائز ہے اور ناجائز ناجائز۔! اسے ٹھوکر کھانے کے بعد درست لگتے ہیں۔ انیس فاروقی کے افسانوں کے اکثر انجام چونکا دینے والے ہوتے ہیں۔ افسانہ آدرش وادی کا انجام دیکھئے۔

''منوہر لال کے لئے اب کڑی آزمائش کا وقت تھا۔
اس کے مددگار پارٹی رفقاء کافی دوڑ دھوپ میں مصروف ہو گئے
اور ہائی کمان کے آگے عددی طاقت کا مظاہرہ بھی کروانا پڑا۔
اور پھر ہائی کمان کا فیصلہ منوہر لال کے حق میں ہو گیا اور اس کا
نام چیف منسٹر کے عہدے کیلئے گورنر صاحب کو پیش کر دیا گیا۔
آج چیف منسٹر کے عہدے کا حلف لینے کے بعد وہ
سوچ رہا تھا کہ رام چرن کے حامیوں کو خریدنے کیلئے اسے کتنی
بیش بہا دولت لٹانی پڑی اور اپنے آدرش کا گلا گھونٹنا پڑا۔'' ۲۵ؔ

انیس فاروقی کے یہ اور اس مجموعے میں شامل دیگر افسانے عشق و محبت، رشتوں کی پاسداری، مشرقی تہذیب کی عکاسی اور عہد حاضر کے مثبت و منفی رجحانات کے عکاس ہیں۔ ان افسانوں میں منظر نگاری، مکالمہ نگاری اور نفسیات نگاری کی اچھی مثالیں ملتی ہیں۔ انیس فاروقی بیانیہ انداز میں مکالموں کی مناسب توازن کے ساتھ افسانے پیش کرتے ہیں۔ ان کے افسانے سماجی اصلاح کے آلہ کار ہونے کے ساتھ ساتھ اردو کے افسانوی ادب میں گراں قدر اضافہ ہیں۔

انیس فاروقی کے فن پر مشاہیر ادب نے اپنی گراں قدر آرا کا اظہار کیا ہے۔ پروفیسر اشرف رفیع

انیس فاروقی کی افسانہ نگاری پر تبصرہ کرتے ہوئے رقم طراز ہیں:

''انیس فاروقی کے افسانوں کی خاص بات یہ ہے کہ وہ بہت مختصر ہوتے ہیں لیکن ان میں محبت' عداوت' حسرت و عبرت' تعجب وحیرانی' تاسف و پشیمانی' آرزوں اور خواہشات کی دنیا آباد ہے۔انیس فاروقی اپنی مٹی کی خوشبو کے رسیا ہیں۔اس مٹی کی سماجی بصیرت' عمیق مشاہدے اور عصری مسائل سے آگہی سے استفادہ کرتے ہوئے اپنے افسانوں کے موضوعات منتخب کیے ہیں۔وہ کوئی ہائی فائی دنیا کی بات نہیں کرتے۔کسی تحریک سے متاثر نہیں۔کسی کے قلم کی اتباع نہیں کرتے۔کسی سانچے میں اپنے قلم کو بند نہیں کرتے۔ان کے افسانے متوسط اور غریب طبقے کے ترجمان ہیں۔وہ غریب طبقہ جس کے پاس نہ کوئی تکلف ہے نہ تصنع۔بے ریا زندگی ہے۔انیس فاروقی کے افسانوں آدرش وادی' کس چڑیا کا نام ہے اور محنت کی روٹی وغیرہ میں آج کی سیاست پر گہرا طنز ہے۔ان کے ہاں دل کی وادی میں' اداس لمحوں کا کرب' وجود زن سے ہے' احساس کی کرچیاں اور خاموشیاں جیسے افسانے بھی ہیں جن میں محبت کی نرمی و گرمی' کامیابی ناکامی' طرب و اضطراب سبھی کچھ ہے۔سیدھا سادا حسن' ہلکا پھلکا رومان' وفا اور جفا کے مختلف روپ سے بھی ان کے افسانے خالی نہیں۔زندگی میں یہی کچھ تو ہوتا ہے۔بعض افسانے دل کو چھولیتے ہیں۔دل کو چھو لینے والی اسی کیفیت میں تو فنکار کی کامیابی کا راز چھپا ہوتا ہے''۔ ۲۶

حیدرآباد سے تعلق رکھنے والے اردو کے ساہتیہ اکیڈیمی ایوارڈ یافتہ پروفیسر بیگ احساس نے بھی انیس فاروقی کی افسانہ نگاری کو خوبیوں کا اعتراف کیا ہے اس ضمن میں وہ لکھتے ہیں:

''انیس فاروقی ایک کہنہ مشق افسانہ نگار ہیں۔چالیس

سال کا ادبی سفر کچھ کم طویل نہیں ہے۔ان کی تحریر میں اب پختگی آ گئی ہے۔ وہ دل کو چھو لینے والے افسانے تخلیق کرنے لگے ہیں۔بعض افسانے تو اپنے کلائمکس میں پلکیں بھی بھگو دیتے ہیں۔ یہ ان کی تحریر کے موثر ہونے کا ثبوت ہے۔وہ اپنے افسانوں کے ذریعے صالح اخلاقی اقدار کو فروغ دینے کی کوشش کرتے ہیں۔اور یہی ادب کا بنیادی مقصد ہے۔ادب کے اس دور انحطاط میں یہی کارنامہ کیا کم ہے کہ انیس فاروقی اپنے افسانوں کے ذریعہ مرجھاتے ہوئے گلستان کو سرسبز و شاداب کرنے کی جد وجہد میں مصروف ہیں۔ بگڑتے جارہے معاشرے کے سدھار کی کوشش اپنی تحریروں کے ذریعہ سے اس سعی بے لوث کو بھی اگر جہاد کہا جائے تو غلط نہیں ہوگا۔!'' ۲۷

انیس فاروقی کے افسانوں پر حیدرآباد کے نامور مشاہیر ادب کی آراء سے اندازہ ہوتا ہے کہ سرزمین نظام آباد کے افسانوی افق سے ابھرنے والے اس ستارے نے اردو افسانے کی دنیا میں کس طرح اپنی سماجی تحریروں سے نام روشن کیا۔عمر نے ان کے ساتھ یاوری نہیں کی۔ برین ٹیومر جیسے موذی مرض میں مبتلا ہوئے۔ تین چار ماہ علیل رہے اور 23 ستمبر 2019 کو اس دار فانی سے کوچ کیا۔ان کے افسانے دکن کی سماجی زندگی کے آئینہ دار ہیں۔انہوں نے اپنے افسانوں میں زندگی کے مسائل حل کرنے ٹوٹے رشتوں کو جوڑنے اور عارضی زندگی میں محبت کو عام کرنے کو جو پیغام دیا ہے وہ امید ہے کہ ضرور انسانیت کے لیے مشعل راہ ثابت ہوگا۔

## قدیر دانش

قدیر دانش نظام آباد کے ابھرتے شاعر اور افسانہ نگار ہیں۔۲۰۱۵ء میں ان کا پہلا شعری مجموعہ ''قدم قدم دانش'' کے عنوان سے شائع ہوا۔حال ہی میں ان کے افسانوں کا دوسرا مجموعہ ''دل ہے کھلی کتاب'' اردو اکیڈیمی تلنگانہ اسٹیٹ کے جزوی مالی تعاون سے شائع ہوا ہے۔قدیر دانش کے

ادبی ذوق کو پروان چڑھانے میں نظام آباد کے ادبی ماحول اور خاص طور سے نامور شاعر، صحافی و ادیب جمیل نظام آبادی کا اہم کردار رہا ہے۔قدیر دانش نے اپنے شعری مجموعے میں اعتراف کے عنوان سے اظہار خیال کرتے ہوئے لکھا کہ اعظم روڈ پر جس زمانے میں اردو اکیڈیمی کا کتب خانہ ہوا کرتا تھا وہ کتابوں کے مطالعے کے لیے وہاں جاتے اور جمیل صاحب سے ملاقات بھی کرتے۔ جمیل صاحب کو دیکھ کر ہی ان میں شعر کہنے کا جذبہ پیدا ہوا اور کچھ اشعار لکھ کر ان سے اصلاح لی اور بہت جلد وہ شعر کہنے لگے۔جس طرح شاعر اپنے سماج کا عکاس ہوتا ہے اسی طرح ایک افسانہ نگار بھی اپنے سماج اور اپنے عہد سے کہانیوں کو حاصل کرتا ہے اور اسے افسانے کے فن میں ڈھال کر پیش کرتا ہے۔قدیر دانش نے اپنی شاعری میں جب اس طرح کے اشعار کہے ہیں کہ

جھگڑے ہم میں لگا گیا کوئی　　　　بجلیاں گر رہی ہیں نفرت کی
ہاتھ میں بھائیوں کے خنجر ہے　　　　وقت کا یہ عجیب منظر ہے

تو اندازہ ہوتا ہے کہ انہوں نے غزل کے دو مصرعوں کے ذریعے جو بات پوشیدہ انداز میں کہی تھی اسے کھول کر نثر میں پیش کیا تو وہ افسانے ہوگئے۔قدیر دانش کی شاعری اور افسانوں کے مطالعے سے اندازہ ہوتا ہے کہ ان کی تخلیقات اپنے عہد کی آواز ہیں۔ایک عام آدمی اور ایک تخلیق کار میں یہی فرق ہوتا ہے کہ عام آدمی کسی کہانی سے گذر جاتا ہے۔لیکن ایک تخلیق کار اس کہانی کو محسوس کرتا ہے اور اسے لفظوں کا لباس پہنا کر خوبصورت تخلیق کی شکل میں پیش کرتا ہے۔قدیر دانش کے افسانے ہندوستانی سماج کے آئینہ دار ہیں اور ان افسانوں میں متوسط طبقے کے ہندوستانیوں کی زندگی کے مختلف رنگ وروپ پیش کیے گئے ہیں۔عشق اور اس میں ناکامی، شادی بیاہ، زندگی کے مسائل، جہیز کی لعنت، شراب نوشی، دولت کی فراوانی کے سبب پیدا ہونے والی سماجی برائیاں، رشتوں کی شکست و ریخت، خوشی اور غم سب کچھ ان افسانوں میں موجود ہے۔

افسانوی مجموعہ ''دل ہے کھلی کتاب'' میں شامل پہلے افسانے کا عنوان ''پھول کی دانش مندی'' ہے۔اس افسانے میں محبت میں ناکامی کے بعد دو کرداروں ثریا اور فتح کی دوریاں دکھائی گئی ہیں۔اور پھر ایسے حالات پیش آتے ہیں کہ دونوں کا دیار غیر میں انتقال ہوتا ہے اور دونوں پاس پاس دفن ہوتے ہیں۔افسانہ نگار نے اپنی فن کاری ظاہر کرتے ہوئے دونوں کی محبت کو اس انداز میں پیش کیا کہ ایک کی قبر کا پھول ہوا کہ جھونکے سے دوسری قبر پر جا گرتا ہے۔اور اس طرح پھول دونوں کی

محبت کے لافانی جذبے کی تصدیق کرتا ہے۔ افسانہ ''نقلی اصلی سونا'' میں ہمارے سماج کے رستے ناسور جہیز کو موضوع بنایا گیا۔ جب کہ رضیہ کے سسرال والے اس سے شادی کے بعد دو تولے سونے کا مطالبہ کرتے ہیں۔ رضیہ اپنے والد مرزا صاحب سے سسرال والوں کے مطالبے کو ظاہر کرتی ہے۔ مرزا صاحب بیٹی کی زندگی بچانے کے لیے وظیفہ کے بعد ملازمت کرتے ہیں اور ادھار رقم لے کر دو تولے کا انتظام کرتے ہیں۔ لیکن کہانی کا انجام دلچسپ ہے کہ رضیہ کے گھر سے کوئی دو تولے کی انگوٹھی چرالیتا ہے۔ پولیس تحقیقات شروع کر دیتی ہے۔ جب رضیہ کے والد دو تولے پیش کرتے ہیں تو سسرال والے رضیہ اور ان کے والد پر چوری کا الزام عائد کرتے ہیں لیکن پولیس گھر آ کر رضیہ کی نند کے شوہر حنیف کو پکڑ کر لے جاتی ہے کہ وہ چور ہے۔ تب رضیہ کے سسرال والے معافی مانگتے ہیں اور اقرار کرتے ہیں کہ ہم نے اصلی سونے یعنی رضیہ کو پہچاننے میں غلطی کی تھی۔ اس طرح قدیر دانش کا یہ افسانہ سماج میں تعمیری کردار ادا کرتا ہے۔ افسانہ ''نئی زندگی کی راہ'' بھی ایک کرداری افسانہ ہے جس میں سیما نامی لڑکی کی دل میں سوراخ کی بیماری پر اس کے شوہر کی جانب سے بے اعتنائی کو ظاہر کیا گیا۔ لیکن جب علاج سے سیما اچھی ہو جاتی ہے تو اس کے شوہر کو پچھتاوے کے سوا کچھ ہاتھ نہیں لگتا۔ افسانہ ''انتخاب'' بھی متوسط طبقے کے سماجی مسائل سے ابھرتی کہانی کو پیش کرتا ہے جب کہ لاوارث ادیبہ کی زندگی میں اچانک اس کی نانی آتی ہے اور اسے اس کے ماضی کے احوال سناتی ہے کہ کس طرح اس کی ماں اسے چھوڑ گئی تھی۔ لیکن اب اس کی نانی اور اس کے ماموں اسے واپس لینے آتے ہیں اور ایک ماموں اپنے بیٹے کی شادی کی پیشکش ادیبہ سے کرتے ہیں جو منظور کر لی جاتی ہے۔ یہ بھی ایک تعمیری افسانہ ہے۔ قدیر دانش کے افسانوی مجموعے میں ایک دلچسپ افسانہ'' چہرے پہ چہرہ'' ہے جس میں ریکھا اور ارجن کی محبت کو دلچسپ انداز میں پیش کیا گیا ہے۔ ریکھا کا والد مکھیا کا قرض چکانے کی خاطر ریکھا کی مرضی کے خلاف مکھیا سے اس کی شادی کرا دیتا ہے۔ جو چار بچوں کو باپ اور شرابی تھا۔ ریکھا ارجن کو پانے کے لیے اسے مکھیا سے دوستی کرنے اور شراب پلانے کا کہتی ہے۔ مکھیا شراب کے نشے میں رہتا ہے اور ریکھا اور ارجن رنگ رلیاں مناتے ہیں۔ ایک رات مکھیا دونوں کو دیکھ لیتا ہے اور ارجن کو مار دینے کی کوشش کرتا ہے۔ لیکن جنگلی علاقے میں مکھیا کہ قتل ایک تیسرا شخص کر دیتا ہے۔ عدالتی تحقیقات سے پتہ چلتا ہے کہ مکھیا کو ریکھا کے والد نے مار دیا تھا۔ بعد میں ریکھا اور ارجن کی شادی ہو جاتی ہے۔ اس افسانے میں قدیر دانش نے تجسس برقرار رکھا اور کہانی کو کئی دلچسپ موڑ دیئے۔ افسانہ ''بے رحم دنیا'' میں بھی دو پیار کرنے والوں شکیل اور نکہت کے

بچھڑ جانے اور ایک وقت میں مر جانے کا قصہ بیان کیا گیا ہے۔
افسانوی مجموعے میں شامل دیگر افسانوں کے عنوات گونگی' رحمت باراں' نئی زندگی کی راہ' خون کی قیمت' دوسری ماں' واپسی' محبت کا تحفہ' راہ ہموار' منزل' بے رحم دنیا' ہائے رے دل اور وفا کا پتلا ہیں۔

قدیر دانش کو افسانہ نگاری کے فن پر عبور ہے۔ ان کے افسانے فنی محاسن پر پورے اترتے ہیں۔ ان کے افسانوں کا پلاٹ گتھا ہوا ہوتا ہے کہانی میں کہیں جھول نظر نہیں آتا۔ افسانے کا ایک اہم عنصر تجسس اور کشمکش ہے۔ قدیر دانش کے افسانے درمیان میں مکالموں یا کسی منظر سے شروع ہوتے ہیں۔ جیسے جیسے کہانی آگے بڑھتی ہے کرداروں کی گفتگو سے کہانی اور کردار اپنا تعارف خود کراتے ہیں۔ کہانی کا انجام بھی تجسس آمیز ہوتا ہے۔ جیسا کہ کہا گیا ان کے افسانے ہندوستان کے متوسط طبقہ کے ہندو مسلم گھرانوں سے تعلق رکھتے ہیں۔ ان کے کردار نوجوان اور شہری زندگی سے تعلق رکھتے ہیں۔ چند ایک افسانوں میں انہوں نے پریم چند کی طرح دیہاتی زندگی کو پیش کیا ہے اور مکھیا وغیرہ کرداروں کو اجاگر کیا۔ انہوں نے اپنے افسانوں کا آغاز ہی دلچسپی کے عنصر سے شروع کیا۔
افسانہ ''پھول کی دانشمندی'' کا آغاز ملاحظہ کیجیے:

''جب ہوا کے ایک تیز جھکڑ سے میرے سامنے والی قبر کا ایک پھول حرکت میں آ کر دوسری قبر پر جا پڑا تو میرے بدن میں جھرجھری دوڑ گئی۔ ایک نا قابل بیان سی کیفیت مجھ میں پیدا ہوگئی اور میری آنکھوں کے سامنے ستر سال کا ماضی آ کھڑا ہوا''۔

قدیر دانش نے اپنے افسانوں میں کرداروں کی گفتگو کے ذریعے بھی کہانی کو آگے بڑھایا ہے۔ افسانہ ''نقلی اصلی سونا'' میں باپ بیٹی کے مکالمے دیکھئے:

''ہلو۔ بابا جی''

''ہاں بیٹی''۔۔۔ بولو

''بابا جی میں بہت پریشان ہوں۔ میری ساس اور نند دو تولے سونے کے لیے مجھے تنگ کر رہے ہیں۔ بابا جی آپ سن رہے ہیں نا''۔

''ہاں بیٹی''۔ میں سن رہا ہوں''۔

پھر آپ کچھ کرتے کیوں نہیں۔

ہاں بیٹی میں تیری فکر میں ہوں۔ انشا اللہ کسی سے رقم ادھار لے کر تمہارا سونا ادا کر دوں گا۔''

مرزا صاحب نے اپنی بیٹی کو تسلی دے دی۔

قدیر دانش نے کہانی کے بیانیہ کے لیے خطوط کی تکنیک بھی استعمال کی ہے۔افسانہ گونگی میں شمع اپنے محبوب کو خط لکھ کر اپنے احوال بیان کرتی ہے دیگر افسانوں میں بھی خط کی تکنیک استعمال کی گئی ہے۔بعض افسانوں میں قدیر دانش نے اپنے مفہوم کی ادائیگی کے لیے اردو کے مقبول اشعار استعمال کیے۔اپنے افسانوں میں دلچسپی کا رنگ بھرنے کے لیے انہوں نے واقعہ نگاری اور منظر نگاری بھی خوب کی ہے۔افسانہ ''واپسی'' کے آغاز میں منظر نگاری ملاحظہ ہو۔

''اونچی اونچی پہاڑیوں اور خوبصورت جنگل کا منظر بڑا ہی دلکش لگ رہا تھا۔اچانک ایک تیز ہوا کا جھونکا آیا اور اسرار کو چونکا دیا۔اسرار اپنے گھر کی چھت پر ٹہر کا جنگل کے خوبصورت پھولوں کے باغ کا نظارہ کرر ہا تھا اچانک ایک لڑکی نظر آئی جو پھول چن رہی تھی''۔

قدیر دانش کو زبان و بیان پر بھی خاصا عبور ہے۔سادہ اور سلیس انداز میں انہوں نے اپنے افسانوں کو پیش کیا ہے۔ان کے کردار نفسیاتی کشمکش میں مبتلا ہونے کے باجود زندگی کی حقیقتوں کا سامنا کرتے ہیں۔اور اکثر فطری زندگی کے خواہش مند ہوا کرتے ہیں۔ان کے کردار اکثر محبت کے پاکیزہ جذبوں کی عکاسی کرتے ہیں۔مجموعی طور پر قدیر دانش کے افسانے دلچسپ ہیں اور اپنے عہد اور معاشرے کی کہانی بیان کرتے ہیں۔انہیں چاہئے کہ وہ ادبی رسائل اور اخبارات کے ذریعے اپنے افسانوں کو عام کریں۔ اردو کے ابھرتے افسانہ نگاروں کا تعارف بھی ان دنوں مشکل امر ہے۔اردو کے معیاری فسانوی رسائل کی عدم موجودگی' الیکٹرانک میڈیا کی بڑھتی مقبولیت کے سبب لوگوں میں مطالعے کے ذوق کی کمی کی وجہہ سے اچھے افسانہ نگاروں کی قدردانی نہیں ہورہی ہے۔ ایسے میں تلنگانہ اردو اکیڈیمی قابل مبارک باد ہے کہ وہ فروغ اردو کے لیے اردو کے ادیبوں اور قلمکاروں کی تخلیقات کو زیور طباعت سے آراستہ ہونے کے لیے مالی تعاون کررہی ہے۔جس سے ابھرتے قلم کاروں کی تخلیقات سامنے آرہی ہیں جو خود فروغ اردو کی طرف ایک خوش آئیند قدم ہے ۔قدیر دانش کے اس افسانوی مجموعے کی ادبی حلقوں میں ضرور پذیرائی ہوگی۔اور امید ہے کہ نظام آباد کی اردو دنیا سے ابھرنے والے یہ افسانہ نگار اردو افسانے کے افق پر ایک روشن ستارہ بن کر ابھریں گے۔

# مقیت فاروقی

سرزمین تلنگانہ ضلع نظام آباد سے تعلق رکھنے والے ایک نوجوان اور منجھے ہوئے افسانہ نگار مقیت فاروقی ہیں۔ جو پیشے سے صحافی ہیں اور روز نامہ اعتماد حیدرآباد دکن کے لیے نظام آباد سے نامہ نگاری کے فرائض انجام دے رہے ہیں۔ مقیت فاروقی کا اصل نام محمد عبدالمقیت فاروقی اور عرف صابر ہے۔ قلمی نام مقیت فاروقی کے نام سے صحافتی اور ادبی دنیا میں جانے جاتے ہیں۔ مقیت فاروقی ۲۹۔ جون ۱۹۶۴ء کو نظام آباد میں پیدا ہوئے ان کے والد محمد عبدالعزیز فاروقی مرحوم موظف سب رجسٹرار کے عہدے پر فائز رہے۔ نظام آباد میں ابتدائی تعلیم کے بعد مقیت فاروقی نے عثمانیہ یونیورسٹی سے ۱۹۸۷ء میں کامیاب کیا۔ انہوں نے شری گرو گوبند سنگھ کالج، ناندیڑ مہاراشٹرا سے ڈی سی اے کیا۔ ۱۹۸۹ء تا ۱۹۹۲ء گورنمنٹ جونئر کالج بھینسہ میں جزوتی لیکچرر کے طور پر کام کیا۔ پھر وہ سعودی عرب روانہ ہوئے جہاں دلہ کمپنی مکہ مکرمہ میں بہ حیثیت سپر وائزر، ۱۹۹۲ء تا ۱۹۹۶ء ملازم رہے۔ وطن واپسی کے بعد اردو صحافت سے اپنے آپ کو وابستہ کرلیا۔

۲۰۰۱ء سے ۲۰۰۶ء تک وہ ہمارا عوام اخبار کے اسٹاف رپورٹر نظام آباد رہے۔ یہ اخبار عارف الدین احمد مدینہ ایجوکیشن سنٹر حیدرآباد کی ادارت میں شائع ہوا کرتا تھا۔ بعد میں مقیت فاروقی روز نامہ اعتماد سے وابستہ ہو گئے اور ۲۰۰۶ء تا حال اسی اخبار کے اسٹاف رپورٹر ضلع نظام آباد ہیں۔ مقیت فاروقی کے مشاغل میں نامہ نگاری، مطالعہ، سیاسی سماجی ادبی تبصرے و تجزیے تحریر کرنا، ادبی سیاسی سرکاری سرگرمیوں میں حصہ لینا شامل ہیں۔ زمانہ طالب علمی سے ہی انہیں افسانہ نگاری کا شوق تھا۔ ان کا پہلا افسانہ ''کاش ایسا ہوتا''۔ ۱۹۸۷ء۔ خاتون مشرق دہلی میں شائع ہوا۔ ان کے افسانوں کا پہلا مجموعہ ''احساس کی کرچیاں'' کے عنوان سے ۲۰۰۰ء میں شائع ہوا۔ اسی طرح ان کا دوسرا افسانوی مجموعہ ''آسمان تماشائی'' ۲۰۰۵ء میں شائع ہوا۔ تلنگانہ کے افسانہ نگاروں کے افسانوں کے انتخاب پر مبنی کتاب ہر ذرہ ستارہ ہے (انتھالوجی) مرتبین: جناب رشید درانی؛ جناب یٰسین احمد حیدرآباد ۲۰۰۶ء میں مقیت فاروقی کے دو افسانے معہ تعارف شامل ہیں۔ مقیت فاروقی کے افسانے ملک کے مختلف رسائل اور اخبارات بیسویں صدی دہلی؛ ماہنامہ "پاکدامن ریلی، قومی زبان

حیدر آباد۔خاتون مشرق دہلی، گلابی کرن دہلی۔ماہنامہ روپ رس بلگام کرناٹک۔پیام اردو حیدر آباد۔خوشبو کا سفر حیدر آباد۔گونج نظام آباد۔روز نامہ اعتماد 'روز نامہ منصف وغیرہ میں شائع ہوتے رہے۔مقیت فاروقی کو ان کی صحافتی خدمات کے اعتراف کے طور پر حکومت تلنگانہ کے یوم تاسیس ۲۔جون ۲۰۱۸ء کو ریاستی سطح کا بیسٹ اردو جرنلسٹ ایوارڈ دیا گیا۔

تلنگانہ کے افسانہ نگاروں کے انتخاب ''ہر ذرہ ستارہ ہے'' میں مقیت فاروقی کے دو افسانے گمشدہ راستے' اور پہچان شامل کئے گئے ہیں۔ان افسانوں کو پڑھنے سے فن افسانہ نگاری پر مقیت فاروقی کی افسانہ نگاری کے فن پر مہارت کا پتہ چلتا ہے۔افسانہ ''گمشدہ راستے'' میں مقیت فاروقی نے زندگی کو راہ پر ڈالنے کے لیے بیرون ملک ملازمت کرنے والوں کو ایک الگ زاویہ سے پیش کیا ہے۔عام طور پر متوسط طبقے کے مسلمان مرد خلیجی ممالک جایا کرتے تھے تا کہ گھروں کی معاشی تنگی دور ہو اور خوشحال زندگی بسر ہو۔لیکن تصویر کا دوسرا رخ یہ بھی ہے کہ کچھ شعبوں میں خواتین بھی بیرون ملک گئی ہیں تا کہ اپنے گھروں کی زندگی بہتر ہو۔خاص طور سے تدریس اور پیشہ طب سے وابستہ خواتین کی خلیجی ممالک میں مانگ تھی۔اسی موضوع کو اپنے افسانے ''گمشدہ راستے'' میں مقیت فاروقی نے فنکاری سے پیش کیا۔افسانے میں کہانی یہ ہے کہ جنید نامی نوجوان والدین کا سایہ سر سے اٹھ جانے کے بعد اپنے انکل اسرار صاحب کے زیر نگرانی پرورش پاتا ہے۔محنت سے تعلیم حاصل کرنے کے بعد سرکاری ملازمت ملتی ہے۔اسرار صاحب کے مشورے پر اس کا رشتہ فردوس نامی لڑکی سے طے ہوتا ہے جو پیشے سے نرس ہے۔شادی کے بعد پتہ چلتا ہے کہ فردوس بیرون ملک ملازمہ ہے۔اور وہ اپنے گھر کی بہتری کی خاطر بیرون ملک ملازمت کا سلسلہ شادی کے بعد جاری رکھنا چاہتی ہے۔جنید کے منع کرنے کے باوجود فردوس بیرون ملک جاتی ہے۔سال میں ایک مرتبہ وہ کچھ دن کے لیے جنید کی زندگی میں خوشیاں بھرنے آتی ہے اور پھر اسے تنہا چھوڑ کر چلی جاتی ہے۔ ملازمت کی وجہہ سے وہ اولاد کی نعمت سے محروم تھے۔جنید کو گھر کی تنہائی کاٹ کھانے آتی ہے۔کچھ سال یہی سلسلہ جاری رہتا ہے۔پھر فردوس ہمیشہ کے لیے ملازمت چھوڑ کر اپنے وطن اپنے شوہر کے ساتھ رہنے آجاتی ہے۔جنید بچوں کی آرزو لیے گھر کی دیوار پر خوبصورت بچوں کی تصاویر لٹکائے رکھتا ہے۔فردوس جب وطن واپس آتی ہے تو دفتر جاتے ہوئے جنید فردوس سے دیوار پر لگی بچے کی تصویر صاف کرنے کے لیے کہتا ہے۔ادھر فردوس کی طبعیت ناساز رہتی ہے وہ تصویر صاف کرنے کے دوران گر پڑتی ہے۔اور تصویر کا فریم ٹوٹ کر بکھر جاتا ہے۔اس اشارے کو افسانہ نگار مقیت فاروقی

نے فنکاری سے افسانے میں استعمال کیا ہے۔کہانی کا انجام ملاحظہ ہو:

''درد کتنے دنوں سے ہے''۔''یہی کوئی تین چار ماہ سے''۔ کچھ لیا تھا؟ ہاں درد کی دوا لی تھی۔ میں ایک نرس ہوں۔فردوس کمزوری محسوس کر رہی تھی۔کتنی مرتبہ اسقاط کروا چکی ہو؟ تین دفعہ۔وہ پریشان ہوگئی۔بات کیا ہے ڈاکٹر؟ ''دراصل مانع حمل گولیوں اور دواؤں سے تمہارے یوٹیرس کو نقصان پہنچا ہے ]۔اوراب کافی دیر ہو چکی ہے۔اس کا علاج صرف آپریشن ہے۔۔یہ کیسے ممکن ہے۔۔فردوس کی آنسو نکل پڑے۔یہ کوئی بڑا آپریشن نہیں ہے۔ڈاکٹر نے رپورٹ اس کی طرف بڑھادی۔ڈاکٹر کیا پھر۔بچہ۔نہیں اب تم ماں نہیں بن سکتی۔اس کا نکال دینا ضروری ہے۔۔۔۔ فردوس مرے مرے قدموں سے اپنے فلیٹ پہونچی۔اس نے دوسرے دن آپریشن کے لیے ڈاکٹر سے وقت لے لیا تھا۔جنید کبھی کا آفس سے آچکا تھا۔اور اس خوبصورت ننھے بچے کے خالی فریم اور گلاس کی کرچیوں کو دیکھ چکا تھا۔صبح فردوس ہسپتال جانے کے لیے سامان پیک کر رہی تھی۔ادھر جنید بھی تیار ہو رہا تھا۔فردوس تیاری کے بعد اس سے مخاطب ہوئی۔جنید کیا تم ہسپتال نہیں چل رہے ہو جنید نے ایک لمحہ بغور اسے دیکھا اور گویا ہوا۔اب میرے راستے تمہارے راستوں سے جدا ہو چکے ہیں''۔۲۸

افسانے کے انجام سے مقیت فاروقی نے خواتین کی ملازمت وہ بھی بیرون ملک مسائل کو فنکاری سے اجاگر کیا ہے۔اکثر مرد اپنے گھر کو سنبھالنے کے لیے قربانی دیتا ہے۔یہاں جنید کے منع کرنے کے باوجود فردوس ضد کرتی ہے اور شادی کے بعد بیرون ملک ملازمت جاری رکھنے کو ترجیح دیتی ہے۔وہ ماں بننے کے خوبصورت تجربے سے اپنے آپ کو محروم رکھتی ہے۔جس کی سزا قدرت کی جانب سے اسے ملتی ہے اور جنید اس سے بے پرواہ ہو جاتا ہے۔یہ افسانہ ہندوستانی متوسط گھرانوں کے اس مسئلے کو اجاگر کرتا ہے جس میں شادی کے بعد خواتین ملازمت

کر کے اپنی گھریلو زندگی اور اپنی فطری زندگی کو خطرے میں ڈالتی ہیں۔ یہ افسانہ اس حقیقت کی جانب بھی اشارہ کرتا ہے کہ خدا نے مرد کو گھر کے باہر کام کرنے اور گھر کی ذمہ داریاں سنبھالنے کے لیے بنایا ہے تو عورت کو گھر کی ملکہ بنا کر اسے گھر چلانے کی ذمہ داری ہے اگر زندگی کے یہ دو پہیے فطرت کے مطابق کام نہ کریں تو زندگی کی گاڑی خوشیوں سے محروم ہو جائے گی۔

مقیت فاروقی کا افسانہ ''پہچان'' فرقہ وارانہ تشدد کو ایک نئے ڈھنگ سے پیش کرتا ہے۔ راجو نامی نوجوان خوابوں کی نگری بمبئی میں ملازمت کے سلسلے میں مقیم ہے۔ وہ مختلف علاقوں میں مختلف ناموں سے پہچانا جاتا ہے۔ کہیں وہ راجو ہے تو کہیں منا ہے۔ دوست کے سوال کرنے پر کہ اس کی پہچان تو راجو سے ہے کیوں وہ منا نام رکھ کر اپنی پہچان بھلا رہا ہے تب راجو کہتا ہے کہ یہ بمبئی ہے یہاں جینے کا ڈھنگ کچھ الگ ہی ہے۔ پہچان کے تعلق سے راجو اور اس کے دوست کی گفتگو ملاحظہ ہو:

> ''وہ سب ٹھیک ہے میرے یار۔ مگر تم ذرا سوچو تو اپنی شناخت کیوں کھونا چاہتے ہو۔ اتنے ناموں کے ساتھ تم کیسے اپنے وجود کو منواؤ گے۔ تمہاری اپنی شناخت ممبئی کی گلیوں میں کہیں گم ہو چکی ہے۔ مجھے یہ سب اچھا نہیں لگ رہا ہے۔ میری تو یہ خواہش ہے کہ تم اس شہر میں اپنے اصلی نام سے جانے جاؤ تمہارا اپنا نام تمہاری پہچان بن جائے۔ انسان کو اس کی مسرت کئی گنا زیادہ ہوتی ہے۔ شائد تمہیں میری بات ناگوار گزرے۔ لیکن یہ حقیقت ہے کہ انسان کی اپنی پہچان لسانی، مذہبی اور تہذیبی بنیادوں پر بننا ضروری ہے۔ وہ جس طبقے جس مذہب اور فرقے سے وابستہ ہوتا ہے اس کے اندر اپنے کلچر کی خصوصیات کسی نہ کسی حد تک محسوس کی جاتی ہے۔ یہ بھی ایک حقیقت ہے کہ دنیا کے جتنے عظیم مفکر، دانشور محققین ہیں ان کی پہچان اور شہرت ان کے ناموں سے وابستہ ہے''۔
>
> ۲۹

اس کا دوست کچھ کام سے بمبئی آتا ہے وہ راجو کے ساتھ رہتا ہے۔ ایک دن وہ اور راجو

ٹیکسی میں سفر کرتے ہیں۔ کچھ دور جانے کے بعد ٹیکسی ڈرائیور کہتا ہے کہ وہ آگے نہیں جا سکتا یہاں دنگے چل رہے ہیں۔ دونوں ٹیکسی سے اتر جاتے ہیں تھوڑی دیر بعد کچھ بلوائی ان پر حملہ کر دیتے ہیں۔ راجو سے اس کا نام پوچھا جاتا ہے۔ راجو اپنا نام راجو بتاتا ہے۔ بلوائیوں میں سے ایک شخص اسے منا کے نام سے جانتا ہے۔ لیکن راجو کہتا ہے کہ وہ راجو ہے یہاں مذہب کے نام پر نام پوچھ کر خون خرابہ ہورہا تھا راجو پریشان رہتا ہے کہ اس پر حملہ کرنے والے کون ہیں وہ راجو کے نام پر اصرار کرتا ہے تو بلوائی اسے ہندو سمجھ کر چاقو مار کر ہلاک کر دیتے ہیں۔ مرتے وقت پہچان کو لے کر راجو کی باتیں ملاحظہ ہوں:

> ''یہ' یہ سب کیا ہوگیا میرے دوست۔ میں تمہیں ہسپتال لے چلتا ہوں تم گھبرانا نہیں''۔''نا۔ راجو کے منہ سے الفاظ انتہائی کرب اور ٹوٹتے ہوئے ادا ہورہے تھے۔''اب اس کی ضرورت نہیں۔ اپُن کا آخری وقت آچکا ہے۔ لیکن یار۔ اپُن نے اپنا نام صحیح بتایا ہے۔ اب اپُن کی پہچان ختم نہیں ہوتی نا''۔ وہ میرے ہاتھ کو مضبوطی سے تھامے کہتا رہا اور میرا جسم برف کی طرح سرد ہوتا جارہا تھا۔ میں رو رہا تھا اور سوچ رہا تھا کہ فرقہ وارانہ فسادات نے انسانون سے انسانیت چھین لی ہے''۔[۳۰]

مقیت فاروقی نے اس افسانے میں انسان کی پہچان کو بڑی فنکاری سے پیش کیا ہے۔ ہم سب اس دنیا میں اپنی شناخت اپنی پہچان کے ساتھ زندگی گزارتے ہیں لیکن بمبئی جیسی نگری میں ایک سے زیادہ پہچان بھی انسان کے لیے ضروری ہے اور جرائم کی دنیا میں یہی ہوتا ہے کہ مجرم کا نام کچھ ہوتا ہے اور اس کی شناخت کچھ۔ فرقہ وارانہ فسادات میں نام پوچھ کر قتل کرنا بھی انسانیت کے لیے ایک بدنما داغ ہے۔ بنانے والے نے سب کو ایک جیسا بنایا سب کا خون ایک ہے وطن ایک ہے تو پھر مذہب کے نام پر تفریق کیوں۔ مقیت فاروقی کا یہ افسانہ فرقہ واریت کو اجاگر کرنے کی جانب ایک اچھی پہل ہے۔

جیسا کہ کہا گیا کہ مقیت فاروقی کے افسانے سرکردہ ادبی رسائل میں شائع ہوتے رہے۔ ۱۹۹۰ء کی دہائی میں اردو افسانے کے فروغ میں رسالہ بیسویں صدی کافی مقبول تھا۔ برصغیر

اور دنیا بھر کے افسانہ نگاروں کی تخلیقات شائع ہوتی رہی ہیں۔ بیسویں صدی کا سالنامہ افسانہ نمبر کے نام سے شائع ہوتا تھا۔ ۲۰۰۲ء کے افسانہ نمبر میں مقیت فاروقی کا افسانہ بادسموم شائع ہوا۔ رسالے کے مدیر رحمٰن نیر کے نام مکتوب میں مقیت فاروقی شہر نظام آباد کی ادبی فضاء کے بارے میں لکھتے ہیں:

''مکرمی جناب رحمٰن نیر صاحب السلام علیکم۔۔ بزرگوں سے سنا ہے کہ آپ بیس پچیس سال قبل ایک مشہور بیڑی کمپنی کی اشتہاری فلم بنانے کے سلسلے میں شہر نظام آباد تشریف لائے تھے۔ اب وہ لوگ تو نہیں رہے البتہ نظام آباد میں ادبی محفلوں کا انعقاد وقفہ وقفہ سے عمل میں آتا رہتا ہے۔ جس میں ملک کے نامور شعرا ادبا شرکت کرتے رہتے ہیں۔ نوجوان نسل میں زرخیز ہے۔ ان شاء اللہ ایسی کسی محفل میں شرکت کے لیے آپ کو زحمت دی جائے گی۔ آپ کا مخلص۔ مقیت فاروقی''۔ ۳۱

افسانہ بادسموم ایک سماجی افسانہ ہے۔ جس میں جہیز کے نام زبیدہ نامی لڑکی کو مار دیئے جانے اور اس کے بعد اس کی بہن اسماء کے شادی سے انکار کے نفسیاتی پہلو کو اجاگر کیا گیا ہے۔ زبیدہ کے سسرالی لالچی تھے۔ مزید جہیز کی مانگ پوری نہ ہونے پر زبیدہ کو مار دیا جاتا ہے۔ اس واقعہ کا اثر زبیدہ کی بہن اسماء پر بہت گہرا ہوتا ہے اور وہ کئی سال تک شادی سے انکار کرتی رہی۔ لیکن زمانے کے مزاج کے مطابق اسے شادی کے لیے راضی کیا جاتا ہے۔ اس ضمن میں افسانہ نگار سماج کے خیالات کو یوں بیان کرتا ہے۔

> ''بیٹی! تمام عمر تو ہم تمہیں اپنے پاس بٹھا کر نہیں رکھ سکتے۔ یہ جو سماج کے اصول ہیں۔ بھلا ہم ان سے کیسے منہ موڑ سکتے ہیں۔ ہم تمہاری محبت میں چپ ہو بھی جائیں لیکن سماج کی انگلیوں کو کیسے روکا جاسکتا ہے۔ حقیقت سے واقفیت کے باوجود لوگ ہمیں ہی بدنام کریں گے۔ کبھی نہ کبھی تو تمہارا بیاہ رچانا ہی ہے۔ لیکن اس بار ہم کوئی فیصلہ جلد بازی میں نہیں کریں گے۔ ہر طرح سے مطمئن ہونے کے بعد ہی کسے نتیجے پر پہنچیں گے۔ ذکیہ بیگم نے تفصیل سے سمجھایا تو اس نے خاموشی اختیار کرلی''۔ ۳۲

افسانے میں تجسس کا موڑ اس وقت آتا ہے جب اسماء کی شادی جاوید نامی نوجوان سے ایک سنجیدہ گھرانے میں ہو جاتی ہے۔ جب جہیز کا سامان اتارا جاتا ہے۔اس وقت کا منظر ملاحظہ ہو:

> ''اسماء کو کمرے میں پہونچایا گیا۔ملازم ٹرک سے جہیز کا سامان اتار کر مکان میں لانے لگے۔ زیبا خاتون اور اصغر کی نظریں حیرت میں ڈوبی ہوئی تھیں۔اسی دوران ایک ملازمہ نے ایک اٹیچی اسماء کے سپرد کی۔زیبا خاتون نے اسماء سے سوال کیا۔اس میں کیا ہے دلہن۔اصغر صاحب بھی وہیں کھڑے ہوئے تھے۔اسماء نے کوئی جواب نہیں دیا۔دوبارہ استفسار پر آہستگی سے اٹھ کر اس اٹیچی کھول دی۔یہ۔۔یہ کیا ہے۔۔ساس اور سسر نے حیرانی سے اسماء سے پوچھا ان کے چہروں پر ہوائیاں اُڑ رہی تھیں۔اس اٹیچی میں مٹی کے تیل کا دبہ اور دیا سلائی رکھی ہوئی تھی۔کچھ دیر اسماء خاموش انہیں دیکھتی رہی۔اور پھر بڑے ہی نرم لہجے مین اپنے لب کھولے۔''یہ وہ حد ہے کہ آپ حضرات کو جہیز میں کمی محسوس ہو تو یہ بھی آپ کے کام آسکے''۔۳۳؎

اس طرح افسانہ نگار نے جہیز کی لعنت کو ایک انوکھے طریقے سے پیش کرنے کی کوشش کی۔اسماء کے ساس سسر حیرت سے یہ سب دیکھتے رہے اور انہوں نے کہا کہ ایسا کچھ نہیں ہوگا بیٹی۔میں بھی برسوں قبل اس گھر میں بیاہ کر آئی تھی۔اور آج بھی زندہ ہوں تم یہ سامان اپنے گھر بھیج دو اور خوش رہو'' افسانے کے اس مثبت انجام سے مقیت فاروقی نے اپنے افسانے کو اصلاحی رنگ دیا ہے۔جہیز میں خود کو جلانے کا سامان لانا لڑکی کی ہمت اور اس کی نفسیاتی کشمکش کو ظاہر کرتا ہے۔متوسط طبقے کے مسلم سماج میں جہیز کے نام پر لڑکیوں کو جلانا اور ان پر مظالم عام ہیں اس جانب یہ افسانہ ایک چوٹ کرتا ہے۔مجموعی طور پر مقیت فاروقی کے افسانے سماجی اصلاح کے حامل ہوتے ہیں۔انہون نے ایک فنکار کی طرح اپنے عہد کے سماجی مسائل پر گہری نگاہ ڈالی۔اور انہیں افسانے کے روپ میں فنکاری سے پیش کرتے ہوئے مسائل کی عکاسی اور ان کے حل کی کوشش کی۔مقیت فاروقی نے افسانے کی تکنیک کو بہ خوبی برتا ہے مکالموں، تجسس اور کردار نگاری کے اچھی مثالیں ان کے افسانوں

میں ملتی ہیں۔مقیت فاروقی مجموعی طور پر اب صحافت سے جڑ گئے ہیں اگر وہ افسانہ نگاری کا سلسلہ جاری رکھیں تو نظام آباد اور تلنگانہ ہی نہیں بلکہ وہ اردو کے ایک اچھے افسانہ نگار ثابت ہو سکتے ہیں۔

## مجید عارف

مجید عارف (پیدائش یکم جون۔۱۹۷۰) نظام آباد سے تعلق رکھنے والے ایک اور نوجوان افسانہ نگار ہیں۔اصلی نام محمد عبدالمجید اور قلمی نام مجید عارف ہے۔والد کا نام محمد عبدالحکیم صاحب ہے۔ابتدائی تعلیم وتربیت نظام آباد میں ہوئی۔عثمانیہ یونیورسٹی سے بی اے کیا۔پھر ڈپلوما ان جرنلزم اور ڈپلوما یان نیورو فزیولوجی کیا۔ملازمت کے سلسلے میں ان دنوں سعودی عرب میں مقیم ہیں۔مجید عارف کو بچپن ہی سے اردو زبان سے لگاؤ رہا۔انہوں نے نہ صرف بچوں کے رسائل نور وغیرہ میں کہانیاں لکھیں بلکہ بچوں کے ادب کے فروغ کے لیے کوشش کرتے رہے۔نظام آباد میں سوپر گرافکس اینڈ پرنٹرس کے نام سے اردو کمپوزنگ کا کام شروع کیا۔انہوں نے قیام نظام آباد کے دوران نزد جونیر کالج محلہ قلعہ میں علامہ اقبال لائبریری ہال کا قیام عمل میں لایا۔نظام آباد میں ان کی فروغ اردو سرگرمیوں کے ضمن میں ڈاکٹر عبدالعزیز سہیل مجید عارف کی خدمات کا تعارف پیش کرتے ہوئے لکھتے ہیں:

> ’’بچوں کے ادب کو فروغ دینے میں وہ کس طرح سنجیدہ ہیں اس کی ایک مثال اس بات سے دی جاسکتی ہے’’مجھے اچھی طرح یاد ہے اب سے تقریباً بیس سال قبل میں نے نظام آباد سے بچوں کے رسالہ غازی اور ماہنامہ التوحید کا آغاز کیا تو اس سلسلہ میں اردو ڈی ٹی پی کا کام نظام آباد میں مجید عارف کی سوپر گرافکس پر انجام دیا جاتا تھا۔لیکن اس کام کے لئے وہ ہم سے کوئی معاوضہ نہیں لیتے تھے اور ساتھ ہی ہماری ہمت افزائی بھی کیا کرتے تھے۔اس وقت

اخبارات، ورقیہ، شادی کے کارڈ کا بہت زیادہ کام ہوتا تھا لیکن وہ ان سب کاموں سے پہلے بچوں کے رسالہ کو اہمیت دیتے تھے، جس کے لئے میں آج بھی ان کا شکر گزار ہوں اور خدا بزرگ سے دعا گو ہوں کہ اللہ رب العزت ان کے رزق میں برکت دے اور ان کو صحت وتندرستی کے ساتھ سلامت رکھے۔ آمین'' ۱۳۴

مجید عارف کو ادب وصحافت سے دلچسپی رہی ہے اور دیار غیر میں بھی رہ کر وہ اردو زبان کے فروغ کی کوشش کرتے رہتے ہیں اس سلسلے میں حال ہی میں انہوں نے'' مائی نظام آباد'' کے نام سے ایک اردو ویب سائٹ شروع کی ہے۔ جس میں شہر نظام آباد کی تاریخ' جغرافیہ' نظام آباد کے ادیبوں اور شعرا کا تعارف' نظام آباد سے تحقیق وتنقید' شعروشاعری' افسانہ نگاری ودیگر اصناف کے فروغ کی تفصیلات اور نظام آباد سے متعلق دیگر اہم مواد کو کامیابی سے پیش کیا جارہا ہے۔ یہ ویب سائٹ دیگر اضلاع کے لیے بھی ایک مثال ہے کہ اس طرح کی کوشش سے ضلعی سطح پر فروغ اردو کی سرگرمیوں کو انٹرنیٹ پر محفوظ کیا جاسکتا ہے۔ اب اکیسویں صدی انٹرنیٹ اور مواصلات کی صدی ہے اب کتاب کا تصور بدل گیا ہے لوگ انٹرنیٹ پر ہر قسم کی معلومات حاصل کرنا چاہتے ہیں کتاب تو ختم ہوسکتی ہے یا سب کو دستیاب نہیں ہوسکتی لیکن انٹرنیٹ پر ہر کسی کو انگلی کے ایک اشارے سے گوگل سرچ سے ہر قسم کی معلومات مل سکتی ہیں۔ ڈاکٹر محمد عبدالعزیز مجید عارف کی اس ویب سائٹ کا تعارف کراتے ہوئے لکھتے ہیں:

'' خاص معلومات، واقعات، اطلاعات وغیرہ تحریری اور ملٹی میڈیا کے توسط سے پیش کی جارہی ہیں۔ مختلف شعبہ حیات سے تعلق رکھنے والی شخصیات اور ادارہ جات کا بھی مکمل تعارف شائع کیا جارہا ہے۔ اس ویب سائٹ کی سرخیاں کچھ اس طرح سے دکھائی دے گی سرورق، نظام آباد، تاریخی مقامات، ادارے، مذہبی مقامات، شخصیات، شعر وادب، متفرقات، نیوز اپ ڈیٹ۔ قارئین/ ناظر جس طرح سے ایک ایک سرخی کو کلک کریں گے مزید ذیلی موضوعات کے تحت

معلومات ان کے اسکرین پر نظر آئیں گی۔ سرورق پر نظام آباد کے عنوان پر کلک کرنے سے نظام آباد کا جغرافیہ، نظام آباد کی تاریخ، نظام آباد کا نقشہ نظر آئے گا جس میں نظام آباد کا جغرافیہ اور نظام آباد کی مختصر تاریخ کو پیش کیا گیا ہے۔ نظام آباد کے تاریخی مقامات کے عنوان کے تحت ڈچپلی مندر، نظام ساگر ڈیم، قلعہ نظام آباد کی تفصیلات فراہم کی گئی ہے اس متعلق ایک تفصیلی مضمون ڈاکٹر عبدالقدیر مقدر کا شامل ہے۔ ادارے عنوان کے تحت ذیلی عنوانات سرکاری ادارے، تعلیمی ادارے، سماجی ادارے، مسلم پیامات ادارے کے تحت ضلع سے تعلق رکھنے والے سرکاری خانگی اداروں کی تفصیلات فراہم کی گئی ہے۔ اس ویب سائٹ پر ایک مذہبی مقامات کی سرخی کے تحت مساجد، درگاہیں، منادر، چرچ، گوردوارے اور دیگر مذہبی مقامات سے متعلق معلومات شامل کی گئی ہیں۔ شخصیات کی سرخی کے تحت مذہبی، سماجی، سیاسی، شاعر، نثر نگار، صحافیوں کی تفصیلات دی گئی ہے۔ شعروادب کی سرخی کے تحت ضلع سے تعلق رکھنے والے شعراء و ادباء کی تخلیقات کو شامل کیا گیا ہے۔ متفرقات عنوان کے تحت سماجی تقریبات، اعلانات، اطلاعات، مفید رابطہ کی لنک کے تحت معلومات فراہم کی گئی ہے، آخر میں نیوز اپ ڈیٹ کی سرخی بھی دی گئی ہے تا کہ ویب سائٹ کا مشاہدہ اور مطالعہ کرنے والوں کو نئی اشاعتوں کی معلومات فوری طور پر حاصل ہو جائے۔ اس سائٹ پر اشتہارات کے لئے بھی جگہ فراہم کی گئی ہے تا کہ اشتہار کے تحت لوگ اپنے کاروبا کی تشہیر میں اس ویب سائٹ کا بھرپور استعمال کریں۔'' ۳۵

مجید عارف کی ان سرگرمیوں کے علاوہ ان کا محبوب مشغلہ افسانہ نگاری رہا ہے۔ بچوں

کے رسالہ نور میں ان کی کہانیاں پابندی سے شائع ہوتی رہیں۔ ان کی کہانی ''خوشبو کا درد'' (۱۹۸۴ء) کو رسالہ نور نے تیسرے انعام سے سرفراز کیا تھا۔اسی طرح ماہنامہ تہذیب کراچی پاکستان کے زیراہتمام ہندوپاک افسانوی مقابلہ (۱۹۸۶ء) میں مجید عارف کے افسانہ ''دھوپ ملی سائبان سے پہلے'' کو تیسرا انعام دیا گیا۔ان کی کہانی ''رشتوں کی پیاس'' (۱۹۸۹ء) کو ماہنامہ نور کے انعامی مقابلے میں دوسرا انعام دیا گیا۔ان کے افسانہ ''اجلے آئینے میلے عکس'' کو پرائم منسٹر ایوارڈ دیا گیا۔ اور ( ۱۹۹۰ء) میں اس کا ہندی زبان میں ترجمہ بھی ہوا۔افسانہ ''برف کے پھول'' (۱۹۹۱ء) کو ڈاکٹر شمش الدین میموریل ایوارڈ دیا گیا۔بی بی سی لندن ریڈیو سے ان کے ڈرامہ ''فرشتہ'' کو (۱۹۸۷ء) میں انعام اول دیا گیا۔ان سرگرمیوں سے مجید عارف کی اردو دلچسپی عیاں ہوتی ہے۔(۲۰۰۲ء) میں انہیں سرکاری زبان کمیشن حکومت آندھرا پردیش کی جانب سے ایوارڈ دیا گیا۔نظام آباد سے شائع ہونے والے ادبی رسالہ ''گونج'' کے افسانہ نمبر شمارہ اگست (۲۰۰۲ء) کے وہ مہمان مدیر رہے۔روزنامہ رہنمائے دکن میں ''آفتاب نو'' کے عنوان سے (۱۹۸۴ء) میں مجید عارف کے انٹرویو کی اشاعت عمل میں آئی۔ روزنامہ منصف کے مزاحیہ مضمون نویسی مقابلے منعقدہ (۱۹۸۵ء) میں ان کے مضمون ''ہائے رے قلم'' کو ترغیبی انعام دیا گیا۔مجید عارف کے افسانے اردو کے اہم رسائل میں شائع ہوتے رہے۔ان کا ایک افسانوی مجموعہ ''الفاظ کی خوشبو'' زیر اشاعت ہے۔ مجید عارف کا ایک افسانہ ''پہچان کا دکھ'' ہے۔ اس افسانے میں ہر زمانے میں عورت کے درد کو افسانہ نگار نے جذباتی انداز میں اجاگر کیا ہے۔عورت کی خود کلامی اس افسانے کی خوبی ہے ملاحظہ ہو افسانہ ''پہچان کا دکھ'':

''میں ایک لڑکی ہوں۔۔۔ مجھے عورت بھی کہا جاتا ہے۔۔۔قدرت نے مجھے وفاداری، ایثار و قربانی عطا کرنے میں بڑی فیاضی کا مظاہرہ کیا ہے۔میں نے ماں بن کر اپنے جگر کے ٹکڑوں کی آبیاری میں اپنی راتوں کی نیند اور دن کا چین قربان کیا تو ایک بیٹی کے ناتے اپنے والدین کی دلجوئی کے لیے ہمیشہ سر تسلیم خم کیا، ایک بہن کے ناتے اپنے حصے کی خوشیاں، بخوشی اپنے بھائی کے قدموں میں رکھ دیں تو ایک بیوی بن کر جذب ایثار کے کئی رنگ اپنائے۔ میں نے ازل سے اپنی خواہشوں کو صرف ایثار کا درجہ دے کر اپنی عظمت کی معراج کو پایا ہے۔ میرا وجود محبت کی جیتی جاگتی نشانی ہے۔آج جب اپنے بارے میں سوچتی ہوں تو دل سے ایک ہوک سی اٹھتی ہے۔حضرت انساں نے ترقی کے نام پر مجھے ذلت ورسوائی کے سوا کچھ بھی نہ دیا......صابن سے لے کر شیونگ کریم کے

اشتہار تک میری عریانیت کو اس انداز میں پیش کیا گیا کہ میری شرافت وحیاء کی قبا تار تار ہوگئی ہے۔ میرے وجود کو صرف سیر وتفریح کا ذریعہ تصور کیا گیا ہے۔ جب کہ دنیا کے سبھی دانشوروں کا کہنا ہے کہ کہ انقلابی فکر عطا کرنے والی میں پہلی درسگاہ ہوں۔ دکھ اور تکلیف کے احساس سے میرا دل اس وقت خون کے آنسو رونے لگتا ہے جب رشتہ کے سلسلہ میں مجھے دیکھنے کے لئے آنے والے مجھے اس انداز سے ٹٹولتے ہیں جیسے میں کوئی عورت نہیں گائے یا بکری ہوں۔ درد ورنج کی ایک ٹیس میرے دل و دماغ کو چیرتی رہتی ہے۔ ایک عورت دوسری عورت کے درد کو نہ سمجھ سکی؟ میری ماں ساس کی شکل میں میرا سینہ چھلنی کرے...... میری بہن نند کے روپ میں مجھے طعنے دے............

انسان وقت کے بے رحم ہاتھ کے مذاق کو سہہ سکتا ہے...... لیکن جب میرے احساسات کی امین میرے وجود کا حصہ میری ماں اور میری بہنیں سے اس قسم کا مذاق کریں تو بھلا آپ ہی بتایئے مجھے پھر کون تسلیم کریگا؟؟

چودہ سو سال قبل جہالت وتاریکی کے مہیب سائے میں مجھے زندہ درگور کیا جاتا تھا۔ میری عظمت و اہمیت کو تسلیم کرتے ہوئے مجھے میرا مستحقہ مقام دیا گیا۔ آسمانی صحیفہ نے میرے حساس دل کے کئی پہلوؤں کو اجاگر کرتے ہوئے مجھے مقدس مقام پر فائز کیا۔ جس کی میں ازل سے ہی حقدار تھی...... آج کے اس ترقی یافتہ دور میں بھی جہاں دنیا سمٹ کر ایک کوزے میں سما چکی ہے۔ کمپیوٹر نے ترقی کی راہ میں نئے باب کا اضافہ کیا ہے۔ سوچ وفکر کو نئی تازگی عطا ہوئی ہے۔ آج بھی مجھے اولاد نرینہ کی خاطر عالم وجود میں آنے سے قبل ہی بڑی حقارت سے ختم کر دیا جاتا ہے۔ رات کی سیاہ تاریکی میں مٹی کا تیل میری قسمت کا فیصلہ کرتا ہے تو کہیں جہیز کے لئے مجھے زندہ درگور کیا جاتا ہے۔...  کتنی ہی بہنیں ہیں جو اپنے بالوں میں سفیدی کی چاندی لئے اپنے مجازی خدا کے انتظار میں پنی شادابی کھو رہی ہیں...... صرف اس لئے کہ ان کے ہاں "حقیقی چاندی" نہیں ہے۔ میری خوبصورتی ونزاکت کی شاعروں نے چاند سے تشبیہ دی ہے۔ رات کی سیاہ تاریکی میں چاند جب اشرف المخلوقات کا درجہ رکھنے والے جانوروں کے کرتوت دیکھتا ہے تو...... حساس چاند بادلوں کے اوٹ میں چھپ نہیں جاتا بلکہ احساسِ ندامت سے اپنا چہرہ چھپا لیتا ہے۔

کبھی سوچا آپ نے......" ۳۶

مجید عارف کے یہ اور دیگر افسانے اپنی پیشکش اور موضوعات کی ندرت کے سبب مقبول ہوئے۔ اردو کے اہم ادیبوں اور نقادوں نے مجید عارف کے فن پر اظہار خیال کیا ہے۔

’’سماج اوراس کے مسائل پر آپ کی گہری نظر ہے۔ یہ ایک بہترین افسانہ نگار کی علامت ہے۔ آپ کا قلم معاشرہ کی دکھتی رگ پر نشتر کا کام کرتا ہے۔ (ڈاکٹر احتشام الحق۔ مدیر ماہنامہ ’’تہذیب کراچی)

’’ لکھنے کا سلسلہ جاری رکھئے۔ مستقبل میں آپ ایک کامیاب افسانہ نگار کہلائیں گے۔ (ابوسلیم محمد عبدالحی مرحوم۔ مدیر ماہنامہ۔ الحسنات۔ بتول۔ نور۔ ہلال)

’’بچوں کے لیے لکھنا ایک انتہائی مشکل امر ہے۔ ماہنامہ ’’کھلونا‘‘ کے لیے آپ کی کہانیاں بچوں کے لیے کسی دلچسپ کھلونے سے کم نہیں۔ (ادریس دہلوی۔ مدیر ماہنامہ ’’کھلونا‘‘)

’’سادہ و عام فہم الفاظ کا استعمال آپ کے افسانوں کی خوبی ہے۔ اور یہی خوبی قارئین کو پڑھنے کے لیے مجبور کرتی ہے۔ (سعدیہ دہلوی۔ مدیر ’’بانو‘‘ ماہنامہ)

’’آپ کے مزاحیہ مضمون ’’ہائے رے قلم‘‘ کو ترغیبی انعام سے نوازا گیا ہے۔ جس کی رائے کے مطابق آپ کے قلم میں ایک کامیاب مزاح نگار کے جراثیم چھپے ہوئے ہیں‘‘۔ (محمود انصاری سابق مدیر روزنامہ منصف حیدرآباد)

’’عنوانات کی طرح آپ کی کہانیوں کا کلائمکس بھی بڑا خوبصورت ہوتا ہے۔ ماہنامہ ’’نور‘‘ اور ’’بتول‘‘ کے لیے گراں قدر تعاون پر ادارہ آپ کا مشکور ہے۔ مرتضیٰ ساحل تسلیمی۔ مدیر اعزازی ماہنامہ نور۔ بتول۔ الحسنات۔ ہلال)

’’ آپ کا افسانہ ’’برف کے پھول‘‘ ڈاکٹر شمس الدین ایوارڈ کے لیے منتخب کیا گیا ہے۔ آپ نے اپنے افسانے میں اس سچائی کو پیش کیا ہے کہ زندگی بھی ایک برف کے تکڑے کی طرح ہے جو آہستہ آہستہ پگھل رہی ہے۔ (وقار احمد صدیقی۔ ڈائرکٹر شمس الدین میموریل سوسائٹی ممبئی)

’’معاشرتی مسائل کو پیش کرنے میں آپ کو ملکہ حاصل ہے۔ اللہ تعالیٰ سے دعا ہے کہ آپ کا قلم مزید ترقی کرے۔ (مائل خیرآبادی۔ مدیر ماہنامہ ’’حجاب‘‘۔) ۳۷

مجید عارف کے فن کے بارے میں ماہرین ادب کی آراء سے پتہ چلتا ہے کہ انہیں نثر کی مختلف اصناف میں اظہار خیال پر عبور ہے۔ مجید عارف کے افسانے اپنے عہد کی آواز ہیں۔ اور ان میں ایک ہمدرد مصلح قوم کی طرح اصلاح کا پیغام عام ہے۔ امید ہے کہ مجید عارف اپنی ویب سائٹ مائی نظام آباد کے ذریعے فروغ اردو کا اہم کام انجام دیتے رہیں گے۔

# رحیم انور

تشکیل تلنگانہ کے بعد ضلع نظام آباد کو تین اضلاع نظام آباد۔ بودھن اور کاماریڈی میں تقسیم کیا گیا۔شہر نظام آباد کے علاوہ بودھن اور ضلع کاماریڈی اردو ادب کا مسکن رہے ہیں۔

کاماریڈی کی سرزمین سے نامور استاد

شعراء کرام جناب ضیء جبلپوری، جناب محبوب علی محبوب اور ممتاز نثر نگار جناب رحیم انور نے افق ادب پر اپنی منفرد پہچان بنائی اور اپنے نام کے ساتھ ساتھ ضلع کاماریڈی کا نام خوب روشن کیا۔ضیاء جبلپوری اور محبوب علی محبوب آج ہمارے درمیان موجود نہیں ہیں لیکن ان کا فن اور ان کی ادبی خدمات کو ہم کیسے بھول سکتے ہیں۔ یہ لوگ ہمارے دلوں میں ہمیشہ زندہ رہیں گے آج ضیاء صاحب اور محبوب صاحب کی غیر موجودگی میں رحیم انور ادب کی شمع کو جلائے ہوئے ہیں اور برسوں سے یہ اردو زبان کے گیسوؤں کو سنوارتے ہوئے محسن اردو ہونے کا ثبوت دے رہے ہیں۔ضلع کاماریڈی میں انہی کے دم سے ادبی رونقیں اور ادبی محفلیں آباد ہیں۔رحیم انور پچھلے چار دہوں سے مسلسل منی کہانیاں اور افسانچے لکھ رہے ہیں انہوں نے اپنی ادبی وفنی صلاحیتوں کے بل بوتے اپنا نام کامیاب نثر نگاروں کی فہرست میں درج کروالیا ہے۔ان کی ادبی کاوشوں وصلاحیتوں کا اعتراف کرتے ہوئے تلنگانہ اسٹیٹ اردو اکیڈمی نے انہیں ایورڈ توصیف نامے سے نوازا ہے۔ضلع کلکٹر نظام آباد کی جانب سے بھی انہیں ایوارڈ مل چکا ہے۔رحیم انور کی سرکاری سطح پر اور اردو کی ادبی انجمنوں کی جانب سے ویسی پذیرائی ویہ استقبال نہیں ہوا جیسا کے ہونا چاہے تھا۔رحیم انور گزشتہ چار دہائیوں سے افسانہ نگاری کررہے ہیں۔اور کاماریڈی سے ادب کی شمع روشن کیئے ہوئے ہیں۔

رحیم انور اپنے قلم کے ذریعہ اپنی کہانیوں افسانچوں کے ذریعہ ہمارے معاشرے میں پھیلی ہوی گندگی برائی، بے حسی بزدلی، کاہلی بدامنی پر ضربیں لگاتے رہے اور خواب غفلت کی نیند میں سوئے ہوئے لوگوں کو جگانے کی کوشش کرتے رہے اور یہ سلسلہ ابھی تک جاری ہے آج کے کٹھن زدہ ماحول میں جینا بڑے دل گردے کا کام ہے۔اس انتشار و بے کلی کی کیفیت کو ایک ادیب یا شاعر ہی اپنے قلم کے ذریعہ دور کرسکتا ہے اور یہ کار خیر رحیم انور برسوں سے کرتے چلے آرہے

ہیں۔

رحیم انور کی اب تک گیارہ کتابیں منظر عام پر آچکی ہیں جن کا نام یہ ہیں: یادوں کے سائے۔آواز کا درد۔ اس موڑ سے۔ہم کہاں کہاں سے گزرے۔ بوند بوند سمندر۔احساس کا سفر۔ سلگتے لمحات۔میرے افسانچے اور مشاہیر ادب۔کامار یڈی حال اور ماضی کے آئینہ میں۔زخم زخم زندگی۔بدلتے موسم۔

ان سبھی تصانیف میں آج کے دور میں رونما ہونے والے حادثات، واقعات، حالات پر مصنف نے مختلف عنوانات کے زریعہ افسانچے اور منی کہانیاں لکھی ہیں جو ہمارے اس معاشرہ کی منہ بولتی تصویریں ہیں۔مصنف نے جہاں معاشرے کے خامیوں اور ناہمواریوں پر اپنے قلم کے ذریعہ نشتر زنی کی ہے وہیں اپنی بے لاگ تحریروں کے ذریعہ ہمارے سماج کو ایک پیام ایک میسیج بھی دیا ہے امن کا بھائی چارے کا محبت کا، اخوت کا، حب الوطنی کا، قومی یکجہتی کا، اتحاد کا، امید کا، انکے افسانچوں کو پڑھ کر قاری دیر تک انکے تحریروں کے سحر میں کھویا رہتا ہے اور وہ یہ سوچنے لگتا ہے کہ مصنف نے ایک مختصر سی کہانی میں اتنے بڑے پیچیدہ نکتہ کو کیسے کہہ ڈالا؟ دھیرے دھیرے قاری کا ذہین مصنف کے ذہن سے ہم آہنگ ہونے لگتا ہے اور وہ مصنف کے فن کا اس کی سوچ وفکر کا قابل ہونے لگتا ہے جو ایک کامیاب قلم کار کی پہچان ہے۔رحیم انور نے بھی اپنے قاریوں کو اپنے فن سے اپنے اسلوب سے اپنا ہمنوا بنا کر ادبی دنیا میں اپنی ایک منفرد پہچان بنائی ہے۔

افسانہ اور منی کہانیاں لکھنا کوئی آسان کام نہیں ہے، یہ ایک بڑا مشکل فن ہے۔دریا کو کوزے میں بند کرنا اور دنیا کو اپنی مٹھی میں قید کرنے کا نام ہی افسانچے ہے۔ چند سطور میں ایک بڑے واقعہ کو یا ایک غیر معمولی حادثہ کو نہایت ہی مہارت اور چابکدستی کے ساتھ پیش کرنا ہی منی کہانی کہلاتا ہے دیگر قلم کار بڑے افسانوں اور طویل کہانیوں میں وہ بات اور وہ نکتہ بیان بیان نہیں کر پاتے جو افسانچہ نگار چند سطور میں وہ بات ونکتہ کہہ دیتا ہے جو قاری پر فوری اثر انداز ہو جاتا ہے۔

رحیم انور کی تصنیف،، بدلتے موسم،، میں تقریباً سو سے زائد افسانچے شامل ہیں جو سلگتے ہوئے اہم موضوعات پر لکھے گئے ہیں۔رحیم انور کے ان افسانچوں کی خاص بات افسانچہ کا چونکا دینے والا انجام ہے جو قاری کے ذہن پر گہرا تاثر چھوڑ دیتا ہے۔انہوں نے اپنے فن سے افسانچہ کی ہئیت اور کیفیت کو بدل کر رکھ دیا ہے۔افسانچہ کی خاص بات اس کا انجام چونکانے والا ہونا چاہیے اگر افسانچہ نگار کو اپنے افسانچے میں چونکانا نہیں آتا یا وہ چونکا دینے کے مخصوص فن سے واقف نہیں ہے تو

پھر افسانچہ بے جان اور کمزور لگے گا۔ رحیم انور نے اپنے تقریباً سبھی افسانچوں میں قاری کو چونکا دیا ہے اور اپنے افسانچوں کو اثر انگیز بنا کر یہ تاثر دیا ہے کہ وہ چونکا دینے کے فن سے خوب واقف ہے اس لیے انہیں ان کے ہمعصر ایک منجھا ہوا افسانچہ نگار تسلیم کرتے ہیں جس نے کبھی اپنے فن سے اور اپنے قلم سے سمجھوتہ نہیں کیا۔

## نفیسہ خان

نفیسہ خان (پیدائش ۱۶۔اگست۔۱۹۶۴) تلنگانہ حیدرآباد سے تعلق رکھنے والی ایک اہم سماجی افسانہ نگار ہیں۔ حیدرآباد دکن میں اردو فکشن کو فروغ دینے میں خاتون افسانہ نگاروں نے بھی اہم کردار ادا کیا ہے۔ رفیعہ منظور الامین۔ جیلانی بانو۔ قمر جمالی کے علاوہ اپنے منفرد مضامین کے ساتھ اردو افسانے کی آبرو بڑھانے میں جس خاتون ادیبہ کا نام ہم سب کے لیے جانا پہچانا ہے وہ نفیسہ خان صاحبہ ہیں۔ جو بنیادی طور پر مضمون نگار ہیں۔ لیکن اپنے تہذیبی و سماجی مضامین میں انہوں نے جن حقیقی کہانیوں کو پیش کیا ہے وہ اردو فکشن کا اہم حصہ ہیں۔ نفیسہ خان نے روزنامہ سیاست کو اپنے اظہار کا ذریعہ بنایا اور روزنامہ سیاست نے بھی ان کے دلچسپ مضامین کو اہتمام سے شائع کیا۔ نفیسہ خان نامور عثمانین ہیں۔ جامعہ عثمانیہ سے تعلیم کے بعد وہ اپنے شوہر محمد اعظم علی خان صاحب انجینیر نظام ساگر ڈیم کے ہمراہ حیدرآباد سے دور ضلع نلگنڈہ میں واقع نظام ساگر سے متصل علاقے میں قیام پذیر ہوئیں۔ وہاں انہوں نے بہ حیثیت معلّمہ اور اسکول پرنسپل خدمات انجام دیں۔ اس دوران جہاں انہوں نے مقامی سطح پر سماجی کارکن خدمات انجام دیں اور دیہاتی زندگی کے اتار چڑھاؤ کو قریب سے دیکھا وہیں ایک اعلیٰ حیدرآبادی گھرانے سے تعلق رکھنے اور ایک فنکار کا مشاہدہ رکھنے کے سبب انہوں نے حیدرآبادی مسلم گھرانوں کے بدلتے رنگوں کو اپنے مضامین اور ان میں شامل کہانیوں میں پیش کیا۔ نفیسہ خان کے مضامین سیاست میں شائع ہونے کے بعد لوگوں کو دستیاب نہیں تھے اور ان کے مضامین کے شائقین عالمی سطح پر موجود ہیں چنانچہ انہوں نے اپنے مضامین کے دو مجموعے قریب رگ جاں ۲۰۰۷ اور عکس دوراں ۲۰۱۵ میں شائع کیے۔ ان کی کتابیں ریختہ ویب سائٹ اور نفیسہ خان کے مضامین بلاگ پر دستیاب ہیں۔ ان کتابوں میں ان کے سو سے زائد سماجی اصلاحی معاشرتی مضامین شامل ہیں اور تقریباً ہر مضمون میں زندگی کے مشاہدات پر مبنی کچھ

کہانیاں موجود ہیں جو اردو کے قاری کو ان کے دلچسپ اسلوب نگارش کے سبب پڑھنے کے لیے راغب کرتی ہیں۔نفیسہ خان نے اپنی پہلی تصنیف قریب رگ جاں کے تعارف کے دوران لکھا کہ

''اس کتاب کا ہر مضمون...... ہر کہانی...... ہر افسانہ میری زندگی کا حصہ ہیں ان میں سے بیشتر کرداروں کے ساتھ میں پلی بڑھی ہوں، میں نے ان کرداروں کے جذبات،احساسات کو اپنی رگ جاں سے قریب محسوس کیا ہے۔۔میں نے بس اپنی ذات......اپنی شخصیت......اپنے خیالات ...... اپنے جذبات...... آرزوؤں...... امنگوں ...... کامیابیوں...... ناکامیوں ومحرومیوں اور زندگی کی تشنگیوں کو الفاظ میں ڈھالنے کی بھرپور کوشش کی ہے۔۔میں تو چاہتی ہوں کہ میری تحریر قارئین کے دلوں تک پہنچ جائے۔میرے الفاظ میں میرا ہی نہیں بلکہ پڑھنے والوں کا بھی دل دھڑکے......ان کے مجروح جذبات کی تسکین ہو۔میرے دل کا بوجھ کم ہو اور ان کا شعور بیدار ہو۔کہیں نہ کہیں میرے کرداروں پر گذرنے والی کیفیات کے ساتھ پڑھنے والوں کے دل میں بھی ٹیس اٹھے۔میرے تخلیقی سفر کے وہ بھی ہمسفر بن جائیں۔میرے مشاہدات کو ایک مضمون،ایک کہانی،ایک افسانہ بنانے میں اکثر میرے آنسو بھی چھلک گئے ہیں''۔۳۸

نفیسہ خان نے نفسیاتی اور سماجی عصری مسائل کو اپنا موضوع بنایا ہے۔ان کے بہت سے افسانوں کو اصلاحی افسانے بھی کہا جاسکتا ہے۔ان افسانوں میں پیچیدہ معاشرتی مسائل بھی ملیں گے زندگی کی تلخیاں بھی ملیں گی انسانیت اور شرافت کے چمن میں پھول کھلتے ہوئے نظر آئیں گے انسانیت کے جسم کے زخم بھی نظر آئیں گے محبتیں بھی ملیں گی ، کدورتیں بھی ملیں گی ، الغرض زندگی اپنے مختلف رنگ میں نظر آئے گی ۔مضامین کے مجموعے''قریب رگ جاں''میں ان کا اہم مضمون''آنگن'' ہے۔ویسے تو یہ ایک جذباتی انشائیہ نما تحریر ہے لیکن اس میں بھی فکشن کے عناصر ملتے ہیں۔نفیسہ خان نے اس مضمون میں اس بات کی وضاحت کی کہ کس طرح شہری زندگی نے

ہمارے گھروں سے آنگن غائب کردئے ہیں۔اور ماضی میں کس طرح لوگ موسم گرما میں آنگنوں میں سرشام چارپائیاں ڈالے پرسکون انداز میں وقت گزارتے تھے۔نفیسہ خان کا مشاہدہ گہرا ہے انہوں نے آج سے پچاس سال قبل کی تہذیب کو نہ صرف دیکھا ہے بلکہ اس گزری تہذیب کی کسک ان کے دل میں ہے۔گزرے دنوں کے آنگن کی ایک جذباتی تصویر پیش کرتے ہوئے وہ لکھتی ہیں:

> ''آنگن میں پڑے تختوں وپلنگوں پر سفید یا ہلکے رنگوں کی چادریں بچھادی جاتیں۔گھڑونچی پر ٹھنڈے پانی کے کورے گھڑوں وصراحیوں کی شان ہی کچھ اور ہوتی۔ ہم پرانے ململ کی پتلی لانبی چھوٹے ٹیوبس کی مانند تھیلیاں سی کران میں مٹی باجرہ جواری یا میتھی بھردیتے اور صراحی وگھڑوں کی گردنوں پر سجے ہوئے مولکوں کا گلوبند، اس پر مٹی کی سینکیں ڈھکی ہوتیں، ان میں موتیا کی کچی کلیاں رکھ دی جاتیں۔ جو شام ڈھلے ادھ کھلے ہوکر مہکتی رہتیں۔قریب چوکی پر جگ مگ کرتے چاندی یا جرمن سلور کے آب خورے۔ان کٹوروں پر سوتی جالی کے کٹورے پوش، جو رنگ بہ رنگ موتیوں سے آویزاں اور کروشیا کی لیز سے مزین کئے جاتے۔مغرب سے عشاء تک سب آنگن ہی میں بیٹھتے۔نہ ٹی وی نہ ٹیپ ریکارڈر۔ پھر بھی وقت بہت خوب گذرتا۔کیری کا آب شولہ، دودھ ملائی کا فالودہ، ٹھنڈی میٹھی لسی سے ہونٹ ،زبان وحلق ہی نہیں بلکہ دل ودماغ تک میں تراوٹ اتر جاتی۔ وہ بات آج کے کوک، پیپسی ،لمکا، جیسے مشروبات میں کہاں''۔۳۹

مضمون عذاب جاں میں انہوں نے 90 کی دہائی میں گھروں میں ٹیلی ویژن کو جنون کی حدتک دیکھنے کی وباءکو دلچسپ سماجی انداز میں بیان کیا ہے کہ کیا بچے کیا بوڑھے سب اپنی پسند کے پروگرام ٹیلی ویژن پر دیکھنے کے لیے بے چین ہوتے تھے اور اس دوران پیدا ہونے والی اخلاقی برائیوں کو انہوں نے فنکاری کے ساتھ بیان کیا ہے۔مضمون تنہائی میں نفیسہ خان نے زندگی کے

آخری پڑاؤ میں شوہر یا بیوی کے انتقال کے بعد فرد کی زندگی میں پیدا ہونے والی تنہائی کے کرب کو جذباتی انداز میں بیان کیا ہے۔ مضمون بدذات میں نفیسہ خان نے ناگرجنا ساگر کے علاقے میں بس گئی ایک بے بس ولاچار بدنصیب لڑکی نصیرہ کے کرب کو بیان کیا ہے جو غربت کے سبب گھر سے بھاگ کھڑی ہوئی تھی اور ایک مزدور راجو کے ساتھ زندگی بسر کرنے لگی تھی اس کے دو بچے تھے راجو کینسر کے سبب فوت ہوجاتا ہے اس کے بعد نصیرہ کی زندگی مزید پریشانیوں کا شکار ہوجاتی ہے۔ نصیرہ کے کرب کے ساتھ سماج کی ذمہ داری کو بیان کرتے ہوئے نفیسہ خان لکھتی ہیں:

> ''مجھے تو اس وقت آگے بڑھنا تھا جب نصیرہ گھر سے بھاگ آئی تھی۔ مجھے آگے تب بڑھنا تھا جب نصیرہ وراجو نے شادی کا فیصلہ کیا تھا...... مجھے آگے اس وقت بڑھنا تھا جب راجو بیمار اور نصیرہ لاچار تھی۔ مجھے اس وقت نصیرہ کو روزگار سے لگانا تھا جب راجو کو کینسر نے بیروزگار بنادیا تھا۔ اب نصیرہ جب کہ نصیرہ نہیں بلکہ نرملا ہوگئی ہے وہ راجو کی بیوی نہیں بلکہ اس کی رکھیل بن گئی ہے اس کے دو سمجھدار ذہین بچے تاحیات ناجائز بچوں کے نام کی تہمت اٹھائے جینے پر مجبور ہوگئے ہیں میں نصیرہ کی زندگی کے گذرے ہوئے سال لوٹا نہیں سکتی اگر بیس برس پہلے ہم سماج کے فرض شناس لوگ اپنے فرض سے پہلو تہی نہ کرتے بے سہارا کو سہارا دیتے اور سیدھی راہ متعین کرکے اس پر چلنے کی ترغیب دیتے اور دودھ کی مکھی کی طرح نصیرہ کو نکال نہ پھینکتے تو آج نصیرہ نرملا نہ ہوتی اور راجو کی لاش اس وقت چتا کے شعلوں پر راکھ ہونے کے بجائے پیوند خاک ہوتی......''۔۷۰

نفیسہ خان کے مضامین میں فکشن کے یہ عناصر حقیقی زندگی کی عکاسی کرتے ہیں۔ ہمارے سامنے اس طرح کی بے شمار کہانیاں ہیں جنہیں نفیسہ خان جیسے فنکار کی ضرورت ہے جو زندگی کی حقیقت کو فکشن کا لبادہ اڑھائے سماج کے روبرو اس طرح پیش کرے کہ سماج ان کہانیوں سے اثر لے۔ مضمون لوازمہ میں نفیسہ خان نے ایک دیہات کی سادگی کی شادی کا ذکر کیا ہے جہاں

ایک غریب باپ اپنی بیٹی کی شادی خودداری سے کرتا ہے سادہ پکوان اور سادہ جہیز وہ سب کو بیٹی کی شادی میں مدعو کرتا ہے اور اس بات کا اظہار کرتا ہے کہ اپنی سکت کے مطابق اس نے بہت کچھ کیا ہے۔ دیہاتی شادی کا تقابل شہری شادیوں کی تقاریب سے کرتے ہوئے نفیسہ خان نے یہ واضح کرنے کی کوشش کی کہ کس طرح مسلم معاشرے میں شادی بیاہ کی تقاریب میں بے تحاشہ اسراف کیا جارہا ہے جسے روکنے کی ضرورت ہے۔ دیر سے شروع ہونے والی تقریب کا حال بیان کرتے ہوئے وہ لکھتی ہیں کہ:

''لوازمے کا یہ حال ہے کہ حلیم چونکہ اب آؤٹ آف ڈیٹ ہوگئی ہے تو مرگ ورومالی روٹی۔ اسپرنگ رولس۔ لقمی کباب۔ کئی اقسام کی چکن کی ڈشش اور ورقی پراٹھے۔ فرائیڈ فش۔ بوٹی کباب۔ کڑھائی گوشت۔ کبھی دل کبھی گردوں کی وضع قطع کی نان۔ دوقسم کی بریانی تین قسم کے میٹھے معہ آئسکریم۔ اتنی ساری چیزیں رکھنے کے لئے ٹیبل بھی تنگ دامنی کا اظہار کرتا ہے باوجود ایک کے بعد ایک ڈش سپلائی کرنے کے اکثر بیروں کومشقاب ہاتھوں میں تھامے انتظار کرنا پڑتا ہے جب میزوں پر اتنی چیزوں کے لئے جگہ نہ ہوتو پھر کمبخت مسلمانوں کے پیٹ میں اتنی جگہ کہاں سے آگئی کہ یہ سب کھا بھی لیتے ہیں اور ماشاءاللہ ہضم بھی کر لیتے ہیں۔ عموماً ہندوستان کے عام مسلمانوں کی پس ماندگی وغربت پر واویلا مچایا جاتا ہے ایسی تقاریب کو دیکھ کر غیر مسلم لوگ حیران ہوجاتے ہیں کہ ان مسلمانوں کی جیب میں اتنا پیسہ کہاں سے بھر گیا کہ اس بیدردی سے جھوٹی آن بان وشان کا مظاہرہ ہو رہا ہے ان تعیّشات میں غلطاں رہنے والو...... کیا ہم ہماری پچھلی نسل کی بربادی کے چشم دید گواہ نہیں ہیں......؟ اب صرف جلی ہوئی رسی کا بل رہ گیا ہے۔ یہ بل بھی کچھ ڈالر...... کچھ پونڈ کچھ ریالوں کا بھرم ہے تو کہیں باپ دادا کا چھوڑا ہوا بزنس یا

جائیدادوں کا زعم ہے۔ کہیں کہیں مسلمانوں میں بھی اب سود۔ شراب۔ نشیلی اودیات کا نمبر دو کی کمائی کا رجحان بڑھتا جارہا ہے۔ بناء محنت کی کمائی میں اضافہ ہورہا ہے تو اسے یہ احساس ہی نہیں ہوتا کہ کس بیدردی سے پیسہ خرچ ہورہا ہے جو خون پسینے کی کمائی سے پیسہ کماتا ہے اسے ایک ایک روپیہ عزیز ہوتا ہے۔ مضمون دور اندیش میں نفیسہ خان نے ایک اور اہم سماجی مسئلہ کی طرف اشارہ کیا ہے کہ اگر موظف سرکاری ملازم کی بیوی نہ ہو تو کسی غریب بیوہ سے شادی کرلے اگر شوہر کا انتقال ہو گیا تو بیوہ سرکاری وظیفہ کی حق دار بن سکتی ہے"۔[141]

نفیسہ خان کے مضامین نہ صرف اردو فکشن کا بہترین نمونہ ہیں بلکہ ہماری تہذیب کے عکاس اور تہذیب کا المیہ ہیں۔ نفیسہ خان نے اپنی تحریروں سے اس بات کو اجاگر کرنے کی کوشش کی ہے کہ حیدرآباد کی قدیم تہذیب میں رکھ رکھاؤ اور وقار تھا جسے برقرار رکھنے کی ضرورت ہے موجودہ دور مادہ پرستی کا دور ہے جس میں لوگ دنیا بھر میں بکھر گئے ہیں اور ایک دوسرے کے دکھ سکھ میں شریک نہیں رہ سکتے۔ نفیسہ خان کا خاندان اس بات کا عملی نمونہ پیش کرتا ہے کہ دنیا بھر میں کہاں بھی ہوں لوگوں کو اپنے مقام کو واپس آنا چاہئے اور مشترکہ خاندان کے خوشیوں کا حصہ بننا چاہئے۔ نفیسہ خان کے مضامین ہندو مسلم گنگا جمنی تہذیب کے علمبردار ہیں انہوں نے نظام ساگر اور وہاں کی زندگی کو اپنی کہانیوں میں سمیٹ لیا ہے۔ ان کا اسلوب نگارش دلچسپ ہے بامحاورہ زبان استعمال کرتی ہیں۔ اپنے تجربات افکار اور ایک مصلح قوم کی طرح لوگوں کو نصیحت کرنا ان کے مضامین اور افسانوں کا خاصہ ہے۔ نفیسہ خان کے کہانی نما افسانے ومضامین حیدرآباد کی اردو فکشن کی تاریخ کا اہم حصہ ہیں۔ نفیسہ خان کے فن پر ماہرین ادب نے اپنی رائے کا اظہار کیا ہے۔ جناب زاہد علی خاں مدیر سیاست نفیسہ خاں کے فن کے بارے میں لکھتے ہیں:

"محترمہ نفیسہ خان بھی ان قلمکاروں میں شامل ہیں جن کی تحریریں مسلسل سیاست میں شائع ہوتی رہی ہیں اور جنہیں شعر وادب سے وابستہ خواتین وحضرات پسند کرتے ہیں۔ نفیسہ خان ایک صاحب طرز ادیبہ ہیں۔ مختلف موضوعات پر قارئین

سیاست کے لیے اپنے مضامین پیش کرتی ہیں۔ نفیسہ خان کا شمار ممتاز عثمانین میں ہوتا ہے۔ ہم فخر کے ساتھ یہ کہنے کے موقف میں ہیں کہ حیدرآباد کے مرد اہلِ قلم کے شانہ بہ شانہ خاتون قلمکاروں نے بھی ادب میں اپنا مقام بنالیا ہے۔ اگرچہ نفیسہ خان بہت زودنویس ہیں لیکن ان کی تحریریں پُر اثر ہوتی ہیں۔ موضوع سے انصاف کرتی ہیں۔ مجھے بے حد خوشی ہوتی ہے جب خاص طور پر سیاست میں لکھنے والے ادب میں اپنا اونچا مقام بنالیتے ہیں۔ نفیسہ خان کا ادبی سفر جاری ہے۔ وہ دم لینے کی بھی قائل نہیں ہیں''۔۴۲

ڈاکٹر زینت ساجدہ نفیسہ خاں کی تصنیف ''قریب رگ جاں'' پر اظہار خیال کرتے ہوئے لکھتی ہیں:

''بڑی خوشی کی بات ہے کہ نفیسہ خان کی دوسری کتاب چھپ رہی ہے۔ وہ دن رات محنت بھی کرتی ہیں، اسکول چلاتی ہیں۔ حیدرآباد سے دور ناگرجنا ساگر میں رہتی ہیں۔ اس کے باوجود ان کا مطالعہ اور ذوقِ شعری مسلسل نمو پاتے رہے۔ مجھے پسندیدہ بات یہ معلوم ہوئی کہ وہ تعلیم وتربیت کے مسائل کے ساتھ لوگوں، خاص طور پر خواتین کے مسائل سے دلچسپی بھی رکھتی ہیں اور بڑی دل سوزی کے ساتھ اپنے قلم کے ذریعہ اوروں کی توجہ اس طرف منعطف بھی کرتی ہیں۔ خدا کرے یہ اور ان کی بہن سعدیہ مشتاق اسی طرح اپنی تحریر کی دل آویزی قائم رکھیں''۔۴۳

حیدرآباد کے نامور شاعر صلاح الدین نیر نفیسہ خاں کے فن کے بارے میں لکھتے ہیں:

''نفیسہ خان کی تحریریں سیاست میں شائع ہوتی رہتی ہیں جو مختلف موضوعات پر ہوتی ہیں۔ نفیسہ خان کی تحریریں ہر باشعور قاری کو متاثر کرتی ہیں اس لئے وہ جس موضوع پر بھی قلم

اٹھاتی ہیں اس موضوع سے پوری طرح انصاف کرتی ہیں۔
نفیسہ خان کی تحریروں کے مطالعہ سے ادھورے پن کا احساس
نہیں ہوتا۔ وہ جو کچھ بھی لکھتی ہیں جامع انداز رہتا ہے۔ انداز
تحریر متوجہ کرتا ہے''۔۴۴

عثمان شہید ایڈوکیٹ نفیسہ خاں کے فن پر اپنے تاثرات بیان کرتے ہوئے یوں رقمطراز ہیں:

''ان کی تحریر میں شگفتگی ہے۔ ان کی تحریر حبس اور گرمی کے
ماحول میں تازہ ہوا کے جھونکے کی طرح ہے۔ ان کے تخلیق
کردہ کردار ہمارے سماج کے مختلف طبقات کی نمائندگی کرتے
ہیں۔ جیسے 'رہائی' کے ابوداد' 'کچی لکڑی' کی کلثوم 'غم کی ڈالی'
کی ثریا۔ یہ سب جیتے جاگتے کردار ہیں۔ لگتا ہے جیسے ہمارے
اطراف گھوم رہے ہیں۔ چل پھر رہے ہیں اور اپنی داستان
سنا رہے ہیں''۔۴۵

علامہ اعجاز فرخ نفیسہ خاں کے بارے

''نفیسہ خان نے گزشتہ تیس پینتیس برس میں جتنا لکھا ہے وہ حجم کے اعتبار سے کم نظر آتا ہے لیکن ایک پختہ کار ادیب کی حیثیت سے ان کی تحریروں کی کمیت کئی کتابوں کے حجم سے زیادہ ہیں۔ اس لیے کہ ادب میں کمیت کی وقعت ہے حجم کی نہیں۔ دراصل و کچے سونے کو کندن بنا دینے کے ہنر سے واقف ہیں اور یہ ہنر بسیار نویسی سے دور رکھتا ہے''۔۴۶

جامعہ عثمانیہ کی سابق پروفیسر و نامور دکنی محقق پروفیسر اشرف رفیع نفیسہ خاں کے مجموعے ''عکس دوراں'' پر تبصرہ کرتے ہوئے لکھتی ہیں:

''نفیسہ خاں حیدرآباد کی ان چند معزز اہل قلم خواتین میں
سے ایک ہیں جو اپنی اعلیٰ درجہ کی انشا پردازی' خاکہ
نویسی' افسانہ نگاری میں لطیف و موثر اسلوب کے باعث اردو
داں طبقے میں وقعت کی نظر سے دیکھی جاتی ہیں۔ ان کی
تحریروں کے عنوانی مصرعوں میں عجیب دلکشی اور دلفریبی ہوتی

ہے۔ جو قاری کو اپنی گرفت میں جکڑ لیتی ہے۔ مضمون ختم ہو جاتا ہے۔ جادو ٹوٹ جاتا ہے۔ مگر تاثر برقرار رہتا ہے اور قاری سوچنے پر مجبور ہو جاتا ہے کہ اب ہمارا فرض کیا ہے۔ زندگی کے چھوٹے چھوٹے واقعات جنہیں ہم روزمرہ زندگی میں قابل اعتنا نہیں سمجھتے۔ ان سے نفیسہ خاں اپنے تجربوں اور تخیل سے ایک نئی دنیا تخلیق کر دیتی ہیں۔ معاشی مسائل سے زیادہ تہذیبی مسائل پر ان کی نظر گہری رہتی ہے۔ اپنی خداداد متاع قلم کو تخلیقی اساس اور ہمہ جہت اجتماعی اور انفرادی اصلاح کے لیے صرف کیا ہے''۔47

''نفیسہ خاں نے اپنی تخلیقات کے ذریعے انسانی فطرت اس کے اچھے اور برے پہلوؤں کی بازیافت کی ہے۔ وہ اپنے پہلو میں ایک دردمند دل رکھتی ہیں ساتھ ہی وہ اس بات کی بھی آرزومند ہیں کہ نئی نسل کو وہ اقدار واعتبار سونپیں انہیں آگاہ و باخبر کریں کہ صداقت شعاری کیا ہے حقیقت کے اجالوں کو کس طرح حاصل کیا جا سکتا ہے وہ ادب کے ذریعے اس فریضہ کو پورا کرنا چاہتی ہیں۔ جس عزت و ناموس کی حفاظت کی جائے۔ فیشن پرستی کے نام پر بے راہ روی کو جگہ نہ دی جائے۔ اعلیٰ تعلیم کے طور طریق میں بزرگوں اور کمزوروں پر نظر التفات ہو اپنائیت اور خلوص سے مذہبی رواداری کو بڑھاوا ملے صداقت کے والہانہ جذبوں کے ہمراہ انسانیت کی خدمت کی جا سکے۔ اس سلسلے میں نفیسہ خاں کی تمام تحریریں سبق آموز قابل تقلید و تائید ہوں گی۔ ان کے سارے کردار تصوراتی نہیں حقیقی لگتے ہیں۔

مجموعی طور پر دیکھا جائے تو نفیسہ خان کے مضامین اور افسانوں میں انشائیوں کی سی تازگی، اصلاحی مضامین کا رنگ اور کہانی پن سب کچھ شامل ہے۔ ضرورت اس بات کی ہے کہ ان کے مضامین کو ہمارے طلباء کی نصابی کتابوں کا حصہ بنایا جائے۔ ادبی مقابلوں میں انعام کے طور پر ان کی کتابوں کو طلباء میں بہ غرض مطالعہ تقسیم کیا جائے۔ ان کی کہانیوں کو ڈرامائی شکل دی جائے تو ان کے مضامین کی صحیح قدر ہوگی۔ اردو تحقیق کے کسی طالب علم کو چاہیئے کہ نفیسہ خان کے مضامین میں فکشن کے عناصر پر ریسرچ کرے۔ نفیسہ خان وظیفہ پر سبکدوشی کے بعد اب بھی نظام ساگر میں مقیم ہیں وہ اکثر حیدرآباد کی ادبی محفلوں میں رونق افروز ہوتی ہیں اگر وہ عصر حاضر کی تہذیبی و سماجی زندگی پر مزید

لکھتی ہیں تو ان سے مزید کئی بہتر مضامین اور افسانوں کی امید رکھی جاسکتی ہے۔

## شبینہ اسلم فرشوری

شبینہ اسلم فرشوری تلنگانہ کی خاتون افسانہ نگاروں میں ایک اہم نام ہے۔ بدایوں یو پی میں پیدا ہوئیں۔ ان کے والد رحمان حسین فرشوری بھی کافی ادبی ذوق رکھتے تھے۔ شبینہ اسلم فرشوری کی ابتدائی تعلیم بدایوں میں ہوئی۔ آگرہ یونیورسٹی سے بی۔ اے اور بی ایڈ کرنے کے بعد تایازاد بھائی اسلم فرشوری سے ۲۔ اپریل ۱۹۷۵ء کو شادی ہوئی۔ جو آل انڈیا ریڈیو میں اناونسر تھے اس کے بعد وہ ای ٹی وی اردو کے ڈائریکٹر بھی رہ چکے ہیں۔ ان کے تین بیٹے اور ایک بیٹی ہے ان کے افسانے اور مضامین اخبار سیاست میں چھپ چکے ہیں ان کا ایک افسانوی مجموعہ بھی شائع ہو چکا ہے۔ انہوں نے پہلے بچوں کیلئے لکھنا شروع کیا۔ عورتوں کی مختلف مسائل پر بھی نفسیاتی مضامین لکھے۔ مزاحیہ مضامین بھی کافی لکھے۔ شبینہ اسلم فرشوری کو ادبی ذوق ورثہ میں ملا اس لئے ان کو شعرو ادب سے ہمیشہ سے ہی لگاو رہا کئی افسانے اور مضامین وقتاً فوقتاً مختلف رسائل میں شائع ہوتے رہے ہیں۔ شمع میں شبینہ انجم کے نام سے اکثر سوال چھپتے جس کے جواب ادریس دہلوی دیتے تھے۔ شادی کے بعد باضابطہ ان کے شوہر اسلم فرشوری نے علمی وادبی ذوق کو جلا بخشی۔ ان کے پسندیدہ ادیب مشتاق احمد یوسفی، مجتبیٰ حسین، رفیعہ منظور الامین، جیلانی بانو ڈاکٹر حبیب ضیاء، نسیمہ تراب الحسن اور فریدہ زین ہیں۔ شبینہ اسلم فرشوری کے افسانے گھریلو زندگی اور سماجی رجحانات کیا اچھے عکاس ہیں افسانہ ''بادلوں کا سفر'' میں مشرقی اور مغربی تہذیبوں کے امتزاج کی ضرورت کو نمایاں کیا ہے۔ چونکہ سماجی مسئلہ راست طور پر گھریلو زندگی سے وابستہ تھا اس لئے اس مسئلہ کے حل کو انہوں نے روز مرہ کی گھریلو زندگی میں ہی تلاش کیا ہے۔ افسانہ 'بادلوں کا سفر' میں سفینہ بیگم کی آج ساٹھ ویں سالگرہ تھیں۔ بچپن سے انہوں نے اب تک پرکشش زندگی گزاری۔ بچپن میں ہر کسی کی لاڈلی تھیں جب ہوش سنبھالا تو سب کی خوشی میں اپنی خوشی سمجھ کر سب کے لئے اپنی زندگی وقف کردی۔ ایک دن اچانک گاڑی چلاتے ہوئے سفینہ بیگم کا حادثہ ہوگیا۔ جب ہوش آیا تو دواخانہ میں اپنے اطراف خاندان کے سارے افراد کو دیکھا پھر وہ پیار بھری نظروں سے سب کو دیکھتی رہیں۔ ایک ماں اپنے

بچوں کے چہرے پر خوشی دیکھنا چاہتی ہے۔ اگر بچے اپنی زندگی میں ناکام رہے تو اس میں ماں کی ناکامی ہے کیونکہ وہ بچوں کی خوشحال زندگی میں اپنی تربیت پر خوش ہوتی ہے۔ اگر اولاد کی زندگی میں کہیں سے دکھ کے بادل آ گئے تو وہ اس کا ذمہ دار خود کو سمجھتی ہے کہ شاید میری مصروف ترین زندگی کی وجہ سے میں اپنے بچوں کی صحیح پرورش نہ کر سکی۔ مگر سفینہ بیگم ہر معاملہ میں خوش قسمت تھیں کہ شادی سے لے کر آج تک اس نے ہر حالات کا خندہ پیشانی سے مقابلہ کیا۔ اور جوان بیٹے جو ماں کی طاقت ہوتے ہیں انہیں دیکھ کر تو وہ ہر غم بھلا دیتی ہے ان کی خوشی میں اپنی خوشی سمجھتی ہے۔ شبینہ اسلم فرشوری کے افسانے مختلف موضوعات پر مبنی ہیں جو زندگی کے کسی نہ کسی مسئلہ سے متعلق ہیں اور اچھے افسانے کہے جا سکتے ہیں ان کے افسانوں میں تفکر کا عنصر بھی ہے اور نفسیاتی مشاہدہ بھی۔ ان کے افسانوں میں مکمل موضوعات پر عبور کے ساتھ ساتھ اسلوب میں رنگینی و دلکشی ہے۔

# حواشی

۱۔ نکہت سلطانہ: مقالہ ''آمنہ ابوالحسن سوانح اور ادبی خدمات'' غیر مطبوعہ از نکہت سلطانہ (مقالہ
برائے ایم۔فل) سینٹرل یونیورسٹی آف حیدرآباد 1999۔
۲۔ زینت ساجدہ میرے افسانے ''جلترنگ'' ص ۶۱
۳۔ قمر جمالی بہ حوالہ۔شاہین سلطانہ مقالہ برائے ایم فل۔ص۔۲۴، حیدآباد سینٹرل یونیورسٹی
۴۔ شخصی انٹرویو بتاریخ ۱۲ مئی ۲۰۰۴ از۔شاہین سلطانہ بمقام۔کمشنر لینڈ ریونیو آفس۔ناملی حیدرآباد
۵۔ قمر جمالی۔افسانہ۔عنوان۔شبیہ۔ص۔۴۳، خورشید پریس حیدرآباد
۶۔ قمر جمالی۔شبیہ صفحہ نمبر ۳۷،
۷۔ قمر جمالی۔شبیہہ۔ص ۳۹
۸۔ قمر جمالی ''زہاب'' تناظر پبلی کیشن، ۲۰۰۷۔ص۔۹۷
۹۔ مقبول فاروقی۔۔''زہاب'' ۲۰۰۷ء ص۔۱۲۴
۱۰۔ سید علی حیدر رضوی۔مضمون ڈاکٹر رفیعہ سلطانہ۔سیاست ۲ جون ۱۹۶۹ء
۱۱۔ رفیعہ سلطانہ۔کچے دھاگے۔پس منظر۔ص ۴
۱۲۔ رفیعہ سلطانہ۔افسانہ۔زیروبم۔مشمولہ کچے دھاگے ص ۵
۱۳۔ رفیعہ سلطانہ۔افسانہ۔کچے دھاگے۔مشمولہ کچے دھاگے ص ۱۵
۱۴۔ رفیعہ سلطانہ۔افسانہ۔کچے دھاگے۔مشمولہ کچے دھاگے ص ۱۵
۱۵۔ رفیعہ سلطانہ۔افسانہ۔کچے دھاگے۔مشمولہ کچے دھاگے ص ۱۵
۱۶۔ حبیب ضیا۔بہ حوالہ مجموعہ ''نایاب''۔از افروز سعیدہ۔پیش لفظ ص نمبر ۵

۱۷۔ افروز سعیدہ۔ نایاب۔ افسانہ ''فیصلے کی رات'' ص نمبر ۱۶

۱۸۔ افروز سعیدہ۔ ''نایاب'' افسانہ ''فیصلے کی رات'' ص نمبر ۱۶

۱۹۔ صبیحہ نسرین۔ افسانوی مجموعہ ''روشن راہیں''۔ افسانہ حسین جادوگر۔ پارٹ II۔ ص:۵۳

۲۰۔ جمیل نظام آبادی۔ افسانہ۔ اولڈ ایج ہوم کے قیدی۔ مشمولہ افسانے ہزاروں ہیں۔ نظام آباد ۔۲۰۱۶ ص۔۱۳

۲۱۔ جمیل نظام آبادی۔ افسانہ۔ آج کے آدم وحوا۔ مشمولہ افسانے ہزاروں ہیں ۔ص۔۲۰

۲۲۔ جمیل نظام آبادی۔ افسانہ۔ راکھ میں دبی چنگاری۔ مشمولہ افسانے ہزاروں ہیں۔ص۔۴۴

۲۳۔ محمد انیس فاروقی۔ میری کہانی کا سفر۔ دل کی وادی میں حیدرآباد۔۲۰۱۷۔ص۔۲۰)

۲۴۔ محمد انیس فاروقی۔ افسانہ محنت کی روٹی۔ دل کی وادی میں۔ص۔۲۹

۲۵۔ محمد انیس فاروقی۔ افسانہ آدرش وادی۔ دل کی وادی میں۔ص۔۲۴

۲۶۔ پروفیسر اشرف رفیع۔ پیش لفظ۔ دل کی وادی میں۔ص۔۱۲

۲۷۔ (پروفیسر بیگ احساس۔ پیش گفتار ''گماں سے آگے'' حیدرآباد۔ ۲۰۰۶۔ص۔۱۲

۲۸۔ مقیت فاروقی۔ ہر ذرہ ستارہ ہے مرتبہ یٰسین احمد، رشید درانی۔ حیدرآباد۔۲۰۰۶۔ افسانہ۔ گمشدہ راستے۔ص۔۳۱۰

۲۹۔ مقیت فاروقی۔ افسانہ۔ پہچان۔ مشمولہ۔ ہر ذرہ ستارہ ہے۔ص۔۳۱۴

۳۰۔ مقیت فاروقی۔ افسانہ۔ پہچان۔ مشمولہ۔ ہر ذرہ ستارہ ہے۔ص۔۳۱۴

۳۱۔ مقیت فاروقی۔ بیسویں صدی افسانہ نمبر۔ ستمبر۔۲۰۰۲ء ص۔۸۱

۳۲۔ مقیت فارقی۔ افسانہ بادسموم۔ بیسویں صدی افسانہ نمبر۔ ستمبر۔۲۰۰۲ء

ص۔۸۲

۳۳۔ مقیت فارقی۔افسانہ بادسموم۔بیسویں صدی افسانہ نمبر۔ستمبر۔۲۰۰۲ء
ص۔۸۳

۳۴۔ ڈاکٹر محمد عبدلعزیز سہیل۔برقی مضمون۔اردو ویب سائٹ ''مائی نظام آباد''
ایک تعارف مدیر مجید
عارف نظام آبادی۔مشمولہ۔جہان اردو ویب سائٹ۔از فضل اللہ مکرم

۳۵۔ ڈاکٹر محمد عبدلعزیز سہیل۔برقی مضمون۔اردو ویب سائٹ ''مائی نظام آباد''
ایک تعارف مدیر مجید
عارف نظام آبادی۔مشمولہ۔جہان اردو ویب سائٹ۔از فضل اللہ مکرم

۳۶۔ مجید عارف۔افسانہ۔پہچان کا دکھ۔مشمولہ گونج۔افسانہ نمبر

۳۷۔ مجید عارف مشاہیر کی نظر میں۔بہ حوالہ رسالہ نور۔رامپور

۳۸۔ نفیسہ خان۔پیش لفظ۔قریب رگ۔جاں۔باراول۔۲۰۰۷۔حیدرآباد
ص۔۱۵

۳۹۔ نفیسہ خان۔آنگن۔مشمولہ۔قریب رگ جاں۔ص۔۲۱

۴۰۔ افسانہ بدذات۔مشمولہ۔قریب رگ جاں۔ص۔۴۲

۴۱۔ نفیسہ خان۔لوازمہ۔مشمولہ قریب رگ جاں۔ص۔۶۰

۴۲۔ زاہد علی خان۔مدیر سیاست۔پیش لفظ قریب رگ جاں

۴۳۔ ڈاکٹر زینت ساجدہ۔تاثرات۔قریب رگ جاں

۴۴۔ صلاح الدین نیر۔شگفتہ تحریروں کی خالق۔نفیسہ خان

۴۵۔ عثمان شہید ایڈوکیٹ۔تاثرات۔قریب رگ جاں

۴۶۔ علامہ اعجاز فرخ۔نفیسہ خان خیال ولفظ کے آئینے میں۔عکس دوراں۔ص۔۸

۴۷۔ پروفیسر اشرف رفیع۔نفیسہ خاں۔سماجی مفکر۔عکس دوراں۔ص۔۱۰

# تلنگانہ میں اردو افسانہ نگاری کا فکری و فنی جائزہ

''تلنگانہ کے چند نامور افسانہ نگار'' تحقیقی مقالے کے گزشتہ ابواب میں انفرادی طور پر اردو افسانے کی تعریف' افسانے کا فن اس کے اجزائے ترکیبی اور اردو میں افسانہ نگاری کی روایت کے بعد دکن میں اردو زبان وادب کا پس منظر' تشکیل تلنگانہ کی تاریخ' آزادی سے قبل تلنگانہ کے چند افسانہ نگار' تلنگانہ کے نامور افسانہ نگار اور دیگر افسانہ نگاروں کی افسانہ نگاری کا فکری و فنی جائزہ پیش کیا گیا ہے۔اس مطالعے سے ہمیں علاقہ دکن اور بعد میں تلنگانہ ریاست میں اردو افسانہ نگاری کے ارتقاء اور یہاں کے افسانہ نگاروں کی کاوشات کو جاننے کا موقع ملا ہے۔ مجموعی طور پر دیکھا جائے تو اردو میں جس طرح افسانہ نگاری کی روایت جاندار ہے اسی طرح تلنگانہ میں بھی ابتداء سے ہی اردو افسانہ نگاری کے نقوش پائے جاتے ہیں۔داستانی دور میں علاقہ تلنگانہ میں قطب شاہی دور میں اردو کی پہلی داستان سب رس ملا وجہی نے لکھی تھی۔ وجہی نے ہی قطب مشتری نام سے مثنوی لکھی جس میں قلی قطب شاہ کی داستان عشق کو بیان کیا گیا۔قطب شاہی دور کی دیگر مثنویوں علی نامہ وغیرہ نامہ میں بھی قصہ گوئی کے عناصر ملتے ہیں۔قطب شاہی دور کے بعد حیدرآباد دکن اور علاقہ تلنگانہ کا سنہرا دور آصفی دور تھا جس میں نظام سادس میر محبوب علی خاں اور نظام سابع میر عثمان علی خاں کے دور میں زندگی کے تمام شعبوں میں ترقی ہوئی۔ان بادشاہوں کے دربار میں شمالی ہند سے آنے والے شعراء کی سرپرستی ہونے لگی۔ داغ نے دہلی کی شمع ماند پڑنے کے بعد حیدرآباد کو اپنا وطن بنایا اور یہیں پیوند خاک ہوئے۔تلامذہ داغ کے علاوہ فصاحت جنگ جلیل اور دیگر شعرائے دکن میں اردو زبان وادب کی شمع کو جلائے رکھا۔ جامعہ عثمانیہ کے قیام کے بعد دکن اور علاقہ تلنگانہ میں تعلیم کے ساتھ زبان و ادب کو ترقی ہوئی۔ جامعہ عثمانیہ سے فارغ دانشوروں نے اردو ادب میں بھی کارہائے نمایاں انجام دیئے۔شاعری کے علاوہ نثر میں بھی ترقی ہوئی اور افسانہ نگاری کو فروغ ملا۔

ڈاکٹر محی الدین قادری زور نے تاریخی افسانے لکھ کہ تلنگانہ میں افسانہ نگاری کی

بنیادی مضبوط کیں۔ ان کے افسانوی مجموعوں ''طلسم تقدیر' سیر گولکنڈہ اور گولکنڈہ کے ہیرے میں شامل تاریخی و نیم تاریخی افسانوں میں حقیقت و افسانے کا حسین امتزاج ملتا ہے۔ افسانہ انار کے چودہ دانے ہوں کہ کھویا ہوا چاند ڈاکٹر زور نے قطب شاہی دور کے تاریخی واقعات کو بنیاد بنا کر انہیں افسانوں کا روپ دیا ہے۔ ڈاکٹر زور نے افسانہ نگاری کے لیے تاریخ کو کیوں موضوع بنایا اس ضمن میں گولکنڈے کے ہیرے'' کے دیباچہ میں وہ خود یوں رقم طراز ہیں:

> ''اس امر کی بے حد ضرورت ہے کہ ہر ممکنہ مواد سے فائدہ اُٹھا کر ہندوستان کے مختلف اقطاع کی ایسی تاریخیں مرتب کی جائیں جن میں بادشاہوں اور امیروں کے حالات کے ساتھ ساتھ عوام اور غریبوں کی زندگی نمایاں ہو۔ درباروں اور حرم سراؤں کی پر تکلف آرائش و زیبائش کے علاوہ بازاری اور پست مکانوں میں رہنے سہنے والوں کی معاشرت بھی ظاہر ہو سکے اور سب سے بڑھ کر وہ اسرار بے نقاب کئے جائیں جن پر اُس زمانے کے لوگوں کے قلبی اطمینان اور راحت و آرام کا انحصار تھا اُن کا اخلاقی معیار کتنا بلند اور پختہ تھا۔ نیک نیتی، خلوص اور ہمدردی ان کی زندگیوں کے اصل مقاصد تھے۔ مذہبی رواداری اور امن پسندی ان کی گھٹیوں میں پڑی تھی۔ قلب و دماغ کی آزادی جتنی ان کو نصیب تھی، موجودہ نسلوں کو شاید ہی نصیب ہو سکے۔ غرض جب تک ان خوبیوں کے خاص نمونے اور ان کے اسباب و علل نہ پیش کئے جائیں، ہماری تاریخیں اور درس گاہیں بیکار ہیں اور ہماری جدید نسلیں ان کے ذریعہ سے ترقی کی شاہراہ پر گامزن ہونے کے گر نہیں سیکھ سکتیں......
>
> گولکنڈے کے یہ تاریخی افسانے اسی نقطۂ نظر سے لکھے جا رہے ہیں۔ ان میں ہندوستان کے اہم خطۂ دکن کے قدیم حکمرانوں، امیروں اور عوام

کے ایسے سچے کرداراور اصلی حالات زندگی پیش کیے
جارہے ہیں جن کے مطالعہ سے عہد حاضر کے
نوجوان اپنے ملک کی حقیقی عظمت سے واقف ہوسکتے
ہیں......''[1]

ڈاکٹر زور دکنی تہذیب کے پروردہ تھے۔انہوں نے دکن کی تاریخ کا مطالعہ کیا تھا اور آنے والی نسلوں کے لیے اس دور کی تاریخ 'تہذیب وثقافت کو محفوظ کرنے کا سب سے اچھا طریقہ انہوں نے یہ محسوس کیا کہ تاریخ کے اہم واقعات کو افسانوں کی شکل دی جائے جس میں وہ بہت کامیاب رہے۔

ڈاکٹر زور کے بعد صغرا ہمایوں مرزا تلنگانہ میں اردو افسانے کے ابتدائی دور میں ہی ایک کامیاب افسانہ نگار بن کر ابھری ہیں۔انہوں نے ایک ایسے دور میں تعلیم نسواں کی تحریک چلائی جب کہ انیسویں صدی کے اواخر اور بیسویں صدی کی ابتدائی دہائی میں دکن میں عورتوں کی اعلیٰ تعلیم اور ان کا لکھنا معیوب بات سمجھا جاتا تھا۔ جامعہ عثمانیہ کے قیام کے بعد حالات بدلے اور دکن میں لڑکیوں کی تعلیم وتربیت پر توجہ دی جانے لگی اور صغرا ہمایوں مرزا کی تعلیمی تحریک سے تعلیم کے ساتھ ساتھ ادب میں بھی تبدیلیاں واقع ہوئیں اور اردو خواندہ خواتین قلم کے ذریعے اظہار خیال کرنے لگیں اور تلنگانہ میں اردو زبان وادب کی ترویج کے ساتھ ساتھ افسانہ نگاری کو فروغ ملتا گیا۔

زیر نظر تحقیقی مقالے میں تلنگانہ علاقے سے وابستہ جن افسانہ نگاروں کی افسانہ نگاری کا جائزہ پیش کیا گیا ہے ان میں صغرا ہمایوں مرزا۔رگھوناتھ راؤ درد۔عظمت اللہ خان۔ڈاکٹر محی الدین قادری زور۔عبدالقادر سروری۔بدر شکیب۔بھارت چند کھنہ۔جہاں بانو نقوی۔محشر عابدی۔ابراہیم جلیس۔عزیز احمد۔عاتق شاہ۔اقبال متین۔قدیر زماں۔عوض سعید۔یٰسین احمد۔جیلانی بانو۔رفیعہ منظور الامین۔بیگ احساس۔مظہر الزماں خاں۔عفت موہانی۔آمنہ ابوالحسن۔زینت ساجدہ۔قمر جمالی۔رفیعہ سلطانہ۔افروز سعیدہ۔بانو طاہرہ سعید۔فریدہ زین۔۔نجمہ نکہت۔صبیحہ نسرین۔جمیل نظام آبادی۔انیس فاروقی۔قدیر دانش۔مقیت فاروقی۔مجید عارف۔رحیم انور۔نفیسہ خاں۔ شبینہ اسلم فرشوری وغیرہ شامل ہیں۔ان افسانہ نگاروں نے اردو افسانہ نگاری کو اس کے مروجہ فن کے اعتبار سے برتا اور شاہکار افسانے پیش کیے۔

افسانہ نگاری کے لیے موضوع سب سے اہم رہتا ہے۔تلنگانہ میں اردو افسانے کی ایک

صدی کا جائزہ لیا جائے تو پتہ چلتا ہے کہ یہاں کے افسانہ نگاروں نے اپنے عہد کے حالات' اپنے عہد کی معاشرت اور یہاں کے لوگوں کی زندگی کے مسائل کو اجاگر کرتے موضوعات کا انتخاب کیا ہے۔ افسانے کے لیے حقیقت نگاری شرط ہے۔ خیالی باتیں داستانوں میں ہوا کرتی تھیں۔ ناولوں میں زندگی کا طویل بیان ہوا کرتا تھا جب کہ افسانہ اختصار اور جامعیت کا طلب گار تھا۔ یہی وجہ ہے کہ تلنگانہ سے وابستہ افسانہ نگاروں نے زندگی کے بدلتے حالات کو اپنے افسانوں میں پیش کیا۔ آزادی سے قبل وطن کی آزادی ایک اہم مسئلہ تھا۔ یہ مسئلہ تلنگانہ کے افسانہ نگاروں میں بہت کم دکھائی دیتا ہے کیوں کہ علاقہ تلنگانہ نظام دور حکومت کے زیر اثر تھا۔ اور ہندوستان کی آزادی سے ایک سال بعد یعنی ۱۹۴۸ء تک بھی یہاں خوشحالی تھی اور ایک مضبوط حکومت قائم تھی یہاں کے شاہ اور عوام آزاد ریاست حیدرآباد میں رہنا چاہتے تھے لیکن ہندوستان کی دیگر ریاستوں کے انضمام کی طرح ملک کے وزیر داخلہ سردار ولبھ بھائی پٹیل نے نظام حیدرآباد سے مشاورت کرنے اور انہیں ہند یونین میں شامل ہوجانے کی اپیلوں کے بعد آپریشن پولو جسے عرف عام میں پولیس ایکشن کہا جاتا ہے کے ذریعے ریاست حیدرآباد کو ہند یونین میں ضم کردیا۔ یہ واقعہ تلنگانہ علاقے کے لیے کافی اہمیت کا حامل رہا اور پولیس ایکشن کے بعد کے حالات کو ہمارے افسانہ نگاروں نے اپنے افسانوں میں پیش کیا۔ اقبال متین۔ بیگ احساس۔ جیلانی بانو وغیرہ کے افسانوں میں اس دور کی جھلک ملتی ہے۔ ہندوستان کی آزادی سے قبل اور آزادی کے بعد غربت' بھوک و افلاس عام بات تھی جسے ہمارے افسانہ نگاروں نے اپنا موضوع بنایا۔ عاتق شاہ کے بیشتر افسانے یہاں کے لوگوں کے مسائل کی عکاسی کرتے ہیں۔ عاتق شاہ نے اپنے افسانوں کے موضوعات کے ضمن میں لکھا کہ:

> ''مظلومیت کی آنکھوں میں سہمے ہوئے آنسو مجھ سے کہتے ہیں کہ تو کہانیاں لکھ۔ وہ کہانیاں جو ہمارے سینوں میں دفن ہیں۔ ہماری ان بے رونق و اداس آنکھوں میں منجمد ہیں۔ ہمارے ان میلے کچیلے چیتھڑوں میں چھپی ہوئی ہیں۔ ہمارے وحشت زدہ چہروں پر بکھری پڑی ہیں۔ تو وہ کہانیاں لکھ اور وہ گیت گا جو ہمارے سوکھے ہونٹوں پر آکر دم توڑ دیئے۔ اور جسے ہم نہ گا سکے وہ گیت جو ایک بدنصیب ماں اپنے بھوکے اور بلکتے ہوئے بچے کو سلانے کے لیے گاتی ہے۔ وہ گیت جسے ایک

جو ن عورت اپنے شوہر کی جدائی میں گاتی ہے جو مذہب اور
آزادی کے نام پر ذبح کر دیا گیا۔ وہ گیت جو مفلسی کے سینے
میں جنم لیتے ہیں۔ پروان چڑھتے ہیں اور پھر وہیں ڈوب
جاتے ہیں۔ مظلومیت کی آنکھوں میں سہمے ہوئے آنسو مجھ سے
کہتے ہیں اور میں لکھتا ہوں''۲؎

عاتق شاہ کے ان خیالات سے اندازہ ہوتا ہے کہ تقسیم ہند کے وقت جب انہوں نے اپنے افسانے لکھنے شروع کئے تھے تو ہندوستان میں غربت اور مفلسی عام تھی اور اسی مفلسی کو انہوں نے فن کے ذریعے پیش کیا۔ اپنے افسانوں کے موضوعات کی تلاش کے ضمن میں عاتق شاہ مزید لکھتے ہیں:

''میں کہانیاں تلاش نہیں کرتا۔ کہانیاں خود مجھے ڈھونڈتی
ہیں۔ ہر تنفس میرے سامنے ایک کہانی بن کر آتا ہے۔ اور صبح
سے شام تک میرے چاروں اور ان گنت کہانیاں چکر کاٹتی
رہتی ہیں۔ مسکراتی ہوئی۔ ہنستی ہوئی۔ بلکتی ہوئی۔ چھپتی
ہوئی۔ مرتی ہوئی۔ جنم لیتی ہوئی۔ خوبصورت۔ بد
صورت۔ اٹھلاتی ہوئی اور لنگڑاتی ہوئی۔ اور میں انہیں بڑے
غور سے پڑھتا جاتا ہوں''۳؎

ہندوستان میں پائی جانے والی عام غربت کے بارے میں وہ لکھتے ہیں:

''معلوم نہیں بچے کا باپ کون ہے کیا ہے کدھر ہے اور
میں انفن ٹون کی شیشی لانے کے چکر میں پڑا ہوں۔ کئی بار میں
نے چاہا کہ یہ نئی مصیبت فٹ پاتھ ہی کو سونپ دوں لیکن رامو
کہتی ہے کہ اس کا دنیا میں کوئی نہیں باپ کی صورت تو دیکھی
نہیں ماں تھی بے چاری محنت مزدوری کر کے پالتی تھی۔ چاہتی
تھی کہ کسی طرح شادی کر دے لیکن بنا جہیز کے کوئی بھی راضی
نہ ہوا۔ اور وہ اپنی حسرت قبر میں ہی لیتی گئی''۴؎

افسانے کا ایک اہم پہلو کردار نگاری ہے۔ تلنگانہ میں افسانہ نگاری کا جائزہ لیں تو پتہ چلتا

ہے کہ ہمارے افسانہ نگاروں نے اپنے عہد کی تصویر کشی کی ۔اور سماج کے ہر طبقے کے کرداروں کو پیش کیا۔ ان میں نوجوان کردار بھی ہیں بوڑھے بھی ہیں۔ خواتین بھی ہیں۔ یہ کردار سماج کی مختلف ناہمواریوں کا ذکر کرتے ہیں۔ عاتق شاہ نے راہ چلتے مجبور اور مظلوم کرداروں کو پیش کیا۔ جیلانی بانو اور رفیعہ منظور الامین نے اپنے کرداروں میں عورتوں کے مسائل اور تلنگانہ کی دیہاتی زندگی کے لوگوں کی حقیقی تصویریں پیش کی ہیں۔ یہ کردار محبت اور انسانیت کے جذبات سے سرشار ہیں۔اور حقیقی زندگی کی تصویر پیش کرتے ہیں۔ جیلانی بانو کی کردار نگاری پر اثر ہے ان کے کرداروں میں مرد اور عورت کے درمیان کوئی امتیازی لکیر نہیں کھینچی گئی ہے۔ مرد اور عورت کے درمیان دو رشتے بھی خاص اہمیت کے ساتھ پیش کے گئے ہیں۔ایک تو عورت مرد کی ہوس پرستی کا شکار نظر آتی ہے۔ دوسرے عورت عزیزوں اور رشتہ داروں کے استحصال کے علاوہ سماج کے دوسرے مردوں کی حرم سراؤں کو بھی روشن کرتی ہے۔ان کے افسانوں کے کردار وہ لڑکیاں ہیں جو گھریلو پابندیوں سے عاجز آ کر اپنی دنیا آپ بسانا چاہتی ہیں۔ آمنہ ابوالحسن‘ نفیسہ خان اور دیگر افسانہ نگاروں نے عورت کے مختلف روپ کرداروں کی شکل میں اپنے افسانوں میں پیش کیے۔

اقبال متین نے بیسویں صدی کے ہندوستان سے الگ الگ کردار پیش کئے۔ان کے کرداروں میں کچھ عیش پرست نوجوان لڑکے لڑکیاں بھی نظر آتی ہیں جو کلب کی زندگی کو پیش کرتے ہیں۔اقبال متین نے اپنے کرداروں کا مطالعہ کیا اور کہا کہ میں نے کردار سے اجازت لے کر اس کی زندگی کی حقیقت کو اپنے افسانوں میں پیش کیا۔

نامور شاعر و ادیب سلیمان اریب اقبال متین کے افسانوی مجموعے ’’اجلی پرچھائیاں‘‘ کے دیباچے میں لکھتے ہیں:

> ’’یوں اقبال متین کہانی کی کسی بندھی ٹکی ٹکنک کا پابند نہیں لیکن وہ کہانی کو ایک مشاق مشاطہ کی طرح بنا سنوار کر اور نوک پلک سے آراستہ کر کے اہل نظر کے سامنے لاتا ہے۔ وہ کہانی کے ضروری اجزا کے ساتھ دوسرے فنی نکات پر بھی پوری توجہ صرف کرتا ہے اور خاص طور پر کردار نگاری اور جزئیات نگاری میں تو اسے ید طولی حاصل ہے۔ وہ اپنی کہانی کے لئے کبھی کوئی ایسا کردار نہیں چنے گا جس سے وہ نہ مل چکا ہو۔ بلکہ جب تک

خود کردار کی طرف سے یہ اصرار نہ ہو کہ جب تم مجھ سے، مجھ سے زیادہ واقف ہو تو پھر مجھ پر کیوں نہیں لکھتے۔ اس پر اقبال متین کہے گا کہ تمہاری خواہش ہو تو میں تم پر آج ہی کہانی لکھوں گا مگر ایک شرف پر کہ میرا ایکیمرہ جس میں اکسرے کی مشین بھی لگی ہے اگر تمہارے ظاہری خدوخال کے ساتھ تمہاری روح کے ڈھکے چھپے گوشوں کو بھی اجاگر کردے تو مجھے برا بھلا نہ کہنا اور جب کردار کی طرف سے اقبال متین کو اجازت مل جائے گی تو پھر وہ بڑی بے دردی اور بڑی ہمدردی سے اس کردار کو کاغذ پر منتقل کردے گا۔ چنانچہ آپ چھگن چاچا سے گاؤں میں ملیے یا برہان سے اسٹیشن والی سڑک پر، رام دیا سے آروند گھوش کی تعلیمات پر تبادلہ خیال کیجئے یا شیکھر کے ساتھ ہرن کے شکار پر جایئے، بیگم سے راست اس کے جسم کا مول تول کیجئے یا ہارڈنگ کے ساتھ کوالٹی میں آخری بار وسکی پیجئے آپ کو کوئی کردار اجنبی نہیں لگے گا سب آپ کے شناسا، دوست، عزیز رشتہ دار اور پیارے نکلیں گے اور ہوسکتا ہے کہ کسی کردار کے روپ میں آپ کو خود اقبال متین نظر آجائے اور آپ جھجک کر پیچھے ہٹ جائیں، اگر کہانی میں کردار نگاری کی کوئی اہمیت ہے اور اپنے زندہ کرداروں کے بل بوتے پر کوئی افسانہ نگار زندہ رہ سکتا ہے تو اس مجموعے کی حد تک ہی چھگن چاچا برہان، ماسٹر صاحب اور رام دیال اقبال متین کو زندہ رکھنے کے لئے کافی ہیں۔'' ۵

بیگ احساس نے افسانہ دخمہ میں پارسی کردار کو پیش کیا جسے اپنی موت کے بعد اچھے انجام کی امید تھی۔ انہوں نے ''افسانہ درد کے خیمے'' میں ہجرت کے بعد پاکستان چلے جانے والی ایک بہن کے کردار کو جذباتی انداز میں پیش کیا۔

''افسانہ درد کے خیمے'' یک تہذیب کا المیہ بھی ہے۔ پاکستان ہجرت کر جانے کے بعد اپنے وطن کی

یاداور یہاں حیدر آباد میں رہنے والوں کی جانب سے ریاست حیدر آباد کی کھوئی ہوئی عظمتوں کی تلاش کو بیگ احساس نے فنکاری سے پیش کیا ہے۔ افسانے میں بھائی جب اپنی بہن کی وفات پر بہنوئی اور بچوں سے ملنے پاکستان جاتا ہے تو اس کے بہنوائی دوران گفتگو حیدر آباد کے ماضی کی عظمتوں کو یوں اجاگر کرتے ہیں:

''رات ہوتے ہی بہنوائی میرا ہاتھ پکڑ کر ماضی کے اس شہر میں لے چلتے۔ جو ایک ایسی ریاست کا دارالخلافہ تھا۔ جس کا رقبہ اٹلی کے برابر تھا۔ جس کی آب و ہوا بحیرہ روم جیسی تھی۔ پہاڑیوں سے گھرا باغوں اور جھیلوں کا شہر جس کی بنیاد محبّ کی یادگار تھی۔ جس کی ہواؤں میں مستی تھی۔ اتنی مستی کہ آدمی پر نشہ طاری رہتا۔ مخصوص بولی، مخصوص تہذیب، ان کا اپنا بادشاہ تھا۔ جس کو اعلیٰ حضرت، حضور، فاتح دوراں، نوشیرواں زماں، امیر المومنین وغیرہ القاب سے بلاتے۔ اس پر جان چھڑکتے۔ ان کی اپنی جامعہ، اپنی ریل، اپنا سکہ، اپنا ٹپہ، اپنی فیکٹریاں، لوہے، کوئلے اور سونے کی کانیں تھیں۔ سمنٹ کی پختہ سڑکیں اور خوبصورت عمارتیں تھیں۔ دور دور سے تاجر یہاں آ کر آباد ہو گئے تھے۔ اہل علم کی قدر افزائی ہوتی تھی۔ ملازمتوں کے حصول کے لئے لوگ آتے تو یہیں کے ہو کر رہ جاتے۔ اس شہر کا سینہ بے حد فراخ تھا۔ اس شہر سے نکل کر میں نے اپنے بہنوائی سے پوچھا کہ ''پھر وہ شہر کیسے گم ہو گیا'' اتنا وقت گذر جانے کے بعد اب سب کچھ صاف صاف نظر آ رہا ہے۔ وقت کو پہچاننے میں غلطی ہوئی تھی۔ اس رہنما کے سر میں ایک ہی سودا تھا کہ اس مملکت کو آزاد رہنا ہے۔ پھر تو انتہا پسند انقلابی لیڈر کی آواز بادشاہ کی آواز سے اونچی ہو گئی۔ لوگ اس کے اشاروں پر ناچنے لگے۔ سیاست کی جگہ جذبات نے لے لی۔ حکومت کی جگہ جوشیلی تقریریں آ گئیں۔ سیاسی لڑائی کو مذہبی

رنگ دیا گیا۔ نیم فوجی دستے بنے۔ نوجوانوں کو خدا، مذہب اور قرآن کے نام پر قربانی کے لئے تیار کیا گیا۔ ریڈیو سے حب الوطنی کے گیت بجائے جانے لگے۔ جب وقت آیا تو نیم فوجی دستے لڑنے نکلے۔ شاہ کے نام کے نعرے بلند ہوئے۔ جیالے نوجوان ٹینکروں کے سامنے لیٹ گئے۔ بادشاہ کا فوجی کمانڈر اپنی فوج کے ساتھ تماشہ دیکھتا رہا۔ دیکھتے ہی دیکھتے تیس ہزار لاشوں کو عبور کر کے وہ لوگ آ گئے۔ ایک شرم ناک شکست! سب ختم ہو گیا۔ بلند بانگ دعوؤں کے رد عمل کے خوف سے ماں باپ نے اپنی بیٹیوں کو کنویں میں چھلانگ لگانے اور زہر کھانے پر مجبور کر دیا۔ فوجی کمانڈر نے آگے بڑھ کر فاتحین کا استقبال کیا۔ قربانیاں رائیگاں گئیں۔ بادشاہ وقت نے انہیں غدار قرار دیا۔ آزاد مملکت کا خواب چکنا چور ہو گیا۔ خوف و ہراس کے اس ماحول میں ترکی ٹوپیاں چھپا دی گئیں۔ بعض افراد نے گھبرا کر گاندھی کیپ اوڑھ لی۔ جسے ایک مضبوط قلعہ سمجھا جا رہا تھا۔ وہ ہوا کے ایک ہی جھونکے میں زمین بوس ہو گیا۔ پرندے گرے ہوئے درختوں پر بسیرا نہیں کرتے وہ سب پھڑ پھڑا کر ایک سمت بھاگے۔ اس بھاگ دوڑ کے بعد پتہ چلا نہ اینٹوں کی بھٹی ہے نہ ریت ہے نہ سمنٹ کے بورے نہ ٹرکس ہیں اور نہ مزدور نہ چٹیل میدان تھا۔ جہاں بیروزگاری کا بھوت منہ کھولے کھڑا تھا۔ دوبارہ ٹھیکے داری کا سوال ہی نہ تھا۔ تینوں سمتوں میں اندھیرا ہی تھا۔ ہمیں بھی اسی سمت ڈھکیل دیا گیا۔ میں سوچتا ہوں مجھے تھوڑا وقت اور مل جاتا تو یہاں کبھی نہ آتا۔ دیکھو تم تو اپنی زمین سے جڑے ہوئے ہو نا۔ ہجرت کا کرب تو نہیں سہا۔ ہجرت وہی اچھی لگتی ہے جب فاتح دبے پاؤں اپنی زمینوں پر واپس آ جائیں۔'' میں چپ رہا۔ ہم نے تو

اپنے شہروں میں ہجرت کا کرب سہہ لیا۔ وہ تہذیب سمٹ کر
چند محلوں میں رہ گئی۔ فصیل بند شہر کے دروازوں اور دیواروں کو
توڑ کر شہر دور دور تک پھیل گیا''۔۶

اس طرح تہذیبی اعتبار سے بھی دیکھا جائے تو تلنگانہ کے افسانہ نگاروں نے اپنے افسانوں میں حیدرآباد اور تلنگانہ کی تہذیب اور یہاں کے شاندار ماضی کو اجاگر کیا ہے۔ خاتون افسانہ نگاروں نے تلنگانہ کے دیہاتوں کی تہذیب وہاں کی بول چال اور رسم و رواج کو بھی پیش کیا ہے۔

معاشرت

''دن کے وقت زرق برق لباس پہنے ہوئے
شاہی خدام کا طرح طرح سے سجے ہوئے ہاتھیوں اور اونٹوں
اور گھوڑوں پر قلعہ سے شہر اور شہر سے قلعہ کو آنا جانا ہر ہاتھی اور
اونٹ کی جداگانہ آرائش اور زیبائش امیروں کے ہاتھیوں پر قسم
قسم کی وضع کی روپہلی اور سنہری عماریوں کا دھوپ میں جگمگانہ
اور نقالوں اور بھانڈوں کے حیرت انگیز کرتب اور رات میں
طرح طرح کے رنگ اور زہرہ جبیں طوائف کے ناچ اور
گانے۔ ۷

پروفیسر یوسف سرمست لکھتے ہیں:

''ڈاکٹر زور کے تاریخی افسانے اس لئے بھی غیر
معمولی طور پر کامیاب ہیں کہ یہ افسانہ نگاری کے فنی تقاضوں پر
بھی پورے اترتے ہیں۔ مختصر افسانے کی پہلی اور اہم
خصوصیت یہ ہوتی ہے کہ اس میں زندگی کا ایک واقعہ یا ایک
جھلک دکھائی جاتی ہے۔ لیکن یہ واقعہ یا جھلک اتنی جامع ہوتی
ہے کہ اس کے ذریعے افسانے کے مرکزی کردار کی پوری
زندگی پر روشنی پڑتی ہے۔ جیسے ''مشک محل'' میں سلطان کی زندگی
کا ایک واقعہ پیش کیا گیا لیکن اس واقعہ کے ذریعے ہم سلطان
کے طرز حکمرانی کو پوری طرح جان لیتے ہیں۔ ''مکہ مسجد'' میں

بھی مسجد کے سنگ بنیاد رکھنے کی یہ شرط رکھی جاتی ہے کہ ایسا شخص مسجد کا سنگ بنیاد رکھے جس کی بارہ سال کی عمر سے نماز قضا نہ ہوئی ہو۔ پورے مجمع میں کوئی شخص ایسا نہیں تھا جو اس شرط کو پوری کرتا ہو۔لیکن سلطان بڑھ کر سنگ بنیاد رکھتا ہے کیوں کہ وہی اس شرط کو پوری کرتا ہے۔۔مختصر افسانے میں ہر بات کو اختصار کے ساتھ پیش کیا جاتا ہے۔۔ڈاکٹر زور کے افسانے اس فنی خوبی پر بھی پورے اترتے ہیں۔'' 8

ڈاکٹر زور کے افسانوں کی تاریخی اہمیت کے بارے میں مولوی عبدالحق لکھتے ہیں:

''ڈاکٹر زور کے تاریخی افسانوں کی یہ خوبی ہے کہ وہ جب کسی عہد کا نقشہ اپنے افسانوں میں کھینچتے ہیں تو ماضی کی زندگی کے نقشے ہماری آنکھوں کے سامنے جاری وساری ہو جاتے ہیں۔ ماضی کے کردار چلتے پھرتے اور آپس میں بات چیت کرتے نظر آتے ہیں''۔ 9

عاتق شاہ نے اپنے افسانوں میں جاگیردارانہ نظام کے زوال کی عکاسی بھی فنکاری سے کی ہے۔افسانہ سونے کی اینٹ میں ایک جاگیردار کس طرح اپنی بیٹی کی شادی کو موخر کرتے ہوئے اپنے جاگیردارانہ عزائم کے سامنے شادی کے انتظار میں بیٹھی بیٹی کو موت کے منہ میں جانا گوارا کرتے ہیں ملاحظہ کریں:

'' میری بچی مجھے تیرا خیال ہے چند دن اور صبر کر لے صرف ایک آنچ کی کسر باقی رہ گئی ہے۔ پھر دیکھنا تیرا باپ تیری شادی کس دھوم دھام سے کرتا ہے۔خدا کی قسم تجھے سونے میں تول دوں گا۔۔آپا بیگم چولھے کے پاس ایک گٹھری کی طرح لڑھکی ہوئی تھیں۔آس پاس برتن منتشر حالت میں پڑے تھے۔حکیم صاحب دوڑ کر اپنی بیٹی کے پاس گئے لیکن آپا بیگم کے دل کا کبوتر ان کے آنے سے پہلے ہی اڑ چکا تھا البتہ دہکتے ہوئے چولہے پر ان کے لیے صبح کی گرم چائے تیار تھی۔ پھر حکیم صاحب کے دل میں ایک بار کئی طوفان اٹھے اور انہوں نے تھر تھراتے ہوئے ہاتھوں سے اپنی بیٹی کے مردہ جسم کو پکڑتے

ہوئے کہا۔ میری بچی۔ میرا سونا۔ اتنی بھی کیا جلدی تھی۔ اب تو
صرف ایک آنچ کی کسر باقی رہ گئی تھی۔ ۔[۱۰]

تلنگانہ کے افسانہ نگاروں نے شاہی زندگی کے زوال کے بعد دکھ درد سے دو چار زندگی کی بھی جذباتی تصویریں اپنے افسانوں میں پیش کی ہیں۔ ان افسانہ نگاروں نے اپنے دور کے دکھ درد کو قریب سے دیکھا اور انہیں اپنے افسانوں میں فنکاری سے پیش کیا۔ دیکھئے درج ذیل اقتباس میں وہ انسانیت کے ملیا میٹ ہونے پر کس طرح ماتم کناں ہیں اور اس نوحہ وغم کو وہ کس طرح لفظوں میں ڈھالتے ہیں:

''اب تو ہر عید تہوار کو خوشیاں گھر گھر میں چھپ چھپ کر روتی ہیں۔ مسرتیں ہنسنا بھول گئی ہیں۔ فطرت جب اپنا سب کچھ لٹا چکتی ہے تو نہ شعائیں روشنی پھینکتی ہیں نہ کرنیں۔ بس ایسے اندھیرے پھیلتے ہیں۔ ایسے اندھیرے پھیلتے ہیں کہ سورج کالا ٹھیکرا بن کر رہ جاتا ہے۔ اب یہ کالا ٹھیکرا کب طلوع ہوتا ہے، کب غروب ہوتا ہے کسی کو پتہ نہیں۔ اب میرے شہر میں کوئی آدمی کسی آدمی کو نہیں پہچانتا۔ انسانیت جب پہچانی نہیں جاتی تو دلوں کی اجڑتی بستیوں کو کون پہچانتا ہے۔ آنکھوں میں بستے ویرانوں کو کون پہچانتا ہے۔ اب تو نام پوچھ کر خنجر چلائے جاتے ہیں لیکن کٹتے ہیں تو سڑک پر بہتا ہوا لہو کچھ اس طرح ایک ہو جاتا ہے کہ اس خنجر سے لکیر کھینچ کر اس کو جدا نہیں کر سکتے جس خنجر سے وہ بہایا گیا تھا۔ نام پوچھنے پر یہ خون اپنا نام بھی تو نہیں بتلاتا۔ اور میں ایسے میں ہر ارتھی، ہر جنازے کے ساتھ اپنی مٹی کو دفناتا پھرتا ہوں جلاتا پھرتا ہوں۔''[۱۱]

پلاٹ، واقعہ نگاری اور دیگر اجزائے افسانہ کے لحاظ سے بھی تلنگانہ کے افسانہ نگاروں کے افسانے فنی لحاظ سے مکمل دکھائی دیتے ہیں۔ یہاں کے افسانہ نگاروں نے حقیقی زندگی سے اپنے افسانوں کے پلاٹ کا انتخاب کیا۔ مظہر الزماں خاں نے اپنے افسانوں میں علامتوں کو استعمال کیا لیکن دیگر افسانہ نگاروں نے روایتی انداز سے بیانیہ طور پر افسانوں کو پیش کیا۔ ضرورت کے لحاظ سے

مقامی بول چال میں مکالمے دکھائی دیتے ہیں ورنہ افسانوں کے کردار مہذب انداز میں بات کرتے دکھائی دیتے ہیں۔

تلنگانہ اور دکن کے علاقے میں اردو افسانے کی روایت شاندار رہی ہے۔ یہاں کے افسانہ نگاروں کی تخلیقات ملک و بیرون ملک معیاری ادبی رسائل اور اخبارات میں شائع ہوتی رہی ہیں۔اردو افسانے کی تاریخ میں اقبال متین۔ بیگ احساس۔ جیلانی بانو۔رفیعہ منظورالامین۔مظہر الزماں خاں وغیرہ کے نام ادب واحترام سے لیے جاتے ہیں۔تلنگانہ میں اردو افسانہ نہ صرف حیدرآباد میں پروان چڑھتا رہا بلکہ تلنگانہ کے اضلاع نظام آباد۔کریم نگر۔ کاماریڈی۔ عادل آباد۔ ورنگل اور دیگر علاقوں میں بھی پروان چڑھتا رہا۔اور علاقائی سطح پر بھی اچھے افسانہ نگار ابھرتے رہے۔انیس فاروقی۔جمیل نظام آبادی۔مقیت فاروقی۔ مجید عارف اور دیگر افسانہ نگار نظام آباد کی سرزمین سے اردو افسانے کی خدمت کرتے رہے۔یہاں اردو افسانے کے فروغ میں اردو اکیڈیمی کا بھی اہم رول رہا ہے۔اردو افسانہ نگاروں کی مالی اعانت کے سبب تلنگانہ میں افسانہ نگاروں کے کئی افسانوی مجموعے زیور طباعت سے آراستہ ہوکر شائع ہورہے ہیں۔اردو افسانے کے فروغ میں جس طرح سوشل میڈیا فیس بک اہم کردار ادا کررہا ہے امید کی جاتی ہے کہ تلنگانہ کے افسانہ نگار بھی سوشل میڈیا کے اس اہم پلیٹ فارم سے استفادہ کرتے رہیں گے اور اردو افسانہ اور عالمی اردو افسانہ جیسے اہم آن لائن افسانہ فورموں پر اپنی تخلیقات پیش کرتے رہیں گے۔اردو مختصر افسانے کے بعد منی افسانے کا چرچا بھی رہا لیکن فنی اعتبار سے افسانہ جس معیار اور مقدار میں لکھا جاتا رہا ہے اس کا مستقبل تابناک ہے۔ اور اگر ہمارے افسانہ نگار توجہ دیں تو اکیسویں صدی میں بھی بے شمار موضوعات ہیں جن پر افسانے لکھے جاسکتے ہیں۔انسانی زندگی خود ایک افسانہ ہے اور جس طرح وقت کی تیز رفتاری اور حوادث کا تسلسل بڑھتا جارہا ہے افسانوں کے لیے بھی اسی قدر موضوعات دستیاب ہوتے جارہے ہیں ضرورت اس بات کی ہے کہ ہمارے افسانہ نگار اپنے عہد کا جائزہ لیں اور نئے افسانے پیش کرتے رہیں۔تلنگانہ میں اردو افسانہ نگاری کی شاندار روایت رہی ہے۔اور پر عزم حال کے ساتھ ہم یہاں سے بہتر اردو افسانہ نگاری کے مستقبل کی بھی امید کرسکتے ہیں۔

# حواشی

۱۔ ڈاکٹر محی الدین قادری زور۔ دیباچہ۔ گولکنڈے کے ہیرے۔

۲۔ فٹ پاتھ کی شہزادی حیدر آباد۔۱۹۴۸ء ص

۳۔ عاتق شاہ فٹ پاتھ کی شہزادی ص۹۴

۴۔ عاتق شاہ اندھیری تلنگانہ پبلی کیشنز حیدر آباد ۱۹۵۲۔ ص۔ ۷

۵۔ سلیمان اریب۔ دیباچہ اجلی پر چھائیاں۔ حیدر آباد ۱۹۶۰ء۔ ص ۸

۶۔ بیگ احساس۔ افسانہ درد کے خیمے۔ مشمولہ درد کے خیمے

۷۔ ڈاکٹر زور۔ شہزادی کا عقد۔ ص ۲۹

۸۔ یوسف سرمست پروفیسر۔ ڈاکٹر زور کی افسانہ نگاری۔ مشمولہ ڈاکٹر محی الدین قادری زور خصوصی

مطالعہ۔ ایم اے اردو عثمانیہ یونیورسٹی۔ مرتبہ محمد علی اثر ڈاکٹر۔ ص۔ ۷۵

۹۔ ۱۸۔ مولوی عبدالحق۔ داستان ادب حیدر آباد۔ ڈاکٹر زور۔ ص 112

۱۰۔ عاتق شاہ۔ افسانہ سونے کی اینٹ۔ جنم جنم کے ساتھی۔ ص۔ ۲۵۔ ۲۶

۱۱۔ اقبال متین، شہر آشوب، مشمولہ، اقبال متین کے افسانے (جلد اوّل)

ص، ۶۷۸،

# کتابیات


| سلسلہ | مصنف | تصنیف | مقام اشاعت | سنہ اشاعت |
|---|---|---|---|---|
| ۱) | ابراہیم جلیس | زرد چہرے | حیدرآباد | ۱۹۴۵ء |
| ۲) | ابراہیم جلیس | تکونا دیس | حیدرآباد | ۱۹۴۶ء |
| ۳) | ابراہیم جلیس | چور بازار | حیدرآباد | ۱۹۴۶ء |
| ۴) | ابراہیم جلیس | ترنگے کی چھاؤں میں | حیدرآباد | ۱۹۴۸ء |
| ۵) | ابراہیم جلیس | کچھ غم دوراں | لاہور | ۱۹۵۶ء |
| ۶) | ابراہیم جلیس | میں مر نہیں سکتا | لاہور | ۱۹۶۰ء |
| ۷) | ابراہیم جلیس | آسمان کے باشندے | لاہور | ۱۹۶۴ء |
| ۸) | افروز سعیدہ | نایاب | حیدرآباد | ۱۹۹۰ء |
| ۹) | اقبال متین | نچا ہوا البم | لکھنو | ۱۹۷۲ء |
| ۱۰) | اقبال متین | خالی پٹاریوں کا مداری | لکھنو | ۱۹۷۷ء |
| ۱۱) | اقبال متین | آگہی کے ویرانے | حیدرآباد | ۱۹۸۰ء |
| ۱۲) | اقبال متین | مزبلہ | حیدرآباد | ۱۹۸۹ء |
| ۱۳) | اقبال متین | میں بھی فسانہ تم بھی کہانی | لکھنو | ۱۹۹۳ء |
| ۱۴) | اقبال متین | شہر آشوب | لکھنو | ۲۰۰۳ء |
| ۱۵) | انیس فاروقی | ریزہ ریزہ چاندنی | حیدرآباد | ۱۹۹۴ء |
| ۱۶) | انیس فاروقی | کرچی کرچی خواب | حیدرآباد | ۱۹۹۸ء |
| ۱۷) | انیس فاروقی | سائبان | حیدرآباد | ۲۰۰۳ء |

| | | | | |
|---|---|---|---|---|
| ۱۸) | انیس فاروقی | گماں سے آگے | حیدرآباد | ۲۰۰۶ء |
| ۱۹) | انیس فاروقی | شفق کے سائے | حیدرآباد | ۲۰۰۹ء |
| ۲۰) | انیس فاروقی | تند دھڑکنوں کا بھنور | حیدرآباد | ۲۰۱۲ء |
| ۲۱) | انیس فاروقی | دل کی وادی میں | حیدرآباد | ۲۰۱۵ء |
| ۲۲) | انیس فاروقی | بے خواب دریچے | حیدرآباد | ۲۰۱۷ء |
| ۲۳) | انیس قیوم فیاض | حیدرآباد میں اردو افسانہ نگاری | حیدرآباد | ۱۹۸۰ء |
| ۲۴) | بانو طاہرہ سعید | مہکتے ویرانے | حیدرآباد | ۱۹۷۰ء |
| ۲۵) | بانو طاہرہ سعید | بینتھ دی ہاو | حیدرآباد | ۱۹۷۵ء |
| ۲۶) | بانو طاہرہ سعید | خون جگر | حیدرآباد | ۱۹۸۰ء |
| ۲۷) | بدر شکیب | نظر کے دھوکے | حیدرآباد | ۱۹۸۵ء |
| ۲۸) | بھارت چند کھنہ | مسکراتے آنسو | حیدرآباد | ۱۹۴۴ء |
| ۲۹) | بیگ احساس | خوشہ گندم | حیدرآباد | ۱۹۷۹ء |
| ۳۰) | بیگ احساس | حنظل | حیدرآباد | ۱۹۹۳ء |
| ۳۱) | بیگ احساس | درد کے خیمے | حیدرآباد | ۲۰۰۹ء |
| ۳۲) | بیگ احساس | دخمہ | دہلی | ۲۰۱۵ء |
| ۳۳) | جمیل نظام آبادی | افسانے ہزاروں ہیں | حیدرآباد | ۲۱۰۶ء |
| ۳۴) | جہاں بانو نقوی | رفتار خیال | حیدرآباد | ۱۹۸۰ء |
| ۳۵) | جیلانی بانو | روشنی کے مینار | لاہور | ۱۹۴۸ء |
| ۳۶) | جیلانی بانو | نروان | لاہور | ۱۹۷۰ء |
| ۳۷) | جیلانی بانو | پرایا گھر | حیدرآباد | ۱۹۷۹ء |
| ۳۸) | خلیل الرحمٰن اعظمی | اردو میں ترقی پسند ادبی تحریک | دہلی | ۱۹۲۷ء |
| ۳۹) | رحیم انور | یادوں کے سائے | حیدرآباد | ۱۹۹۰ء |
| ۴۰) | رحیم انور | کاماریڈی حال اور ماضی کے آئینہ میں | حیدرآباد | ۲۰۱۴ء |
| ۴۱) | رشید احمد/یٰسین احمد (مرتبہ) | ہر ذرہ ستارہ ہے | دہلی | ۲۰۰۶ء |
| ۴۲) | رفیعہ سلطانہ | اردو ادب کی ترقی میں خواتین کا حصہ | حیدرآباد | ۱۹۴۵ء |

| | | | | |
|---|---|---|---|---|
| ۴۳) | رفیعہ سلطانہ | کچے دھاگے | حیدرآباد | ۱۹۴۹ء |
| ۴۴) | رفیعہ منظور الامین | دستک سی دردِ دل پر | دہلی | ۱۹۸۶ء |
| ۴۵) | رفیعہ منظور الامین | آہنگ | دہلی | ۲۰۰۰ء |
| ۴۶) | زینت ساجدہ | حیدرآباد کے ادیب (انتخاب نثر) | حیدرآباد | ۱۹۵۷ء |
| ۴۷) | زینت ساجدہ | جلترنگ | حیدرآباد | ۱۹۷۰ء |
| ۴۸) | سلیمان اطہر جاوید | عزیز احمد کے افسانے | حیدرآباد | ۱۹۹۶ء |
| ۴۹) | صبیحہ نسرین | روشن راہیں | حیدرآباد | ۲۰۰۴ء |
| ۵۰) | عاتق شاہ | فٹ پاتھ کی شہزادی | حیدرآباد | ۱۹۴۸ء |
| ۵۱) | عاتق شاہ | اندھیری | حیدرآباد | ۱۹۵۲ء |
| ۵۲) | عاتق شاہ | ایک وقت کا کھانا | حیدرآباد | ۱۹۶۱ء |
| ۵۳) | عاتق شاہ | ہم جنم جنم کے ساتھی | حیدرآباد | ۱۹۶۸ء |
| ۵۴) | عاتق شاہ | راستے کی کہانی | حیدرآباد | ۱۹۷۸ء |
| ۵۵) | عبدالقادر سروری | دنیائے افسانہ | حیدرآباد | ۱۹۳۵ء |
| ۵۶) | عزیز احمد | رقص ناتمام | لاہور | |
| ۵۷) | عزیز احمد | بے کار دن بے کار راتیں | لاہور | |
| ۵۸) | عوض سعید | سائے کا سفر | حیدرآباد | ۱۹۶۹ء |
| ۵۹) | عوض سعید | تیسرا مجسمہ | حیدرآباد | ۱۹۷۳ء |
| ۶۰) | عوض سعید | رات والا اجنبی | حیدرآباد | ۱۹۷۷ء |
| ۶۱) | عوض سعید | کوہ ندا | حیدرآباد | ۱۹۷۹ء |
| ۶۲) | عوض سعید | بے نام موسموں کا نوحہ | حیدرآباد | ۱۹۸۷ء |
| ۶۳) | عوض سعید | کنواں آدمی اور سمندر | حیدرآباد | ۱۹۹۳ء |
| ۶۴) | فردوس فاطمہ | مختصر افسانہ کا فنی تجزیہ | دہلی | ۱۹۷۵ء |
| ۶۵) | فرمان فتح پوری | اردو افسانہ اور افسانہ نگار | دہلی | ۱۹۸۲ء |
| ۶۶) | فریدہ زین | سسکتی چاندنی | حیدرآباد | ۱۹۸۰ء |
| ۶۷) | فریدہ زین | دل سے دار تک | حیدرآباد | ۱۹۸۲ء |

٦٨) فریدہ زین اے گردش دوراں حیدرآباد ۱۹۹۱ء

٦٩) فریدہ زین دھرتی کا دکھ حیدرآباد ۱۹۹۴ء

٧٠) فریدہ زین ایک حرفِ تمنا حیدرآباد ۲۰۰۳ء

٧١) قدیر دانش دل ہے کھلی کتاب حیدرآباد ۲۱۰۷ء

٧٢) قدیر زماں رات کا سفر حیدرآباد ۱۹٧٦ء

٧٣) قدیر زماں ادھورا سفر حیدرآباد ۱۹۹۳ء

٧٤) قمر رئیس نیا افسانہ مسائل اور میلانات دہلی ۱۹۹۲ء

٧٥) قمر جمالی شبیہ حیدرآباد ۱۹۹۰ء

٧٦) قمر جمالی سبوچہ حیدرآباد ۱۹۹۲ء

٧٧) قمر جمالی سحاب حیدرآباد ۲۰۰۱ء

٧٨) قمر جمالی زہاب حیدرآباد ۲۰۰٧ء

٧٩) قمر جمالی صحرا بکف حیدرآباد ۲۰۱۵ء

۸۰) گوپی چند نارنگ اردو افسانہ روایت اور مسائل دہلی ۱۹۸۱ء

۸۱) گیان چند جین ذکر و فکر دہلی ۱۹۸۰ء

۸۲) محمد علی اثر ڈاکٹر زور خصوصی مطالعہ ایم اے عثمانیہ حیدرآباد ۱۹۹۰ء

۸۳) محی الدین باشاہ حیدرآباد میں اردو افسانہ آزادی کے بعد حیدرآباد ۲۰۰۹ء

۸۴) محی الدین قادری زور طلسم تقدیر حیدرآباد ۱۹۲٦ء

۸۵) محی الدین قادری زور سیر گولکنڈہ حیدرآباد ۱۹۳٧ء

۸٦) محی الدین قادری زور گولکنڈے کے ہیرے حیدرآباد ۱۹۳٧ء

۸٧) مرزا حامد بیگ اردو افسانہ کی روایت لاہور ۱۹٧۱ء

۸۸) مظہر الزماں خاں ہارا ہوا پرندہ حیدرآباد ۱۹٧۹ء

۸۹) مظہر الزمان خاں دستکوں کا ہتھیلیوں سے نکل جانا حیدرآباد ۱۹۸۲ء

۹۰) مقیت فاروقی احساس کی کرچیاں حیدرآبادہ ۲۰۰۰ء

۹۱) مقیت فاروقی آسمان تماشائی حیدرآباد ۲۰۰۵ء

| | | | | | |
|---|---|---|---|---|---|
| ۹۲) | نجمہ نکہت | سیب کا درخت | حیدرآباد | ۱۹۷۸ء |
| ۹۳) | نصیرالدین ہاشمی | دکن میں اردو | حیدرآباد | ۱۹۷۷ء |
| ۹۴) | نفیسہ خاں | قریب رگ جاں | حیدرآباد | ۲۰۰۷ء |
| ۹۵) | نفیسہ خاں | عکس دوراں | حیدرآباد | ۲۰۱۵ء |
| ۹۶) | وقار عظیم | داستان سے افسانے تک | کراچی | ۱۹۶۰ء |
| ۹۷) | وقار عظیم | ہماری داستانیں | رامپور | ۱۹۶۸ء |
| ۹۸) | وقار عظیم | فن افسانہ نگاری | الہ آباد | ۱۹۹۷ء |
| ۹۹) | وقار عظیم | ہمارے افسانہ نگار | دہلی | ۱۹۳۵ء |
| ۱۰۰) | یٰسین احمد | گم شدہ آدمی | حیدرآباد | ۲۰۰۳ء |
| ۱۰۱) | یٰسین احمد | سلاٹر ہاؤز | حیدرآباد | ۲۰۰۵ |
| ۱۰۲) | یٰسین احمد | یہ کیا جگہ ہے | حیدرآباد | ۲۰۰۹ء |
| ۱۰۳) | یٰسین احمد | دھارا | حیدرآباد | ۲۰۱۱ء |
| ۱۰۴) | یٰسین احمد | سایوں بھرا دالان | حیدرآباد | ۲۰۱۲ء |
| ۱۰۵) | یٰسین احمد | شکستہ جذبے | حیدرآباد | ۲۰۱۷ء |

## تحقیقی مقالے

۱) نکہت سلطانہ : مقالہ ’’آمنہ ابوالحسن سوانح اور ادبی خدمات‘‘ غیر مطبوعہ (مقالہ برائے ایم۔فل) یونیورسٹی آف حیدرآباد ۱۹۹۹

۲) شاہین سلطانہ ’’قمر جمالی فن اور شخصیت‘‘ مقالہ برائے احیدآباد سینٹرل یونیورسٹی ۲۰۰۵ء

## رسائل

۱) شگوفہ مدیر مصطفی کمال حیدرآباد مئی ۱۹۷۸ء

۲) سہ ماہی بادبان (اقبال متین نمبر) ،شمارہ نمبر:۳۰۔کراچی۔جولائی تا ستمبر ۲۰۱۰ء

۳) شب خون۔ شمارہ ۲۷۶

| | | | |
|---|---|---|---|
| ۴) | سب رس | مدیر مغنی تبسم | حیدرآباد جون ۲۰۰۰ء |
| ۵) | سب رس | مدیر مغنی تبسم | حیدرآباد جنوری ۲۰۰۱ء |
| ۶) | گونج افسانہ نمبر | مدیر جمیل نظام آبادی | نظام آباد ۲۰۰۲ء |
| ۷) | نور بچوں کا رسالہ | مدیر ابو سلیم محمد عبدالحئی | رامپور ۱۹۸۸ء |

## اخبارات

| | | | |
|---|---|---|---|
| ۱) | سیاست | ادبی ڈائری۔ محمد ریاض علی رضوی | حیدرآباد ۔ ۳۱ جنوری ۲۰۱۵ء |
| ۲) | اعتماد | اوراق ادب ادبی سپلمنٹ مضمون | ۲۵ نومبر ۲۰۱۸ء |

### ویب سائٹ

| | | | |
|---|---|---|---|
| ۱) | جہان اردو ویب سائٹ | مدیر | فضل اللہ مکرم |
| ۲) | تعمیر ویب پورٹل | مدیر | مکرم نیاز |
| ۳) | مائی نظام آباد ویب سائٹ | مدیر | مجید عارف |
| | عالمی ٹائمز ویب سائٹ | | |

✩✩✩✩✩✩
✩✩✩
✩